नई कविता और अस्तित्ववाद

नई कविता और अस्तित्ववाद

रामविलास शर्मा

राजकमल प्रकाशन

ISBN : 978-81-267-0571-9

मूल्य : ₹995

पहला संस्करण : 1978
ग्यारहवाँ संस्करण : 2022
This book is printed on **Print on Demand** Technology : 2025

प्रकाशक : राजकमल प्रकाशन प्रा. लि.
1-बी, नेताजी सुभाष मार्ग, दरियागंज
नई दिल्ली-110 002

शाखाएँ : अशोक राजपथ, साइंस कॉलेज के सामने, पटना-800 006
पहली मंजिल, दरबारी बिल्डिंग, महात्मा गांधी मार्ग, प्रयागराज-211 001
1, अनमोल सोराबजी संतुक लेन, धोबी तलाव, मरीन लाइंस, मुम्बई-400 002

वेबसाइट : www.rajkamalprakashan.com
ई-मेल : info@rajkamalprakashan.com

NAYI KAVITA AUR ASTITWAVAD
by Dr. Ram Bilas Sharma

दूसरे संस्करण की भूमिका

नई कविता का इतिहास प्रगतिशील कविता के इतिहास से जुड़ा हुआ है, इस तरह जुड़ा हुआ है कि कभी-कभी विद्वानों को दोनों में कोई फर्क नहीं दिखाई देता। इसलिए मैंने सोचा कि प्रगतिशील कविता के इतिहास के बारे में कुछ बातें स्पष्ट करने से नई कविता के इतिहास को सही परिप्रेक्ष्य में देखना आसान हो जाएगा। इस उद्देश्य को पूरा करने के लिए पुस्तक में एक नया निबन्ध जोड़ दिया है : 'कविता में यथार्थवाद और नई कविता'।

छायावाद से पहले और उसके समानान्तर, स्वाधीनता-आन्दोलन से सम्बद्ध, जो 'इतिवृत्तात्मक' कविता लिखी जा रही थी, उसके नरम और गरम दो राजनीतिक पक्ष थे। नरम पक्ष के प्रतिनिधि थे मैथिलीशरण गुप्त और गरम पक्ष के प्रतिनिधि थे गया प्रसाद शुक्ल सनेही/त्रिशूल। छायावाद ने गरम पक्ष से अपना नाता जोड़ा, विशेष कर निराला ने। छायावादी कविता में आरम्भ से ही भाषा, भाव, शिल्प—इन सबके सम्मिलित स्तर पर एक अन्य धारा विकसित हो रही थी। यह धारा यथार्थवाद की थी। इसके विकास की एक मंजिल सन् '20-'30 के दशक में है, दूसरी सन् '30-'40 के दशक में। दूसरे महायुद्ध के दौरान और उसके बाद, स्वाधीनता-आन्दोलन के नये उत्थान के समय, यथार्थवाद की धारा विशेष रूप से पुष्ट हुई। यह धारा मोटे तौर से कम्यूनिस्ट पार्टी की रणनीति के अनुरूप थी।

दूसरा महायुद्ध समाप्त होते ही अमरीका और बिटेन ने विश्व पैमाने पर एक विराट कम्यूनिस्ट विरोधी अभियान छेड़ दिया था। इसमें भारत के अनेक कांग्रेसी और सोशलिस्ट नेता भी शामिल हुए। इस परिस्थिति में व्यक्ति की कुंठा बौर घुटन को मुख्य विषय मानकर, यथार्थवाद के विरोध में, प्रयोगवादी कविता का प्रसार हुआ। छायावाद में, विशेष रूप से उसके ह्रासकाल में, जो अस्वस्थ रुझान थे, उन्हें प्रयोगवादी कविता ने अपनाया; उसमें जो स्वस्थ रुझान थे, उनका विकास प्रगतिशील कविता ने किया।

प्रयोगवाद का सहारा लेकर, फिर खुद को उससे अलगाते हुए, सन् '53 के बाद जिस नई कविता का प्रसार हुआ, उसके संगठनकर्ता लेखक कुछ सोशलिस्ट नेताओं से सम्बद्ध थे। साहित्य में ये कम्यूनिस्ट-विरोधी विचारधारा का प्रसार

कर रहे थे; इस तरह की विचारधारा के प्रसार के मुख्य केन्द्र अमरीका में थे। इनके प्रभाव से नई कविता की धारा स्वाधीनता-आन्दोलन की विरासत को, और छायावाद के साथ प्रगतिशील कविता की उपलब्धियों को, नकारते हुए आगे बढ़ी। कम्यूनिस्ट पार्टी में इस समय जो विसर्जनवादी प्रवृत्तियाँ उभरीं, उनसे इस प्रक्रिया में सहायता मिली।

युद्धकाल में, उसके बाद क्रान्तिकारी जन-उभार के दौरान, यथार्थवादी धारा के विकास में सबसे महत्त्वपूर्ण भूमिका निराला की, और उनके साथ केदारनाथ अग्रवाल की थी। सन् '48 से '53 तक का कालखंड विशेष रूप से महत्त्वपूर्ण इसलिए है कि एक सशक्त राजनीतिक कवि के रूप में नागार्जुन इसी कालखंड की देन है। इस समय नागार्जुन और केदार कन्धे से कन्धे मिलाकर आगे बढ़ते हैं। उनके राजनीतिक दृष्टिकोण में, एक हद तक शिल्प में भी, समानता है। उनका यथार्थवाद स्वाधीनता-प्राप्ति से पहले के जन-आन्दोलनों वाले यथार्थवाद से सम्बद्ध है। सन् '56 तक वे इस यथार्थवादी धारा का विकास करते जाते हैं; प्रगतिशील कविता के उतार-चढ़ाव इसके बाद के हैं।

सन् '47 के उत्तरार्द्ध के कुछ महीने छोडकर सन् '45 से '56 तक कम्यूनिस्ट पार्टी की रणनीति एक-सी रहती है, परिवर्तन उसकी कार्यनीति में होते हैं। इस समूचे कालखंड की प्रगतिशील कविताओं का संकलन प्रकाशित करना जरूरी है; उनका अध्ययन एक साथ करना चाहिए। हिन्दी के साथ उर्दू कविताएँ भी लेनी चाहिए, इससे पता चलेगा कि उस समय हिन्दी-उर्दू के बीच का फासला कितना कम हो गया था; हिन्दी-उर्दू के साथ जनपदीय उपभाषाओं में रची हुई कविताएँ भी लेनी चाहिए, इससे मालूम होगा कि वामपंथी विचारधारा, पूँजीवादी विचारधारा के विकल्प के रूप में, कैसे दूर-दूर तक गाँवों में फैल रही थी। नई कविता के 'मार्क्सवादी' समर्थकों ने इस प्रक्रिया को पूरा जोर लगाकर रोका; इससे कविता में यथार्थवादी धारा के सामने कठिनाइयाँ पैदा हुईं, वामपंथी आन्दोलन के प्रसार में बाधाएँ उत्पन्न हुईं। प्रतिकूल परिस्थितियों में भी केदार और नागार्जुन इस देश की पीड़ित जनता के साथ रहे, निराला के रिक्थ को सँभाले हुए कविता में यथार्थवाद का विकास करते रहे, इसके लिए साहित्य और राजनीति के वामपक्ष को उनका कृतज्ञ होना चाहिए।

कविता के शिल्प का विवेचन उसकी विषयवस्तु के विवेचन से कठिन होता है पर विषयवस्तु को अलग रखकर उसका विवेचन नहीं किया जा सकता। कुछ विद्वानों ने प्रयोगवाद और नई कविता को शिल्प की समस्याओं तक सीमित रखने का प्रयास किया है। वास्तव में इस तरह वे नई कविता की विषयवस्तु पर पर्दा डालते हैं। नई कविता का आन्दोलन प्रगतिशील साहित्य के विरोध में चलाया गया था, इसमें सन्देह की गुंजाइश नहीं है। व्यक्तिमूल्य का नारा लगाकर इसने जनवादी

आदोलनों का विरोध किया पर दस साल से भी कम समय में नई कविता की धारा मूल्यहीनता के रेगिस्तान में खो गई। इस समय मुक्तिबोध की बीमारी और मृत्यु से नई कविता में नई जान डालने के लिए उसके सूत्रधारों को नया हीरो-कवि मिल गया। इसी समय कम्यूनिस्ट पार्टी विघटित हुई, इससे कुछ मार्क्सवादियों के लिए प्रगति-विरोधियों के साथ संयुक्त मोर्चा बनाने का काम आसान हो गया। केदारनाथ अग्रवाल और नागार्जुन को पीछे ठेलकर उनकी जगह मुक्तिबोध को प्रतिष्ठित करने का जो संगठित प्रयास सन् '64 से आरम्भ हुआ, उससे हिन्दी कविता की यथार्थवादी धारा को भारी क्षति पहुँची। वह प्रयास अब अशक्त हो चुका है। समकालीन आलोचना में एक बार फिर केदार और नागार्जुन के कृतित्व पर ध्यान केन्द्रित किया जा रहा है। आशा है, इस पुस्तक की पूर्व संकलित सामग्री के साथ 'कविता में यथार्थवाद और नई कविता' निबन्ध पढ़ने से आधुनिक कविता की गतिविधि और उसकी सामाजिक पृष्ठभूमि अधिक स्पष्ट होगी।

दिल्ली
14 अक्टूबर, 1986

—रामविलास शर्मा

प्रथम संस्करण की भूमिका

नई कविता से अनेक प्रकार की कविता का बोध होता है। किसी समय मार्क्सवाद से प्रभावित प्रगतिशील कविता को नई कविता कहा जाता था। प्रगतिशील कविता-धारा के बाद प्रयोगवादी कविता का बोलबाला रहा। इसे अधिकतर प्रयोगवादी ही कहा जाता था। नई कविता, प्रयोगयाद से भिन्न होकर, एक अर्थ में तब प्रयुक्त होने लगी जब 1954 में इलाहाबाद से 'नई कविता' नामक संकलन प्रकाशित होने लगा। आरम्भ में ये नई कविता वाले प्रयोगयाद से अपना सम्बन्ध जोड़ते थे। किन्तु प्रयोगवाद पर अज्ञेय का एकाधिकार था; अजेय से प्रयोग बाद के आचार्यों की खटक गई, तब नई कविता की धारा प्रयोगयाद से हटकर अलग प्रवाहित होने लगी। यह नई धारा बहत-कुछ अस्तित्ववाद से प्रभावित थी। इसी से आगे चलकर वह धारा भी फूटी जो किसी भी जीवन-मूल्य को स्वीकार न करती थी।

नई कविता को प्रभावित करनेवाले अस्तित्ववाद से मुख्य टक्कर मार्क्सवाद की थी। नई कविता लिखनेवालों में शमशेर बहादुर सिंह और मुक्तिबोध दो ऐसे कवि हैं जो मार्क्सवाद से प्रभावित हैं। इस प्रकार नई कविता में अनेक प्रकार के कवि और अनेक प्रकार की काव्य-प्रवृत्तियाँ शामिल हैं। इस पुस्तक में मैंने इन काव्य-प्रवृत्तियों और कुछ कवियों की रचनाओं का विवेचन किया है। बहुत-से लोग नई कविता की शुरुआत 'तार सप्तक' से मानते हैं। मैंने इस धारणा का खंडन किया है। 'तार सप्तक' के अधिकांश कवि मार्क्सवाद से प्रभावित थे या कहीं उसके आसपास थे। इनमें कुछ ने 'तार सप्तक' के दूसरे संस्करण में, अपने वक्तव्यों में, अपनी पुरानी मान्यताओं की पुष्टि की है, कुछ ने उनमें संशोधन किया है।

'तार सप्तक' के दूसरे संस्करण में, अपने वक्तव्य में, अपनी मान्यताओं की पुष्टि मैंने भी की है। जहाँ तक याद है, मैंने अमरीकी साम्राज्यवाद और उससे सम्बद्ध लेखकों का स्पष्ट विरोध किया था। किन्तु उस आशय का वाक्य मुद्रित वक्तव्य में नहीं है। इस वक्तव्य का मसौदा पुराने कागजों में मिला। उसके दो वाक्य इस प्रकार हैं : "समाजवादी शक्तियों का विरोध करना साम्राज्यवाद—मुख्यत:

अमरीकी साम्राज्यवाद-का काम है। इन प्रतिक्रियावादी शक्तियों का साथ देनेवाले कवि विषयवस्तु में कुंठा और घुटन, और रूप में अनगढ़ प्रतीक-योजना के सिवा और कुछ नहीं दे सकते।"

इस संकलन के अधिकांश निबन्ध 1969 में लिखे गए थे, अन्तिम निबन्ध इस वर्ष—1977—का लिखा हुआ है।

—रामविलास शर्मा

आगरा-2
10 सितम्बर, 1977

क्रम

नई कविता : 'तार सप्तक' से पहले

सन् '21 में 'जब कड़ी मारें पड़ीं दिल हिल उठा' से लेकर सन् '35 में 'गए सूख भरे ताल, हुए रूख हरे शाल' तक निराला-काव्य का एक स्वर और है जो छायावाद के परिचित संवादी के सामने विवादी जैसा लगता है। जिनका दावा है कि छायावाद के बाद उन्होंने हिन्दी को नया लहजा, नया मुहावरा दिया है, वे निराला-काव्य का वह स्वर ध्यान से सुनें।

सन् '35 में अंग्रेजों ने राष्ट्रीय नेताओं को शासन में साझेदार बनाने के लिए लन्दन में एक बिल पास किया। नेताओं ने सन् '36 में इस काले कानून का विरोध किया; फिर उसे तोड़ने का इरादा जाहिर करके सन् '37 में उन्होंने मंत्रिमंडल बनाए।

उन दिनों निराला सोचते थे, वह भी किसी लखपती के बेटे होते तो समुद्र पार उन्हें शिक्षा मिलती, पिता राष्ट्रपति चुने जाते, और :

पैसे में दस राष्ट्रीय गीत रचकर उन पर
कुछ लोग बेचते गा-गा गर्दभ-मर्दन स्वर।

हरदुआगंज, जिला अलीगढ़ में किसान-सम्मेलन हुआ। सम्पूर्णानन्द ने एक किसान को कहते सुना : 'जब तें पंत जी मिनिस्टर ह्वै गए हैं, तब तें द्वय-द्वय इंच रोज मोटे होत जातु हैं।'[1] सम्पूर्णानन्द ने 'संघर्ष' में प्रतिवाद किया कि मिनिस्टर बनने के बाद पंत जी मोटे नहीं हुए।

उन दिनों राहुल सांकृत्यायन किसान-सभा में काम करते थे। उन पर हमला हुआ और 'विशाल भारत' ने लिखा : "बात दरअसल यह है कि कांग्रेस सरकार के आने से सब चीजें सस्ती हो रही हैं, और राहुल जी के दो तोले खून का मूल्य ही क्या है।"[2]

उन दिनों मनोरंजनप्रसाद सिंह का यह गीत बहुत लोकप्रिय था :

राहुल के सर से खून गिरे
फिर क्यों यह खून उबल न उठे?

---

1. सरस्वती, फरवरी, '38
2. विशाल भारत, मार्च, '39

साधू के शोणित से फिर क्यों
सोने की लंका जल न उठे!

उन दिनों बागपत, जिला मेरठ, में किसान-सम्मेलन हुआ। 'लगातार कई दिन और कई रात गाँवों में घूम-घूमकर किसान-मार्च का संगठन करने में उन्होंने अपने को लगा दिया था। दिल्ली में वह मिले, तो उनका गला लगातार व्याख्यान देने की वजह से भारी हो गया था।'[1] जिन सज्जन का गला भारी हो गया था, वह थे अज्ञेय, और दिल्ली में जिन मित्र से वह मिले थे, वह थे प्रभाकर माचवे। और स्वयं माचवे को इस बात का गर्व था कि 19 साल की उम्र में दर्शनशास्त्र में एम.ए. करने के बाद वह जब इन्दौर और अहमदाबाद के मिल मजदूरों में कई महीने काम करता रहा, तब उसकी कविता ने सामाजिक स्वर पाया।'[2]

सुमित्रानन्दन पंत के बाल-सखा थे पूरनचन्द जोशी। सन् '29 में मेरठ षड्यंत्र के अभियुक्तों में वह भी थे। सन् '37 तक वह कम्यूनिस्ट पार्टी के प्रमुख नेता बन गए थे। पंत को यह प्रेरित कर रहे थे कि 'छायावादी आकाश से उतरकर यथार्थ की जमीन पर पैर रखें। कालाकांकर के जिस सुसंस्कृत राजपरिवार से पंत का घनिष्ठ सम्बन्ध था, उसमें सामान्य राष्ट्रीय चेतना के लोग ही नहीं थे, उनमें गांधीवाद के विरोधी कुँअर ब्रजेश सिंह भी थे जो आगे चलकर स्वेतलाना-कांड के सन्दर्भ में काफी प्रसिद्ध हुए। कालाकांकर से ही पंत ने 'रूपाभ' निकाला और उसके पहले अंक में घोषित किया कि इस युग की कविता स्वप्नों में नहीं पल सकती।' पंत ने मध्यवर्ग, श्रमजीवी, कृषक, मार्क्स, गांधी, साम्राज्यवाद जैसे अजनबी विषयों पर कविता में अपने विचार प्रकट किए। किन्तु इनके साथ उन्होंने गाँवों के असंस्कृत जनों के प्रति बौद्धिक सहानुभूति भी प्रकट की, 'ग्राम्या' की रचनाओं में वह 'पल्लव' छोड़कर 'भारत माता ग्रामवासिनी' के बहुत नजदीक आए। बच्चन भी 'मधुशाला' से निकले और भगवद्भक्तों से बोले :

प्रार्थना मत कर, मत कर, मत कर!
...मनुज पराजय के स्मारक हैं
मठ-मस्जिद, गिरजाघर।

'रूपाभ' में पंत के सहयोगी नरेन्द्र शर्मा देवली कैम्प में नजरबन्द किए गए और वहाँ से उन्होंने अंग्रेजी राज को चुनौती दी : 'गति को कब तक बाँध सकेंगे, पूछो पहरेदारों से!' सन् '42 तक नरेन्द्र शर्मा ने जो बहुत-सी सुन्दर कविताएँ लिखीं, उनमें अनेक राजनीतिक थीं। ये सब उनके संग्रह 'मिट्टी और फूल' में प्रकाशित हुईं।

1. हंस, मार्च, '39
2. कल्पना, जनवरी-फरवरी, '54

निराला की 'अनामिका' और 'तार सप्तक' के बीच हिन्दी कविता के विकास की दृष्टि से जो दो कविता-संग्रह सबसे महत्त्वपूर्ण थे, वे थे 'ग्राम्या' और 'मिट्टी और फूल'। नरेन्द्र ने लोकगीतों का स्वर साधने में सबसे ज्यादा सफलता प्राप्त की। 'पकी जामुन के रंग की फाग, बाँधता आया लो आषाढ़'—कविता में एक नई सिद्धि थी। लेकिन देहात से अलग नरेन्द्र में नागरिकता की शोखी भी थी :

तुम्हें याद है क्या उस दिन की
नये कोट के बटनहोल में
हँसकर, प्रिये, लगा दी थी जब
वह गुलाब की लाल कली?

यथार्थवाद के ये स्वर सन् '38 में मुखर हो चुके थे।

नरेन्द्र शर्मा छायावाद की भाव-भूमि छोड़कर यथार्थ चित्रण की ओर बढ़े थे। छायावादी कवियों से भिन्न स्तर पर अपनी कविता का विकास कर रहे थे केदारनाथ अग्रवाल। 'रेती पर ही पाँव पसारे, बैठा हूँ इस केन किनारे'—यह कविता अक्टूबर, '35 की 'किरण' (आगरा) में छपी थी। 'रूपाभ' के प्रकाशन के बाद ही नरोत्तम नागर ने 'उच्छृंखल' निकाला जिसमें केदार की 'चन्द गहना से लौटती बार' कविता छपी :

एक बीते के बराबर
वह हरा ठिंगना चना
बाँधे मुरैठा शीश पर
छोटे गुलाबी फूल का
सज कर खड़ा है।

गिरिजाकुमार माथुर के लिए उन दिनों सबसे बड़ी समस्या यह थी कि पहले वह देवता थे—यानी दूसरे उन्हें पूजते थे—और अब वह पुजारी थे—यानी किसी देवी-देवता को स्वयं पूज रहे थे। 'इतना पतन आज!' उनका विद्रोही मन कहता था :

यही वह नारी है
माता से पहले जो बनती है प्रेयसी!

समस्या यह थी, प्रेयसीत्वहीन शुद्ध मातृत्व सुलभ क्यों नहीं होता? मनुष्य की नियति! फिर भी नियति की निषेध-रेखा उन्होंने पार की। मैं उन दिनों लखनऊ में ही था और गिरिजाकुमार माथुर से प्राय: काव्य-चर्चा—और हर तरह की चर्चा—

होती थी। 'उच्छृंखल' में प्रकाशित उनकी कविता की ये पंक्तियाँ मुझे बहुत पसन्द थीं—अब भी अच्छी लगती हैं :

उस दिन की बात जब
उछले थे धीमे ही—
चलने से रेती में चंचल चुपचाप चरण
मिट ही चुके हैं वे बिखरे निशान
किन्तु
संस्मृति के सूने कठोर शिलाखंड पर
बज्र बन धँसे हैं वे तेरे इस्पात-चिह्न
मानो पत्थर भी गल मोम बन गया था तब
और सूख जाने पर
जैसे के तैसे निशान बने रहे प्राण!

गिरिजाकुमार माथुर के कविता-संग्रह 'गम्भीर' की भूमिका निराला ने लिखी थी। गिरिजाकुमार ने छन्द-रचना, शब्द-चयन और ऐन्द्रिय मूर्ति-विधान की कला निराला से सीखी और उसे अपने भावबोध के अनुरूप निखारा। अभी वह राजनीति को कविता से दूर रखे थे, मन में अतृप्त उत्कंठाएँ अधिक थीं। फिर भी अपनी कविता में इस्पात, मोम और पत्थर की खपत से वह सिद्ध कर रहे थे कि 'बड़ा काजल आँजा है आज' की दुनिया छोड़कर यथार्थवाद की दिशा में बढ़ रहे हैं।

जब प्रभाकर माचवे आगरे में पढ़ते थे और दर्शनशास्त्र के एम.ए. नहीं हुए थे, जब वह 'उसी आग्नेय-अज्ञेय शान्त मितभाषी युवक के साथ सश्रद्ध श्रवणातुरता से' चलते थे, तब भी उनका संशयवादी मन उनसे कहता था : 'इनकी कहानियों में बहन और भगिनी-प्रेम का बार-बार बड़ा विचित्र जिक्र आया करता है। 'पगोडा वृक्ष' की सुखदा, 'अकलंक' की क्रिस्टाबेल, 'कोठारी की वार्ता' में का वह हिस्सा जहाँ—फिर एक वह क्षण जब वह और उसकी बहन पास-पास लेटे हुए किसी विचार में निमग्न हैं—शायद अपने उस सामीप्य के पवित्र रहस्यमय सुख में और तब उसके पिता एकाएक आकर उसे उठा देते हैं—फटकारते हैं...' वगैरह का जिक्र है, और 'शेखर : एक जीवनी' की शशि, पता नहीं चलता कि किस क्षण भगिनीत्व की सीमा लाँघकर, 'प्रेमिका' के समकक्ष आ बैठती है, जैसे वह माता से कुछ ही नीचे अपने स्थान बनाए हैं। और 'अज्ञेय' का यह नारी-चित्रण बड़ा कुतूहलास्पद जान पड़ता है, जो न माता, न कन्या, न वधू, रवि ठाकुर की उर्वशी के समान किसी गम्भीर भाव-लोक से उठकर गहरे भाव-जगत ही में बिलम जाती है।[1]

---

1. हंस, मार्च, '39

स्वयं अज्ञेय का विचार था कि 'आज के मानव का मन यौन-परिकल्पनाओं से लदा हुआ है और वे कल्पनाएँ सब दमित और कुंठित हैं।'[1]

किन्तु कुंठित कल्पनाओं पर विजय पाना वह जानते थे। मई, '37 के 'विशाल भारत' में उनकी एक कविता छपी थी : 'द्वितीया'। प्रथमा का स्मरण करते हुए उन्होंने द्वितीया से कहा :

मेरे सारे शब्द प्यार के किसी दूर विगता के जूठे
तुम्हें मनाने हाय, कहाँ से ले आऊँ मैं शब्द अनूठे?
तुम देती हो अनुकम्पा से, मैं कृतज्ञ हो ले लेता हूँ—
तुम रूठीं—मैं मन मसोस कर कहता, भाग्य हमारे रूठे!

तात्पर्य यह कि हिन्दी काव्य-क्षेत्र में यथार्थवाद नाना रूपों में अवतरित हो रहा था। 'द्वितीया' में यथार्थवाद ही था, आँगन के पार द्वार का रहस्यवाद नहीं, इसके प्रमाणस्वरूप उसी कविता की ये दो पंक्तियाँ भी द्रष्टव्य हैं :

तुम न मुझे कोसो, लज्जा से,
मस्तक मेरा झुका हुआ है।
उर में वह अपराध व्यक्त है,
ओठों पर जो रुका हुआ है।

ऐसी स्पष्टता से अपराध-भावना व्यक्त करनेवाली कविताएँ उस समय कम ही लिखी गई थीं। शब्द-चयन पर छायावादी शैली का रंग काफी है। अज्ञेय पंत-निराला की अपेक्षा प्रसाद से अधिक प्रभावित थे।

तनिक नियंत्रित तो कर पागल
अपना निष्फल प्राणोन्माद!
चुप हो जग के रौरव नाद।

ये पंक्तियाँ प्रसाद की नहीं, अज्ञेय की हैं। सितम्बर, '38 के 'रूपाभ' में छपी थीं। वैसे पंत की तरह वह जब-तब नारी की भंगिमा भी अपनाते थे :

तुमको रोकर विदा न दूँगी—
आँखों से ओझल होने तक कहती यही रहूँगी।

नेमिचन्द्र जैन में वैराग्य-भावना अधिक थी। अगस्त, '37 के 'हंस' में :

सपना है जगत एक,
पल में होता विलीन,

1. 'तार सप्तक', प्रथम संस्करण

समझा सच उसे देख,
जोड़ नाते अनेक
क्या-क्या नहिं झेला?
वह चला अकेला।

इस वैराग्य का सम्बन्ध प्रेम से भी था, यह अगले वर्ष 'हंस' में प्रकाशित उनकी एक रचना से मालूम हुआ। यथा :

मैं तो एक भिखारी रानी।
मेरा इस जग में परिचय क्या?
जग में कोई न अपना मेरा।
मुझको वैभव क्या, संचय क्या?

भारत भूषण अग्रवाल की स्थिति नेमिचन्द्र से अच्छी थी :

बिन्दुओं का लास
बादलों का रुदन, रानी! पल्लवों का ह्रास।

छायायादी कवियों में निराला की परुषता से कतराते हुए उन्होंने पंत की तरलता अपनाई :

तरल वह मुसकान
खिल उठा मधु-अधर पर यह किस प्रणय का गान?

ये कविताएँ '39 के 'हंस' में छपी थीं। पंत जब छायावाद से विदा लेने की घोषणा कर चुके थे, तब अज्ञेय-नेमि-भारतभूषण छायावादी शैली में काव्य-रचना का अभ्यास कर रहे थे। पंत के अलावा केदार और नरेन्द्र नया रास्ता बनाकर काफी आगे बढ़ आए थे। निराला 'खजोहरा' और 'कुकुरमुत्ता' लिख रहे थे जिनकी बोल-चाल की शैली नये यथार्थ-चिन्तन के अनुरूप थी। 'खजोहरा' में निराला ने रवीन्द्रनाथ की एक प्रसिद्ध कविता 'विजयिनी' पर व्यंग्य किया, जिस 'विजयिनी' का भावानुसरण करने के लिए 'भावों की भिड़न्त' नामक प्रसिद्ध लेख में उन्हें विरोधी आलोचक से बहुत खरी-खोटी सुननी पड़ी थीं।

खुश हो बुआ ने नहाने की ठानी।
उतरीं ज्यों टैगोर की विजयिनी हों।

प्रभाकर माचवे का कहना है कि जनवरी, '39 के 'विशाल भारत' में अज्ञेय ने उनकी दो 'इम्प्रेशनिस्ट' कविताएँ छापीं : "मेरे लेखे तब से ही हिन्दी में नई कविता शुरू हुई।" ('मेपल' की भूमिका)

जनवरी, '39 के 'विशाल भारत' में 'चलता दर्शन' शीर्षक से प्रभाकर माचवे की दो कविताएँ भी थीं। शीर्षक के बाद लिखा था : 'दो इम्प्रेशनिस्ट कविताएँ'। पहली कविता 'अर्थशास्त्र' में चना-चबेना खानेवाला कवि किसानों के घर जाता है और उसका 'सोशलिस्ट' मित्र अर्थशास्त्र का ग्रंथ घोटता रह जाता है। दूसरी कविता है 'देहाती मेले', जिसमें पुतलीघर, काला धुआँ उगलनेवाली भीषण चिमनियों, होटल, बाइस्कोप और मोटरों की चर्चा करने के बाद उन्होंने लिखा था :

मशीन युग के शाप-चिह्न, यह
प्रकृति के कौमार्य अमल पर
बलात्कार...
जी मिचला आया
आँख मूँद लीं।
अकर्मण्य मैं कैसा?
छि: छि:—

इन दिनों उन पर सेवाग्राम का बहुत प्रभाव था। यथा :

शुद्ध नीर औ' सादा भोजन
हरा शाक औ' दुग्धायोजन :

तथा :

सादा भोजन, सादा लिबास
सादा लेखन औ' वाग्विलास
देवत्व सदा करता निवास
जिसके संग जिसके आसपास। ['विश्ववाणी', अप्रैल, '41]

पंत-निराला-नरेन्द्र की अपेक्षा प्रभाकर माचवे सन् '41 तक गांधीवादी विचारधारा और मैथिलीशरण की भाव-धारा के अधिक निकट थे।

गजानन माधव मुक्तिबोध अभी छायावादी शैली में काव्य रच रहे थे :

वर्षा के बिखरे श्यामल
मेघों पर रक्त किरण-धारा-सी!
जीवन आलोकित करती है
निश्चित भव्य सतत ज्वाला-सी—
कोटि-कोटि नारी वक्षों की
जिनमें मधुमय रूपज्ज्वाला;

उससे कहीं अधिक सम्मोहक
रवि की सान्ध्य सुनहली माला
उसके अन्तर में जलती है,
एक सुदूर स्वप्न-सी सन्तत।
जीवन एक मधुर ज्वाला है
चिर स्वतंत्र, व्योमोन्मुख, उन्नत? [उप., अगस्त, '41]

इससे भिन्न भाव-बोध वाली, भिन्न शैली में लिखी शमशेर की यह कविता तुलनीय है जो सितम्बर, '38 के 'रूपाभ' में छपी थी :

फिर भी क्यों मुझको तुम अपने बादल में घेरे लेती हो
मैं निगाह बन गया स्वयं
जिसमें तुम आँज गईं अपना सुरमई साँवलापन हो!
तुम छोटा-सा हो ताल—घिरा फैलाव, लहर हल्की-सी,
जिसके सीने पर ठहर शाम
कुछ अपना देख रही है उसके अन्दर,—वह अँधियाला,
कुछ अपने साँसों का कमरा,
पहचानी-सी धड़कन का सुख,
कोई जीवन की आने वाली भूल!

शाम, बादल और ताल हिन्दी की और बहुत-सी कविताओं में हैं लेकिन शमशेर ने इनसे जो काम लिया है, वह अद्‌भुत है। सुरमई साँवलेपन में आँजी हुई निगाह, ताल के सीने पर ठहरी हुई शाम, साँसों का कमरा, जीवन की आनेवाली भूल का सुख। अज्ञेय की 'द्वितीया' से तुलना कीजिए, स्थूल और सूक्ष्म संवेदनाओं का अन्तर स्पष्ट हो जाएगा।

सन् '40-'41 के आसपास नेमिचन्द्र जैन, भारतभूषण अग्रवाल, मुक्तिबोध आदि की विचारधारा बदलने लगी और ये मार्क्सवाद की ओर उन्मुख हुए। उन दिनों सुभाषचन्द्र बोस से लेकर साम्यवादियों तक वामपक्ष की ओर झुकाव रखनेवाले सभी राजनीतिज्ञ गांधीवाद के विरोधी थे। नेमिचन्द्र जैन अपने मित्रों में गांधीवाद-विरोधी प्रचार करते थे और उन्हें मार्क्सवाद का महत्त्व समझाते थे। जब शुजालपुर मंडी में नारायण विष्णु जोशी के यहाँ जुआर की फूली और भुनी मूँगफली खाते हुए तरुण अध्यापक-साहित्यकार वाद-विवाद में विश्व-समस्याएँ हल करनेवाले थे, तभी 'नेमी बाबू ने गाँधीवाद पर जोरदार हमला करना शुरू किया' और 'नेमी बाबू की आलोचना के प्रखर प्रकाश में कवि मुक्तिबोध की पुरानी छायावादी भावुकता काफूर हो गई।'

'हंस' में गांधीवादी राजनीति की आलोचना करते हुए मैंने तीन लेख लिखे थे। ये लेख नेमी बाबू को बहुत पसन्द थे। अब तक वह प्रगतिशील लेखक संघ के सक्रिय सदस्य हो गए थे। और मैं दूर था। मेरे बारे में उस समय मित्र लोग क्या सोच रहे हैं, इसकी जानकारी मुझे बाद को हुई। 'तार सप्तक' के प्रकाशन और प्रगतिशील साहित्यिक आन्दोलन में मेरी विध्वंसकारी भूमिका से उस जानकारी का गहरा सम्बन्ध है।

सन् '41 की गर्मियों में नेमिचन्द्र जैन : 'पर मुझे रामविलास जी के जो तीन लेख अहिंसा के प्रयोगों से सम्बन्धित छपे हैं, वे बहुत पसन्द आए हैं। साथ ही मुझे एक आश्चर्य भी लगता है कि जो व्यक्ति इतनी पैनी दृष्टि से गांधीवादी ढोंग को परख सकता है, उसे प्रगतिशील साहित्य, या कि प्रगतिवाद से क्यों विरोध होना चाहिए।...उनमें समझ और दृष्टि का पैनापन हिन्दी के साधारण पाठक और लेखक से कहीं ज्यादा है। और वैसा आदमी आन्दोलन के लिए लाभप्रद सिद्ध हो सकता है।'

कुछ दिन बाद पुन: नेमिचन्द्र : 'उनकी जो कुछ प्रगतिवादियों से घृणा है, वह शायद स्वाभाविक ही है।...जब तक साहित्यिक (मेरा अर्थ है, प्रगतिवादी साहित्यिक) केवल मस्तिष्क की, दिमागी हरकत से ही अपने कर्तव्य की इतिश्री मानता है तब तक यह अच्छा साहित्य नहीं लिख सकता।'

उन्हीं दिनों प्रकाशचन्द गुप्त : 'रामविलास जी को साथ ले लिया—बधाई। मैं उनकी योग्यता और प्रतिभा मानता हूँ। उनके क्या भ्रम थे? कहाँ तक वह पी.डब्ल्यू.ए. (प्रगतिशील लेखक-संघ) का साथ दे सकेंगे? उनका दृष्टिकोण उग्र और स्वतंत्र तो रहा ही है। किन्तु व्यक्तिवादी हैं न?'

तात्पर्य यह कि मेरी उग्रता और व्यक्तिवादिता स्वाधीनता-प्राप्ति से पहले की है, बाद की नहीं।

नई कविता : 'तार सप्तक' और उसके बाद

सन् '43-'44 में पंत-नरेन्द्र-केदार-शमशेर कविता की जिस धारा के प्रतिनिधि हैं, 'तार सप्तक' उसमें प्रवाह की एक लहर है, नदी का स्थिर द्वीप नहीं।

यौन-आवर्जनाओं से पीड़ित नरेन्द्र शर्मा का मन कहता था :

देख अपने को अकेली पास मेरे,
अचक विद्युत की चमक में झेंप जाती;
कुछ न कह पाती, सुना पाती न उर की बात।

और 'तार सप्तक' में प्रतीकों के मिस अज्ञेय :

थके पंखों को समेटे—
आसरे की माँग पर विश्वास की चादर लपेटे :
चंचु की उन्मुख विकलता के सहारे
नम रही ग्रीवा उठाए—
सिहरता-सा, काँपता-सा...इत्यादि।

दोनों के भाव-बोध का स्तर एक है, अन्तर अभिव्यंजना-शैली में है। अज्ञेय हर जगह प्रतीकों का सहारा लें, यह आवश्यक न था :

आह, मेरा श्वास है उत्तप्त—
धमनियों में उमड़ आई है लहू की धार—
प्यार है अभिशप्त—
तुम कहाँ हो नारि?

प्राणों की सीधी कातर पुकार यहाँ प्रतीकों का इन्तजार नहीं करती। 'तार सप्तक' के कवि यौन-जीवन के बारे में यथार्थवादी ढंग से लिख रहे थे; इस यथार्थवाद में कहीं नये विवाहित जीवन की रंगीनी थी, कहीं अतृप्त प्रेम की कुंठा। गिरिजाकुमार माथुर केसर रंग रँगे वन, पहले ही पहले चुम्बन की ललाई, रेशमी चूड़ी का टुकड़ा, रेशम सेज कोच, वनफूलों की सोंधी सुगन्ध से मन बहला रहे

थे। नेमिचन्द्र जब-तब 'मधुर अनमनी उदासी' से परेशान होते थे लेकिन सबसे ज्यादा खराब हालत थी भारतभूषण की :

छलककर आई न पलकों पर विगत पहचान;
मुसकरा पाया न ओठों पर प्रणय का गान;
ज्यों जुड़ीं आँखें, मुड़ीं तुम, चल पड़ा मैं मूक—
इस मिलन से और भी पीड़ित हुए ये प्राण।

प्रेम और प्रगतिशील विचारधारा में कोई आन्तरिक विरोध नहीं। लेकिन स्वामी विवेकानन्द से प्रभावित होनेवाले क्रान्तिकारी यह समझते आए थे कि क्रान्ति और ब्रह्मचर्य का अटूट सम्बन्ध है, जैसे आजकल के बहुत-से कवि और कहानीकार समझते हैं कि आधुनिकताबोध का अटूट सम्बन्ध परकीया-प्रेम से है। 'तार सप्तक' के कवियों ने कुछ समस्याएँ अपने लिए खुद गढ़ ली थीं लेकिन कुछ समस्याएँ उनकी सामाजिक स्थिति और उनकी आकांक्षाओं के द्वंद्व से उत्पन्न हुई थीं। उनकी सामाजिक स्थिति मध्यवर्ग के साधारणवित्त लोगों की थी; आकांक्षा जनक्रान्ति द्वारा सामाजिक जीवन में आमूल परिवर्तन करने की थी। इस अन्तर्द्वंद्व के प्रति मुक्तिबोध सबसे अधिक सचेत थे। 'तार सप्तक' के वक्तव्य में उन्होंने अपने मानसिक द्वंद्व और मन की गुप्त अशान्ति का उल्लेख किया है। किन्तु उनसे पहले नरेन्द्र शर्मा 'मिट्टी और फूल' की भूमिका में लिख चुके थे : "मैं मन की दुर्बलताओं का कवि हूँ। बालू की भीत खड़ी करके हवाई किले बनानेवाले अर्द्धशिक्षित मध्यवर्ग का एक सामान्य युवक है भी कितना दुर्बल प्राणी!" यह तो हुई सामाजिक स्थिति और उससे उत्पन्न होनेवाली लेखक की मजबूरी। अब देखिए उसकी आकांक्षा : "अपनी सक्रिय शक्ति से प्रतिकूल वस्तु-स्थिति को बदलने, अर्थात् उसे सामाजिक प्रगति के अधिक अनुकूल बनाने की लगन, और जर्जर संस्कारों से अपनी मुक्ति को नव-निर्माण में सार्थक बनाने से ही कवि प्रगतिशीलता की ओर अग्रसर हो सकता है।"

एक दिन इन्दौर के उत्साही युवकों में, जहाँ प्रगतिशील साहित्य पर चर्चा हो रही थी, प्रभाकर माचवे अज्ञेय को खींच ले गए। वहाँ अज्ञेय ने कहा : "कलाकार एक प्रकार के मानसिक संघर्ष में जिया करता है। संघर्ष कला की जननी है। यह संघर्ष संकल्प और परिस्थिति में चला करता है।" नरेन्द्र शर्मा की बात दूसरे शब्दों में अज्ञेय ने कही।

संघर्ष केवल संकल्प और परिस्थिति में नहीं था, संकल्प और विकल्प में भी था। अपने में सीमित रहें या समाज को देखें—यह समस्या थी। अज्ञेय ने लिखा :

अहं! अन्तर्गुहावासी! स्वरति!
क्या मैं चीन्हता कोई न दूजी राह?
जानता क्या नहीं निज में बद्ध होकर
है नहीं निर्वाह?

['कविश्री', पृ. 22]

कवि जब अन्तर्गुहावास का विकल्प त्याग देता था, तब वह संकल्प की ऐसी कविताएँ लिखता था :

यह जो मिट्टी फोड़ता है
मड़िया में रहता है और महलों को बनाता है
उसकी मैं आस्था हूँ। ['इन्द्रधनु रौंदे हुए ये', पृ. 19]

अथवा वह गाता था :

इन्हीं तृण-फूस-छप्पर से
ढके ढुलमुल गँवारू
झोंपड़ों में ही हमारा देश
बसता है।
इन्हीं के ढोल-मादल-बाँसुरी के
उमगते सुर में
हमारी साधना का रस
बरसता है। ['कविश्री', पृ. 27]

कोई पहले, कोई बाद में, 'तार सप्तक' के कवियों का संकल्प वही था जो नरेन्द्र शर्मा और 'रूपाभ' के अन्य कवियों का था। नरेन्द्र शर्मा ने उन दिनों सरल भाषा में अपनी व्यक्तिगत वेदना का पुट देते हुए अनेक बहुत जोरदार राजनीतिक कविताएँ लिखी थीं। शिवमंगल सिंह 'सुमन' 'मौस्को अब भी दूर है', 'बंगाल का अकाल' आदि रचनाओं में ओजपूर्ण वक्तृत्व-कला का आभास देते हुए श्रोताओं को अपने साथ बहा ले जाते थे।

'तार सप्तक' से पहले और बाद को प्रगतिशील कविता का जो विकास हुआ, उसमें अनेक कमजोरियाँ थीं। उन दिनों रूस में लाल फौज की वीरता से प्राय: सभी लेखक प्रभावित थे। अनेक प्रगतिशील कवियों ने लाल फौज पर कविताएँ लिखीं जिनमें अक्सर भोंडी तुकबन्दी और निरर्थक शब्द-जाल के दर्शन होते थे :

व्योम में सगर्व जा रहा सगर्व सैन्य लाल।

इस पंक्ति में एक 'सगर्व' से भी काम चल सकता था। आगे एक पंक्ति है :

भूमि पै चला रही सधीर वीर अंगना।

इसके जोड़ की तुक मिलाने के लिए यह पंक्ति :

किन्तु धैर्य की दिवाल हो जरा भी भंग ना!

'अंगना-भंग ना' के तुक-समारोह से परेशान होकर कुछ कवि अब एकदम अतुकान्त हो गए हों तो आश्चर्य क्या?

दूसरी तरह की तुकबन्दी लोकगीतों की तर्ज पर है जिसमें प्रचार-मोह ने कविता को ढँक लिया है। यथा :

पूँजी के युग का अस्तकाल,
यह है जब सुन लो यही हाल;
इक ओर पड़ेगा रे अकाल,
दूसरी ओर धन से बिहाल!

तीसरी पंक्ति में 'रे' मात्रा पूर्ति के लिए पंत के अनुकरण पर बिठाया गया है।

लाल झंडे पर भी लिखा जाए, लेकिन यह भी क्या कि फूल-पत्तियों में भी लाल झंडे दिखाई देने लगे! कवि ने देखा :

चिलचिलाता ज्येष्ठ का यह द्विप्रहर
खिलखिलाता श्रेष्ठवर्णी गुलमुहर।

गुलमुहर का रंग देखते ही उसकी कल्पना पर लाल रंग चढ़ा और उसने लिखा :

पढ़ रहा हूँ, लाल परचम की विजय,
गढ़ रहा हूँ मृत्तिका से रक्तमय...इत्यादि।

['विश्ववाणी', नवम्बर, '45]

यद्यपि अधिकांश प्रगतिशील कवि मध्यम वर्ग के थे, तथापि कविता में अपने को सर्वहारा कल्पित करके वे मध्यवर्ग को गालियाँ देते थे। और गालियाँ भी ऐसी नहीं, जैसी मजदूर देते हैं वरन् निहायत शालीन और नीरस :

लहू नहीं, गोमूत्र बहता इन जिस्मों में,
इसी से सदा डरते, क्रान्ति में नवीनता से घबराते।

ये कवि अपनी कविताओं में कम्यूनिस्ट पार्टी के राजनीतिक कार्यक्रम को ढालने का प्रयत्न करते थे। कम्यूनिस्ट पार्टी कहती थी, यह आजादी झूठी है। कवि ने लिखा :

इत्ते से पानी से बुझने वाली किसकी यहाँ तृषा?
पहिले से ही गरजने वाली यह आजादी मृषा मृषा!

['हंस', मई, '47]

'गरजने वाली' को एक मात्रा घटाकर पढ़ना जरूरी है। 'आजादी' के साथ 'मृषा' का जोड़। इतने की जगह देहाती 'इत्ते' का प्रयोग। सर्वत्र कला के प्रति असावधानी का निदर्शन।

प्रभाकर माचवे की एक कविता का अर्थ अज्ञेय की समझ में न आ रहा था। पूछने पर माचवे ने लिखा : 'एक पूरी की पूरी पंक्ति मैं भूल गया हूँ। इन पंक्तियों को यों पढ़िए...या अपने मन से दुबारा लिख लीजिए, या निकाल दीजिए। अर्थ पाने का सबसे अच्छा (जैनेन्द्राइट) तरीका यह है कि उस हिस्से या वाक्य को काट दिया जाए।' कला के प्रति निर्वैयक्तिक तटस्थता का इससे बड़ा दूसरा प्रमाण और क्या होगा?

ऊपर सगर्व सैन्य लाल से लेकर मृषा मृषा तक पंक्तियाँ प्रभाकर माचवे की रचनाओं से उद्धृत की गई हैं। उन्हें शिकायत है कि हिन्दी में उनका उचित मूल्यांकन नहीं हुआ। मुझे उनसे सहानुभूति है। फिर भी उनके लिए विकल्प है। 'आँगन के पार एक द्वार और है'—मराठी का। जरा उनकी स्थिति पर ध्यान दीजिए जो केवल हिन्दी के हैं और निर्विकल्प हैं।

किन्तु शिल्प की दृष्टि से नई कविता पर—साठोत्तरी नई कविता पर भी—प्रभाकर माचवे का यथेष्ट प्रभाव है, इसे सभी स्वीकार करेंगे। 'काम में तरक्की हो, ओहदा बढ़े, कमानेवालों की खैर रहे, औलाद बढ़ती रहे, मिल जाए पाव भर आटा'—'तार सप्तक' की एक कविता में ये पंक्तियाँ—जिन्हें मैंने यहाँ एक साथ लिख दिया है—पढ़कर आप मानेंगे कि नई कविता में जो गद्यात्मकता है, उसकी नस सबसे अच्छी तरह प्रभाकर माचवे ने पहचानी थी।

यह आवश्यक नहीं कि कवि का जैसा शिल्प हो, वैसे ही उसके सिद्धान्त भी हों। केदारनाथ अग्रवाल के कविता-संग्रह 'युग की गंगा' की आलोचना करते हुए 'हंस' में माचवे ने लिखा कि उसमें कई ऐसे टुकड़े हैं 'जिन्हें हम मजे से गद्य में भी रख सकते हैं।' भय की बात यह थी कि 'केदार की कविता की अनुकृति यदि बढ़ेगी तो हिन्दी कविता भी एकदम गद्य हो जाएगी, समतल।' ('हंस', जून, '47)

गद्य-गद्य में फर्क होता है। केदार और माचवे की गद्यात्मकता में फर्क था। केदार और माचवे की प्रगतिशीलता में भी फर्क था। 'अवध की धरती और उस पर लहराते हुए अन्न के पौधे, फल-फूल, वनस्पतियों और नीले आसमान में चमकते हुए चाँद-तारे कविता के बाद, ध्वनि और लय में रम गए हैं।'—मैंने 'युग की गंगा' के बारे में उस समय लिखा था। केदार ने पुस्तक की भूमिका में अपनी विचारधारा की खुली घोषणा की थी : "हिन्दी का यह युग समाजवाद, यथार्थवाद, प्रगतिवाद और मार्क्सवाद का युग है।" प्रभाकर माचवे केदार की कविताओं से अधिक भूमिका में उनकी विचारधारा से प्रभावित थे। उन्होंने सुझाव

दिया : "केदारनाथ को 'मार्क्सिज्म एंड पोयट्री' जैसी एक पुस्तक हिन्दी को देनी चाहिए।" ('हंस', जून, '47)

उन दिनों नई कविता इस समाजवाद और यथार्थवाद वाली कविता को ही कहते थे। 'नई कविता के सम्बन्ध में आत्मविश्वास हो वह लिखते हैं...' प्रभाकर माचवे ने यहाँ 'नई कविता' उस धारा को कहा है जिससे केदार और वह स्वयं सम्बद्ध थे।

केदार के रंग से मिलते-जुलते रंग में लिखनेवाले, जनजीवन से अति निकट से परिचित एक प्रतिभाशाली कवि और थे—त्रिलोचन। केदार का महत्त्व पहचानते हुए और नई कविता से पुरानी कविता का भेद बतलाते हुए उन्होंने यों कुछ लिखा था, वह कविता के नये प्रतिमानों की खोज करनेवालों के ध्यान देने योग्य है। लिखा था : "नई हिन्दी कविता पुरानी कविता से अनेक बातों में इतनी भिन्न है कि उसको पहली दृष्टि में ही सहज भाव से पहचान लेना सरल नहीं। पुरानी कविता में केवल भाव, विभाव और अनुभाव को रस का संस्कार देकर आकर्षक और सुरुचिपूर्ण ढंग से प्रस्तुत करने की परम्परा पाई जाती है, उसके विपरीत नई कविता में सम्बन्धों के मूल कारणों का भी अनुसंधान करने की प्रवृत्ति है। फलत: नई कविता में आलोचना, हास्य और व्यंग्य के तत्त्व भी पुष्कल रूप में विनियुक्त हैं।" ('हंस', जून, '47)

त्रिलोचन कवि होने के साथ शास्त्री भी थे। अधिकारी विद्वान की तरह उन्होंने विभाव-अनुभाव के दायरे में घूमनेवाली कविता से नई कविता की भिन्नता दरसाई थी।

इन दिनों गिरिजाकुमार माथुर का दूसरा कविता-संग्रह 'नाश और निर्माण' प्रकाशित हुआ। 'तार सप्तक' के बाद अब वह उस मंजिल तक पहुँचे जहाँ मुक्तिबोध, नेमिचन्द्र आदि पहुँच चुके थे, जहाँ नरेन्द्र शर्मा 'तार सप्तक' से पहले पहुँचे थे। कविता-संग्रह की भूमिका में उन्होंने संकल्प और परिस्थिति के द्वंद्व की बात इस तरह दुहराई : "इस संग्रह में आप इस युग के एक मध्यवर्गीय व्यक्ति के सामाजिक, शारीरिक और मानसिक संघर्षों की उन दशाओं को पाएँगे जिनसे गुजरकर वह एक मंजिल से दूसरी तक पहुँचा है।" कौन थकान हरे जीवन की; हम जिस पर बरबाद हुए, वह एक सपना ही निकला आखिर में; हम जीवित हैं मरने भर को—ये नाश के स्वर थे। किन्तु विषाद के मीठे रूमानी गीत गाने के अलावा गिरिजाकुमार ने व्यथा की गहराइयों की थाह भी ली और नये उपमानों-प्रतीकों से काव्य को नई अभिव्यंजना-शक्ति दी :

बीते वर्षों के कुहरे में से निकल रहे,
ये सुधियों के साँवले प्रेत,
जिनकी अशेष छायाओं से,

भारी जीवन की रात हुई।
नभ की सीमाएँ निगल रहा
भूरे तम का भारी अजगर,
चितकबरे बादल मन्द हवा की रेखाओं पर चलते हैं।

इस तरह की रचनाएँ भी यथार्थवाद के अन्तर्गत माननी चाहिए। बाहर जो दिखाई दे, उसका चित्रण यथार्थवाद, और भीतर जो दिखाई दे, उसका चित्रण छायावाद—इस तरह का विभाजन गलत है। 'तार सप्तक' की अधिकांश रचनाओं में रेशमी सपने देखने के बाद अब गिरिजाकुमार विन्ध्या के ऊँचे-नीचे टीलों, झाड़-झंखाड़ के बीच अपना गाँव, गैस की रोशनी में तम्बाकू पीते किसानों को देख रहे थे और पनचक्की का स्वर सुनते थे। केदार का यथार्थ-बोध जैसे अवध-सीमान्त के गाँवों से बँधा हुआ था, वैसे ही गिरिजाकुमार का यथार्थ-बोध विन्ध्या के टीलों और पठारों से सम्बद्ध था। इसके साथ अब उनकी राजनीतिक चेतना में निखार आया था। अंग्रेजी राज में भारत की पराधीनता से व्यथित होकर उन्होंने बड़ी आत्मीयता से लिखा था :

मेरी छाती पर रखा हुआ
साम्राज्यवाद का रक्त-कलश
मेरी छाती पर फैला है
मन्वन्तर बनकर मृत्यु-दिवस।

नरेन्द्र शर्मा के बाद गिरिजाकुमार माथुर ने बड़ी समर्थ राजनीतिक कविताएँ लिखी थीं जो अपनी चित्रमयता में अद्वितीय थीं।

विकास की यही दिशा मुक्तिबोध की थी किन्तु उनका आत्मसंघर्ष औरों से विकट था। अन्तर्विरोध हर व्यक्तित्व में होता है किन्तु मुक्तिबोध में यह अन्तर्विरोध इतना तीव्र हो गया था कि उसने विघटन का रूप ले लिया था। मुक्तिबोध का आत्मसंघर्ष एक विभाजित व्यक्तित्व का आन्तरिक संघर्ष था। यह संघर्ष अनेक स्तरों पर, अनेक परस्पर-विरोधी प्रेरणाओं, आवेगों और आस्थाओं के बीच था। मुक्तिबोध अपने जीवन में बहुत ही विनम्र, नि:स्वार्थ और परदु:खकातर थे। साथ ही अहंकार की मात्रा उनमें निराला से कुछ ही कम थी। वह जानते थे कि समाज में आमूल परिवर्तन किए बिना उनके और दूसरों के व्यक्तित्व की समस्याएँ हल नहीं हो सकतीं। पर उनमें त्वरित और आत्मसम्मोहन की भावना गिरिजाकुमार माथुर से अधिक और अज्ञेय से कुछ कम थी। वह सामाजिक परिवर्तन के मार्क्सवादी तौर-तरीके पहचानते थे किन्तु उनमें कभी-कभी नज़रुल इस्लाम के अतिमानववादी या अराजकतावादी स्वर भी मुखर हो उठते थे। वह समाज-व्यवस्था से विद्रोह करने के साथ अपने से भी विद्रोह कर उठे थे। उनमें जितना आत्मविश्वास था, उतना ही

पराजय का भय। वह जीवन के उल्लास से आकृष्ट थे और मृत्यु की विभीषिका से भी। वह उज्जैन में प्रगतिशील लेखक संघ के संगठनकर्ता थे और अन्तर्मन की गुहा में निर्वासित एकाकी कवि भी। कुल मिलाकर उन्हें अच्छे मित्र मिले थे और वह मित्रों के सुख-दु:ख का बहुत खयाल रखते थे। और 'तार सप्तक' के कवियों में अकेलेपन का भाव उनमें सबसे तीव्र था। वह परिवार से टूटे हुए और उससे अटूट रूप से जुड़े हुए थे। ज्ञान की जैसी चाह थी, वैसी ही प्रबल आकांक्षा साहित्य रचने की थी। परिस्थितियाँ प्रतिकूल थीं और मन ही नहीं, तन की शक्ति भी पूरी तरह साथ न देती थी।

प्राण की है बुरी हालत
और जर्जर देह, यह है खरी हालत।

ये पंक्तियाँ 'तार सप्तक की 'आत्मसंवाद' कविता में हैं। इसमें मुक्तिबोध के दो मन परस्पर वार्तालाप करते हैं। तार्किक मन दूसरे दुखी मन को तरह-तरह के तर्कों से फुसलाता है; दूसरा मन तर्कों की बौद्धिक काट न करके हकीकत बयान करता चलता है। ऊपर की पंक्तियाँ इसी दूसरे मन की हैं। पहला मन 'उग्र-द्रष्टा' है, दूसरा मन 'पथभ्रष्ट' है। 'व्यक्तित्व और खँडहर' के साथ दिये हुए नोट में मुक्तिबोध ने व्यक्तित्व के 'विकेन्द्रित' होने का उल्लेख किया है और 'अवचेतन' से उसका सम्बन्ध जोड़ा है। 'परन्तु यह विकेन्द्रीकरण अन्तर्बाह्य-विरोध, परिस्थिति-विरोध, आत्म-विरोधों के द्वारा शुरू होता है'—इस वाक्य में उन्होंने स्थिति का बहुत सही चित्रण किया है।

मुक्तिबोध के मन में कहीं यह संस्कार था कि ईश्वर है और इस संस्कार से वह लड़ते थे। 'उसने ईश्वर-संहार किया, पर निज ईश्वर पर स्नेह किया'—ऐसे वाक्य संशयपीड़ित ईश्वरवादी ही लिखता है। मुक्तिबोध जानते थे कि मनुष्य का ज्ञान चिरन्तन विकासमान है। जिसे जानना है, वह अनन्त है। जो जाननेवाला है, वह देश-काल से बँधा हुआ है। फिर भी उनके मन में ललक थी कि पूर्ण सत्य प्राप्त हो। 'क्योंकि प्रकृति से सूर्य सत्य हूँ', 'मैं अखंड, खंडित प्रतिभा पर'—इस तरह की पंक्तियों से यह ललक प्रकट होती है।

अन्तर्विरोधों को समझने, विवेक और मनोबल से उन्हें दूर करने का प्रयत्न वह बराबर करते रहे। 'जीवन यह ऊँचा उठ जाए', 'ज्योतित हों मुख नव आशा से'—इस तरह के संकल्प वह दुहराते रहे। गुफा, गर्त, आकाश, समुद्र आदि के प्रतीक 'तार सप्तक' में आ चुके हैं जिन्हें बाद में उन्होंने काफी दुहराया। त्रास की भावना भी अनेक कविताओं में प्रकट हुई है। कहीं-कहीं उनके उपमान चौंका देनेवाले हैं :

अन्तर्मन यह टार रोड के अन्दर नीचे बहने वाली
गटरों से भी है अस्वच्छ अधिक।

इस मूर्तिविधान का सम्बन्ध कहीं निराला से भी है। 'नूतन अहं' की अन्तिम तीन पंक्तियाँ ये हैं :

अहंभाव उत्तुंग हुआ है तेरे मन में
जैसे घूरे पर उट्ठा है
धृष्ट कुकुरमुत्ता उन्मत्त।

मुक्तिबोध के विभाजित व्यक्तित्व के सभी तत्त्व और उनके कवित्व की अनेक मूल भंगिमाएँ 'तार सप्तक' में विद्यमान हैं। जो लोग नई कविता के लिए मुक्तिबोध का युगान्तरकारी महत्त्व स्वीकार करते हैं, उन्हें 'तार सप्तक' का भी युगान्तरकारी महत्त्व स्वीकार करना चाहिए, इसलिए कि उसमें मुक्तिबोध की रचनाएँ छपी थीं।

विभाजित व्यक्तित्व की वेदना मुक्तिबोध की अपनी अकेली वेदना नहीं थी। निराला उस नरक-त्रास से अच्छी तरह परिचित थे जिसकी झलक मुक्तिबोध ने अन्तर्मन की गुहा में देखी थी। नवम्बर, '44 के 'हंस' में मुक्तिबोध की कविता छपी है : 'जीवन की लौ'। निराला अपने जीवन में जो नित मृत्यु-लीला देख रहे थे, उसे बहुत सधी निगाह से मुक्तिबोध ने भी देखा था और बहुत संयत स्वरों में उसका वर्णन किया था :

जलते अंगारे लाल बुझ चले
मन के।
ज्यों कभी यकायक वायु ठहर जाती है
वन के उजले सूनेपन में,
और घूरने लगते हैं बरगद पथराई आँखों से,
फैले रीतेपन की विराट् लहरों को,
त्यों मन के अन्दर प्राण खो चले।

एक प्रगतिवादी आलोचक, जो अब मुक्तिबोध के परम प्रशंसक हो गए हैं, उपर्युक्त कविता के शीर्षक में 'जीवन' और 'लौ' देखकर बहुत प्रसन्न हुए थे और उन्होंने यह विचार प्रकट किया था कि निराशा अब जल गई है; साथ ही समाज-शास्त्रीय विश्लेषण यह किया कि इस कविता में 'मध्यवर्गीय समाज का खोखलापन उभारकर दिखाया गया' है!

मुक्तिबोध की एक कविता है : 'मध्य-वित्त'। इसमें कालिदास के उत्तराधिकारियों का चित्रण इस प्रकार है :

बेच रहा है कालिदास सड़कों पर कंघी
लगा चाय दुकान यक्ष सबका है संगी।
विरहिणि भार्या धनकुबेर पर रंग-बिरंगी।

स्वाधीनता का दिन निकट आ रहा था और भारतीय समाज के अन्तर्विरोध भी तेजी से बढ़ रहे थे। ये अन्तर्विरोध निराला के 'नये पत्ते' और 'बेला' की भी काव्य-वस्तु हैं :

खुला भेद विजयी कहाए हुए जो,
लहू दूसरों का पिए जा रहे हैं!

समाज में यह अन्तर्विरोध था। 'झींगुर डट कर बोला', 'महगू महगा रहा' आदि में कांग्रेसी नेताओं की, 'मास्को डायलाग्स' में सम्पत्तिशील सोशलिस्टों की, 'राजे ने अपनी रखवाली की', 'खुशखबरी', 'दगा की' आदि कविताओं में निराला ने सामन्ती संस्कृति की आलोचना की :

कितने ब्राह्मण आए
पोथियों में जनता को बाँधे हुए।

इस तरह की प्रखर आलोचना निराला ने कविता में पहले कम ही की थी। अनेक कविताओं में उन्होंने नये यथार्थवादी ढंग के चित्र दिये; ये चित्र 'प्रकृति' के ही नहीं हैं, नगर के उस परिवेश के भी हैं जिससे निराला परिचित थे :

आरे, गंगा के किनारे
झाऊ के वन से पगडंडी पकड़े हुए
रेती की खेती को छोड़ कर...
हवाबाज ऊपर घहराते हैं...
रेलवे का पुल बँधा हुआ है...
पंडों के सुघर सुघर घाट हैं,
तिनके की टट्टी के ठाट हैं,
यात्री जाते हैं, श्राद्ध करते हैं,
कहते हैं, कितने तारे!

इस सबके साथ निर्वासित मन की वेदना का चित्र :

बाहर मैं कर दिया गया हूँ।
भीतर, पर, भर दिया गया हूँ।
ऊपर वह बर्फ गली है,
नीचे यह नदी चली है;
सख्त तने के ऊपर नर्म कली है;
इसी तरह हर दिया गया हूँ।
बाहर मैं कर दिया गया हूँ।

ऐसी थी नई कविता 'तार सप्तक' से स्वाधीनता-प्राप्ति तक। 'नाश और निर्माण', 'युग की गंगा', 'बेला' और 'नये पत्ते' उस काल के उल्लेखनीय कविता-संग्रह हैं। इनमें और इनसे बाहर प्रकाशित कविताओं से 'तार सप्तक' का घनिष्ठ सम्बन्ध है। कविता की धारा विभिन्न अन्तर्विरोधों को पार करती हुई आगे बढ़ती है। कवियों के अपने मानसिक द्वंद्व के अलावा मूल संघर्ष संकल्प और परिस्थिति में है। प्रगतिशीलता के अनेक स्तर हैं और माचवे तथा केदार की प्रगतिशीलता में यथेष्ट अन्तर है। कवियों में व्यक्ति और समाज, दोनों के अन्तर्विरोध देखने, उन्हें चित्रित करने का आग्रह है। हिन्दी कविता छायावाद से आगे यथार्थवाद की भूमि पर बढ़ रही है।

नई कविता : स्वाधीनता-प्राप्ति के बाद

हिन्दी के अनेक यशस्वी साहित्यकारों के लिए समाजवाद का जो आकर्षण स्वाधीनता-प्राप्ति से पहले था, वह बाद को न रह गया। स्वाधीनता-प्राप्ति से पहले पंत का विचार था कि 'इस युग की आर्थिक और राजनीतिक परिस्थितियों के कारण हमारे देश में भी इस बहुत ही बड़ी संख्या में नंगी और भूखी जनता का प्रश्न सबसे आवश्यक और महत्त्व का प्रश्न बन गया है।' ('रूपाभ', जुलाई, '38) स्वाधीनता-प्राप्ति के बाद उन्होंने इस नंगी-भूखी जनता को समझाया :

क्षण-भंगुर यह तन, आत्मा रे मुक्त चिरन्तन,
ईश्वर जग में व्याप्त, त्याग से भोगो भव जन। ['स्वर्ण-किरण']

स्वप्नलोक छोड़कर यथार्थ की कठोर धरती पर उतरने की घोषणा, जो सबसे पहले कर चुके थे, वही उस कठोर धरती को छोड़कर स्वप्नलोक की ओर उड़े भी सबसे पहले।

अज्ञेय के शेखर का विचार था : 'साहित्य—वह साहित्य, जो क्रान्ति की प्रेरणा दे...और क्रान्ति? एकपक्षीय नहीं, सर्वतोमुखी क्रान्ति।' सन् '47 में अज्ञेय ने 'प्रतीक' निकाला और इसमें घोषित किया कि वह 'जीवन के गहनतर स्तरों को उज्ज्वलतर आलोक से विशदतर रूप में प्रतिभासित करनेवाले साहित्य के खोजी हैं।' उन्होंने तर्क प्रस्तुत किया कि संघर्ष भी साहित्य की एक मौलिक प्रेरणा है लेकिन विकास संघर्ष के बिना भी होता है। फिर 'संस्कृति, साहित्य, कला आदि तो उतने प्रत्यक्ष संघर्ष के क्षेत्र नहीं हैं', इसलिए संघर्ष की चर्चा यहाँ और भी अनावश्यक है। एक तर्क और। वैज्ञानिक जब अपनी प्रयोगशाला में शोध करता है तो कोई नहीं कहता कि यह विज्ञान या जीवन से पलायन है। तब साहित्यकार को ही 'क्यों इस नाते अक्षम्य अपराधी माना जाए कि वह कला के लिए कला का प्रतिपादन करता है?' ('प्रतीक', ग्रीष्म, '47)

प्रयोगवाद की शुरुआत 'तार सप्तक' से नहीं होती; उसकी शुरुआत होती है सन् '47 में, 'प्रतीक' से। भारत स्वाधीन हो रहा है, सत्ता समृद्ध वर्ग के हाथ में आ रही है। ऐसे समय जीवन के गहनतर स्तरों को उज्ज्वलतर आलोक से विशदतर रूप

में प्रतिभासित करना ज्यादा सुसंस्कृत कार्य था। संघर्ष, समाजवाद, यथार्थवाद आदि की बातें निहायत निरर्थक मालूम होती थीं। मूल उद्देश्य था, साहित्य को सामाजिक हलचल के गर्द-गुबार से दूर रखना : 'कला के लिए कला का प्रतिपादन करना।'

'प्रतीक' के दूसरे अंक में नेमिचन्द्र जैन ने साहित्य के दो विभाग किए—एक 'अन्तर्मुखी साहित्य', दूसरा 'तथाकथित सामाजिक चेतना का साहित्य'। दूसरी तरह के साहित्य के बारे में उन्होंने लिखा कि 'वह प्राय: सारा का सारा अस्वीकार का साहित्य है, बचकाना और जैसे किसी साँचे में ढला हुआ। उसमें प्रचलित नारों और घिसे-पिटे विचारों की भरमार है।' प्रयोगवाद पर पहले चोट प्रगतिशील लेखकों ने नहीं की; प्रगतिशील साहित्य पर पहले आक्रमण किया, प्रयोगवादियों ने। ये प्रयोगवादी लेखक वे थे जो सन् '47 से पहले प्रगतिशील थे।

अन्तर्मुखी साहित्य के बारे में नेमिचन्द्र जैन ने लिखा कि उसमें 'एक तरह की तीखी तीव्रता है जो प्राय: पाठक को अवसन्न छोड़ जाती है क्योंकि स्वयं लेखक की छाती पर ही एक कटार रखी हुई है या उसकी पुकार किन्हीं खँडहरों में खो चुकी है।'

लेखक की छाती पर रखी हुई कटार—इस सूत्र के भाष्य-रूप में भारतभूषण अग्रवाल की यह कविता छपी, 'प्रतीक' के उसी अंक में :

धार है कटार में
तीखी और तेज
मेरी छाती पर बरसों टिकी रही है उसकी नोक
—और मैं जीता चला आया हूँ
सन्त्रस्त, भयभीत
प्रतिक्षण कम्पित, अधीर, नि:स्व, असहाय।

सन् '47 के बाद की नई कविता से इन पंक्तियों का कितना गहरा सम्बन्ध है, पाठक सहज ही देख सकते हैं।

जहाँ तक मुझे मालूम है, सन् '47 से पहले 'प्रयोगवाद' शब्द का व्यवहार नहीं हुआ। सन् '46 में शमशेर ने 'तार सप्तक' की जो आलोचना 'नया साहित्य' में की थी, उसमें प्रयोगों का जिक्र है, प्रयोगवाद का नहीं। 'प्रयोगवाद' शब्द की जरूरत तब हुई जब प्रगतिवाद के विरोध में एक नये वाद को स्थापित करना जरूरी हुआ। प्रयोग का कोई वाद नहीं होता, इसलिए शब्द की व्याख्या तरह-तरह से हुई।

सन् '51 में एक रेडियो गोष्ठी हुई, जिसमें पंत, भगवतीचरण वर्मा, अज्ञेय, धर्मवीर भारती और शिवमंगल सिंह 'सुमन' ने भाग लिया। इस समय साधारणत: प्रयोगवाद शब्द का व्यवहार कविता की विषयवस्तु—या केवल वस्तु—के सन्दर्भ में नहीं, उसके छन्द, शैली आदि के सन्दर्भ में ही किया जाता था। पंत ने कहा कि प्रयोगवादी कविता का इतिहास प्रसाद से आरम्भ होता है; सुमन ने कहा कि पंत

का 'पल्लव' बहुत बड़ा प्रयोगवादी काव्य है। (विनय मोहन शर्मा, 'प्रयोगवादी कविता'; 'कल्पना' जनवरी, '52)

सन् '52 में प्रभाकर माचवे ने लेख लिखा : 'हिन्दी की प्रयोगवादी कविता'। माचवे अब अपने को प्रयोगशील और प्रयोगवादी कहने लगे थे। 'हम प्रयोगशील कवियों ने', 'तार सप्तक' में अज्ञेय के मत 'सब प्रयोगवादी कवियों के नहीं हैं', इस तरह के वाक्यांश उस लेख में विद्यमान हैं। (प्रभाकर माचवे, 'हिन्दी की प्रयोगवादी कविता', 'कल्पना', मई, '52) इसी वर्ष नामवर सिंह ने प्रयोगवाद की आलोचना करते हुए लिखा : 'हिन्दी के ये प्रयोगवादी कवि कभी विषयवस्तु की चर्चा नहीं करते। सारा नया रूप-विधान नये रागात्मक सम्बन्धों के नाम पर केवल समाज-निरपेक्ष मध्यवर्गीय व्यक्ति की मानसिक बीमारियों का सहानुभूतिपूर्ण और मोहक अलंकरण है। इसी आत्महीनता के कारण वे विषयवस्तु पर जोर नहीं देते। 'चोर नारि जिमि प्रगट न रोई' वाली बात समझिए।'

प्रयोगवाद की शुरुआत प्रगतिवाद पर आक्रमण से हुई थी। प्रगतिवादियों के लिए यह स्वाभाविक था कि वे प्रयोगवाद की आलोचना करें। किन्तु साहित्य में विषयवस्तु ही सबकुछ नहीं है। सन् '47 के बाद एक ओर सामाजिक दायित्व से बचकर साहित्य रचने की प्रवृत्ति—पंत के रहस्यवाद, भारतभूषण आदि के प्रयोगवाद—में बलवती हुई, दूसरी ओर प्रगतिशील साहित्य में उग्र और संकीर्णतावादी रुझान प्रबल हुए। इन रुझानों का एक पक्ष यह था कि कला की अवहेलना करके केवल सामाजिक विषयवस्तु पर बल दिया जाए। सिद्धान्त के अलावा व्यवहार में बहुत-सी 'प्रगतिशील' कविताएँ ऐसी लिखी जाती थीं जिनमें चीत्कार-फूत्कार के अलावा न यथार्थवादी चित्रण होता था, न कलात्मक सौन्दर्य। कला के प्रति प्रगतिशील लेखकों की असावधानी की चर्चा करते हुए मैंने सन् '49 में लिखा था : "यह 'प्रगतिशील' शैली उन कवियों की देन है, जो अचानक प्रलय, तांडव और हुंकार से देश-विदेश ही नहीं, समूचे ब्रह्मांड को भस्म कर देना चाहते हैं।" 'प्रगतिशील' शैली की कविता का एक नमूना जो उस लेख में मैंने उद्धृत किया था, यह है :

जागो ओ किसानो आज
जागो ओ मजूरो आज
बागी के तड़पते गीत
भूखी अग्नि धुआँधार।

इस तरह की पंक्तियों को आज कोई कविता न कहेगा पर सन् '48-'49 में इस शैली की रचनाओं की भरमार थी। ऐसी कविताओं पर मेरी टिप्पणी यह थी : "यह बात आजमा कर देखी जा सकती है कि जो कवि किसानों-मजदूरों से जितना ही दूर होता है, उतना ही वह उन्हें जगाने के लिए हुंकार और धुआँधार की ध्वनि

ज्यादा करता है। दरअसल किसान-मजदूर कबीर के 'खुदाय' की तरह बहरे नहीं हैं कि उन्हें जगाने के लिए इतनी जोर से बाँग देने की जरूरत पड़े। 'उधर चीन हुंकार उठा' और 'यह भारत फुंकार उठा'—इस तरह की पंक्तियों को हम प्रगतिशील कविता की अच्छी-खासी पैरोडी मान सकते हैं।" ('हंस', मई, '49)

संकीर्णतावादी रुझान का दूसरा पक्ष यह था कि प्रगतिशील कवि तुलसीदास जैसे कवियों की विरासत को अस्वीकार ही न करते थे वरन् उन्हें प्रतिक्रियावादी कहकर उनकी निन्दा भी करते थे। 'जागो ओ मजूरो आज' के लेखक तुलसीदास के बारे में यह लिख रहे थे : 'रामनाम के प्रताप से जूठन बीनकर खानेवाला तुलसीदास, अपने जीवन-काल में ही उन्हीं उच्च वर्गों के कन्धों पर डोलने लगा, हाथी पर चढ़ने लगा।' 'नया पथ' प्रगतिशील लेखकों का प्रमुख साहित्यिक पत्र माना जाता था। उसने सम्पादकीय रूप से लिखा था : "डॉ. रामविलास का कहना है, 'तुलसी की भक्ति वर्ण, जाति, धर्म आदि के कारण किसी का बहिष्कार नहीं करती...' ऐसी अनर्गल बात कहते समय वह राम द्वारा मुक्तिकामी शम्बूक के वध की बात भूल गए।" इससे प्रकट है कि 'नया पथ' के विद्वान् सम्पादक ने 'रामचरितमानस' का पारायण कितनी गम्भीरता से किया था।

संकीर्णतावादी रुझान का तीसरा पक्ष यह था कि कुछ प्रगतिशील लेखकों को हिन्दुस्तान में लाल झंडे के अलावा और कुछ दिखाई ही न देता था। देश की अधिकांश जनता पर कांग्रेस का प्रभाव है, इस बात को वे नजरअन्दाज करते थे। उस समय एक प्रमुख प्रगतिशील लेखक का कहानी-संग्रह निकला था : 'तिरंगे कफन'। वह इस रुझान की अच्छी मिसाल है।

स्वाधीनता-प्राप्ति के बाद के पाँच-छह वर्षों में प्रगतिशील लेखकों की उग्रता दो तरह की थी : एक उग्रता 'जागो ओ मजूरो आज', 'जूठन बीननेवाला तुलसीदास' और 'तिरंगे कफन' की थी; दूसरी उग्रता वह थी जो इस इन्कलाबवाद का विरोध कर रही थी। मेरे मित्र मुझ पर यह आरोप लगाते रहे कि मैंने अपनी उग्रता से प्रगतिशील लेखक-संघ का नाश कर दिया। सन् '53 में मैं उससे अलग हो गया। उसके बाद पन्द्रह वर्षों में प्रगतिशील लेखक-संघ की उपलब्धियाँ क्या हैं?

पंत की 'स्वर्ण-किरण' और 'स्वर्ण-धूलि' पर मैंने जो तीखा आलोचनात्मक लेख लिखा था, उसे मेरे विरोधियों ने खास तौर से उछाला। लेकिन आज इन्हीं मित्रों की दृष्टि में हिन्दी कविता में पंत की भूमिका नगण्य है, न केवल 'लोका यतन' के पंत की वरन् 'पल्लव' और 'ग्राम्या' के पंत की भी।

प्रगतिशील लेखकों के इस आन्तरिक संघर्ष से उन लोगों को आगे बढ़ने का मौका मिला जो साहित्य को प्रगति-विरोधी दिशा में ले जाना चाहते थे। लेकिन इस नई हलचल में प्रगतिवाद के साथ एक दूसरा वाद भी काम आया। वह था प्रयोगवाद।

सन् '54 में डॉ. जगदीश गुप्त और उनके मित्रों ने इलाहाबाद से 'नई कविता' का प्रकाशन आरम्भ किया। पहले अंक में नई कविता पर पंत का लेख छपा। तीन साल पहले रेडियो-गोष्ठी में पंत ने प्रयोगवाद पर जो कुछ कहा था, वही शीर्षक बदलकर अब नई कविता पर छाप दिया गया। विनयमोहन शर्मा के लेख में रेडियो-गोष्ठी वाला वक्तव्य जैसा उद्धृत किया गया है, उससे नई कविता वाले पंत के लेख की तुलना की जा सकती है। पंत का कार्य उचित था क्योंकि आरम्भ में नई कविता को उसके सिद्धान्तकार प्रयोगवाद से अलग न करते थे। 'प्रयोगवादी जिसे हम नई कविता भी कहते हैं'—सन् '54 में लक्ष्मीकान्त वर्मा ने लिखा था। ('आलोचना', जुलाई, '54) नई कविता के समर्थक प्रगतिशील लेखकों की तरह संकीर्ण विचारों के नहीं थे। डॉ. रघुवंश ने पंत की नव्य रहस्यवादी रचनाओं का समर्थन करते हुए लिखा—सामाजिक आदर्शों तथा मूल्यों के क्षेत्र में पंत जी क्रान्तिकारी हैं।' ('आलोचना', अक्टूबर, '51)

सन् '47 में नेमिचन्द्र जैन ने जो अन्तर्मुखी साहित्य और सामाजिक चेतना के साहित्य में भेद किया था, उसी को नई कविता के सिद्धान्तकारों ने पुष्पित और पल्लवित किया। लक्ष्मीकान्त वर्मा ने लिखा : "तथाकथित प्रगतिवाद समूह की संकीर्णता के साथ सम्बद्ध है जिसमें न तो व्यक्ति का महत्त्व है, न व्यापकता का। इसके विपरीत आज की नई कविता अथवा नया प्रयोग व्यापक मानवता के प्रत्येक व्यक्ति की आत्मा में विश्वास रखता है—उसकी संवेदना की कोई सीमित परिधि नहीं है।" व्यक्ति बनाम समूह, अन्तर्मुखी बनाम सामाजिक चेतना की तरह।

सन् '47 में नेमिचन्द्र जैन ने सामाजिक चेतना के साहित्य की कमजोरी यह मानी थी कि 'उसके पीछे अनुभूति कम है।' सन् '61 में लक्ष्मीकान्त वर्मा ने लिखा : "कवि की व्यक्तिगत अनुभूति जब अपने ही अन्वेषण में तल्लीन होती है", कवि-सत्य कवि का व्यक्तिगत सत्य होता है, 'इसकी अनुभूति कवि की आत्म-स्थापना से जनमती है।' आलोचक का काम यह है कि 'अनुभूति के स्तर पर' वह 'कवि के अनुभूत सत्य' की खोज करे। ('नई कविता', 1960-61)

सन् '47 के वाद प्रयोगवाद की चर्चा बढ़ने पर और सन् '54 के बाद नई कविता की चर्चा के जोर पकड़ने पर इन नये सन्दर्भों में 'तार सप्तक' एक ऐतिहासिक कृति के रूप में महत्त्वपूर्ण हो उठा। जब 'दूसरा सप्तक' प्रकाशित हुआ तो स्वभावत: 'तार सप्तक' का महत्त्व बढ़ा। अज्ञेय ने, नई कविता को आशीर्वाद दिया। 'नई कविता' के दूसरे अंक में अज्ञेय की कविता छपी : 'नई कविता : सम्भाव्य भूमिका'।

आपने दस वर्ष हमें और दिये...
हमें डर नहीं लगता कि उखड़ न जावें कहीं।...
हमारे पाए सत्य के मसीहा तो
हमारे मरते ही, बन्धु, आप बन जाएँगे।

स्पष्ट ही अज्ञेय नई कविता के सूत्रधारों से आश्वस्त न थे। 'तार सप्तक' के सम्पादकीय का विनम्र 'इन पंक्तियों का लेखक' दूसरे सप्तक की भूमिका में 'हम वादी नहीं रहे, नहीं हैं' की भूमि पर पहुँच गया था। इधर नई कविता के सूत्रधार उसे क्रमशः प्रयोगवाद से अलग करते जा रहे थे। अज्ञेय ने देखा कि नई कविता की सम्भाव्य भूमिका पर उन्होंने जो कुछ लिखा था, लोग उसका अर्थ नहीं समझे। तब उन्होंने और स्पष्ट स्वरों में कहा :

आ, तू आ,
हाँ, आ,
मेरे पैरों की छाप-छाप पर रखता पैर,
मिटाता उसे,
मुझे मुँह भर गाली देता—
आ, तू आ!...
जयी, युग-नेता, पथ-प्रवर्तक
आ, तू आ,
ओ गतानुगामी!

एक और कविता लिखी : 'नया कवि : आत्म स्वीकार।' उसमें उनके हृदय की वेदना भली भाँति प्रकट हुई :

किसी का सत्य था
मैंने सन्दर्भ में जोड़ दिया।
कोई मधु कोष काट लाया था,
मैंने निचोड़ लिया!

फिर तीसरी लिखी : 'नया कवि : आत्मोपदेश'। नई कविता में अनुभूति और दर्द की भरमार थी। अज्ञेय ने लिखा :

अनुभूति से मत डर
मगर पाखंड उसके दर्द का मत कर!

अब नये कवियों का धैर्य छूट गया। उन्होंने नई कविता के शलाका-पुरुष से कहा :

हमें प्रतीक्षा न थी तुम्हारे आवाहन की
हम आए आवाहन के पूर्व ही
नये भिन्न पथ से, जो तुम्हें अज्ञात था...

आह! यह हमारा दोष नहीं था
कि सूर्य की तरह अभिमानी होकर भी
तुम असमय अस्त हो गये।

अज्ञेय ने सन् '37 में निराला के लिए जो लिखा था : 'एज ए लिटररी फोर्स, एट एनी रेट, निराला इज आलरेडी डेड', वही बात सन् '61 की नई पीढ़ी ने अज्ञेय के लिए दुहराई।

जगदीश गुप्त ने 'नई कविता' में लिखा कि 'आ, तू आ' कविता में 'नये कवि मात्र के स्वाभिमान पर सदा-सदा के लिए सगर्व चोट की गई है।' (उप.)

नई कविता प्रयोगवाद से टूटकर जब अलग हुई, तब स्वयं नई कविता से टूट-कर नवलेखन का एक दल अलग खड़ा हुआ। सन् '58 में 'नवलेखन अभिनव हिन्दी मासिक'—'कृति'—श्रीकान्त वर्मा और नरेश मेहता के सम्पादन में प्रकाशित हुआ। इस 'नवलेखन' के मासिक में काफी रचनाएँ पुराने लेखों की थीं। पहले अंक में पंत, मुक्तिबोध और शमशेर की रचनाएँ हैं। इस अंक के सम्पादकीय में नई कविता के इलाहाबादी दल से शिकायत का स्वर स्पष्ट है। पहली शिकायत यह कि आधुनिकता के नाम पर अपनी परम्परा छोड़कर दूसरों की परम्परा स्वीकार की गई है। 'पाश्चात्य साहित्य हमें आकंठ आधुनिक लगता है, किन्तु भारतीय साहित्य में हमें रूढ़िवादिता, धार्मिकता, जातीयता लगती है। और हम अपनी ही कविताओं में अजीब विदेशी उपमाओं, रूपकों, प्रतीकों तथा बिम्ब चित्रों को जब उतारते हैं तब वे किसी भी प्रकार हमारे वैशिष्ट्यपूर्ण व्यक्तित्व का संवहन नहीं करते जिसके लिए इतनी ज्ञान-चेष्टा हमने की।'

दूसरी शिकायत नई कविता के क्षणवाद को लेकर थी। "'क्षण' ही इति नहीं है। हमें अनागत पर जब तक विश्वास नहीं होगा, व्यक्तित्व की क्षरता का बोध बराबर बना रहेगा।"

'कृति' के पहले अंक में नरेश मेहता ने अज्ञेय पर संकीर्णता, पक्षपात और स्वप्रचार का दोष लगाया और 'इंडियन लिटरेचर' में उनके लेख को 'बैड टेस्ट' वाला, 'कोल्ड एंड ब्रूट मर्डर्स' से युक्त बताया। 'ब्रूट मर्डर्स' से आशय यह न रहा होगा कि उसमें पशुओं का वध किया गया है; सम्भवतः 'ब्रूटल' का 'ल' छपने से रह गया है।

'कृति' के उसी अंक में श्रीकान्त वर्मा ने प्रगतिवादी आलोचकों पर यह आरोप लगाया कि वे मनुष्य की आत्मा को कुचलकर लोहे के टुकड़े पूजते हैं। प्रगतिवादियों पर ऐसे आक्षेप नये नहीं थे; आक्षेप नये थे व्यक्ति-स्वातंत्र्य के हामियों पर, इस बात के आक्षेप कि वे सैनिक प्रकृति से ग्रस्त हैं। श्रीकान्त वर्मा ने लिखा : "प्रगतिवादोत्तर काल की एक सैनिक प्रवृत्ति की साहित्यिक संस्था के भाष्यकारों

ने, स्वयं को, समकालीन रचना की बहुविध महत्त्वाकांक्षाओं की 'धुरी' जतलाते हुए, प्रमाणित कर दिया कि 'युग' 'अन्धा' हो या न हो, 'युग' के भाष्यकार अवश्य अन्धे हो सकते हैं।"

इस तरह 'कृति' ने प्रगतिवाद, प्रयोगवाद और नई कविता—तीनों से अपने को अलग कर लिया। अपने नवलेखन का सम्बन्ध उसने स्वाधीनता-प्राप्ति के बाद की उस कविता से जोड़ा जो 'मुक्ति की सूचना', 'जातीयता और राष्ट्रीयता की चेतना', 'मृत्यु पर मनुष्य की और दासता पर स्वाधीनता की विजय के स्फूर्त अनुभव' की कविता थी। ('कृति', अप्रैल, '59)

उद्‌देश्य बहुत सुन्दर थे किन्तु जैसे नरेश मेहता भारतीयता की दुहाई देने के बाद 'बैड टेस्ट' और 'ब्रूट मर्डर्स' वाली शब्दावली के बिना आगे बढ़ न पाते थे, वैसे ही श्रीकान्त वर्मा 'आस्था और विश्वास, साहस और संकल्प आशा और उत्साह' की बातें करने के बाद जीवन की निरुद्‌देश्यता, संकल्पहीनता और अनास्था का राग अलापने में सबसे आगे बढ़ गए। उन्होंने भारती-रघुवंश आदि पर सैनिक प्रकृति की साहित्यिक संस्था के भाष्यकार होने का आरोप लगाया था। पर शीघ्र ही नरेश मेहता से खुद उनकी खटक गई। नरेश मेहता 'कृति' से अलग हो गए। मुक्तिबोध ने श्रीकान्त वर्मा को लिखा : "आज तक मैंने आपसे कोई व्यक्तिगत प्रार्थना नहीं की। लेकिन अब करने जा रहा हूँ। वह यह कि मेरे खयाल से (आप क्षमा करेंगे) नरेश मेहता द्वारा की गई 'कृति' की सेवा का आदरपूर्वक विशेष उल्लेख प्रस्तुत अंक में अवश्य होना चाहिए।" ('माध्यम', जुलाई, '65)।

श्रीकान्त वर्मा दासता पर स्वाधीनता की विजय के स्फूर्त अनुभव की कविता लिखने चले थे; अपनी रचनाओं में अब वह इतना दर्द भरने लगे कि उसमें देश ही डूब गया। मुक्तिबोध ने लिखा : "यह बात जरूरत से ज्यादा चुभी कि मूर्ख सोचते हैं कि हमारा कोई देश है, हमारा तो कोई देश नहीं।" (उप.) फिर 'कल्पना' ने समकालीन कविता पर एक परिचर्चा आयोजित की। बहस के लिए सम्पादक ने जो सूत्र दिये थे, उनमें पहला सूत्र यह था : "क्या आप स्वीकारते हैं कि नई कविता की मृत्यु हो चुकी है, और समकालीन कविता रचनात्मक संकट के एक भयावह दौर से गुजर रही है?"

इस परिचर्चा में भाग लेते हुए राजीव सक्सेना ने बताया कि उन्होंने 1961 में ही कहा था कि नई कविता का युग समाप्त हो गया है। उस समय बहुतों को इस पर सन्देह था। 'किन्तु अब सन् 1967 में तो किसी को यह कहने का साहस नहीं है कि नई कविता जीवित है।' ('कल्पना', फरवरी, '68)

साठोत्तरी पीढ़ी की विसंगतियों का जायजा लेते हुए नई कविता की पत्र- पत्रिकाओं के ढेर में विशेषांकों को द्वीप मानकर लक्ष्मीकान्त वर्मा ने लिखा : "लगता है, अलग-अलग द्वीप असंख्य चीखों से भरे हैं—ऐसी चीखें—जिन्हें अर्थ देना शेष है;

ऐसी विवशताएँ, जिनमें अपने ही जिस्म को स्वयं चीर-फाड़कर देखने की आत्मघाती ध्वनियाँ एक आतंक फैलाती हैं।" ('कल्पना', जनवरी, '68)

साठोत्तरी पीढ़ी का यह हाल है। सत्तरोत्तरी पीढ़ी का हाल क्या होगा?

नई कविता के हितैषी सम्भावनाओं पर बल देते हैं। सन् '38 से नई कविता की शुरुआत मानें तो तीस साल, सन् '47 से मानें तो बीस साल में ये सम्भावनाएँ किस रूप में चरितार्थ हुई हैं? पन्द्रह साल की अवधि में छायावाद की उपलब्धियों की तुलना में बीस-तीस साल की सम्भावनाएँ कैसी ठहरती हैं? पिछले बीस साल में जो कविताएँ लिखी गई हैं, उनसे छायावादी और प्रगतिशील ढंग की रचनाएँ अलग कर दें तो जो बच रहती हैं, वे कोई मूल्यवान निधि सिद्ध नहीं होतीं।

सन् '47 के बाद विभिन्न रूपों में जो आर्थिक और राजनीतिक संकट देश में रहा है, साहित्य उससे अछूता नहीं है। मूल्यों के विघटन की चर्चा काफी होती है। सन् '47 से पहले देश की जनता के सामने एक स्पष्ट सामाजिक लक्ष्य था—अंग्रेजी राज को खत्म करना। सन् '47 से पहले कुछ राजनीतिज्ञ और बुद्धिजीवी यह भी कहते थे कि अंग्रेजी राज खत्म करने के बाद यहाँ समाजवादी व्यवस्था कायम की जाएगी। सन् '47 के बाद यह सामाजिक लक्ष्य दूर होता गया। साहित्यकार समूह के विरोध में व्यक्ति-मूल्य लेकर आए। किसी भी मनुष्य का व्यक्तित्व हो, उसका विकास समाज में ही सम्भव है। जो लोग समाज-निरपेक्ष व्यक्ति-मूल्य की कल्पना करते हैं, वे अन्त में समाज-विरोधी ही नहीं, व्यक्ति-विरोधी भी हो जाते हैं। साहित्य में देश की अस्वीकृति से आरम्भ करके वे अन्त करते हैं कविता की अस्वीकृति से :

मगर खबरदार, मुझे कवि मत कहो।
मैं बकता नहीं हूँ कविताएँ
ईजाद करता हूँ
गाली
फिर उसे बुदबुदाता हूँ। ['माया-दर्पण']

नई कविता : छायावाद और स्वाधीनता-आन्दोलन

नई कविता की नई-नई व्याख्याएँ तब तक होती रहेंगी जब तक कवि और आलोचक 'कविता' से अधिक 'नई' पर बल देते रहेंगे। किन्तु एक बात प्राय: सर्वमान्य है, वह यह कि नई कविता छायावाद नहीं है और न उससे कहीं उसे जुड़ा होना चाहिए। नई कविता के सदृश्य समालोचक रामस्वरूप चतुर्वेदी ने बहुत स्पष्ट रूप से यह बात यों सूत्रबद्ध कर दी है : "आधुनिकता रोमांटिक भावधारा को ठीक-ठीक पर्यवसित किए बिना विकसित नहीं हो सकती।" ('कल्पना', जनवरी, '63) नई कविता की ही तरह आधुनिकता की भी अनेक व्याख्याएँ हैं किन्तु उनमें यदि कोई सामान्य तत्त्व है तो यह कि आधुनिकता छायावाद की विरोधी है। इसलिए नई कविता और आधुनिकता को समझने के लिए छायावाद की चर्चा प्रासंगिक है।

लेकिन गिरिजाकुमार माथुर छायावाद की चर्चा में किसी गहरे षड्यंत्र की गंध पाकर पूछते हैं : "छायावाद की समाप्ति के तीस साल बाद अब सातवें दशक के अन्त में छायावाद के विरोध या पक्ष की बात क्यों उठाई जा रही है? कौन-सा आधुनिक लेखक आज छायावाद का विरोध करता दीख पड़ता है? क्या कोई आधुनिक-बोध से सम्बन्धित लेखक बरसों पहले मरे और भूले हुए छायावाद की चर्चा भी आज करता है?" ('आलोचना', अक्टूबर-दिसम्बर, '67)

सन् '66 में एक पुस्तक प्रकाशित हुई : 'नई कविता : सीमाएँ और सम्भावनाएँ'। इसके लेखक हैं गिरिजाकुमार माथुर। इसमें छायावादी काव्य-शिल्प की आलोचना करते हुए वह कहते हैं : "छायावाद में न केवल शब्द, चित्रभाव, बिम्ब-भाव और काल्पनिक उद्भावनाओं की एक रीतिकालीन रूढ़ि स्थापित हुई, अपितु शब्दनाद भी रीतिकालीन कवियों की भाँति अनुप्रासात्मक रहा। कलमल-टलमल, सरसर-मर्मर, पुलकन-सिहरन, खगकुल-कुलकुल अथवा लहर-छहर, अरुण-तरुण या दल-बादल आदि। एक नहीं, सैकड़ों उदाहरण इसी ओर संकेत करते हैं। विभिन्न अनुभव-स्थितियों, दशाओं, प्रभावों या परिवर्तित संवेदनाओं का यहाँ कोई भेद ही नहीं है। रात : नक्षत्रों भरी; चाँदनी : चाँदी की; प्रभात : अरुण; संध्या : लाल; जल सदा नीला और रंग सभी स्वर्णिम थे। गंध के लिए 'गंध' शब्द का उपयोग पर्याप्त था, दु:ख के लिए 'वेदना' से अधिक कुछ कहने की आवश्यकता न थी

तथा सुख में प्रत्येक वस्तु का 'नर्तन' आवश्यक था। छायावाद में समस्त प्रकृति-बोध, ऐन्द्रिय-बोध एवं मूल्य-बोध दूरस्थ हैं, रचनाकार में आत्मस्थ नहीं।" (पृ. 21)

अब गिरिजाकुमार माथुर स्वयं विचार करें कि कौन-सा आधुनिक लेखक बरसों पहले मरे और भूले हुए छायावाद की चर्चा भी आज करता है। या तो यह चर्चा नहीं है या गिरिजाकुमार माथुर आधुनिक नहीं हैं।

गिरिजाकुमार माथुर को विशेष आपत्ति इस बात पर है कि छायावाद की प्रगतिशीलता की चर्चा रामविलास शर्मा ने छेड़ी है। 'उच्छृंखल' ने छायावाद का विरोध किया जिसमें 'रामविलास जी प्रमुख रूप से शामिल थे।' उसके बाद प्रगतिवाद और प्रयोगवाद ने छायावाद का खंडन किया। "आज वही छायावाद लेखक को 'प्रगतिशील' क्यों लगने लगा है?...जो परम्परा इतिहास की प्रक्रिया में समाप्त होकर लुप्त हो चुकी है, उसे फिर से अपनाने की माँग इतिहास की सुई को पीछे करने के बराबर है।" ('आलोचना', अक्टूबर-दिसम्बर, '67)

इसी प्रकार भारतभूषण अग्रवाल ने रामविलास शर्मा की पंत-आलोचना को याद करते हुए कहा : "उन्हीं डॉ. रामविलास शर्मा को आज छायावाद का पक्ष-समर्थन करते पाकर मैं थोड़ा चकित हुआ हूँ।" (उप.)

विशेष खेद मेरी स्थिति पर नामवर सिंह को हुआ। 'तार सप्तक' के दूसरे संस्करण में मेरे वक्तव्य को याद करते हुए उन्होंने लिखा : "रामविलास शर्मा को भी आज ऐसा लग रहा है कि परम्परा के लिए नये लोगों से खतरा पैदा हो गया है, इसलिए उन्होंने यह घोषणा आवश्यक समझी कि 'मेरी कविताओं का घनिष्ठ सम्बन्ध छायावादी कविता—और उससे भी अधिक छायावादी कवियों से है।" ('कविता के नये प्रतिमान', पृ. 86)

'तार सप्तक' में निराला पर मेरी एक कविता है। 'तार सप्तक' छपने के तीन साल बाद निराला पर मेरी एक पुस्तक प्रकाशित हुई। सन् '49 में जब प्रगतिवादी आन्दोलन अपने उग्रवादी दौर में था, मैंने प्रगति-विरोधियों के लिए लिखा था कि "वे छायावाद की जो क्रान्तिकारी विरासत थी, उससे हाथ धो बैठे। जो लोग प्रगतिशील विचारधारा के साथ थे, उनका कर्तव्य हो गया कि वे छायावादी साहित्य की क्रान्तिकारी विरासत को एक नये स्तर पर विकसित करें।" ('हंस', मई, '49) इसके कुछ वर्ष बाद महादेवी वर्मा और प्रसाद पर मेरे लेख प्रकाशित हुए। ('लोकजीवन और साहित्य' नाम के निबन्ध-संग्रह में संकलित) महादेवी वर्मा वाले निबन्ध में छायावादी साहित्य के बारे में मैंने लिखा था कि "वह साम्राज्यवाद के विरुद्ध भारतीय जनता के संघर्षकाल का साहित्य है। उसमें सबसे सशक्त स्वर देश को स्वाधीनता और जनतंत्र प्राप्त करने की आकांक्षा का स्वर है।"

यदि नई कविता ने छायावाद के इस समर्थ पक्ष से नाता जोड़ा होता और उसकी कमजोरियाँ छोड़ दी होतीं, तो प्रस्तुत चर्चा सचमुच अनावश्यक होती। किन्तु बात

इससे ठीक उल्टी है। नई कविता ने छायावाद की कमजोरियों से नाता जोड़ा है, उसका समर्थ पक्ष छोड़ दिया है।

महादेवी वर्मा वाले लेख में मैंने छायावाद के बारे में यह भी लिखा था कि उसका एक सीमान्त "सामन्तवाद का समर्थन करनेवाली अनेक आदर्शवादी धाराओं में डूबा हुआ है।" इसलिए 'ग्राम्या' तक आकर पीछे मुड़नेवाले पंत की आलोचना मैंने की तो इसमें आश्चर्य की कोई बात नहीं थी।

छायावाद में सबसे बड़ा दोष—नई कविता वालों की निगाह में—यह है कि उसमें भावुकता बहुत है, प्रौढ़ बौद्धिकता का अभाव है। नई कविता के समर्थक अपने को काफी परिपक्व-बुद्धि समझते हैं, इसलिए वे छायावादियों को शिशुवत् मानकर उनकी शिशु-आस्था पर हँसते हैं या रुष्ट होते हैं। छायावादियों के साथ शिशुभाव का सम्बन्ध किसने जोड़ा, यह अनुसन्धान का विषय है। मेरी जानकारी में सन् '57 के आसपास लक्ष्मीकान्त वर्मा 'नई कविता के प्रतिमान' नामक ग्रंथ में पहले-पहल शिशुवत् का प्रचुर प्रयोग करते हैं। "छायावाद का सौन्दर्यबोध शिशुवत् निष्क्रियता को ही अन्तिम सत्य मानता है।" (पृ. 79) छायावादी रहस्यवाद "शिशुवत् जन्मता और शिशुवत् ही मर जाता है।" (पृ. 80) 'यह शिशुवत् भावबोध', यह 'छायावादी शिशु-जिज्ञासा' (पृ. 80), 'छायावादी शिशुवत् भावना' (पृ. 85), 'यह शिशुवत् स्वप्न, यह असमर्थता का बोध' (पृ. 88) इत्यादि। इस शिशुदल में पुरुष ही नहीं, महिलाएँ भी हैं : "महादेवी वर्मा का सौन्दर्यबोध एक सीमा पर इतना शिशुवत् है।' (पृ. 89)

नई आलोचना में इस शिशुवत्-प्रयोग की अचानक वृद्धि का कारण क्या है? कारण यह है कि इलाहाबाद के कुछ लेखक इस दौर में इलियट के आलोचना-साहित्य से परिचित हुए और रोमांटिक काव्य के विरुद्ध उन्हें इलियट की कुछ मान्यताएँ बड़े काम की मालूम हुईं। इलियट ने लिखा था कि जब वह चौदह साल का था, तब वह फिज जेराल्ड के उमर खैयाम पर लट्टू हो गया; इसके बाद वह 'किशोरावस्था का सामान्य पाठ्यक्रम'—बायरन, शेली, कीट्स, रोसेटो और स्विनवर्ग का काव्य—घोटने लगा और यह क्रम बाईसवें साल तक चला। ('दि यूस ऑफ पोएट्री एंड दि यूस ऑफ क्रिटिसिज्म', दूसरा संस्करण, पृ. 33) प्रौढ़ होने पर इलियट को लगा कि वह किशोरावस्था में अतिशय भावुक था। उस समय शेली उसका अतिप्रिय कवि था। उसके मन में शेली का काव्य किशोरा-चेतना—बुद्धिशून्य भावुकता से—जुड़ गया। उसने लिखा : "शेली के विचार हमेशा मुझे लगता है, किशोरावस्था के विचार हैं और उनका ऐसा होना पूरी तरह सकारण है। और शेली पर मुग्ध होना किशोरावस्था की बात है। हममें अधिकांश के लिए शेली उस दौर से सम्बद्ध है जो प्रौढ़ता से पहले बड़ी तीव्रता लिये आता है लेकिन प्रौढ़ावस्था में शेली कितनों का साथी रह पाता है?" (उप., पृ. 89)

इलियट की 'किशोरावस्था' (ऐडोलेसेन्स) लक्ष्मीकान्त वर्मा में शिशु-अवस्था हो गई। इसके लिए अंग्रेजी के अध्यापक विजयदेव नारायण साही अधिक दोषी हैं क्योंकि उन्होंने भी कई जगह इसी तरह के प्रयोग किए हैं : "जहाँ तक छायावाद का सवाल है, उसने एक तरह की शिशु-आस्था का आयाम जोड़ा"; "प्रचलित शब्दावली में वह शिशु-आस्था, कि अन्त:सत्य और बाह्य सत्य एक ही है, नष्ट हो गई।" (लघु मानव के बहाने हिन्दी कविता पर एक बहस, 'नई कविता', '60-'61)

साही और भारती को इलियट का सूत्र काफी देर से मिला। प्रमाण यह है कि वे स्वयं पहले रुमानी कविता लिखते थे। साही की यह जिज्ञासा स्वाभाविक है कि "इलियट का उल्लेख हिन्दुस्तान में सबसे पहले कब और कहाँ हुआ?" (उप.) जहाँ भी हुआ हो—यह विश्वविद्यालयों में अनुसन्धान का विषय है?—सन् '40 तक इलियट हिन्दी लेखकों के इतने सुपरिचित हो गए थे कि निराला ने 'कुकुरमुत्ता' में लिखा :

कहीं का रोड़ा, कहीं का पत्थर
टी.एस. इलियट ने जैसे दे मारा,
पढ़नेवालों ने भी जिगर पर रख कर
हाथ, कहा, लिख दिया जहाँ सारा।

नामवर सिंह को शिशु-आस्था वाला सूत्र सीधे इलियट से नहीं, साही और लक्ष्मीकान्त वर्मा से मिला है। 'कविता के नये प्रतिमान' में उन्होंने लिखा है : "छायावादी शिशु-आस्था ने द्वंद्वों का शमन तो किया..." इत्यादि। (पृ. 187) नामवर सिंह ने शिशु-आस्था की चर्चा लक्ष्मीकान्त वर्मा के बाद की। अपनी पुस्तक 'कविता के नये प्रतिमान' का नाम भी उन्होंने लक्ष्मीकान्त वर्मा की पुस्तक 'नई कविता के प्रतिमान' के बाद—और उसके वजन पर—रखा।

नामवर सिंह ने छायावाद के विरोध में जो कुछ लिखा है, उस पर भारती-साही-लक्ष्मीकान्त के चिन्तन की गहरी छाप है। इसका एक प्रमाण छायावादी कवियों पर शिशु-आस्था का आरोप है। दूसरा प्रमाण छायावादियों के 'प्रभामंडल' की आलोचना है। छायावादी कवि यथार्थ जीवन की विषमता को कल्पना की रंगीन आभा से ढँक लेते थे, उसी को समझिए प्रभामंडल। भारती ने लिखा कि पंडित नेहरू के लिए हर काम जायज था—विवेक से मेल खाये चाहे न खाये—बशर्ते कि "उसके चारों ओर प्रभामंडल हो।" ('मानव-मूल्य और साहित्य', 1960, पृ. 86) साही ने सत्याग्रह-युग की चर्चा करते हुए लिखा कि उसमें "नैतिकता का उदात्तीकरण एक ऐसा विराट् प्रभामंडल है, जिसके आगे सत्ता और शक्ति, क्रान्ति अथवा क्रमिक विकास के प्रश्न गौण हो जाते हैं।" ('नई कविता', '60-'61) भारती-साही के आठ साल बाद नामवर सिंह ने लिखा : "मुक्तिबोध की इन चेतावनियों की सत्यता को जिन लोगों ने अज्ञेय के जादुई प्रभाव के समय अनदेखा कर दिया, वही अब नेहरू-युग का प्रभामंडल

समाप्त होने के बाद स्वत: स्वीकार करने लगे हैं।" ('कविता के नये प्रतिमान', पृ. 98) वाक्य जरा लँगड़ाता है लेकिन 'प्रभामंडल' उपर्युक्त राजनीतिक सन्दर्भ में, वैसे ही दमक रहा है, जैसे साही और भारती के वाक्यों में।

शब्द और अर्थ का सम्बन्ध कितना अभिन्न है, यह भी 'प्रभामंडल' के सहारे आप समझ लें। यहाँ प्रश्न किसी शब्द विशेष के व्यवहार का नहीं है; प्रश्न है साहित्य और राजनीति के प्रति दृष्टिकोण का। नई कविता और नई आलोचना के सूत्रधारों की राजनीति क्या है? अपनी राजनीति के मुकाबले पुरानी राजनीति को वे क्या समझते हैं?—इन प्रश्नों का उत्तर देने के लिए छायावाद के प्रति उनके दृष्टिकोण को ध्यान में रखना चाहिए। छायावाद में उन्हें जिस उच्च बौद्धिक व्यापार की कमी दिखाई देती है, वही कमी राष्ट्रीय आन्दोलन के सभी नेताओं और उनकी राजनीति में दिखाई देती है। कुछ लोगों के लिए साहित्य राजनीति का दर्पण है; इनके लिए गांधीवादी राजनीति छायावादी कविता का दर्पण है।

साही कहते हैं : "अन्तर्ध्वनित सत्य के सरल चिन्तन के प्रतीक रूप में गांधी जी का नेतृत्व वर्तमान था।" ('नई कविता', '60-'61) चिन्तन की सरलता इस बात में थी कि आजादी के बाद क्या होगा, इस तरह के सवाल करना लोग गलत समझते थे क्योंकि इससे "एकता को बार-बार धक्का पहुँचता था।" एकता के नाम पर बार-बार समझौता किया जाता था। सत्याग्रह-युग के दूसरे दौर में यह समझौता जरा पेचीदा हो गया लेकिन समझौते से छुट्टी न मिली। साही के अनुसार : "राष्ट्रीय आन्दोलन और साहित्य की अनुभूति में पहले का सरल सामंजस्य सत्याग्रह-युग के दूसरे दौर में वक्र और परोक्ष हो जाता है।" वक्र हो चाहे सीधा, सामंजस्य ही, साही के अनुसार, सत्याग्रह-युग की विशेषता है। सत्ता, क्रान्ति आदि के प्रश्न दबा दिये गए। नैतिकता के 'विराट् प्रभामंडल' में वे खो गए। जवाहरलाल नेहरू भी जब भारतीय संस्कृति की व्याख्या करते थे, तब—लक्ष्मीकान्त वर्मा के अनुसार—"शायद उनके पास सिवा समन्वय और अनेकता में एकता देखने के और कहीं भी दृष्टि नहीं है।" (हमारी संस्कृति के कुछ आधारभूत सत्य; क ख ग, जनवरी, '66)

अब यह तर्क-योजना 'कविता के नये प्रतिमान' में देखिए : "सामंजस्य की यह दुर्दम आकांक्षा वस्तुत: उस युग के पूरे वातावरण में भी थी। सारा स्वाधीनता-संग्राम इसी सामंजस्य के नारे पर खड़ा था। उस लड़ाई में सारे आपसी मतभेद थोड़ी-सी बहस के बाद मुल्तवी कर दिये जाते थे। फूट के दुष्परिणामों से समूचा देश इतना आतंकित था कि द्वंद्व की दिमागी ऐयाशी गवारा नहीं कर सकता था। 'भिन्नता में अभिन्नता' अथवा 'अनेकता में एकता' उस युग का तकियाकलाम था। इसलिए द्वंद्व को न तो राजनीतिक स्तर पर प्रश्रय मिला, न नैतिक स्तर पर। एक लक्ष्य, एक देश, एक नेता और एक संगठन का ऐसा उदात्त आदर्श था कि

उसके विराट् प्रभामंडल के सामने सभी प्रश्न गौण हो जाते थे और समस्त शंकाएँ चुप कर दी जाती थीं।" (पृ. 186)

बौद्धिक परिपक्वता की विशेषता यह है कि जो बात एक के दिमाग में आती है, वही दूसरे के दिमाग में भी आती है। नामवर सिंह के चिन्तन की विशेषता यह है कि विचारों के साथ लगभग वही शब्दावली भी चली आती है जो साही के दिमाग में आई थी। साही ने विचार किया कि गांधीवादी प्रभामंडल के सामने अन्य सब प्रश्न गौण हो जाते हैं, नामवर सिंह ने भी विचार किया कि गांधीवादी आदर्श के प्रभामंडल के सामने सभी प्रश्न गौण हो जाते थे। साही ने प्रभामंडल के सामने विशेषण लगाया 'विराट्' तो नामवर सिंह के दिमाग में भी वही विशेषण आया 'विराट्'।

किन्तु मैं फिर कहता हूँ कि प्रश्न कुछ शब्दों के प्रयोग का नहीं है। प्रश्न है स्वाधीनता-आन्दोलन को देखनेवाली भावदृष्टि का। साही ने सन् '30 के बाद वाली साहित्यिक-राजनीतिक गतिविधि की छानबीन करते हुए जवाहरलाल नेहरू की 'आत्मकथा' को याद किया जिसमें उन्होंने लिखा था कि 'मन में एक विराट् रिक्तता आ गई।' साही ने नोट किया कि नेहरू जी ने इलियट से दो पंक्तियाँ उद्धृत की थीं। इस रिक्तता वाले दौर में "मनुष्य का मन खंडित हो गया था। मन के विभाजन का आविष्कार इस युग की विशेषता है।"

बच्चन, भगवतीचरण वर्मा, दिनकर आदि इस दौर के कवि हैं।

नामवर सिंह ने भी निष्कर्ष निकाला कि सन् '36 के आसपास "भारतीय मानस खंडित हो गया। राजनीतिक स्तर पर खंडित मानस का ऐतिहासिक दस्तावेज पंडित जवाहरलाल नेहरू की 'आत्मकथा' और साहित्य में दिनकर, बच्चन, भगवतीचरण वर्मा आदि की पीढ़ी का कृतित्व इस दुर्घटना का साक्षी है। वर्षों के संघर्ष-समझौते की द्वंद्वमयी स्थिति से गुजरते हुए इस बिन्दु पर आकर नेहरू ने सहसा अपने भीतर एक रिक्तता का अनुभव किया।" ('कविता के नये प्रतिमान', पृ. 178) हाँ, और नामवर सिंह ने भी नोट किया कि पं. नेहरू ने "टी.एस. इलियट की 'खोखले आदमी' शीर्षक कविता की दो पंक्तियाँ" उद्धृत कीं। (उप., पृ., 188)

मानना होगा कि नामवर सिंह गांधी जी के सरल चिन्तन से बहुत आगे बढ़ आए हैं; उनका अपना चिन्तन काफी द्वंद्वात्मक हो गया है। छायावाद के कुश खोद-खोदकर उनकी राजनीतिक जड़ों में उन्होंने काफी मट्ठा डाला है किन्तु विडम्बना यह है कि नई कविता ने जितना ही छायावाद को मिटाने के लिए जोर लगाया, उतना ही वह स्वयं कमजोर होती गई। लक्ष्मीकान्त वर्मा ने नई कविता से निराश होकर लिखा कि "जिस 'लिरिकल' मूड को पिछले पन्द्रह वर्षों से नया कवि तोड़ना चाहता था, आज वह पूरी तरह उस पर सवार है।" ('नये प्रतिमान : पुराने निकष', पृ. 291) आज नई कविता में जो ठहराव आ गया है, उसका कारण

यह है कि "नई कविता और छायावाद के बीच जो अर्द्ध-चेतन मन में समझौता प्रयोगवाद के रूप में हुआ था, वह सब-का-सब अब उलट कर आ पड़ा है।" (उप., पृ. 292)

नामवर सिंह की भी राय है कि "प्रयोगशील नई कविता ने भी आरम्भिक प्रतिक्रिया के बावजूद छायावादी संस्कारों को निर्मूल करने का गम्भीर प्रयास नहीं किया।" ('कविता के नये प्रतिमान', पृ. 35) और भी : "नई कविता का स्वीकृत होना इस बात का पक्का प्रमाण है कि नई कविता ने कहीं-न-कहीं पूर्ववर्ती रोमांटिकता के साथ चुपचाप समझौता कर लिया था।" (उप., पृ. 36)

अब लक्ष्मीकान्त वर्मा को आशा है 'ताजी कविता' से, जो नई कविता की तरह बासी नहीं है। और नामवर सिंह को आशा है युवा पीढ़ी से—जैसेकि हर होनहार नेता को होती है—जो 'तार सप्तक' की पीढ़ी की तरह बूढ़ी, दूसरे सप्तक वालों की तरह अधबैसू और तीसरे सप्तक वालों की तरह प्रौढ़ नहीं है, जिसमें बौद्धिक परिपक्वता है और जिसने नामवर सिंह के साथ मुक्तिबोध का महत्त्व समझा है। मुक्तिबोध जब जीवित थे, तब उनकी ओर किसी ने ध्यान ही न दिया; उनकी ओर "ध्यान गया तब जब वह मृत्यु-शय्या पर थे। और ध्यान भी गया तो किनका? युवा कवियों का।" (उप., 36)

नामवर सिंह का विचार है कि नई कविता लिखनेवालों ने छायावाद से चुपचाप समझौता कर लिया, समझौता नहीं किया तो मुक्तिबोध ने। किन्तु छायावादी कवि सुमित्रानन्दन पंत ने मुक्तिबोध की जो प्रशंसा मुक्तकंठ से की है, उसे सुनकर नामवर सिंह की बात पर थोड़ा सन्देह होने लगता है। पंत जी के अनुसार, मुक्तिबोध "अपराजेय कान्तद्रष्टा कवि तथा विचारक थे"; उनमें "वैचारिक शक्ति, विश्लेषण-बुद्धि तथा दार्शनिक चैतन्य प्राय: समस्त प्रगतिवादी कवियों से अधिक विकसित रहे हैं।" ('छायावाद का पुनर्मूल्यांकन', पृ. 118-19)

छायावाद के एक प्रतिनिधि कवि द्वारा मुक्तिबोध की यह प्रशंसा किसी सामंजस्य या समझौते का परिणाम हो, चाहे न हो, नामवर सिंह का निश्चित मत है कि आज कविता के नये-से-नये प्रतिमान के लिए "सबसे बड़ी चुनौती छायायादी संस्कार हैं।" ('कविता के नये प्रतिमान', पृ. 30)

प्रश्न यह है कि स्वाधीनता-आन्दोलन में सब कुछ समझौता ही था या साम्राज्य-विरोध भी था? छायावादी साहित्य में कहीं प्रखर राष्ट्रीयता और जनतंत्र की भावना भी है या सब पलायन और विराट् प्रभामंडल ही है? और प्रश्न यह है कि सामाजिक यथार्थ को छायावाद ने जिस सीमा तक चित्रित किया था, नई कविता उससे आगे बढ़ी है या पीछे हटी है?

नई कविता : क्रान्तिकारी विरासत से विद्रोह

स्वाधीनता-आन्दोलन सीधी सड़क पर चलनेवाला जुलूस नहीं था। उसमें कई तरह के नेता, कई तरह के झंडे, कई तरह के नारे और कई तरह के स्वयंसेवक शामिल थे। उसमें सशस्त्र संघर्ष से लेकर व्यक्तिगत सत्याग्रह तक अंग्रेजों से लड़ने के बहुत-से तरीके अपनाए गए। स्वाधीनता-आन्दोलन चक्करदार राहों से होकर आगे बढ़ा और उसके नेताओं में आपसी तनाव, नीति-सम्बन्धी मतभेद कभी दबा रहा, कभी खुलकर प्रकट हुआ। जिन लोगों को अंग्रेज सरकार ने मेरठ-षड्यंत्र में बन्दी बनाया था, उनसे तो कांग्रेस का मतभेद स्पष्ट था ही, जो लोग कांग्रेसी सोशलिस्ट थे, उनसे मतभेद तीव्र ही नहीं था, कभी-कभी हिंसात्मक रूप ले लेता था। कांग्रेस ने जब पहली बार मंत्रिमंडल बनाए तब गरम दल और नरम दल का फासला बढ़ा।

स्वाधीनता-आन्दोलन में प्रमुख नेतृत्व गांधी जी का था और इस नेतृत्व की सफलता इस बात में थी कि वह विभिन्न मत वालों को बटोरकर अपनी राह चलने पर विवश कर सकता था। यह कोई आध्यात्मिक स्तर की अपराजेय विवशता नहीं थी। विवशता यह थी कि हर गरम दली नेता जानता था कि गांधी जी सुधारवादी हैं और वह स्वयं क्रान्तिकारी हैं किन्तु गांधी जी के मुकाबले वह जनता को संगठित करने में अपने को अक्षम पाता था। धर्मवीर भारती ने जनसाधारण पर गांधी जी के प्रभाव के बारे में लिखा है कि गांधी जी द्वारा संचालित आन्दोलन से जन-साधारण सक्रिय तो हुए, पर पूरी तरह जागे नहीं; "उस सेवाग्राम के संत ने जैसे जादू में बाँधकर, उन्हें मोहाविष्ट कर कर्म में अवश्य प्रवृत्त करा दिया, पर साथ ही आन्तरिक विघटन बना रहा और दुर्भाग्य से जिस नैतिक प्रभामंडल से वह विघटन ढँका रहा—वह प्रभामंडल अपनी प्रकृति में मध्ययुगीन था—आधुनिक नहीं!" ('मानव-मूल्य और साहित्य', पृ. 92)

यह बात आंशिक रूप में ही सत्य है। जनसाधारण उतने मोहाविष्ट न थे, जितना भारती समझते हैं। सन् '37 में पहला कांग्रेसी मंत्रिमंडल बनने पर हरदुआगंज के जिस किसान ने कहा था कि "जब तें पंत जी मिनिस्टर ह्वै गए हैं, तब तें द्वय-द्वय इंच रोज मोटे होत जातु हैं" ('सरस्वती', फरवरी, '38) वह उस मोह-भंग को प्रकट कर रहा था जो सन् '30-'40 के राजनीतिक जीवन की विशेषता था। लेकिन इस

बीच राष्ट्रीय आन्दोलन पर सुधारवादी नेतृत्व का ही कब्जा क्यों बना रहा? उसे हटाकर उसकी जगह क्रान्तिकारियों ने क्यों नहीं ली?

इस प्रश्न का एक उत्तर यह है कि जनता मोहाविष्ट थी, वीरपूजा के रोग से पीड़ित थी, इसलिए वह क्रान्तिकारियों का महत्त्व समझ ही न पाई। किन्तु यही जनता चौरीचौरा-कांड में अपनी उग्रता का परिचय दे चुकी थी। भगत सिंह और आजाद भी उसके वीरों में थे जिन्हें वह पूजती थी और किसी समय वह जयप्रकाश नारायण और अरुणा आसफ अली पर भी प्राण निछावर करती थी। अगर जनता मोहाविष्ट थी तो इस वशीकरण-प्रतियोगिता में क्रान्तिकारी नेता ही क्यों हार गए?

इसका एक कारण यह है कि अपने तमाम सुधारवाद और तथाकथित मध्ययुगीन प्रभामंडल के बावजूद गांधी जी ने आम जनता को जिस हद तक संगठित किया, उस हद तक समाजवादी नेता नहीं कर पाए। सबसे बड़ी बात यह है कि गांधी जी हिन्दुस्तान के किसान के मन को जितना अच्छी तरह पहचानते थे, उतना अच्छी तरह दूसरे नेता न पहचानते थे। जनता को दोष देना आसान है, अपनी कमजोरियाँ देखना मुश्किल है। जो समाजवादी दल सन् '47 से पहले आपस में लड़ते थे, वही आज भी—पहले से और भी विघटित होकर—लड़ते हैं।

समाजवादियों की असफलता का दूसरा कारण जवाहरलाल नेहरू की भूमिका थी। वह नवयुवकों के हृदय-सम्राट् थे। शहरी मध्यवर्ग और बुद्धिजीवी ही नहीं, रायबरेली, प्रतापगढ़ और इलाहाबाद जिलों के किसान, जो गांधी जी की नीति को ढुल-मुल और कमजोर मानते थे, नेहरू को उग्र साम्राज्य-विरोधी नीति का प्रतिनिधि मानते थे। गांधी जी से नेहरू का मतभेद इस बात को लेकर भी था कि नेहरू जमींदारों-ताल्लुकेदारों के विरुद्ध किसान-आन्दोलन को तेजी से आगे बढ़ाना चाहते थे, जबकि गांधी जी उसे रोकने की सलाह दे रहे थे। भारत-जैसे कृषिक-प्रधान देश में कोई भी व्यापक आन्दोलन तभी सफल हो सकता है जब उसमें किसान बहुत बड़ी संख्या में भाग लें। स्वाधीनता-आन्दोलन में गहराई लाने के लिए नेहरू किसानों की इसी भूमिका के लिए लड़ रहे थे। उन दिनों वह किसान-सभाओं और मजदूर-सभाओं को कांग्रेस से सम्बद्ध करने पर जोर देते थे। कांग्रेस में जो लोग सन् '35 के अंग्रेजी कानून के मातहत मंत्रिमंडल बनाने के पक्ष में थे, नेहरू उनके खुले विरोधी थे। इन दिनों जवाहरलाल नेहरू मार्क्सवाद के समर्थक और प्रचारक थे।

विजयदेव नारायण साही ने इस बात पर बहुत जोर दिया है कि गांधी जी की नीति से विक्षुब्ध होकर नेहरू ने विराट् रिक्तता का अनुभव किया। नेहरू ने अपने राजनीतिक जीवन के उस दौर में मार्क्सवाद को अपनाया, यह बात उन्होंने छोड़ दी है। उस रिक्तता को आध्यात्मिक स्तर पर ले जाकर साहित्य में उन्होंने उसे युगव्यापी बना दिया है। ऐसी रिक्तता वास्तव में न साहित्य में थी, न राजनीति में।

जवाहरलाल नेहरू की 'आत्मकथा' का विवेचन करते हुए मैंने 'उच्छृंखल' (1938) में लिखा था : "द्वंद्व से बचाव का कोई भी मार्ग क्यों न खोजा जाए, वह द्वंद्व को तो नहीं मिटा पाता। कुछ समय के बाद वे समस्याएँ फिर लौट आती हैं, शायद पहले से अधिक उग्र रूप में। नेहरू जी के साथ यही हुआ भी है।... जवाहरलाल जी की अन्तरतम श्रद्धामूलक प्रवृत्तियाँ गांधी जी में केन्द्रित हैं। जो क्लेश उन्हें गांधी जी का विरोध करने में हुआ है, वह विदेशी राज्य के विरोध से भी बढ़कर है। यहाँ पर उनके व्यक्तित्व के ही दो टुकड़े हो गए हैं और दोनों में से किसी एक का मोह त्यागने में उन्हें कठोर वेदना का अनुभव होता है। धीरे-धीरे बीच का फासला बढ़ता गया और जवाहरलाल जी ने देखा कि वह गांधी जी से अलग होते जा रहे हैं। 'विद ए स्टैब ऑफ पेन' (मर्मान्तक पीड़ा के साथ) उन्होंने अनुभव किया कि जिन बन्धनों ने उन्हें गांधी जी से बाँध रखा था, वे टूट गए हैं। उन्होंने सोचा था कि गांधी जी उन्हीं के रास्ते पर आ जाएँगे। अब मालूम हुआ कि वह स्वयं गलत रास्ते पर चल रहे थे। अलीपुर की जेल में उन्हें बड़ा सूना-सूना-सा लगने लगा। जीवन में एक सत्य का अनुभव हुआ कि कभी भी किसी पर निर्भर न रहना चाहिए। परनिर्भरता जो उनके जीवन की सबसे बड़ी कमजोरी थी, सहसा नग्न रूप में उनके सामने आ गई; 'वन मस्ट जर्नी थ्रू लाइफ अलोन, टु रिलाई ऑन अदर्स इज टु इनवाइट हार्ट-ब्रेक।' (जीवन में अकेले ही यात्रा करना ठीक है; दूसरों के सहारे चलने का मतलब है—आखिर में दिल टूट जाएगा।) क्षुब्ध होकर जवाहरलाल जी इस परिणाम पर पहुँचे। वही नहीं, उनके साथ एक नवसन्तति भी इसी विश्वास पर पहुँच रही थी।"

स्थिति का एक पहलू यह है जो साही ने छोड़ दिया है। दूसरा पहलू यह है कि वामपंथ पर थोड़ा ही आगे बढ़ने के बाद नेहरू फिर पीछे लौटे। और वही नहीं, अनेक कांग्रेसी सोशलिस्ट जो उनसे कुछ और आगे बढ़े थे, वे भी पीछे लौटे। इस सबका कारण गांधी जी का सरल चिन्तन नहीं था, न उनकी मध्ययुगीन नैतिकता थी। कौन कितनी दूर दौड़कर आगे जाएगा, कब इशारे पर लौट आएगा, यह वह बहुत अच्छी तरह जानते थे। वह आधुनिक राजनीति में दक्ष थे।

अब साहित्य की तरफ आइए।

भारतीय साहित्य में प्रेमचन्द किसान-जनता के अद्वितीय चित्रकार हैं। वह गांधी जी और राष्ट्रीय आन्दोलन के साथ थे, किन्तु दोनों को आलोचनात्मक निगाह से भी देखते थे। उन्होंने 'प्रेमाश्रम' में ही लिखा था : "सत्याग्रह में अन्याय को दमन करने की शक्ति है, यह सिद्धान्त भ्रान्तिपूर्ण सिद्ध हो गया।" जनवरी, सन् '34 में बिहार में जब भूकम्प आया तब प्रेमचन्द ने लोगों के अन्धविश्वासों का खंडन करते हुए सीधे महात्मा गांधी के बारे में लिखा : "अभी उसी दिन महात्मा जी ने ही कहा कि हमारे पापों के कारण ही यह भूकम्प हुआ है...। जितने प्राणी भूकम्प

में मरे, क्या वे सभी महान् पापी थे? और यहाँ, इस देश में जो बड़े-बड़े पापाचारी और गरीबों का रक्त चूस जानेवाले, बड़ी-बड़ी तोंदवाले, बड़े-बड़े तिलकधारी ढोंगी पड़े हुए हैं, क्या परमात्मा उन्हें नहीं देख पाता? अस्तु, यह सब व्यर्थ की बातें हैं।" ('हंस', जनवरी, '34)

प्रेमचन्द जब गांधी जी की आलोचना करने से न चूके थे, तब औरों को तो वह समझते ही क्या थे। 'गबन' का देवीदीन एक स्वार्थी नेता से कहता है : "तुम भी बड़ी-बड़ी तलब लोगे, तुम भी अंग्रेजों की तरह बँगलों में रहोगे, पहाड़ों की हवा खाओगे, अंग्रेजी ठाट बनाए घूमोगे; इस सुराज से देश का क्या कल्याण होगा?" और सन् '34 में बम्बई के राष्ट्रभाषा-सम्मेलन में नेताओं का अंग्रेजी-प्रेम देखकर उनका स्वर और भी तेज हो गया था : "अंग्रेजी राज्य की जगह आप स्वराज्य चाहते हैं। उनके व्यापार की जगह अपना व्यापार चाहते हैं, लेकिन अंग्रेजी भाषा का सिक्का हमारे दिलों पर बैठ गया है, उसके बिना हमारा पढ़ा-लिखा समाज अनाथ हो जाएगा! पुराने समय में आय और अनार्य का भेद था, आज अंग्रेजीदाँ और गैर-अंग्रेजीदाँ का भेद है।"

हिन्दी-अंग्रेजी के सिलसिले में जवाहरलाल नेहरू ने कुछ बातें कही थीं, उनकी भी तीखी आलोचना प्रेमचन्द ने 'हंस' के सम्पादकीय स्तम्भ में की थी।

लेकिन विजयदेव नारायण साही के लिए प्रसाद-प्रेमचन्द की युगभूमि-संघर्ष या द्वंद्व न होकर 'सन्तुलन का नाटक' मालूम होती है। प्रेमचन्द के लिए यथार्थ गीली मिट्टी है : "जिस पर आदर्श की कोई मुहर लगाई जा सकती है।" साधारण परिवार में जनमे और अन्धविश्वासों में पले हुए प्रेमचन्द ने अपनी सन् '30 के बाद वाली नास्तिकता तक कितनी लम्बी यात्रा की थी, इसकी दाद देने के बदले साही 'कायाकल्प' का विशेष रूप से उल्लेख करते हैं, जो उनकी राय में "शिशु-आस्था का एक अप्रत्याशित दृश्य ही हमारे सामने प्रस्तुत कर देता है।" और 'गोदान' के होरी के बारे में वह पूछते हैं : "शायद उसमें अपराजेय विवशता है, जो उसको बार-बार धर्म की राह पर ला पटकती है, लेकिन अपराजेय संकल्प का अभाव क्या प्रश्नचिह्न बनकर नहीं खड़ा हो जाता?" ('नई कविता', '60-'61)

जैसे शेक्सपियर का नाटक 'हैमलेट' उसके हीरो से बड़ा है, वैसे ही 'गोदान' होरी से बड़ा है। होरी के साथ धनिया भी है और इन दोनों के साथ प्रेमचन्द हैं—अपराजेय विवशता में रोते-कलपते नहीं, अपराजेय योद्धा की तरह मृत्युशय्या पर जैनेन्द्र से कहते हैं : "जैनेन्द्र, लोग ऐसे समय याद किया करते हैं, ईश्वर। मुझे भी याद दिलाई जाती है। पर अभी तक मुझे ईश्वर को कष्ट देने की जरूरत नहीं मालूम हुई है।" ('हंस', प्रेमचन्द-स्मृति अंक)

प्रेमचन्द की वही राजनीति नहीं थी, जो मैथिलीशरण गुप्त की थी। निराला की वही राजनीति नहीं थी जो सुमित्रानन्दन पंत की थी। छायावाद में अन्तर्विरोध

थे और एक युग के समूचे साहित्य में अन्तर्विरोध थे। कांग्रेस की नरमदली नीति के सबसे निकट थे मैथिलीशरण गुप्त और कांग्रेस के भीतर और बाहर की गरमदली राजनीति के सबसे निकट थे प्रेमचन्द और निराला। काशी की एक साहित्यिक सभा में—जिसमें जयशंकर प्रसाद मौजूद थे—जवाहरलाल नेहरू ने कहा : "हिन्दी में अभी तक दरबारी ढंग की कविता होती है; स्वराज्य होने पर सरकार का फर्ज होगा कि तीन-चार सौ अच्छी-अच्छी पुस्तकें दूसरी भाषाओं से हिन्दी में अनुवादित कराए।" निराला ने 'सुधा' में लिखा : "पंडित जी को राष्ट्र के निर्माणोद्देश में इतनी तल्लीनता रही कि राष्ट्रभाषा की कभी याद न हुई... पुन: पंडित जी को भी मालूम हो जाएगा, जिन्हें वह कुछ देना चाहते हैं, उन्हीं से प्राप्त करने की गुंजाइश है।"

इसी आलोचनात्मक निगाह से निराला ने जवाहरलाल नेहरू की समाजवादी आनबान को देखा—अपनी कविता 'बनवेला' में। जब अंग्रेज सरकार ने नेहरू को जेल में डाल दिया तब उन्होंने 'न आए वीर जवाहरलाल' गीत लिखा। लेकिन लक्ष्मीकान्त वर्मा का मत है कि "राष्ट्रीय संग्राम में अहमद नगर में कैद जवाहरलाल नेहरू भी अंग्रेजों की विजय की कामना करते रहे।" ('कल्पना', मार्च-अप्रैल, '67)

नेहरू और गांधी की आलोचना करनेवाले दो तरह के लोग थे : एक तो वे, जो उनकी धीमी सुधारवादी नीति से असन्तुष्ट थे और राष्ट्रीय आन्दोलन में और तेजी लाना चाहते थे। दूसरे वे, जो राष्ट्रीय आन्दोलन से इसलिए नाराज थे कि वह साम्राज्य-विरोधी था। खास तौर से वर्ण-व्यवस्था के पोषक, भारतीय समाज के रूढ़िवादी तत्त्व गांधी जी से बहुत नाराज थे, वह हिन्दू-मुस्लिम एकता के लिए गांधी जी के प्रयत्नों से नाराज थे, वे हरिजनों को सवर्ण हिन्दुओं के बराबर अधिकार देने की बात से नाराज थे। गांधी जी इन्हीं तत्त्वों के हाथ मारे गए और उनकी मृत्यु के बीस साल बाद ये तत्त्व और भी संगठित हो गए हैं। कुछ समाजवादी नेता नेहरू के नाम से इतना चिढ़ते हैं कि वे इन्हीं तत्त्वों से गठबन्धन की नीतियों पर चल पड़े हैं। छायावादी कवि ज्यादा समझदार थे। वे अंग्रेजों और भारतीय रूढ़िवादियों के खिलाफ कांग्रेस का समर्थन करते थे, किसानों और मजदूरों और हिन्दी के प्रति उसकी नीति की आलोचना करते थे।

यह स्वाभाविक है कि गांधी और नेहरू से हिन्दी साहित्य का गहरा लगाव है। करोड़ों आदमी उनकी आवाज पर राजनीतिक जीवन में पहली बार भाग लेने बढ़े, घरों के अन्दर रहनेवाली हजारों स्त्रियाँ सामन्ती प्रथाएँ तोड़कर मैदान में आगे आईं। गांधी और नेहरू का भारत, एशिया और अफ्रीका की जनता के लिए प्रेरणा-केन्द्र बना। यह सही है कि भारत का विभाजन हुआ किन्तु गांधी-नेहरू के बाद उनके विरोधी क्या राष्ट्रीय एकता को बहुत मजबूत कर चुके हैं या आपस में ही दृढ़ता से संघबद्ध हुए हैं? नेहरू की यह बहुत बड़ी सफलता थी कि उन्होंने

भारत को दक्षिणी वियतनाम, दक्षिणी कोरिया, पाकिस्तान आदि की तरह अंग्रेजों और अमरीकियों का पिछलगुआ न बनने दिया। अमरीका और ब्रिटेन भारत की विदेश-नीति को अपनी ओर झुकाने के लिए पूरा जोर लगाते रहे। भारत-पाक संघर्ष के दौरान उन्होंने खुले आम पाकिस्तान का समर्थन करके भारत पर फिर जोर डाला कि वह अपनी तटस्थ नीति बदले। सोवियत संघ ने पाकिस्तान को हथियार देने का गलत फैसला किया, इससे उसकी विदेश-नीति में असंगति पैदा हुई है, भारत की तटस्थ नीति गलत साबित नहीं होती। नेहरू ने लगभग बीस साल तक भारत में जनतान्त्रिक व्यवस्था बहाल रखकर समाजवादियों को यह अवसर दिया कि वह जनता को संगठित करके कांग्रेस के विकल्प के रूप में प्रस्तुत हों। एशिया, अफ्रीका, दक्षिणी अमरीका में कितने देश हैं जहाँ शासन की बागडोर फौज के हाथ में नहीं है? विश्व के मानचित्र पर नजर डालने से नेहरू और भारतीय जनतंत्र का महत्त्व मालूम हो जाएगा।

नेहरू और गांधी की आलोचना अपने-आपमें कोई प्रगतिशीलता की निशानी नहीं है। नामवर सिंह कहते हैं कि "छायावादी युग का सम्बन्ध राजनीति में गांधी और नेहरू की विचारधारा से है जिसका दुष्परिणाम आज के लेखकों के सामने है। उनके मन में इस राजनीति के विरुद्ध तीव्र विद्रोह है।" ('आलोचना', अक्टूबर-दिसम्बर, '67)

जी हाँ, विद्रोह इतना तीव्र हो गया है कि राजनीति गायब हो गई है, विद्रोह ही विद्रोह रह गया है। नामवर सिंह ने राजनीति और साहित्य पर एक गोष्ठी आयोजित की; उसमें एक विद्रोही ने घोषित किया : "वामपंथी और प्रतिक्रियावादी, दोनों ही तरह के राजनीतिक आदर्शवादों का हश्र आखिर तानाशाही में हुआ और राजनीतिक विचारधाराओं से विकर्षण इतना चरम हो गया कि सारी राजनीति ओछी, टुच्ची और मानवद्रोही ही जान पड़ने लगी।" (उप., जुलाई-सितम्बर, '68)

सारी राजनीति ही मानवद्रोही जान पड़ने लगी। जैसे लोग कहते थे—कला कला के लिए, वैसे ही यहाँ विद्रोह विद्रोह के लिए है। आज के विद्रोही की राजनीति "स्थायी रूप से विरोध पक्ष में रहने की राजनीति है।" (उप.) इसका अर्थ है, समाजवाद का स्थायी रूप से विरोध करने की राजनीति।

एक दूसरे विद्रोही ने उक्त गोष्ठी में कहा : "आपको कविता से मतलब है। मैं अपने अन्दर अपने को कितना पाता हूँ, मैं कैसी विचारधारा को मानता हूँ, इन सबसे आपको कोई मतलब नहीं। आपको मेरी कविताओं से मतलब है।" (उप.) तीसरे विद्रोही ने कहा : "राजनीतिक कविता का आधार अनुभव नहीं, विचार होता है। वह विचार का समर्थन करती है और विचार के समर्थन के जरिये अनुभव को झुठलाती है।" (उप.)

अब आप देख सकते हैं, 'कला के लिए कला' से 'विद्रोह के लिए विद्रोह' का कितना गहरा सम्बन्ध है और यह विद्रोह, कला और नई कविता समाजवाद

से कितनी दूर है। गांधी और नेहरू की आलोचना सार्थक तब होती है जब आप राजनीति और साहित्य को जनजीवन के और निकट ले आए हों, जब आप ज्यादा दृढ़ता से भारतीय जनता को शोषण और गरीबी से मुक्त करने की दिशा में बढ़े हों। किन्तु नई कविता के समर्थक जब भी राजनीति की बात करते हैं, वे समाजवाद के लिए संघर्ष के सवाल को दायें-बायें छोड़कर आगे बढ़ जाते हैं।

विजयदेव नारायण साही ने महामानव और लघुमानव का भेद किया। धर्मवीर भारती ने ठीक लिखा है कि मानवीय गौरव की प्रतिष्ठा "किसी एक व्यक्ति की सुखानुभूति या उसके कला-व्यक्तित्व की मौज की समस्या नहीं है।" ऊपर विद्रोही नम्बर दो के कथन से इस उक्ति को मिलाइए तो अन्तर स्पष्ट हो जाएगा। भारती आगे कहते हैं कि 'व्यापक मानवीय गौरव' की प्रतिष्ठा तभी हो सकती है जब छोटों को भी वही महत्त्व दिया जाए जो बड़ों को दिया जाता है : "जब महामानव और लघुमानव का भेद कर एक के गौरव का बलिदान कर दूसरे के गौरव की वृद्धि न की जाए।" ('मानव-मूल्य और साहित्य', पृ. 27)

छोटों को अपमानित करने का एक कारण वह जाति-प्रथा है जो सामन्ती व्यवस्था की देन है। छोटे आदमी इसलिए छोटे नहीं हैं कि कुछ बड़े आदमी उन्हें ऐसा समझते हैं। यह समस्या व्यापक है और सामूहिक प्रयत्न से ही वह हल हो सकती है। धर्मवीर भारती का विचार है कि सन् '20 और '30 के आन्दोलनों में गांधी जी के प्रति वीरपूजा की भावना से जनता मोहाविष्ट थी। 'जब सन् '42 का आन्दोलन आया, और साधारण जन और उनका युगबोध उभरा तब पहली बार आन्तरिक दरारों को ढकनेवाला रेशमी पर्दा तार-तार हो गया और असलियत झलकने लगी।' (उप., पृ. 94) प्रश्न यह है कि जो युगबोध सन् '42 में उभरा था, वह भारत से अंग्रेजों के चले जाने के बाद समाजवाद को अपना लक्ष्य बनाकर क्यों आगे नहीं बढ़ता?

गांधी जी ने जेल से निकलकर '42 के 'सम्पूर्ण आन्दोलन को अस्वीकार कर दिया।' नतीजा यह कि उस समय लक्ष्मीकान्त वर्मा की पीढ़ी को "इतना मनोवैज्ञानिक धक्का लगा कि समूचा सन्दर्भ ही जैसे हाथ से छूट गया था।" ('कल्पना', मार्च-अप्रैल, '67)

सन् '42 में लक्ष्मीकान्त वर्मा बीस वर्ष के थे। उस उम्र में जो 'मनोवैज्ञानिक' धक्के लगते हैं, उनका असर जिन्दगी-भर बना रहता है। फिर गांधी जी सबके बापू थे, राष्ट्रपिता थे। लक्ष्मीकान्त वर्मा को लगा कि 'सन् '42 के आन्दोलनों में उनकी पीढ़ी 'पिट चुकी' है। गांधी जी ने उसके क्रान्तिकारी कदमों को 'अस्वीकार' कर दिया था। आक्रोश और अपमान से 'अभिशप्त' पीढ़ी की भावनाओं को "कोई स्वीकार नहीं करना चाहता था।" इसलिए इस पीढ़ी ने गांधी और नेहरू के साथ उस तमाम साहित्य को भी अस्वीकार कर दिया, जिस पर उसे कहीं उनकी छाया

भी पड़ती दिखाई दी। रह गई 'अपराजेय विवशता', 'विडम्बनाओं का साक्षात्कार'। ('कल्पना', मार्च-अप्रैल, '67)

बाप से झगड़ा होने पर, अपने को अपमानित महसूस करके, लड़का जैसे घर छोड़कर भागे, वैसे ही लक्ष्मीकान्त वर्मा गांधी, नेहरू, प्रेमचन्द, निराला, पंत, प्रसाद की सारी विरासत को अस्वीकार करने पर तुल जाते हैं। उनके विद्रोह की जड़ में विवेक नहीं, एक अस्वीकृतिमूलक भावुकता है जो 'मनोवैज्ञानिक धक्का' लगने से तिलमिला उठी है और रात-दिन तिलमिलाती ही रहती है। इस भावुकता से प्रेरित अन्तर्दृष्टि को पराजय, विवशता, अपमान, अभिशाप बहुत अतिरंजित रूप में दिखाई देते हैं; वे महत्त्वपूर्ण उपलब्धियाँ, दुर्लभ जीवन-मूल्य बन जाते हैं; मन एक ओर अपनी क्षुद्रता और हीनता के भाव से पीड़ित होता है, दूसरी ओर अपने अनुपम विवेक का ऐसा 'प्रभामंडल' रचता है कि उसमें बड़े-से-बड़े राजनीतिज्ञ और साहित्यकार, भोर के तारों की तरह, बुझे हुए-से लगते हैं। इस मानसिक स्थिति से सहानुभूति प्रकट की जा सकती है, उसे जीवन-दर्शन के रूप में स्वीकार नहीं किया जा सकता।

लक्ष्मीकान्त वर्मा कहते हैं :

मैं भी तुम जैसा इन्सान था
आज मैं प्रेत हूँ
क्योंकि मैं अपनी मौत से नहीं मरा हूँ
मैंने की है आत्महत्या जानबूझकर! ['अतुकान्त', पृ. 85]

विजयदेव नारायण साही सृजन के बारे में कहते हैं :

वह हत्या से उपजता है
और आत्महत्या की ओर बढ़ता है। ['मछलीघर', पृ. 22]

गिरिजाकुमार माथुर को अफसोस है :

किसी ने भी
मेरी अन्तिम आत्महत्या नहीं देखी। ['जो बँध नहीं सका', पृ. 36]

श्रीकान्त वर्मा की विवशता यह है कि :

न मैं आत्महत्या
कर सकता हूँ
न औरों का
खून! ['माया-दर्पण', पृ. 126]

और कैलाश वाजपेयी :

मैं मर चला हूँ
मर जाना ठीक है
शायद मर जाता हूँ...
क्या करूँ?
मर नहीं पाता हूँ! ['देहान्त से हटकर', पृ. 32]

छायावाद की 'शिशु-आस्था' छोड़कर कहाँ पहुँचे? भावुकता के बदले प्रखर बौद्धिकता से कौन-सा नया जीवन-दर्शन प्राप्त हुआ? गांधी और नेहरू के प्रति मोहाविष्ट भारतीय जनता को आपने कौन-सा मार्ग सुझाया है?

यह स्वाभाविक है कि जो हर चीज से विद्रोह करते हैं, वे जीवन से भी विद्रोह करें। राजनीति और साहित्य की समस्त प्रगतिशील परम्पराओं की अस्वीकृति का अर्थ आत्महत्या ही हो सकता है।

लेकिन है यह सब कल्पना में ही! ले चल मुझे भुलावा देकर, मेरे नाविक धीरे-धीरे! स्वर्ग की ओर नहीं, काल्पनिक आत्महत्या की ओर!

नई कविता : नये प्रतिमानों की खोज

पुरानी कविता के उपमान मैले हो गए थे। नई कविता में नये उपमानों की जरूरत हुई। कवि प्रेमिका के लिए नया उपमान ढूँढ़ लाया—'कलँगी बाजरे की'। कुछ आलोचकों का विचार है कि कविता के प्रतिमान भी मैले हो गए हैं। नई कविता के लिए नये प्रतिमान चाहिए।

विजयदेव नारायण साही ने कहा : "समूची नई कविता को ठीक-ठीक देखने के लिए नई कविता के प्रतिमान की जरूरत नहीं है, बल्कि कविता के नये प्रतिमान की जरूरत है।"

परखना नई कविता को ही है। लेकिन काव्यशास्त्री नये हों, चाहे पुराने, अपनी समझ में वे ऐसा शास्त्र रचते हैं जिसके सहारे किसी भी युग के काव्य को परखा जा सके। साही के विचार से किसी युग में काव्य-बोध इतना विकसित नहीं हुआ जितना नई कविता के युग में। इस काव्य-बोध के आधार पर जो प्रतिमान रचे जाएँगे, वे एक ओर नये कवियों की सर्जनात्मकता उजागर करेंगे, दूसरी ओर पुराने कवियों और सिद्धान्तकारों के काव्य-बोध की सीमाएँ स्पष्ट कर देंगे।

साही तो सुझाव देकर अलग हो गए। इस कार्य का दायित्व सँभाला नामवर सिंह ने। यदि लक्ष्मीकान्त वर्मा ने 'नई कविता के प्रतिमान' पुस्तक में अपना दायित्व निबाहा होता तो नामवर सिंह को परिश्रम न करना पड़ता। किन्तु 'जब नई कविता का शास्त्र बना', तब उसका "पहला दुर्भाग्यपूर्ण प्रयास लक्ष्मीकान्त वर्मा का ग्रंथ है, 'नई कविता के प्रतिमान'।" ('कविता के नये प्रतिमान', पृ. 201) अर्थात् हिन्दी आलोचना में 'बाजरे की कलंगी' है नामवर सिंह की पुस्तक 'कविता के नये प्रतिमान'।

नये प्रतिमान स्थापित करने के लिए सबसे पहले यह देखना जरूरी है कि नई कविता और पुरानी कविता में फर्क क्या है। मुकाबला वाल्मीकि और कालिदास से तो है नहीं, मुकाबला है छायावादियों से, खास कर जयशंकर प्रसाद से। फर्क नई कविता और इसी छायावादी कविता में देखना है।

छायावाद स्थूल के प्रति सूक्ष्म का विद्रोह था, नई कविता सूक्ष्म के प्रति अति सूक्ष्म का विद्रोह है। आपके मन में जो है, वह सूक्ष्म है; मन के बाहर जो संसार है, वह स्थूल है। नामवर सिंह कहते हैं : "छायावादी काव्य-रचना की प्रक्रिया जहाँ

भीतर से बाहर की ओर है, वहाँ नई कविता की रचना-प्रक्रिया बाहर से भीतर की ओर है।" (पृ. 25) बाहर है रूप, भीतर है भाव। छायावादी कविता में 'रूप पर भाव का आरोपण' होता था; नई कविता में 'रूप का भाव में रूपान्तरण' होता है। (पृ. 25) छायावादी कवि पहले मन में कोई भाव पैदा कर लेते थे, फिर सामने रूप दिखाई दिया तो उसी पर भाव आरोपित कर देते थे। इसके विपरीत नई कविता वाले की निगाह पहले रूप पर पड़ती है, इसके बाद वह रूप को भाव में बदल देता है। रूप गायब हो जाता है, केवल भाव रह जाता है। लक्ष्मीकान्त वर्मा ने इसी को 'अमूर्तन के प्रति आग्रह' कहा है।

सम्भव है, सूक्ष्म और अतिसूक्ष्म, रूप और भाव, बाहर से भीतर और भीतर से बाहर का भेद आपकी समझ में न आए। सम्भव है, आप तर्क करें कि पहले रूप है या भाव। यह प्रश्न उतना ही निरर्थक है जितना वह प्रश्न कि पहले मुर्गी थी या अंडा। लेकिन आप समझ लीजिए कि छायावादी और नई कविता की रचना-प्रक्रिया में जो भेद किया गया है, उसके पीछे एक दर्शन है। वह दर्शन नामवर सिंह को अज्ञेय से, अज्ञेय को सार्त्र से, सार्त्र को किर्केगार्ड से, किर्केगार्ड को यूरोप के अनेक भाववादी दार्शनिकों से प्राप्त हुआ है। इन सबके चिन्तन की विशेषता यह है कि वे मनुष्य की चेतना से स्वतंत्र किसी भी वस्तु की सत्ता स्वीकार नहीं करते। 'मूँदहु आँखि कतहुँ कछु नाहीं'। आँख खोलने पर भी जो दिखाई दे, वह केवल तथ्य है। सत्य वह, जिसे आपका मन कहे कि सत्य है। इसलिए सत्य वस्तुगत नहीं होता, सदा आत्मगत होता है।

अज्ञेय कहते हैं कि छायावादी और नये कवि की अनुभूति में फर्क है। नये कवि की अनुभूति "भाव के रूप-ग्रहण की चेष्टा नहीं है—रूप के भाव ग्रहण की चेष्टा है; दूसरे शब्दों में 'तथ्य' का सहसा अर्थ से आलोकित हो जाना है। जाने हुए का 'पहचाना' हुआ हो जाना है।" (पृ. 24-25) तथ्य जिस अर्थ से आलोकित हो जाता है, वह मनुष्य के मन में है। जैसे चेतन ब्रह्म के स्पर्श के बिना जड़ प्रकृति गतिशील नहीं होती, वैसे ही कवि-चेतना के स्पर्श के बिना तथ्य अर्थ से आलोकित नहीं होता।

भाव और रूप की अदला-बदली के समानान्तर एक प्रक्रिया और है—विचार और अनुभूति की। यह भी उपर्युक्त दर्शन से प्रेरित है। रूप जैसे घुलकर भाव मात्र रह जाता है, वैसे ही नई कविता में विचार घुलकर अनुभूति हो जाते हैं। अज्ञेय के सूत्र को पहले सिद्ध किया विजयदेव नारायण साही ने। लिखा : "'कामायनी' में जो अनुभूति दर्शन में परिवर्तित हो जाती है, उसे अज्ञेय फिर दर्शन से अनुभूति में परिवर्तित करते हैं।" साही के सूत्र को सिद्ध किया नामवर सिंह ने और कहा : "स्पष्ट है कि प्रसाद और अज्ञेय का यह अन्तर छायावाद और नई कविता का अन्तर है।" (पृ. 25)

बात स्पष्ट न हुई तो आप उसे यों समझें कि 'कामायनी' में प्रसाद ने अपने अनुभवों के बल पर कुछ दार्शनिक विचार प्रस्तुत किए हैं जिनका अध्ययन, मनन और विलेषण सम्भव है क्योंकि वे शब्दबद्ध विचार हैं, कुहरे जैसी आकृतिहीन अनुभूति नहीं। इसके विपरीत नई कविता का रचयिता इधर-उधर से विचार तो लाता है, लेकिन उन्हें ऐसे घोल में छोड़ देता है कि उनके घुल जाने के बाद बस अनुभूति का झोल ही बच रहता है।

सिद्ध हुआ कि नई कविता सूक्ष्म के प्रति अति-सूक्ष्म का विद्रोह है।

अब आप प्रश्न कर सकते हैं कि जब छायावाद और नई कविता, दोनों सूक्ष्म के पीछे दौड़ रहे हैं, तब इनमें मौलिक अन्तर कहाँ है? मौलिक अन्तर नहीं है; अन्तर है केवल अनुभूतियों के स्रोत में। नामवर सिंह कहते हैं : "नये कवि अनुभूति से अधिक अनुभूतियों के परिवर्तित सन्दर्भ पर विशेष बन देते हैं। स्पष्टत: उनका बल रागात्मकता से अधिक रागात्मक सम्बन्धों पर है। इस धारणा की पुष्टि 'दूसरा सप्तक' की भूमिका में अज्ञेय के इस कथन से भी होती है।" (पृ. 25)

नामवर सिंह अज्ञेय के कथन से जिस धारणा की पुष्टि करते हैं, वह पहले अज्ञेय द्वारा ही प्रस्तुत की गई है। अज्ञेय को रागात्मक सम्बन्ध रामचन्द्र शुक्ल से प्राप्त हुए हैं। अज्ञेय का कथन इस प्रकार है : "यह कहा जा सकता है कि हमारे मूल राग-विराग नहीं बदले—प्रेम अब भी प्रेम है और घृणा अब भी घृणा, यह साधारणतया स्वीकार किया जा सकता है। पर यह भी ध्यान में रखना होगा कि राग वही रहने पर भी रागात्मक सम्बन्धों की प्रणालियाँ बदल गई हैं और कवि का क्षेत्र रागात्मक सम्बन्धों का क्षेत्र होने के कारण इस परिवर्तन का कवि-कर्म पर बहुत गहरा असर पड़ा है।...जैसे-जैसे वास्तविकता बदलती है—वैसे-वैसे हमारे उससे रागात्मक सम्बन्ध जोड़ने की प्रणालियाँ भी बदलती हैं—और अगर नहीं बदलतीं तो उस बाह्य वास्तविकता से हमारा सम्बन्ध टूट जाता है।" (पृ. 25)

आप पूछेंगे, रागात्मक सम्बन्धों को मानकर अज्ञेय ने क्या बाह्य जगत की वास्तविकता स्वीकार नहीं कर ली? यदि वास्तविकता हमारी इच्छाओं की चिन्ता न करके बदलती रहती है तो उसे सत्य क्यों न माना जाए?

अज्ञेय ने अपना तथ्य-सत्य वाला भेद छोड़ा नहीं है। वास्तविकता बदलती है यानी तथ्य बदलते हैं! अज्ञेय के अनुसार, जो लोग आज की वास्तविकता से रागात्मक सम्बन्ध जोड़ने में असमर्थ हैं, "वे उसे केवल बाह्य वास्तविकता मानते हैं जबकि हम उससे वैसा सम्बन्ध स्थापित करके उसे आन्तरिक सत्य बना लेते हैं।" (पृ. 25-26) रागात्मक सम्बन्धों के स्पर्श से वास्तविकता यों बदलती है। वह बाह्य—वस्तुगत, आपकी इच्छाओं से स्वतंत्र—वास्तविकता न रहकर आन्तरिक सत्य बन जाती है। तथ्य अर्थ से आलोकित होकर आत्मसत्य बन जाता है।

अब आप नामवर सिंह की कठिनाई देखिए। वह नई कविता में दो धाराएँ शामिल करते हैं : एक प्रगतिशील, दूसरी उसकी विरोधी। इन दोनों को सही साबित करने के लिए उन्हें दो प्रतिमान चाहिए जिनके परस्पर-विरोध को दबाकर वह सन्तुलन स्थापित कर सकें। इन दो प्रतिमानों के दो आधार हैं—वस्तुगत सत्य और आत्मगत सत्य। वस्तुगत सत्य के समर्थन के लिए आत्मगत सत्य का खंडन जरूरी है और आत्मगत सत्य का खंडन अज्ञेय के खंडन के बिना सम्भव नहीं है।

तो नामवर सिंह आत्मगत सत्य और अज्ञेय के खंडन में तत्पर होते हैं। 'तार सप्तक' और 'दूसरा सप्तक' के अज्ञेय में अन्तर दिखाते हुए वह कहते हैं : "'तार सप्तक' में कहा गया था कि 'सत्य व्यक्तिबद्ध नहीं है, व्यापक है और जितना ही व्यापक है उतना ही काव्योत्कर्षकारी है।' किन्तु 'दूसरा सप्तक' में 'व्यक्ति-सत्य' को 'वस्तु सत्य' की दिशा में विस्तृत करने की अपेक्षा रागात्मकता के द्वारा 'तथ्य' को 'सत्य' बनाने पर बल है। यहाँ 'आत्म-विस्तार' के स्थान पर 'आत्मसात्' करने पर विशेष बल है। ऊपर से देखने में यह अन्तर नगण्य मालूम होता है किन्तु अन्तर्निहित अर्थापत्तियों की दृष्टि से यह अन्तर इतना महत्त्वपूर्ण है कि 1938 के भावबोध वाले कवियों का ध्यान तत्काल इस ओर गया। शमशेर बहादुर सिंह ने लिखा है...।" (पृ. 94-95)

ध्यान नामवर सिंह का भी गया लेकिन पुस्तक के पृष्ठ 95 पर। पृष्ठ 25 पर 'दूसरे सप्तक' के अज्ञेय की धारणाओं का वह समर्थन करते हैं। अज्ञेय को प्रमाण मानकर नामवर सिंह ने पहले नई कविता को बाहर से भीतर की ओर मोड़ा। फिर अज्ञेय को दोषी ठहराते हैं कि अन्वेषण की राह उन्होंने बाहर से भीतर को मोड़ दी। राह मुड़ने का परिणाम यह हुआ कि "बौद्धिकता का स्थान रागात्मकता ने ले लिया।" (पृ. 95) पृ. 25 पर वही रागात्मकता नामवर सिंह को इतनी प्रिय थी कि उसके सहारे उन्होंने नगेन्द्र आदि आलोचकों के स्थायी भावों को धूल चटा दी। छायावादी संस्कारों से ग्रस्त इन आलोचकों का अपराध यह था कि बदली हुई परिस्थितियों में भी वे कवि से स्थायी भावों के अनुरूप "अधिक-से-अधिक नये वस्तु-विधान और रूपविधान की ही अपेक्षा रखते हैं।" (पृ. 26)

नगेन्द्र के पास स्थायी भाव है तो अज्ञेय के पास राग है। अज्ञेय के मत से "राग वही रहने पर भी रागात्मक सम्बन्धों की प्रणालियाँ बदल गई हैं।" स्थायी भाव कहो, चाहे राग, क्या फर्क पड़ता है? दोनों अपरिवर्तनशील हैं। फिर भी अज्ञेय के सहारे नगेन्द्र का खंडन करते हुए वह कहते हैं कि इस तरह के आलोचक "यह भूल जाते हैं कि कवि-कर्म शास्त्र-निरूपित कुछ गिने-चुने स्थायी या संचारी भावों को उदाहृत करना नहीं, बल्कि नई वास्तविकता से उत्पन्न होनेवाली वृत्तियों को उजागर करना है।" (पृ. 26)

विचारणीय है कि नामवर सिंह और नगेन्द्र में क्या अन्तर है? स्थायी भावों वाले आचार्य यथार्थ जीवन के चित्रण पर बल नहीं देते। अज्ञेय भी वास्तविकता के

चित्रण पर नहीं, उसे आन्तरिक सत्य बनाने पर बल देते हैं। नामवर सिंह भी यथार्थ जीवन के चित्रण पर बल नहीं देते, बल देते हैं "वास्तविकता से उत्पन्न होनेवाली वृत्तियों को उजागर" करने पर।

स्थायी-संचारी भाव न कहा, राग और रागात्मक सम्बन्ध कहा। राग और रागात्मक सम्बन्ध न कहा, वृत्तियाँ कहा। बात एक ही है।

भाव, राग या वृत्तियाँ—इन सबका गहरा सम्बन्ध अनुभूति से है। नामवर सिंह को भाव शब्द पसन्द नहीं है, उसे वह वृत्ति कहते हैं। उन्हें अनुभूति शब्द पसन्द नहीं है। किन्तु उसे वह अनुभूति ही कहते हैं।

नये प्रतिमानों की चर्चा अनुभूति के खंडन से ही शुरू होती है। जगदीश गुप्त और नगेन्द्र : "दोनों ने कविता के एक ही मूल तत्त्व का सहारा लिया है और वह तत्त्व है अनुभूति जिसे काव्य-चर्चा में प्रचलित करने का श्रेय छायावाद को है।" (पृ. 20) नई कविता के सन्दर्भ में अनुभूति शब्द का व्यवहार "नाकाफी ही नहीं बल्कि भ्रामक है।" (पृ. 24) अज्ञेय ने जब 'प्रतीक' निकाला, तब "छायावाद का प्रिय शब्द 'अनुभूति' पुन: प्रचलन में आ निकला।" (पृ. 95) नि:सन्देह नामवर सिंह को 'अनुभूति' शब्द के व्यवहार पर घोर आपत्ति है।

आपको यह देखकर अब आश्चर्य न होना चाहिए कि सर्वाधिक प्रिय शब्द यह नामवर सिंह का ही है। दो अध्यायों के शीर्षक में वह विद्यमान है : "अनुभूति की जटिलता का तनाव" और "ईमानदारी और प्रामाणिक अनुभूति" में। यही नहीं, कविता की संरचना "स्वयं कवि की अनुभूति के लिए" नियामक हो जाती है (पृ. 152), "विच्छिन्न प्रवाह काव्यानुभूति के मेल में होता है" (पृ. 153), "निर्णय के क्षण की एक अनुभूति की काव्यात्मक अभिव्यक्ति यह है" (पृ. 157), "मन:स्थिति के अनुभूतिगत चाप को शब्दों में" रख दिया गया है (पृ. 158), "अनुभूति का फीकापन" (पृ. 223), आदि-आदि पचीसों वाक्यांश-द्वीपों में अनुभूति के आकाशदीप जगमगा रहे हैं।

प्रश्न किसी शब्द-विशेष के प्रयोग का नहीं है। विद्वान् एक ही शब्द का अलग-अलग अर्थ करते हैं। नामवर सिंह अनुभूति से क्या समझते हैं?

सर्वेश्वरदयाल की एक कविता पर टिप्पणी करते हुए वह कहते हैं कि "अनुभूति की सघनता टूटकर भावुकता बन जाती है।" (पृ. 150) इसी प्रकार अनुभूति की जटिलता के प्रसंग में कहते हैं कि छायावादी शिशु-आस्था ने द्वंद्वों का शमन किया जिससे "जटिल अनुभूतियों के स्थान पर अति सरलीकृत भावावेश व्यक्त हुए।" (पृ. 187) सघन भाव टूटकर भावुकता या सरल भावावेश बन जाते हैं। नामवर सिंह के लिए ये सघन भाव या भावों की सघनता ही अनुभूति है।

छायावाद और नई कविता में भेद अनुभूति के प्रधान या गौण होने से नहीं है; नामवर सिंह के अनुसार, भेद है जटिलता और सरलता के कारण। उनका विचार

है कि "नई कविता छायावाद के समान ही 'अनुभूति' पर बल देते हुए भी भावों की शाश्वतता के प्रति उतनी आश्वस्त नहीं है।" (पृ. 25) दोनों में समान रूप से अनुभूति पर बल दिया जाता है, इसलिए दोनों में कोई मौलिक अन्तर न हुआ। न अनुभूति को काव्य का मूल तत्त्व मानने से कोई नया प्रतिमान स्थापित होता है। जब वह कहते हैं : "माना कि काव्य में अनुभूति की प्रधानता होती है और काव्य सर्वप्रथम अनुभूति का ही विषय है" (पृ. 56), तब वह अनुभूति के उसी शाश्वत प्रतिमान की शरण लेते हैं जिसके लिए नई-पुरानी कविता का कोई भेद नहीं है। नई कविता भावों की शाश्वतता के प्रति उतना आश्वस्त नहीं है जितना छायावाद—इसका यही अर्थ हो सकता है कि नई कविता की अनुभूति अपनी शाश्वतता के प्रति आश्वस्त नहीं है। भाव और अनुभूति दो अलग चीजें हैं या एक हैं? नामवर सिंह शुक्ल जी के इन्दौरवाले भाषण का जो अंश उद्धृत करते हैं, उसका अन्तिम वाक्य इस प्रकार है : "भले मानुस इतना भी नहीं जानते कि हृदय की अनुभूति ही साहित्य में 'रस' और 'भाव' कहलाती है।" (पृ. 44)

नामवर सिंह अवश्य ही इन भले मानुसों में न होंगे। अनुभूति स्वीकार है तो रस-सिद्धान्त भी स्वीकार है। हाँ, 'सिद्धान्त' शब्द पर उन्हें आपत्ति है। मनोहर काले का हवाला देते हुए कहते हैं कि संस्कृत काव्यशास्त्र का रस-सिद्धान्त काव्य के आस्वाद की एक प्रक्रिया-मात्र है, मूल्यांकन का कोई प्रतिमान नहीं। लेकिन काले के उद्धरण के बाद 'स्पष्ट है कि' न लिखकर वह इस बार किंचित् सन्दिग्ध भाव से 'यदि यह सही है तो' कहते हुए इस निष्कर्ष की ओर बढ़ते हैं : "प्रतिमान के रूप में रस के पुनरुद्धार अथवा पुनर्व्याख्या का प्रश्न ही अप्रासंगिक हो जाता है; प्रासंगिक रहती है तो आस्वाद की प्रक्रिया, जिसका आधार अर्थ-मीमांसा है।" (पृ. 56)

नामवर सिंह रस को काव्य का प्रतिमान मानते हैं या नहीं? जिस अध्याय में वह रस के प्रतिमानत्व को सन्दिग्ध भाव से देखते हैं, उसका शीर्षक है : "रस के प्रतिमान की प्रसंगानुकूलता"। इससे पहले एक अध्याय में वह कहते हैं कि जैसे कांग्रेस और जनसंघ के लिए महात्मा गांधी और भारतीय संस्कृति के नामों का महत्त्व है, "छायावादोत्तर कविता के मूल्यांकन में रस के प्रतिमान का कुछ वैसा ही महत्त्व है।" (पृ. 63) नामवर सिंह को रस का प्रतिमानत्व स्वीकार है। 'रस-सिद्धान्त' शब्द सुनते ही उन्हें पुस्तक-विशेष का स्मरण हुआ, इसीलिए आपत्ति की, वर्ना प्रतिमान तो वह है ही। बात दरअसल यह है कि "बहस रस के प्रतिमान से नहीं, रस की नगेन्द्री परिभाषा से है।" (पृ. 63)

रस का प्रतिमान भी नया नहीं। अब प्रश्न है : रस की नगेन्द्री परिभाषा से नामवर सिंह की परिभाषा किस प्रकार भिन्न है? आस्वाद की प्रकिया का आधार अर्थ-मीमांसा है—यही भिन्नता है। जो आलोचक छायावाद के रोमानी संस्कारों से

ग्रस्त हैं, वे अनुभूति को "विवक्षित करने के लिए शब्दार्थ-मीमांसा के 'बौद्धिक' व्यापार के श्रमसाध्य पथ से" बचकर निकल जाते हैं। ऐसे आलोचकों से क्षुब्ध होकर नामवर सिंह कहते हैं : "एक ओर मूल्य-निर्णय देने के लिए ऐसा दम्भ और दूसरी ओर अर्थ-मीमांसा की पद्धति से नितान्त अनभिज्ञता!" (पृ. 56)

यह क्षोभ सात्त्विक है, उचित है। किन्तु अब दूसरा प्रश्न सामने आता है : रस-मीमांसा के लिए अर्थ-मीमांसा को आधार बनाना क्या कोई मौलिक स्थापना है? ऐसी कोई बात नहीं है। यह सब काम छायावाद के प्रच्छन्न समर्थक रामचन्द्र शुक्ल पहले ही कर गए हैं।

"इस प्रकार आचार्य शुक्ल रस को 'हृदय की अनुभूति' कहकर ही सन्तुष्ट नहीं हुए, बल्कि उन्होंने अर्थ-मीमांसा की दिशा में भी विचार-परम्परा आगे बढ़ाई...।

"आचार्य शुक्ल इस बात को भली भाँति जानते थे कि काव्य में अर्थ-मीमांसा द्वारा ही रस का निरूपण किया जा सकता है।

"अन्तिम दिनों आचार्य शुक्ल शब्द-शक्ति-विवेचन और अर्थ-मीमांसा पर ही अपना ध्यान केन्द्रित कर रहे थे।" (पृ. 47)

इन उद्धरणों से स्पष्ट है कि नामवर सिंह ने रस की नगेन्द्री परिभाषा को ध्वस्त करने के लिए शुक्ल जी के अर्थ-मीमांसा वाला अस्त्र ही चलाया है। लेकिन अफसोस! व्यावहारिक समीक्षा के क्षेत्र में आचार्य शुक्ल स्वयं अपना अस्त्र चलाने में चूक गए। लोकमंगल की भावना और प्रकृति-प्रेम से उनकी दृष्टि इतनी 'धूमाकुलित' हो गई कि अपने इतिहास के "लगभग तीन पृष्ठों तक 'युगवाणी' के पद्यों को गद्यार्थ के सहारे बखानते चले गए।" (पृ. 124)

शुक्ल जी ने तो पद्यों का गद्यार्थ तीन पृष्ठों में किया था। प्रशंसनीय कार्य है नामवर सिंह का, जिन्होंने मुक्तिबोध की एक कविता का उल्था दस पृष्ठों में (पृ. 235-244) कर डाला। मुक्तिबोध की भाषा 'युगवाणी' की तुलना में गद्य के और भी निकट है। जैसे मूल कविता :

इतने में अकस्मात गिरते हैं भीतर से
फूले हुए पलस्तर...
खुद-ब-खुद
कोई बड़ा चेहरा बन जाता है,
स्वयमपि
मुख बन जाता है दिवाल पर,
नुकीली नाक और
भव्य ललाट है
दृढ़ हनु...
कौन मनु?

इसकी अर्थ-मीमांसा : "अकस्मात् भीत से फूले हुए पलस्तर गिरते हैं और भीत पर खुद-ब-खुद कोई बड़ा चेहरा बन जाता है : नुकीली नाक, भव्य ललाट, दृढ़ हनु! प्रश्न उठता है : कौन मनु?" (पृ. 236)

नामवर सिंह ने अपनी पुस्तक के प्रथम अध्याय में दिखाया है कि नगेन्द्र को कविता का अर्थ करना नहीं आता। हाँफती हुई मछली को उन्होंने थिरकती हुई मछली बना दिया (अज्ञेय की कविता 'सोन मछली' पर टिप्पणी करते हुए)। अन्तिम अध्याय में उन्होंने दिखा दिया है कि गद्य में कविता का अर्थ लिखने में वह कितने कुशल हैं।

जो भी हो, नये प्रतिमानों की स्थापना के लिए आचार्य शुक्ल का महत्त्व असन्दिग्ध है। अपनी अर्थ-मीमांसा में सबसे पहले वह 'भाव' की ही व्याख्या करते हैं और यह व्याख्या इतनी सटीक है कि एक क्षण को सारे नये-पुराने प्रतिमान व्यर्थ जान पड़ते हैं। नामवर सिंह यह मत प्रकट करते हैं कि "आचार्य शुक्ल का भाव अपनी प्रकृति से ही इतना 'मूढ़ संश्लेष' है कि वह बेखटके तुलसीदास, निराला और मुक्तिबोध जैसे समर्थ कवियों की जटिल से जटिल और भाव-गम्भीर कविता के विश्लेषण के औजार के रूप में इस्तेमाल किया जा सकता है।" (पृ. 184) यह औजार नामवर सिंह को इतना पसन्द है कि वह शुक्ल जी को यह प्रमाणपत्र भी दे देते हैं कि वह हिन्दी कविता को छायावादी भावोद्गार से बचाना चाहते थे।

"कविता में उस समय विचारों के वक्तव्य की अपेक्षा भावों के सीधे उद्गार का खतरा अधिक था...।

"बयान देने की बात है कि शुक्ल जी सीधे भावोद्गार को 'काव्य शिष्टता' के विरुद्ध मानते थे...।

"शुक्ल जी ने बतलाया कि आवश्यकता से अधिक अप्रस्तुत विधान का सहारा लेना कविता के लिए हानिकर है...।

"इस कथन का अर्थ पंत की 'छाया', 'बादल', 'नक्षत्र' आदि कविताओं के सन्दर्भ में पूरी तरह स्पष्ट हो जाता है।" (पृ. 123)

पृ. 32 पर नामवर सिंह ने सिद्ध किया कि शुक्ल जी "स्वच्छन्दतावाद के विरोधी न थे", वरन् उनमें छायावादी संस्कार दृढ़ थे। (पृ. 123) पर उन्होंने सिद्ध किया कि शुक्ल जी छायावादी संस्कारों से मुक्त थे, इसलिए स्वच्छन्दतावाद का उन्होंने विरोध किया था।

एक बार छायावादी संस्कारों से मुक्त हुए तो शुक्ल जी सीधे नई कविता के समर्थक बन जाते हैं। समग्र भारतीय साहित्य की परम्परा छायावाद-विरोधी बन जाती है और नई कविता स्वभावत: उससे जुड़ जाती है। 'रस मीमांसा' से शुक्ल जी के दो वाक्य उद्धृत करने के बाद नामवर सिंह कहते हैं : "नई कविता यदि आज द्वंद्व और तनाव को काव्य के प्रतिमान के रूप में प्रतिष्ठित करना चाहती

है तो वह हिन्दी आलोचना की गौरवशाली परम्परा को ही आगे बढ़ा रही है।" (पृ. 192) रस-मीमांसा में नामवर सिंह को पसन्द आया है विरुद्धों के सामंजस्य वाला सिद्धान्त। स्वभावत: इसका उपयोग मुक्तिबोध के काव्य का मर्म उद्‌घाटित करने के लिए भी होता है। "'अँधेरे में' की संरचना की सबसे बड़ी विशेषता है परस्पर-विरोधी भाव-चित्रों का धूपछाहीं मेल, जिसे आचार्य शुक्ल 'विरुद्धों का सामंजस्य' कहते थे।" (पृ. 241)

मुक्तिबोध का महत्त्व विज्ञापित करने के लिए नये प्रतिमानों की अपेक्षा शुक्ल जी के पुराने प्रतिमान ही ज्यादा काम आते हैं। मैंने पहले ही कहा था कि हिन्दी के औसत पाठकों पर जितना प्रभाव रामचन्द्र शुक्ल का है, उतना प्रभाव हजारीप्रसाद द्विवेदी का नहीं है। चाहे रस और अनुभूति को लेकर सिद्धान्त-चर्चा हो, चाहे मुक्तिबोध को लेकर व्यावहारिक समीक्षा हो, नामवर सिंह को द्विवेदी जी एक बार भी याद नहीं आए, याद आए तो वही रामचन्द्र शुक्ल!

या फिर याद आए टी.एस. इलियट जिनके प्रभाव से नामवर सिंह की पीढ़ी मुक्त है—नामवर सिंह के अनुसार। ('आलोचना', अक्टूबर-दिसम्बर, '67) शुक्ल जी, टी.एस. इलियट और मुक्तिबोध को एक मंच से एक आवाज में बोलते सुनिए : "भावबोध की यह तीव्रता सन्दर्भ के जिस प्रभावशाली चित्र से सम्बद्ध है, वह स्वयं मुक्तिबोध के शब्दों में 'भाव का वस्तुमूलक आकलन' है। इसे ही आचार्य शुक्ल ने विभावन व्यापार की संज्ञा दी है और टी.एस. इलियट ने 'आब्जेक्टिव कोरिलेटिव' की।" (पृ. 238)

और यह 'आब्जेक्टिव कोरिलेटिव' भी खूब है। एक जगह वह शुक्ल जी के साथ मुक्तिबोध का काव्य-मूल्य उद्‌घाटित करता है, दूसरी जगह "इलियट का 'आब्जेक्टिव कोरिलेटिव' का सिद्धान्त इसी अबुद्धिवाद का परिणाम है।" (पृ. 135)

कविता के नये प्रतिमानों की विशेषता यह है कि इनमें किस प्रतिमान का मूल्य कब कहाँ बढ़ जाएगा या गिर जाएगा, आप कुछ कह नहीं सकते। कहीं शुद्ध काव्य-मूल्य ज्यादा कीमती हैं तो कहीं नैतिक मूल्य। पृ. 70 पर नामवर सिंह इस पक्ष में हैं कि "काव्य-कृति की समीक्षा काव्य-मूल्यों से ही की जाए, किसी काव्येतर मूल्य से नहीं", किन्तु पृ. 228 पर शुद्ध साहित्यिक मूल्यों की स्थिति नितान्त 'भ्रामक' हो जाती है। पृ. 66 पर "नई कविता के बिना उर्वशी की कल्पना भी कठिन थी।" पृ. 75 पर 'उर्वशी' में पोथी दार्शनिकता और कोरे वागाडम्बर के सिवा कुछ नहीं है। पृ. 127 पर 'सर्जनात्मक काव्यकृति' की श्रेष्ठता का कारण 'कवि की बिम्ब-निर्माण-क्षमता' है और पृ. 130 पर 'उपेक्षित-से कवि' केदारनाथ अग्रवाल की रचनाएँ भी "टटके बिम्बों की ताजगी के लिए विशेष रूप से उल्लेखनीय हैं।" किन्तु पृ. 125 पर 'सच्चे सृजन' के लिए "बिम्बवादी प्रवृत्ति के बन्धन तोड़ना आवश्यक प्रतीत हुआ।" इस बन्धन को तोड़कर निकली सपाटबयानी। मुक्तिबोध

के काव्य को किस प्रतिमान से परखें? नामवर सिंह ने लिखा : "कहीं सघन बिम्बों की माला है तो कहीं ठेठ सपाटबयानी।" (पृ. 244) जो प्रतिमान रुचे, उसी से काम चलाइए। इच्छा हो तो दोनों को अपनाइए।

नामवर सिंह की कठिनाई यह है कि अंग्रेजी साहित्य में कविता के प्रतिमान इतना जल्दी बदलते हैं कि उनका अपटुडेट हिसाब रखना नामुमकिन हो जाता है। "अंग्रेजी साहित्य में बिम्ब-विधान के विरुद्ध इतनी गहरी प्रतिक्रिया हुई है कि अब उसे आलोचना की भाषा से निकाल देने का प्रस्ताव किया गया है।" (पृ. 137-38) ऐसी हालत में वे अध्यापक अवश्य दयनीय हैं जो "आधुनिकता प्रदर्शित करने के लिए" काव्य-बिम्बों के आधार पर नई कविता में—मूल्यांकन का हौसला दिखाते हैं। (पृ. 128) वैसे नामवर सिंह के गद्य में यह अध्यापक बाला बिम्ब बार-बार उभरकर आता है।

"यह भी एक विडम्बना है कि जिस समय कुछ अध्यापक अपनी आधुनिकता प्रमाणित करने की आतुरता में अपने पिछड़ेपन की झेंप मिटाने के लिए..." (पृ. 132)

"काव्य-बिम्ब की मंजिल तक देर से आनेवाले कुछ अध्यापकों का ऐसा खयाल है कि..." (पृ. 138)

किसी भूतपूर्व अध्यापक की दृष्टि में शेष अभूतपूर्व अध्यापक पिछड़े हुए हों तो आश्चर्य नहीं, खास कर तब, जब बात अंग्रेजी समालोचना की हो और अध्यापक हिन्दी के हों। नामवर सिंह ने सन् '58 में शमशेर बहादुर सिंह की प्रशंसा में लिखा कि "छायावाद में जो कविता फेन तथा फूल थी, उसे उन्होंने तराशकर हीरे की तरह कठोर बना दिया...शमशेर की इस सफलता के साधन हैं बिम्ब।" (कृति, अक्टूबर, '58) कुछ ही महीनों में परिस्थिति एकदम बदल गई। "1959 का साल ऐतिहासिक दृष्टि से नई कविता के विकास का प्राय: चरम बिन्दु था।" (पृ. 125) इसी वर्ष सच्चे सृजन के लिए बिम्बवाद को तोड़ना आवश्यक हो गया। हुआ यह कि "सामाजिक स्थिति इतनी विषम हो उठी कि उसकी चुनौती के सामने बिम्ब-विधान कविता के लिए अनावश्यक भार प्रतीत होने लगा।" (पृ. 133) यानी बिम्बवाद सीधा परिस्थितियों का प्रतिबिम्ब निकला। नीचे जगीन खिराकी, ऊपर बिम्ब टूटा।

आधुनिकता बहुत जल्दी-जल्दी बदलती है। उसके साथ आधुनिकताबोध बदलता है। आधुनिकताबोध के बदलने के साथ कविता के प्रतिमान बदलते हैं। नामवर सिंह ने इलियट और सार्त्र ही नहीं, विम्सार्ट बियर्ड्स्ले, जॉन कोरैन्सम, क्लीन्थ ब्रुक्स, डोनाल्ड डेवी, फ्रैंक कर्मोड, विलियम एम्पसन, गिलबर्ट राइल, रिचर्ड एल्डिंगटन, रिचर्ड ब्लैकमर, डब्ल्यू.डब्ल्यू. राब्सन, ईरिस मर्डोक आदि से यथाशक्ति आधुनिकता निचोड़कर अपनी पुस्तक में भर दी है। इस निचोड़ में रामचन्द्र शुक्ल, अज्ञेय और विजयदेव नारायण साही के विचार वैसे ही घुल गए हैं, जैसे नई कविता में दर्शन घुल कर अनुभूति बन जाता है।

नामवर सिंह ने मुक्तिबोध की कविता में जिस तनाव की प्रशंसा की है, वह पुस्तक में सर्वत्र विद्यमान है। प्रतिमानों के बीच तनाव है; कभी यह ज्यादा तन गया, कभी वह नाटकीयता भी कम नहीं है। पात्रों में प्रमुख भूमिका नगेन्द्र की है। कहीं टक्कर शुक्ल जी से है तो कहीं अज्ञेय से। 'तार सप्तक' के कवियों को भिड़ा दिया है मुक्तिबोध से। टी.एस. इलियट की ठन गई है डोनाल्ड डेवी से। नाटक में 'सस्पेन्स' की कमी नहीं। आप पता ही लगाते रह जाएँगे कि नये प्रतिमान कौन हैं, कहाँ हैं। नाटकीयता के अनुरूप शैली है। कहीं छायावादी शैली का शब्द-माधुर्य, "अस्तित्व की एक अलौकिक सुगन्ध परिव्याप्त है" (पृ. 242), वातावरण भाषा को "काव्यात्मक गूँज से अनुरणित कर देता है" (पृ. 160) अथवा "वर्तुलाकार प्रगीतात्मक कविताओं की अनुचिन्तनात्मक सीमा" स्पष्ट हो जाती है। (पृ. 152) कहीं अंग्रेजी शब्दों-मुहावरों से रँगे-पगे आधुनिकताबोध वाले वाक्य हैं : "नैतिक विजन की यह परिपक्वता" अलविदा को श्रेष्ठ बनाती है। (पृ. 158) "दो-तीन वर्षों तक 'तार सप्तक' की नोटिस नहीं ली गई।' (पृ. 93) अथवा 'पुडिंग का प्रमाण उसे खाने में है।" (पृ. 67)

अब आप स्वीकार करेंगे, 'कविता के नये प्रतिमान' पुस्तक हिन्दी आलोचना में 'बाजरे की कलँगी' है।

छायावादोत्तर नई छायावादी कविता

सन् '38 में कवि श्री सुमित्रानन्दन पंत ने जब 'रूपाभ' में कल्पना के आकाश से यथार्थ की धरती पर उतरने की घोषणा की, तब औपचारिक रूप से छायावाद की मृत्यु हो गई। दस वर्ष बाद 'स्वर्ण-किरण' और 'स्वर्ण-धूलि' में जब उनकी काव्यधारा 'ग्राम्या' से विपरीत दशा में प्रवाहित हुई, तब छायावाद को नया जीवन मिला यद्यपि इस पुनर्जीवन की कोई औपचारिक घोषणा नहीं हुई। स्वाधीनता-प्राप्ति से पहलेवाले दशक में लगता था कि छायावाद के बुरे दिन आ गए; स्वाधीनता-प्राप्ति के बाद दो दशकों पर दृष्टिपात कीजिए, मालूम होगा, छायावाद का स्वर्णयुग तो नहीं लौटा, फिर भी समय उसके लिए काफी अनुकूल रहा है। इन दो दशकों में जो छायावादी कविता लिखी गई है, वह पूर्ववर्ती छायावादी कविता से परिमाण में कई गुना बड़ी है। अकेले पंत जी की रचनाएँ सन् '37 से पहले के पंत-प्रसाद-निराला-महादेवी के सम्मिलित कृतित्व से आकार में विराट् और गुरुत्व में विशद हैं। इधर अकेला 'लोकायतन', उधर 'पल्लव', 'गुंजन', 'वीणा' आदि सब एक साथ चढ़ा दीजिए—पासंग बराबर भी नहीं ठहरते।

परिमाण में वृद्धि होने से अपने-आप गुणात्मक परिवर्तन हो जाए—ऐसा काव्य-क्षेत्र में होते नहीं देखा गया। पिछले दो दशकों की नई छायावादी कविता कुल मिलाकर पुरानी छायावादी कविता से गुण में हेठी है।

विचारणीय है : जैसे किसिम-किसिम की नई कविता, वैसे ही किसिम-किसिम की यह नई छायावादी कविता।

पहली किस्म में उन कवियों की रचनाएँ हैं जो छायावाद से विदा लेने की घोषणा कर चुके थे। इनमें पंत जी के अलावा नरेन्द्र शर्मा उल्लेखनीय हैं। 'रूपाभ' में वह पंत के सहयोगी थे। उनकी प्रारम्भिक रचनाएँ 'पल्लव' और 'गुंजन' से प्रभावित हैं। इसके बाद वह बच्चन के साथ उत्तरकालीन छायावाद के प्रतिनिधि कवि रूप में विख्यात हुए। फिर 'रूपाभ' वाला दौर शुरू हुआ। पंत और नरेन्द्र शर्मा, दोनों की पूर्व छायावादी रचनाओं में आध्यात्मिक रंग बहुत हल्का था, पर वहीं रचनाओं में यह रंग गहरा है अथवा काफी फैला हुआ है। फिर भी पंत जी की नई-पुरानी रचनाओं में जितना फासला है, उससे ज्यादा

फासला नरेन्द्र शर्मा की नई-पुरानी रचनाओं में है। पंत जी की नई छायावादी काव्य-पुस्तकों में ऐसी पंक्तियाँ काफी हैं जिन्हें आप कह सकते हैं कि वे किसी यशस्वी कवि की लिखी हुई हैं। नरेन्द्र शर्मा की नई पुस्तकों में ऐसी पंक्तियों का अनुपात कम है।

दूसरी किस्म में उन कवियों की रचनाएँ हैं जो छायावाद से कुछ हटकर लिख रहे थे, जिन्होंने छायावाद से विदा लेने की घोषणा न की थी क्योंकि छायावाद से वे उतने सम्पृक्त न थे। इनमें बालकृष्ण शर्मा 'नवीन' और दिनकर उल्लेखनीय हैं। नवीन जी की 'क्वासि' की रचनाएँ उनकी पहले की कविताओं से मिलाइए; वह आग, वह तड़प, वह मस्ती नई रचनाओं में खत्म हो गई है। दिनकर ने 'उर्वशी' में छायावाद का वह रूप अपनाया जो रवीन्द्रनाथ की परम्परा को देखते काफी पुराना था किन्तु स्वयं दिनकर के लिए अपेक्षाकृत नया था। यदि आप पंत-नरेन्द्र-नवीन की नई छायावादी कविता से 'उर्वशी' की तुलना करें तो देखेंगे कि इसमें ओज की मात्रा अधिक है; यह उस कवि की रचना है जिसने 'कुरुक्षेत्र' लिखा था, तत्समप्रधान पुरानी छायावादी शैली में रचा हुआ यह काव्य नई छायावादी कृतियों में श्रेष्ठ है। अनास्था, कुंठा और घुटन के मरुस्थल में वह गनीमत है।

कल्पना की अतिशयता, हवाई उड़ान, यथार्थ से पलायन—यह सब नये छायावाद में पुराने छायावाद की अपेक्षा अधिक है। यह कमजोरी 'उर्वशी' में है। उर्वशी नारी से अधिक नारी की कल्पना है; उसे विलास-व्यापार के अलावा और कोई काम नहीं। पुरुरवा का श्रम से कोई सम्बन्ध नहीं; उसकी युक्ति यह है कि मनुष्य देह से प्रेम करके अदेह सौन्दर्य तक पहुँच जाता है किन्तु आज के युग में प्लेटो की देह से अदेह तक पहुँचने की प्रक्रिया काम नहीं देती।

तीसरी किस्म में वे रचनाएँ आती हैं जो बच्चन-नरेन्द्र की उत्तरकालीन छायावादी काव्य-परम्परा से सम्बद्ध हैं। इनमें अक्सर अतृप्त काम-भावना की अभिव्यक्ति होती है किन्तु यहाँ नारी की कल्पना नहीं, अपने सामाजिक परिवेश में जीती-जागती नारी दिखाई देती है या कहिए कि उसकी झलक मिलती है। जैसे धर्मवीर भारती की इन पंक्तियों में :

शीशे में अनजाने तन के आभास हिले
अनदेखे पग में जादू के घूँघरू छमके।

अथवा गहरे अफसोस में डूबी हुई जगदीश गुप्त की ये पंक्तियाँ :

केवल तुम्हारे वक्ष की गहराइयों को चूमकर
सब बीत जाएगी उमर;
मैं सोचता था एक दिन।

उत्तरकालीन छायावाद की निराशा आध्यात्मिक न होकर पार्थिव है। कल्पना से अधिक उस पर यथार्थ जीवन की उदासी का रंग है। उसकी शब्द-योजना उर्दू से प्रभावित और बोलचाल के नजदीक है। दिलचस्प बात है कि इलाहाबाद इस काव्यधारा का प्रमुख केन्द्र रहा और इस धारा के अधिकांश कवि इलाहाबाद विश्वविद्यालय से—जहाँ रघुपति सहाय फिराक अध्यापक थे—किसी-न-किसी रूप में सम्बद्ध थे। बच्चन, नरेन्द्र, भारती के अलावा इस रूमानी लहजे में विजयदेव नारायण साही ने भी प्रयोग किए हैं।

जिन्दगी कुछ इस तरह खामोशियों से भर गई
खोजता फिरता हूँ दिल का दर्द पर पाता नहीं,
बोझ से जैसे झुकी जाती हैं पलकें बार-बार
और रोने में भी पहले सा मजा आता नहीं।

साही की ये पंक्तियाँ सितम्बर, सन् '53 की 'कल्पना' में छपी हैं यानी उस समय जब नई कविता के इलाहाबाद-केन्द्रित आन्दोलन की तैयारी हो रही थी।

इसी रंग में एक रुबाई सर्वेश्वरदयाल सक्सेना की :

यह भी क्या रात कहीं प्यार का अफसाना नहीं,
यूं ही जलता है दीप एक भी परवाना नहीं,
एक तसवीर-सा यह सारा का सारा आलम
इस तरह देखता है गोया कि पहचाना नहीं।

और ये पंक्तियाँ—साही की कविता के एक महीने बाद—अक्टूबर, सन् '53 की 'कल्पना' में छपी हैं।

फिर इन कवियों को लगा कि यह सब किशोर भावुकता है; कविता बौद्धिक स्तर पर होनी चाहिए। किसी समय पंत को भी ऐसा ही लगा था और उन्होंने 'युगवाणी' के बौद्धिक स्तरवाली कविताएँ लिखी थीं। पंत से इन कवियों की बौद्धिकता की दिशा भिन्न थी किन्तु उसके स्तर की ऊँचाई लगभग वही थी। इस नये स्तर पर रची हुई कविताओं के मुकाबले में पुराने ढंग की रूमानी रचनाएँ जिन लोगों को ज्यादा पसन्द थीं, उनमें अकेले मैं नहीं था। भारती की 'नई कविता' और पुराने ढंग की रूमानी कविता में भेद करते हुए देवीशंकर अवस्थी ने लिखा था : "परन्तु भारती की कविताओं का एक चौथा स्तर भी है जहाँ अर्थ, मूल्य, व्यंग्य, अनस्तित्व आदि की चर्चा छोड़कर सहज कवि के रूप में वे हमारे सामने आते हैं। प्रकृति के कितने ही मधुर मोहक चित्र, प्रणयानुभूतियों के सूक्ष्म संवेदन, प्रेमियों के पास बैठकर वह उसकी रूखी मुक्तवेणी को उँगली में बार-बार प्यार से लिपटाकर अनबाँधे छोड़ देता है...। वास्तव में भारती की कविताओं का यही क्षेत्र है और यहाँ वे अद्वितीय

हैं...। इस रोमांटिक स्तर से हटकर जब वे स्थापनाएँ करने लगते हैं, मानो रोमांटिक कृति वेश बदलकर आ गई हो!" ('कल्पना', मार्च, '61)

सहज कवि के सूक्ष्म संवेदन, फिर इनसे हटकर स्थापनाएँ करनेवाला नव रहस्यवाद—दोनों बातें सही हैं। उत्तरकालीन छायावाद यथार्थ जीवन से फिर भी जुड़ा हुआ है नव रहस्यवाद उसके एकदम विच्छिन्न हो गया है। आत्मगत और वस्तुगत दृष्टियों में कोई मौलिक अन्तर्विरोध नहीं, बड़े कवियों में अन्तर्जगत् और बहिर्जगत्, दोनों की झाँकी मिलती है। मनुष्य का मन और बाह्य संसार एक ही यथार्थ के—परस्पर सम्बद्ध—दो छोर हैं। अस्तित्ववाद आत्मगत सत्य पर अत्यधिक बल देकर यथार्थ जीवन में उपर्युक्त सत्य को अस्वीकार करता है। छायावादी कवि इस आत्मगत तत्त्व पर काफी बल देते थे, फिर भी उनका दृष्टिकोण उतना एकांगी नहीं था जितना अस्तित्ववादियों का। जहाँ आत्मगत सत्य देश-काल-निरपेक्षपूर्ण सत्य बन जाएगा, वहाँ नव रहस्यवाद की सृष्टि तो होगी ही, "मानो रोमांटिक वृत्ति वेश बदलकर आ गई हो", यद्यपि कवि यही सोचेगा कि यह रोमांटिक स्तर से हटकर कविता लिख रहा है।

जुलाई, '61 की 'कल्पना' में ओमप्रकाश दीपक का एक दिलचस्प खत छपा है। कवि राजा दुबे से उनके मित्रों ने एक पुरानी कविता सुनाने का आग्रह किया : 'जाने क्यों आज बहुत मन भारी है'। दुबे जी काफी देर तक झिझकते रहे कि वह कविता तो सस्ती, छिछली, रोमानी है। कविता सुनने के बाद दीपक जी को लगा कि कविता रोमानी भले हो, सस्ती और छिछली नहीं है। उन्होंने निष्कर्ष निकाला : "नये कवि को कोई भी सरल स्वाभाविक बात कहते हुए लगता है कि वह पद से अदपस्थ हो रहा है। केवल श्री राजा दुबे के साथ ही ऐसा नहीं है, वरन् सारे नवलेखन में ही वह दृष्टिकोण व्याप्त हो गया लगता है।"

यह दृष्टिदोष वाली बात सही है।

चौथी किस्म की छायावादी रचनाएँ वे हैं जिनका सम्बन्ध दैहिक सौन्दर्य, रूप-लावण्य के संसार, चन्दन-गंध और रेशमी स्पर्श से है। ये रचनाएँ इन्द्रियबोध के स्वर से मानो ऊपर उठ ही नहीं पातीं, उठने की कोशिश की, पंख खोलकर फड़फड़ाए और फिर अशक्त होकर जमीन पर गिर पड़े। थके पंखों को समेटे, नम रही ग्रीवा उठाए, सिहरता-सा, काँपता-सा—देहबोध का कवि।

इसे भी उत्तर छायावादी काव्यधारा मानना चाहिए। बच्चन-नरेन्द्र की रूमानी रचनाओं के बाद 'तार सप्तक' से कुछ पहले :

सदा ही से है ऐसा रंग,
आज ही नहीं गाल कुछ लाल।
उषा की भी तो पड़ती छाँह,
नीद में या मिंज गए प्रवाल।

यह सन् '38 ('उच्छृंखल') के गिरिजाकुमार माथुर हैं। फिर 'तार सप्तक' (1943) में :

गोरे कपोलों पै हौले से आ जाती
पहिले ही पहिले के
रंगीन चुम्बन की सी ललाई।

इसके बारह साल बाद :

जूड़े का स्याह चाँद
लिया चाँद ने बाँध
देह की कसी मिठास
छिटक बनी फुलवा ['शिलापंख चमकीले', पृ. 47]

पुन: चार वर्ष उपरान्त :

गंध जूड़े कसे
चली पियरी बतास...
देह कुसुमित मृणाल
जैसे गेहूँ की बाल [उप., पृ. 53]

फिर इसके लगभग दस वर्ष बाद 'जो बँध नहीं सका' (1968) में—स्लीवलेस ब्लाउज पहने छरहरी चाँदनी, खजुराहो के फँसे दुहरे पद्मासन, ढली मूर्तियों के विद्ध साँचे; सँदली देहें, खुला गोरा देह-रस; और आत्मतोष की यह अभिव्यक्ति :

मुझसे जब मनमाना
तुमने देह रस पाकर
आँखों से बता दिया
देह अमर हो गई

'उच्छृंखल' से लेकर 'जो बँध नहीं सका' तक—तीस वर्षों की दीर्घ अवधि में—गिरिजाकुमार ने जो राग साधा है, वह देहरस वाला राग है। उनका किशोर मन न वयस्क होता है, न प्रौढ़; वार्धक्य तो दूर की बात है।

मुझे अकस्मात् शकुन्त माथुर की कुछ पंक्तियाँ याद आ रही हैं :

मेरा और तुम्हारा
अभी तक चलता प्यार
कहाँ खींच कर ले आया है
जहाँ के सारे बल्ब फ्यूज हैं...

सपाट धरती पर
सिर्फ एक दूसरे को बैठे
हम घूर रहे हैं
और सामने के दो खँडहर
सिद्ध कर रहे हैं अपना क्रम ['धर्मयुग', 12 जनवरी, '69]

मैं मानता हूँ, गिरिजाकुमार के आत्मतुष्ट देहराग की तुलना में यह फ्यूज बल्बों वाला अँधेरा यथार्थ को अधिक अभिव्यक्त करता है, अधिक कवित्वपूर्ण भी है।

पाँचवीं किस्म का छायावाद वह है जिस पर किसी पुराने छायावादी कवि के भावबोध या शब्दशिल्प की गहरी छाप है। सब किस्मों में यह सबसे कमजोर किस्म है क्योंकि मुलम्मा इतना ज्यादा है कि सोने का पता ही नहीं लगता।

'मदिर मल्लिका मधुर मालती पारिजात यूथी सौरभ श्लथ'—इस तरह की पंक्ति पढ़कर आप समझ लेंगे, कोई पंत या निराला की शैली का अनुकरण कर रहा है। प्राचीन अवन्ति नगरी के अक्षय सौन्दर्य का वर्णन करते हुए प्रभाकर माचवे ने उसकी रचना की है। आप यह न समझें कि उन्होंने छायावादी शैली पर व्यंग्य किया है और मैंने उनकी पंक्ति सन्दर्भ से अलग हटाकर उद्धृत कर दी है। आप पूर्ण सन्दर्भ-सहित पंक्ति का पाठ करें :

किन्तु अवन्ति सुन्दरी वैसी ही अज्ञात-जरा-यौवन अप्रतिहत
मदिर मल्लिका मधुर मालती पारिजात-यूथी शौरभ श्लथ :
यही अलक्तक, कुंकुम अक्षत, चन्दन अगुरु, अनाहत,
वही चाँदनी केदारा, व्रतमय महाश्वेता नर्तनरत!
अमरण प्रीति, चिरन्तन सुन्दरता का कर लेगी क्या सेना?
चारुदत्त हैं यूप बँधे, पर एकनिष्ठ है वसन्तसेना!

ये पंक्तियाँ जनवरी-फरवरी, '54 की 'कल्पना' में छपी थीं। इसके दस साल पहले प्रभाकर माचवे ने 'तार सप्तक' में लिखा था : 'छायावाद हिस्टीरिया की भाँति हिन्दी कविता का एक मानसिक रोग है।' हिस्टीरिया की भाँति नहीं, मोहक दिवास्वप्न दिखानेवाले हल्के न्यूरोसिस की तरह; वही अलक्तक कुंकुम अक्षत, वही चाँदनी केदारा :

ख्वाब में डूबा चमकता हो सितारा,
पेट में डँड पेलते चूहे, ज़बाँ पर लफ़्ज़ प्यारा।

निराला के यह लिखने के चौदह साल बाद तक प्रभाकर माचवे का मोहभंग न हुआ था।

अच्छा, बताइए, ये पंक्तियाँ किसकी हैं :

नभ-सर में उठती विभा लहर,
जाते मुकुलित दल छहर-छहर,
बहता सुगंध मधु मुग्ध पवन,
खिल उठता निशि का पंकज वन।

पंत जी की या नरेन्द्र शर्मा की कोई प्रारम्भिक रचना? नहीं, ये 'नई कविता' के सम्पादक जगदीश गुप्त की पंक्तियाँ हैं—सन् '55 में प्रकाशित उनके कविता-संग्रह 'नाव के पाँव' में।

नई कविता लिखनेवालों में जगदीश गुप्त एकमात्र कवि हैं जिन्होंने छायावादी भावबोध के घेरे के भीतर सबसे अधिक प्रयोग किए हैं। जहाँ पंत का प्रभाव झलकता है, वहाँ उनका प्रयोग कमजोर है; जहाँ अज्ञेय का प्रभाव है, वहाँ वे अधिक सफल हैं। इसकी चर्चा आगे।

छठी किस्म का छायावाद वह है जिसका सम्बन्ध कुंठा और दर्द से है, जिसमें अतृप्ति की मीठी पीड़ा है, जो उत्तरकालीन छायावाद के भावबोध को स्पर्श करता है, किन्तु जिसमें घनत्व अधिक है। इसके प्रतिनिधि अज्ञेय हैं। 'तार सप्तक' में उनकी ये पंक्तियाँ देखिए :

सबल पंखों की अकेली एक मीठी चोट से
अनुगता मुझको बनाकर बावली को...
उड़ गया वह बावला
पंछी सुनहला
कर प्रहर्षित देह की रोमावली को।

अब जगदीश गुप्त की ये पंक्तियाँ पढ़िए :

प्रखर गीले पंखवाले गिद्ध सा
पर्वत पवन का एक झोंका
देह पर
शीत के पंजे चुभाकर उड़ गया।
फिर हुआ स्वर पी-कहाँ...
किन्तु वह आहत करुण स्वर बावला
कौन जाने और कब तक दर्द से जलता रहा।

आप मानेंगे कि 'विभा लहर' और 'छहर-छहर' के मुकाबले यह अनुकरण अधिक सफल है। मन्द गजगामिनी की-सी चाल, पहाड़ पर चढ़ने के परिश्रम

से—हर शब्द पर—ठहरने की सी आकांक्षा, सबल पंखोंवाले पक्षी का उपमान—जो जरा भी मैला नहीं हुआ। दोनों स्थितियों में अन्तर यह है कि अज्ञेय की रचनाओं में एक अनुगता है जो बावले पंछी की मीठी चोट खाती है; गुप्त जी अकेले हैं, पर्वत पवन का झोंका उन्हीं के शरीर पर शीत के पंजे चुभाकर उड़ जाता है।

अज्ञेय का एक प्रिय उपमान है : अहेरी। 'बावरा अहेरी' उनकी एक कविता है। कविता संग्रह का नाम भी यही है। जगदीश गुप्त ने बावरा को अहेरी से अलग करके एक पंक्ति में बावरा को रखा, दूसरे में अहेरी को।

किन्तु वह आहत करुण स्वर बावला;

और :

लौट आया हूँ थके हारे अहेरी-सा।

अहेरी, पक्षी, देह में हवा के चुभने की बात और वही मन्थरगति अर्थ की लय एक दूसरी कविता में देखिए :

एक झोंका सरसराता...
देवतरुओं की उनींदी देह में
स्पर्श-दर्शी तीर बनकर चुभ गया।
दूर उड़ते स्याह पाँखी ने
एक हलकी चीख जैसा स्वर किया।
झुट-पुटे में—
बँधे पानी की सतह पर
किस अहेरी के पदों की चाप ने
लहरें उठाईं,
बहुत भीतर तक गया मैं काँप। ['कल्पना', नवम्बर, '63]

इससे कुछ कम सफल विजयदेव नारायण साही की ये अज्ञेय-प्रभावित पंक्तियाँ हैं :

हो गया कम्पित शरद के शान्त, झीने ताल सा
तन
आह, करुणा का अयाचित एक झोंका
सान्त्वना की तरह मन की सतह पर लहरा गया
कहाँ से उपजा
कहाँ को गया?

अज्ञेय ने धूप और चाँदनी पीने, जीवन को जीने की परम्परा शुरू की। 'शरद चाँदनी बरसी; अंजुरी भरकर पी लो।' और : 'पी गया हूँ अधिक कुछ मैं स्निग्ध सहलाती हुई-सी धूप यह हेमन्त की।' भारती ने लिखा : 'अँजुरी भर धूप-सा मुझे पी लो; कण-कण मुझे जी लो।' अज्ञेय ने लिखा : 'मैंने अपना पल-पल जलता जीवन जिया।' सर्वेश्वरदयाल सक्सेना ने भी लिखा : 'कैसी विचित्र है जिन्दगी जिसे मैं जीता हूँ।' अज्ञेय ने कई जगह अनी से विद्ध होने का योग साधा है।

मेरे इस खँडर की शिरा, शिरा छेद दे
आलोक की अनी से अपनी। ['बावरा अहेरी']

एक दिन जब,
दे न पाया जो, उसकी नोक
बेबस सालती रह जाएगी—
विद्ध जीवन की अनी से। ['इन्द्रधनु रौंदे हुए ये']

उस संधि-रेखा पर वैसा
किरण-विद्ध ही बँधा रहूँगा। ['आँगन के पार द्वार']

अज्ञेय के शिल्प की विशेषता यह है कि वह एक ही उपमान का प्रयोग अनेक बार करते हैं और हर बार उसमें ताजगी रहती है। इस किरण-विद्ध परम्परा को जगदीश गुप्त ने अपने कविता-संग्रह 'हिम-विद्ध' में निबाहा और इसका प्रभाव कविता की परिधि से बाहर गद्य में भी परिलक्षित है—राजेन्द्र यादव की पुस्तक 'मंत्र-विद्ध' में।

अज्ञेय शब्दों के पारखी हैं, ढूँढ़कर लाते हैं, सहेजकर रखते हैं, उचित स्थान पर उन्हें सजाते हैं, इनमें एक शब्द है : 'वनखंडी'। टेसू कहता है : 'न सही क्षयग्रस्त नगर में, इस वनखंडी में आग लगा दूँ।' पुनश्च : 'यह क्या पलास की लाल लहकती आग रही कारण, जो वनखंडी की हवा हो चली गर्म आज।' सर्वेश्वरदयाल ने भी लिखा : 'यौवन की किसी प्यासी सूनी वनखंडी में'। अज्ञेय को ढोल-मादल-बाँसुरी पसन्द है। उन्होंने लिखा : "इन्हीं के ढोल-मादल-बाँसुरी के उमगते सुर में हमारी साधना का रस बरसता है।" सर्वेश्वरदयाल ने भी लिखा : "यहीं कहीं एक कच्ची सड़क थी जो ढोल, मादल, बाँसुरी पर नाचती थी।"

अज्ञेय ने छायावाद की बहुत-सी बातें दोहराई हैं, कई बातें नई भी जोड़ी हैं। विशेष रूप से उनके नव रहस्यवाद पर अलग से विचार करना आवश्यक है। यहाँ जो कुछ लिखा, वह केवल यह दिखाने के लिए कि नई छायावादी कविता की एक किस्म वह भी है जो अज्ञेय से प्रभावित है।

सातवीं और आखिरी किस्म में वे रचनाएँ हैं जो पुराने छायावाद, उत्तरकालीन छायावाद, अज्ञेय-प्रभावित छायावाद आदि-आदि से मुक्त हैं, रूमानी परम्परा से सम्बद्ध होते हुए भी मौलिक हैं, हिन्दी छायावाद के लिए नई हैं। बच्चे जिस तरह के सपने देखते हैं, यथार्थ संसार को जिस तरह सपनों से मिला देते हैं, वैसी ही कल्पना सर्वेश्वरदयाल सक्सेना की अनेक कविताओं में है। यह यथार्थ को मोहक आवरण से ढँकनेवाली कल्पना नहीं है; यथार्थ से खेलनेवाली, उसे सिर के बल उलटकर देखनेवाली, काव्य के लिए सार्थक कल्पना है।

आकाश की नीली टोपी लगाए
क्षितिज का टीला चरवाहे-सा
ढलते-सूरज की आग ताप रहा है...
सघन वृक्षराशि को हटाकर वह देखो, एक तारा
झाड़ियों में दुबके खरगोश-सा झाँकता है।

['बाँस का पुल', पृ. 33]

अब इसके लिए सर्वेश्वरदयाल को दोष नहीं दिया जा सकता जो श्रीकान्त वर्मा ने लिखा :

दिन
चला जाता है
मार कर छलाँग एक खरगोश-सा। ['माया-दर्पण', पृ. 124]

नई छायावादी कविता की किस्मों के इस विवेचन में आप एक बात देखेंगे कि इसके रचयिताओं में ऐसे लोग काफी हैं, जो नई कविता के लेखक भी हैं। उन्होंने नई कविता के अलावा छायावादी कविता ही नहीं लिखी वरन् कई किस्मों की छायावादी कविता लिखी है। उदाहरण के लिए जगदीश गुप्त ने पंत के अनुकरण पर, अज्ञेय से प्रभावित होकर, उत्तरकालीन छायावाद से सम्बद्ध होकर कई तरह की छायावादी कविताएँ लिखी हैं। यदि आप सन् '22 से '37 तक की छायावादी कविता पर दृष्टि डालें तो मानेंगे कि उसमें पर्याप्त विविधता होते हुए भी भावबोध की वैसी अस्थिरता नहीं है, जैसी बाद की कविता में है। पिछले दो दशकों में अनेक कवि राहों के अन्वेषी नहीं, कई राहों में भटकनेवाले हो गए हैं।

छायावादी कवियों और पिछले दो दशकों के कवियों—वे किसी पीढ़ी के हों—के प्रेरणास्त्रोतों की भिन्नता पर आप विचार करें। रवीन्द्रनाथ का अभ्युत्थान अंग्रेजों की दासता के विरुद्ध भारत के आत्मगौरव का अभ्युत्थान था। उपनिषद्, वाल्मीकि, कालिदास, कबीर, चंडीदास, माइकेल मधुसूदन दत्त की समृद्ध

परम्परा ने उनकी रचनाओं में नया जीवन पाया। निराला, प्रसाद और पंत-काव्य ने रीतिवादी कुहासे को छिन्न-भिन्न करके जातीय भाषा खड़ी बोली में नवीन प्राण-प्रतिष्ठा की, समस्या-पूर्ति और नायिका-भेदवालों का प्रभाव शिक्षित जनों में खत्म किया, काव्य-प्रेमियों के सौन्दर्यबोध को और गहरा करके भाषा की नई शक्ति का परिचय दिया।

सन् '30-'32 तक ये प्रेरणास्त्रोत सूखने लगे। राष्ट्रीय आन्दोलन जनता की सामान्य-विरोधी आकांक्षाएँ पूरी न कर पा रहा था; उसके अन्तर्विरोध बढ़ रहे थे। श्रमिक जनता अपने वर्ग संगठन बनाने लगी; नये वामपक्षी नेता राष्ट्रीय मंच पर आगे आए। इस परिस्थिति में पुराने छायावादी कवियों ने नये यथार्थवाद की ओर कदम उठाए। 'अप्सरा' के लेखक ने 'देवी' और 'चतुरी चमार' लिखा, 'पल्लव' के कवि ने 'ग्राम्या' रची। छायावाद में सब कुछ हवाई कल्पना नहीं था; उसके प्रगतिशील तत्त्वों से इस नये यथार्थवाद का सहज मेल था।

सन् '47 के बाद जो नया छायावाद सामने आया, उसका यथार्थवाद से जरा भी मेल न था; इसके विपरीत वह यथार्थवाद के विरोध में, उससे बच निकलने के प्रयास में सामने आया था। पुराना छायावाद देश की सामाजिक-सांस्कृतिक आवश्यकताओं के अनुकूल था, नया छायावाद स्वाधीन भारत की सामाजिक-सांस्कृतिक आवश्यकताओं के प्राय: विपरीत था। यही कारण है कि प्रसार में विराट् होते हुए भी पुराने के मुकाबले नया छायावाद इतना उथला है।

यदि नया कवि स्पष्ट सामाजिक उद्‌देश्य से प्रेरित न होगा, अपनी सांस्कृतिक विरासत के प्रति आलोचनात्मक न हो, अस्वीकृतिमूलक दृष्टिकोण अपनाएगा, तो अनेक राहों में वह भटकेगा ही। विचारधारा ही नहीं, भावबोध की दृष्टि से भी वह धुरीहीन होगा। यथार्थ से बचकर नहीं, उसका सामना करके ही आधुनिक हिन्दी कविता प्रगति कर सकती है।

पुराने छायावाद की हर चीज का समर्थन करना गलत है, नये छायावाद की हर चीज का विरोध करना गलत है। आधुनिक हिन्दी काव्य की समग्रता को ध्यान में रखते हुए उसका मूल्य आँकना चाहिए। जैसे जगदीश गुप्त ने लिखा :

मेरा एक अंश—सामने के नीम की
नंगी टहनियों में लगी उदास पीली
पत्तियों के बीच उलझ गया है।

इस असम्भव कल्पना के मुकाबले छायावादी अभिरुचि वाली :

बादलों की झील के ऊपर
खिला शिखरों का कमलवन

ये पंक्तियाँ सुन्दर हैं।

यहाँ मैंने कई कवियों का नाम लिया है। कवि किसी एक प्रवृत्ति से बँधे हुए नहीं हैं। उद्देश्य प्रवृत्तियों का विश्लेषण करना है, कवियों को नई कविता या नये छायावाद के दायरे में बंद करके उनकी निन्दा या प्रशंसा करना नहीं है। इन प्रवृत्तियों का प्रसार, उनका परस्पर सम्बन्ध समझने से, सम्भव है, उलझाव कुछ दूर हो और तब कवि का यह स्वप्न सार्थक हो :

फिर उठेगा आदमी
और सूरज को मिलेगी रोशनी...
फिर बनेगा नई कविता का वितान
नये मनु के नये युग का जगमगाता गान।

अज्ञेय और नव रहस्यवाद

छायावाद के औपचारिक रूप से दिवंगत होने के बाद जिस कवि ने छायावादी भावधारा को हिन्दी काव्य-भूमि में सबसे अधिक प्रवाहित किया है, वह है अज्ञेय। अनेक आलोचकों ने अज्ञेय के छायावादी भावबोध को लक्ष्य किया है। विजयदेव नारायण साही ने अज्ञेय को प्रसाद की परम्परा से बाँधकर बड़ी सूझ-बूझ का परिचय दिया, किन्तु उनका विकास वैपरीत्य की दिशा में दिखाकर उस मौलिक सूझ का महत्त्व उन्होंने काफी कम कर दिया। अज्ञेय की अनेक रचनाओं ('चुप हो जग के रौरव नाद' आदि) पर प्रसाद के भावबोध, छन्द-कौशल और शब्द-शिल्प का प्रभाव है। इनके अलावा उन्होंने जहाँ छायावाद का विकास किया है, वह सदा वैपरीत्य की दिशा में नहीं है। इस विकास का एक चरण वह उत्तर छायावादी काव्य है जो दमित कामेच्छाओं की अभिव्यक्ति के कारण नरेन्द्र-बच्चन-गिरिजाकुमार के भावबोध के निकट है और जिसका निदर्शन 'तार सप्तक' की अनेक रचनाओं में और अन्यत्र भी प्राप्त है। दूसरा चरण वह है जो ऊपर के आवेष्टन-आवरण बदलता हुआ मूलत: रहस्यवाद की भूमि पर जमा हुआ है।

अज्ञेय का रहस्यवादी रुझान काफी पुराना है—'तार सप्तक' के प्रकाशन से पहले का। अक्टूबर, '41 की 'विश्ववाणी' में उनका लेख 'चेतना का संस्कार' इस बात का प्रमाण है। उस लेख में उन्होंने गांधीवादी विचारकों की तरह इस बात पर चिन्ता प्रकट की थी कि संसार में स्थूल उपकरण बहुत बढ़ गए हैं, किन्तु व्यक्तिगत आचार मनुष्य के नियंत्रण में नहीं है। उनकी समझ में यह वैषम्य इतना तीव्र हो गया है कि 'यह शंका होने लगती है कि शायद भौतिक विकास के साथ-साथ हमारा आध्यात्मिक ह्रास होता गया है।' मानव-विकास सोद्देश्य होना चाहिए और यह सोद्देश्यता परम पिता, ब्रह्म या अनादि चेतना को किसी रूप में माने बिना सिद्ध नहीं होती। विकास सोद्देश्य क्यों है : 'आधुनिक जीवविज्ञान के पास इस प्रश्न का उत्तर नहीं है।'

अज्ञेय यह जानते थे कि पश्चिम के अनेक वैज्ञानिक विकास की गुत्थी सुलझाने के लिए रहस्यवाद का सहारा ले रहे हैं। यह रहस्यवाद विकास की सोद्देश्यता ही सिद्ध न करता था, वह चेतना के ऊर्ध्वगामी संचरण की ओर भी

संकेत करता था। अज्ञेय ने चेतना के इस संस्कार को वैज्ञानिकों के रहस्यवाद से जोड़ते हुए लिखा था : "मानव की 'अधिक विकसित चेतना' किस ओर उन्मुख होगी? चेतना है तो उसका कोई विषय होना अनिवार्य है, जिसकी चेतना वह हो सके। अर्थात् चेतना के ऊँचे या नीचे स्तर की परख उसके विषय की सूक्ष्मता अथवा स्थूलता से ही हो सकती है। निस्सन्देह ऐसी विचारधारा हमें एक प्रकार नूतन रहस्यवाद की ओर ले जाती है, और अनेक प्रमुख आधुनिक वैज्ञानिकों के विचारों में रहस्यवाद का पुट है भी।"

पंत अरविन्द-दर्शन की ओर खिंचे दूसरे महायुद्ध की समाप्ति के समय; अज्ञेय उसकी ओर खिंचे थे, उसके शुरू होने के समय। जुलाई-अगस्त, '39 का 'हंस' अरविन्द-अंक था। इस विशेषांक के प्रकाशन से उस समय अरविन्द-दर्शन के प्रति भारतीय बुद्धिजीवियों की दिलचस्पी सिद्ध होती है। अप्रैल, '39 के 'हंस' में अज्ञेय की एक कविता छपी है : 'रहस्यवाद'। इसके आरम्भ में उन्होंने कहा है : "मेरा रहस्यवाद ईश्वर की ओर नहीं है।" ईश्वर का नाम लेने या न लेने से कोई फर्क नहीं पड़ता। मूल बात यह है कि अज्ञेय अपने सीमित अहम् की शक्ति को असीम शक्ति से जोड़ देना चाहते हैं :

शक्ति असीम है,
मैं शक्ति का एक अणु हूँ,
मैं भी असीम हूँ।
एक असीम बूँद—
असीम समुद्र को अपने भीतर प्रतिबिम्बित करती है,
एक असीम अणु—
उस असीम शक्ति को जो उसे प्रेरित करती है
अपने भीतर समा लेना चाहता है।

मेरे सीमित अणु में विराट् की शक्ति निहित है, यह रहस्यवादी कल्पना अज्ञेय ने अपनी बाद की रचनाओं में अनेक बार दोहराई है।

रहस्यवादी कवि पहुँचे हुए होते हैं, उन्हें ब्रह्म या किसी परोक्ष सत्ता का साक्षात्कार हुआ है जो साधारणजनों के लिए सम्भव नहीं है—इस तरह की धारणा युगों से इस देश में चली आई है। छायावादियों के खिलाफ यह प्रचार किया जाता था कि वे रहस्यवादी कविताएँ तो लिखते हैं, पर उनमें अनुभूति की सचाई नहीं होती। कुछ विद्वान् आलोचकों की राय यह मालूम होती है कि अनुभूति की सचाई अज्ञेय में तो है, प्रसाद में नहीं है। विजयदेव नारायण साही कहते हैं : "प्रसाद जी का सत्य एक दार्शनिक सत्य है, जो 'मान्य' अथवा 'आस्था-सम्मत' मूल्यों की तरह हमारे मानस में सूक्ष्म रूप से वर्तमान रहता है।" ('नई कविता', 60-61) इसका अर्थ यह

हुआ कि प्रसाद का रहस्यवाद पुरानी मान्यताओं पर टिका हुआ है, उसमें उनकी अपनी अनुभूति की सचाई नहीं है। इसके विपरीत "अज्ञेय का सत्य 'साक्षात्कार' का एक क्षण है, एक द्वीप है, जिसे हम अपने भीतर जड़ और चेतन के संकल्पित संयोग से अनुभूत करते हैं।" ('नई कविता', 60-61)

सिद्ध हुआ कि पहुँचे हुए रहस्यवादी अज्ञेय हैं, जड़ और चेतन—ब्रह्म और माया, पुरुष और प्रकृति—के संकल्पित (अथवा कल्पित) संयोग से साधु-संत जिस सत्य को अनुभूत करने आए हैं, वह अज्ञेय के पास है, प्रसाद के पास नहीं। प्रसाद की मान्यता वैसे भी यह थी कि "एक तत्त्व की ही प्रधानता, कहो उसे जड़ या चेतन।" जब जड़ और चेतन का भेद ही मिट गया, तब दोनों का संयोग कहाँ संकल्पित होगा?

यह भी स्वत:सिद्ध है कि साही के अनुसार, नई कविता में रहस्यवाद की भूमिका अत्यन्त महत्त्वपूर्ण है। उन्होंने अपना कविता-संग्रह 'मछलीघर' अज्ञेय को समर्पित किया है, "जिन्होंने हिन्दी कविता को एक बार फिर सम्भव बनाया।" हिन्दी कविता अर्थात् नई कविता को अज्ञेय ने सम्भव बनाया सत्य के साक्षात्कार से, अपने नव रहस्यवाद से।

आगे चलकर प्रसाद और अज्ञेय का अन्तर स्पष्ट करते हुए साही कहते हैं : "'कामायनी' में जो अनुभूति दर्शन में परिवर्तित हो जाती है, उसे अज्ञेय फिर दर्शन से अनुभूति में परिवर्तित करते हैं।" यह क्रिया काफी कठिन है, प्राय: असम्भव, फिर भी वह सम्भव हो गई है।

यदि अनुभूति दर्शन में परिवर्तित होती है तो शुरुआत अनुभूति से हुई। प्रसाद के पास आस्था-सम्मत मूल्यों से पहले अनुभूति मौजूद होनी चाहिए। इस अनुभूति को वे दर्शन में बदल देते हैं। तब अज्ञेय इस दर्शन को, जो अनुभूति का ही बदला हुआ रूप है, पुन: अनुभूति का रूप देते हैं।

चतुर कवि यही करते हैं। अनुभूति किसी की हो, दार्शनिक सत्य किसी का हो, वे उसे उतार लाते हैं अपनी अनुभूति के स्तर पर। विद्वान् आलोचक कहते हैं, यह साक्षात्कार के क्षण का सत्य है। कहीं वेदान्त, कहीं जैन-बुद्धिज्म, कहीं अस्तित्वाद, जहाँ से भी वह धारणा उतारें, आपको आभास होगा साक्षात्कार के क्षणों का ही।

अज्ञेय की एक कविता है : 'सोन मछली'। यह कविता नगेन्द्र को पसन्द है, क्योंकि बहुत कम शब्दों में अत्यन्त सजीव चित्र प्रस्तुत किया गया है, जिससे बिम्बवाद का खंडन होता है, रस-सिद्धान्त का समर्थन होता है। कारण यह कि "बिम्ब को जीवन्त करनेवाला तत्त्व तो मानव-चेतना का स्पर्श ही है, और उसी का नाम रस है।"

'सोन मछली' नामवर सिंह को भी पसन्द है, क्योंकि उससे नगेन्द्र का रस-सिद्धान्त खंडित होता है और यह सिद्ध होता है कि छायावादी काव्य की रचना-प्रक्रिया तो

भीतर से बाहर की ओर है, किन्तु "नई कविता की रचना-प्रक्रिया बाहर से भीतर की ओर है।" ('कविता के नये प्रतिमान', पृ. 25)

बाहर है एक अंग्रेजी कविता : 'गोल्ड फिश एट एन एंगल'—मार्च, सन् '55 के 'एनकाउंटर' में प्रकाशित, लेखक हैं ऐलन रिडेल। कविता इस प्रकार है :

फिश इन दि बोल हैव नो डेप्थ ऐट आल
टु माई आइज एट दिस एंगल।
एंड ईविन हेड ऑन
क्यूरिअसली दे फ्लैटन
देमसेल्व्ज अँगेंस्ट ग्लास अँगेंस्ट आइज
अँगेंस्ट दि वर्ल्ड, फेंस्ड
राउंड दे आर, यट नॉट
राउंड बट फ्लैट
दे आर
देयर।

यहाँ तक बाहर। अब बाहर से भीतर की ओर। 'सोन मछली' कविता इस प्रकार है :

हम निहारते रूप,
काँच के पीछे
हाँफ रही है मछली।
रूप-तृषा भी
(और काँच के पीछे)
है जिजीविषा।

अंग्रेजी कविता में दस पंक्तियाँ हैं, हिन्दी कविता में केवल छह। अंग्रेजी कविता में अनेक सोन मछलियाँ हैं, हिन्दी कविता में केवल एक। अंग्रेजी कविता में मछलियाँ केवल 'हैं।' 'दे आर देयर', हिन्दी कविता में सोन मछली हाँफती है। अंग्रेजी सोन मछली 'बोल' में है, हिन्दी सोन मछली काँच की टंकी में। (देखें, 'आत्मने पद') अंग्रेजी कविता में जड़-प्रकृति को चेतन ब्रह्म का स्पर्श प्राप्त नहीं हुआ, हिन्दी कविता की तीन पंक्तियों में बिम्ब है और शेष तीन में मानव-चेतना का स्पर्श।

'सोन मछली' अज्ञेय को भी पसन्द है। उनकी व्याख्या से यह बात स्पष्ट है। व्याख्या इस प्रकार है : "जीवन को सीधे न देखकर हम एक काँच में से देखते हैं, तो हम उन रूपों में ही अटक जाते हैं जिनके द्वारा जीवन अभिव्यक्ति पाता है। काँच की टंकी में पाली हुई सोन मछली पर एक कविता में यही कहा गया है।" ('आत्मने पद' से 'कविता के नये प्रतिमान' में नामवर सिंह द्वारा उद्धृत)

'सोन मछली' मुझे भी पसन्द है क्योंकि वह जड़ाऊ कविता का श्रेष्ठ उदाहरण है।

'तार सप्तक' के प्रथम खुरदुरे संस्करण में, सुन्दर सजावट के साथ छपनेवाली कविता-पुस्तकों की चर्चा करते हुए, अज्ञेय ने लिखा था कि 'तार सप्तक' की कविता 'वैसी जड़ाऊ कविता नहीं है'। सुन्दर सजावटवाली छपाई में 'पल्लव' पहले ही एक कीर्तिमान स्थापित कर चुका था जिसे न 'तार सप्तक' का पहला संस्करण छूता है, न दूसरा। पर अज्ञेय की कविता एक दूसरे अर्थ में जड़ाऊ कविता है। माल तो दूसरे भी इधर-उधर से उड़ाकर लाते हैं, लेकिन कारीगरी की तारीफ तब है जब पढ़नेवाले को लगे कि यह साक्षात्कार का सत्य है। नगेन्द्र के शब्दों में वैसा सजीव चित्र प्रस्तुत कर देना 'सधे हुए कलाकार' का काम है। 'अरी ओ करुणा प्रभामय' नाम के कविता-संग्रह में अज्ञेय ने कुछ जापानी कविताओं के अनुवाद दिये हैं। अज्ञेय की मौलिक रचनाओं के साथ वे अनुवाद उद्धृत कर दिये जाएँ तो पता लगाना मुश्किल हो जाएगा कि किस कविता की अनुभूति हिन्दुस्तानी है, किसकी जापानी। जड़ाऊ कविता की यही विशेषता है।

यह प्रश्न गौण है कि अंग्रेजी की 'गोल्ड फिश' पहले रची गई, या हिन्दी की 'सोन मछली'। अपने जड़ाऊ काम में 'सोन मछली' गोल्ड फिश से घटकर नहीं है—महत्त्वपूर्ण बात यह है।

अज्ञेय का हुनर शब्दों की सजावट में ही नहीं, प्रतीकों और उपमानों के चुनाव में भी दिखाई देता है। उन्होंने लिखा था :

ये उपमान मैले हो गए हैं।
देवता इन प्रतीकों के कर गए हैं कूच।

कुछ लोगों ने इन पंक्तियों का गलत अर्थ लगाया है कि अज्ञेय की कविताओं में प्रतीक और उपमान सब नये हैं। इससे यह भ्रम भी फैला है कि अज्ञेय भारतीय काव्य-परम्परा से कटे हुए हैं। बात इससे ठीक उल्टी है। अज्ञेय के अधिकांश उपमान और प्रतीक परम्परागत हैं।

राजा जनक सुख-सम्पदा से घिरे होने पर भी संसार में कैसे रहते थे? वैसे ही, जैसे जल में कमल-पत्र रहता है। अज्ञेय की सलाह है : "दामन हमेशा पाक रखना, पंकज-सा पंक में, कंजपत्र में सलिल-सा।" ('इन्द्रधनु रौंदे हुए ये') सलिल में कंजपत्र की जगह 'कंजपत्र में सलिल' लिखने से उपमान के परम्परागत मूल्य में विशेष अन्तर नहीं पड़ता।

कबीरदास के समय से भाँवरे पड़ने, डोली पर चढ़कर दुलहिन के जाने की विशेष चर्चा हुई। अज्ञेय कहते हैं : "अरी ओ आत्मा री, कन्या भोली क्वाँरी, महाशून्य के साथ भाँवरें तेरी रची गईं।" ('आँगन के पार द्वार') और : "चढ़ डोले पर चली जा रही काल की दुलहिन।" ('इन्द्रधनु रौंदे हुए ये')

रवीन्द्रनाथ ने निर्झरवाले प्रतीक को खूब लोकप्रिय बना दिया। 'निर्झरेर स्वप्न-भंग' में उनका निर्झर शिलाखंडों का भार व्यर्थ करके अन्धकार से प्रकाश में बह निकलता है। अज्ञेय कहते हैं : 'तुम पर्वत हो अभ्रभेदी शिलाखंडों के वरिष्ठ पुंज, चाँपे इस निर्झर को रहो।' ('बावरा अहेरी') निर्झर की आकांक्षा है कि पर्वत उसे चाँपे रहे। यह नये रहस्यवाद की विशेषता है। पुराने रहस्यवादियों का निर्झर पत्थरों को तोड़कर बह निकलता था। इससे तुलनीय है यह आकांक्षा कि आलोक की अनी कवि के खँडहर की शिराएँ छेद दे। ('बावरा अहेरी') अथवा यह कुंठा-भाव कि जो दे न पाया, उसी की नोक बेबस सालती रह जाएगी बिद्ध जीवन की अनी से। ('इन्द्रधनु')

छायावादी कविता की सबसे बड़ी कमजोरी यह थी कि उसके रचयिताओं को बहुत आसानी से और सर्वत्र प्रकाश की वर्षा होती दिखाई देती थी। जग के उर्वर आँगन में बरसो ज्योतिर्मय जीवन—उनकी प्रार्थना का मूल स्वर यही था। अज्ञेय के रहस्यवाद में इस प्राचीन छायावादी आलोक की अजस्र वर्षा हुई है। उनकी आँखें उलझी रही हैं : "उस तेजोमय प्रभापुंज से जिससे झरता कण-कण उस मिट्टी को कर देता था कभी स्वर्ण तो कभी शस्य।" ('कल्पना', नवम्बर, '58) इसे पंत जी की 'स्वर्ण-धूलि' का नया संस्करण समझिए। अज्ञेय सत्य का सुरभिपूत स्पर्श चाहते हैं, जिससे कि 'एक क्षण उसके आलोक से सम्पृक्त हो विभोर हम हो सकें।' ('इन्द्रधनु रौंदे हुए ये') उन्होंने रुँधे दर्द की दीवार में एक रन्ध्र फोड़ा और 'उससे फूटा जो आलोक उसे—छितरा जाने से पहले—निर्निमेष आँखों से देखा।' ('अरी ओ करुणा प्रभामय') रन्ध्र फोड़ने की क्रिया के समानान्तर शब्द और सत्य के बीच खड़ी हुई दीवार में सेंध लगाने की बात है जिससे शब्द और सत्य किसी 'आलोक स्फुरण में' एक दूसरे से मिल सकें। (उप.) दीवार में सेंध लगे चाहे न लगे, आँगन के पार और द्वार हैं, द्वार के आगे और द्वार, भले ही उनके पार कुछ न हो, किन्तु 'हर बार मिलेगा आलोक झरेगी रसधार'। (उप.) जब न द्वार रहा, न सेंध लगी, तब भी 'अँधेरे अकेले घर में', 'झरते रहे आलोक के सोते अवदात'। (उप.) उनकी चेतना 'प्रभा में निमजती है', वह 'उस ज्योति से अभिषिक्त' सजते हैं, उनके चलने की प्रतिज्ञा है कि 'पहुँच सकूँगा मैं प्रकाश के पारावार तक'। (उप.) प्रमुख छायावादी कवियों में किसी ने भी प्रकाश की ऐसी बारहमासी झड़ी नहीं लगाई, जैसी अज्ञेय ने। उनकी बाद की कविताओं में पुनरावृत्ति का यह दोष आ गया है।

मौन रहने के महत्त्व पर भी प्राचीन काल से रहस्यवादी कवि प्रकाश डालते आए हैं। अज्ञेय को इस महत्त्व का ज्ञान है। जब वे सन्नाटे में आते हैं तब खूब मुखर होते हैं, यद्यपि कहते यही हैं :

वन के सन्नाटे के साथ मौन हूँ, मौन हूँ। ['आँगन के पार द्वार']

झील का किनारा और 'वह सहसा छाये सन्नाटे का एक क्षण हमारा'; परम आत्मसमर्पण की स्थिति में : 'कहना सब सुनना है, स्वर केवल सन्नाटा'; वातायन खोलकर बाहर देखना : 'वह सन्नाटा तो नहीं—झरोखे से तो बाहर ईश्वर गाता था।' (उप.) विशेष आकर्षक है वह सन्नाटा, जिसमें चिकनाई है : 'एक चिकना मौन जिसमें मुखर तपती वासनाएँ दाह खोती, लीन होती हैं।' (उप.)

अज्ञेय ने क्षण के महत्त्व पर बहुत कुछ लिखा है। किन्तु वे क्षणवादी नहीं हैं, वे क्षण में अखंड काल की सत्ता वैसे ही देखते हैं, जैसे वस्तुओं के सीमित रूप में अरूप की सत्ता :

रूपों में एक अरूप सदा खिलता है,
गोचर में एक अगोचर, अप्रमेय,
अनुभव में एक अतींद्रिय,
पुरुषों के एक हर वैभव में ओझल,
अपौरुषेय मिलता है। ['आँगन के पार द्वार']

इसी परम्परागत मान्यता के अनुरूप अज्ञेय की रचनाओं में नदी, लहर, सागर, नाव, पथ, पथिक, मंजिल, सेतु, दीप, अन्धकार, प्रकाश, नक्षत्र, चाँदनी आदि काफी घिसे हुए प्रतीकों का प्रयोग बहुतायत से मिलेगा। 'तुम तरी को छोड़ दो बहती लहर पर, मेरी मंजिल अनजानी है; सरि, सागर, सोते निर्झर-सा उमड़े जीवन, बड़ी लम्बी राह, पनाह इस पर नहीं; झरते रहे आलोक के सोते अवदात'—आदि वाक्यांशों से विदित होगा कि पुराने प्रतीक पुराने ढंग से ही इस्तेमाल किए गए हैं।

अज्ञेय की अपनी भंगिमा यह है कि किरण-विद्ध होने के अलावा उनमें समर्पण की उद्दाम लालसा है, मानो पार्थिव इच्छाओं का अपार्थिव उदात्तीकरण हुआ हो।

यह दीप अकेला स्नेहभरा
है गर्व-भरा मदमाता, पर
इसको भी पंक्ति को दे दो।

आत्मदान की इस भावना से आत्म-उत्पीड़न और आत्म-विसर्जन का घनिष्ठ सम्बन्ध है।

व्यथा सब की,
निबिड़तम एकान्त
मेरा... बलि मेरी ['आँगन के पार द्वार']

दो, दो, खुले हाथ से दो।
कि अस्मिता-विलय
एक मात्र कल्याण है। ['इन्द्रधनु रौंदे हुए ये']

मैं अपने ही नहीं, तुम्हारे भी सलीब का वाहक हूँ। [उप.]

जीवन निस्संग समर्पण है
जीवन का
एक यही तो सत्य है। [उप.]

आत्मसमर्पण और आत्मदान मानो काफी नहीं है, इसलिए अज्ञेय कहते हैं : 'लो, यह सागर मैंने तुम्हें दिया, वह सवत्सा कामधेनु मैंने तुम्हें दी, यह अनुभव अद्वितीय, जो केवल मैंने जिया, सब तुम्हें दिया।' नव रहस्यवाद में एक नई रूढ़ि कायम हुई। कैलाश वाजपेयी ने कहा : 'लो, मैं तुम्हें अकृत रचना की सारी सम्भावनाएँ देता हूँ।' और सर्वेश्वरदयाल के मन में इच्छा हुई : 'रात में यह वर्षा तुम्हें देना चाहता हूँ।' भारतभूषण अग्रवाल ने प्रतिज्ञा की : 'दूँगा मैं, नहीं, नहीं हिचकूँगा। लो यह पराग।'

अज्ञेय की वेदना का एक कारण यह है कि सागरदान और अनुभवदान के बावजूद दान-क्रिया कभी पूर्णतः सम्पन्न नहीं होती। शब्द सब व्यर्थ हैं क्योंकि तलाश है शब्दातीत अर्थ की :

तभी तो, जो अभी और रहा, वह
कहा नहीं गया। ['आँगन के पार द्वार']

जो मेरा है
वह बार-बार मुखरित होता है
पर जो मैं हूँ
उसे वाणी नहीं दे पाता। ['इन्द्रधनु रौंदे हुए ये']

व्यथा मेरी अनकही
आनन्द की सम्भावना के
मनश्चित्रों से परचती रही। ['अरी ओ करुणा प्रभामयी']

नव रहस्यवाद में एक और रूढ़ि कायम हुई। इसके लिए दोषी अज्ञेय नहीं। जो बात उन्होंने दो-चार बार कही, उसे दूसरों ने पन्द्रह-बीस बार कहा। इन कहनेवालों में वे भी हैं जो अज्ञेय को नई कविता का कुलपति स्वीकार नहीं करते। यथा गिरिजाकुमार माथुर :

एक आग है जो धधक रही है
एक लपट है जो रुक नहीं पाती
एक शब्द है जो घुमड़ रहा है
एक गंध है जो बँध नहीं पाती...

यह इन सबकी विवशता नहीं
नहीं उस आग की
उस गंध की
उस शब्द की भी
सिर्फ मेरी है। ['जो बँध नहीं सका']

गिरिजाकुमार ने यहाँ अज्ञेय की कविताओं का भाष्य लिखा है।

किसी समय रहस्यवाद ने साहित्य और समाज में बड़ी क्रान्तिकारी भूमिका पूरी की थी। मनुष्य में ब्रह्म के दर्शन करके कवि ने मनुष्य मात्र की समानता की घोषणा की थी; धर्म, सम्प्रदाय, वर्ण, मत-मतान्तर आदि के भेदों का विरोध करके मानवता की प्रतिष्ठा की थी। पुरोहित वर्ग और देववाणी के दर्प से आतंकित न होकर उसने लोकभाषाओं को साहित्य के सिंहासन पर बिठाया था, दरबारों की रीतिबद्ध कविता के मुकाबले नये भावों, विचारों और कलात्मक सौन्दर्य से भारतीय काव्य को समृद्ध किया था। अंग्रेजी राज में यह रहस्यवादी धारा राष्ट्रीय आत्मसम्मान की भावना और सांस्कृतिक नवजागरण के अनुकूल प्रवाहित हुई थी। किन्तु वर्तमान भारत में सामाजिक परिस्थितियाँ इतनी विषम हो गई हैं कि पुराने समाधान काम नहीं देते।

अंकुरित धरा से क्षमा
व्योम से झरी रुपहली करुणा—

यह दृष्टि सन् '20-'30 में भी मिथ्या थी—आज भी है। अन्तर यह है कि सन् '20-'30 की रहस्यवादी दृष्टि सामाजिक यथार्थ से हमेशा कतराती नहीं थी; पुरानी कविता में संघर्ष की कठोरता और सामाजिक तथा व्यक्तिगत पीड़ा की तीव्र अनुभूति भी है। इसके विपरीत अज्ञेय का रहस्यवाद बहुत ही सुरक्षित किस्म का रहस्यवाद है। वह जिन्दगी के धूल-धक्कड़ से दूर रहता है, वह पंकज-सा पंक में दामन पाक रखता है, सामाजिक जीवन से पलायन करने की प्रवृत्ति उसमें पुरानी छायावादी कविता से कहीं अधिक प्रबल है।

इस रहस्यवाद के अनुकूल, और वैसा ही सुरक्षित, अज्ञेय का प्रकृति से वह रागात्मक सम्बन्ध है जो उनके काव्य की श्रेष्ठ उपलब्धि है। प्रकृति प्रेम उनमें नैसर्गिक है, खेतों-खलिहानों से दूर साधारणत: उनका मन ऐसे प्राकृतिक दृश्यों में रमता है जो सामान्य हिन्दी पाठकों के लिए असाधारण होते हैं। शब्दों और उपमानों की तरह वह इस तरह के दृश्य भी काफी अनुसंधान के बाद प्राप्त करते हैं। वड्र्सवर्थ का प्रकृति-चित्रण काफी सुरक्षित किस्म का माना जाता है। फिर भी वड्र्सवर्थ निर्जन प्रकृति का कवि नहीं है, वह प्रकृति के संसर्ग में निर्धन, पीड़ित, संघर्षरत मनुष्यों

को भी देखता है। पर अज्ञेय की प्रकृति को मनुष्य का अस्तित्व गन्दा नहीं करता। उनके लिए पर्वतों में मनुष्यों की बस्तियाँ नहीं हैं, बस प्रकृति है और हैं अज्ञेय।

चाहे प्रकृति-प्रेम हो, चाहे नव रहस्यवाद—उसकी सीमित सार्थकता है जड़ाऊ कविता के रूप में। अज्ञेय परिश्रमी कवि हैं, कुशल शिल्पकार हैं। जगदीश गुप्त को छोड़कर जिन कवियों ने अज्ञेय का अनुसरण किया है, वे न परिश्रमी हैं, न कुशल। उन्होंने अज्ञेय से सीखा नहीं है, सिर्फ नकल की है। जहाँ न अनुसरण है, न अनुकरण, वहाँ ऐसा आभास होता है कि गद्य लिखना भले कठिन हो, नई कविता से आसान दूसरी विधा नहीं है। यह इसलिए भी कि शब्दों, मुहावरों, प्रतीकों, प्रतिमानों और कुछ सिद्ध सूत्रों की इतनी आवृत्ति नई कविता में होती है कि उसमें नया क्या है, यह जानना साधारण पाठक का काम नहीं। इस आवृत्तिगत दोष के अपवाद भी अवश्य हैं, किन्तु वे अपवाद ही हैं। मैं यहाँ प्रवृत्ति की बात कर रहा हूँ।

इस परिस्थिति में जड़ाऊ कविता का महत्त्व स्पष्ट है। अनुभूति सच्ची होगी तो कविता अपने-आप रच जाएगी—यह रूमानी भावना अधिकांश नई कविता के लेखकों को प्रेरित करती है। उन्होंने जो कुछ भोगा है, जो कुछ सहा है, उसे ज्यों-का-त्यों शब्दों में उतार दें—उनकी यह साध छिपी नहीं है, इसलिए काव्य-शिल्प अब उनके लिए साधना का विषय नहीं रहा। एक अनुभूति पुरानी हो गई, फिर नई अनुभूति की तलाश, बदहवास लोगों की-सी एक बेतहाशा दौड़। सच्ची अनुभूति तलाशनेवाली नई कविता से यह जड़ाऊ कविता ज्यादा टिकाऊ है। इस क्षणभंगुर संसार में कविता भी क्षणभंगुर हो, यह आवश्यक नहीं। अमर न हो, कुछ समय के लिए टिकाऊ तो हो।

अज्ञेय की कविता जड़ाऊ है, टिकाऊ भी।

शमशेर बहादुर सिंह का आत्मसंघर्ष और उनकी कविता

अज्ञेय और मुक्तिबोध की तरह—लेकिन उनके कई वर्ष बाद—शमशेर बहादुर सिंह भी रहस्यवाद की ओर आकृष्ट हुए। लिखा है :

नक्षत्र वहाँ कभी हमारा पार नहीं पायेंगे,
उनसे मुक्त हम जहाँ घुलमिल कर
अपना ही स्वत्व हैं :
ज्ञानातीत संज्ञा से आगे,
और वही है जो कुछ है,
है—है से आगे और पार,
जो कि है का है का है का है...
'है'।

छायावादियों में भी किसी ने ज्ञानातीत संज्ञा से भी आगे के इस 'है' में ऐसी दृढ़ आस्था व्यक्त नहीं की, जैसी शमशेर ने। 'वर्तमान धर्म' के लेखक निराला की तरह वह नहीं कहते : 'है है, नहीं है, नहीं है।' वह कहते हैं कि वह बस 'है' सितारों से परे, जड़ प्रकृति के उस पार, अगोचर, पूर्ण, निरपेक्ष।

मुक्तिबोध की तरह शमशेर की कविता में सूर्यबिम्ब बिखरे हुए हैं। घने बादलों में 'सूर्य के टुकड़े' खुले हुए हैं ('कुछ और कविताएँ', पृ. 33); उषा के जल में 'सूर्य का स्तम्भ' हिलता है (उप., पृ. 45); सूरज की किरणों में जलने की चाह है "ताकि उसकी आँच और लपट में तुम फौवारे की तरह नाचो" (उप., पृ. 52); वह चाँद और सूरज को निकालना चाहते हैं 'अलमारी में रखे हुए एलबम से'। (उप., पृ. 63) ये सब साधारण सूर्यबिम्ब नहीं हैं जिन्हें मनुष्य भौतिक जगत् में देखता और प्रसन्न होता है। सूर्यबिम्बों का रहस्य प्रकट करते हुए उन्होंने लिखा है :

सुबह—सूर्य नहीं; कारण कि
सूर्य तो उनके तलवों के नीचे दूर फिर भी वहीं
एड़ियों में ही मानो नीचे (कहीं)

उग रहा था व्यक्तिगत
एक महान् सूरज प्रत्येक व्यक्ति का

[—जाने दो...बात अन्दर की है और वहाँ की यहाँ से देखने की, नहीं।]

बात बाहर वाले सूरज की नहीं, भीतर वाले सूरज की है। बात अन्दर की है, वहाँ की, यहाँ से देखने की नहीं। बात प्रत्येक व्यक्ति के महान् सूरज की है, हर बोधिसत्व की, जिसमें बुद्ध बनने की क्षमता है (जैसाकि अज्ञेय ने सर्वेश्वर दयाल सक्सेना के प्रसंग में लिखा था)।

अज्ञेय की रचनाओं में 'मौन' शब्द काफी मुखर है। शमशेर की उतनी कविताएँ नहीं छपीं जितनी अज्ञेय की, फिर भी जितनी छपी हैं, उनमें मौन का अनुपात कम नहीं है। सागर-तट पर वर्षा का दृश्य पीने के बाद वह 'मौन' खड़े रह जाते हैं ('कुछ कविताएँ', पृ. 29)। सोने के सागर पर सूर्य की छवि देखकर 'अमरन मौन' का भाव जाग उठता है (उप., पृ. 45)। वह मौन की अथाह विवशता में डूब जाते हैं (उप., पृ. 51)। अज्ञेय के नाम लिखी कविता में उन्हें स्वभावत: एक काल-क्षण में 'सौन्दर्य की मौन अमरता' की अनुभूति होती है। (उप., पृ. 64)

मुक्तिबोध की रचनाओं में दुनिया की जो तसवीर : 'विकृताकृतिबिम्ब' होकर—उभरती है, उसे देखकर लगता है कि कवि अपने को इस संसार में बहुत असुरक्षित पाता है। शमशेर की दुनिया उतनी सुरक्षित तो नहीं है जितनी अज्ञेय की, पर मुक्तिबोध की तुलना में वह अधिक सुरक्षित जरूर है। उस दुनिया में यथार्थ जगत् का गर्द-गुबार कम है, कैन्टोनमेंट की तरह वह शहर की गन्दी बस्तियों से काफी दूर है यद्यपि जंगल में बना हुआ डाक बँगला नहीं है। उसमें रहते हुए कवि मौन की महिमा पर मुग्ध हो सकता है :

जहाँ शामें डूबकर फिर सुबह बनती हैं
एक-एक—
और दरिया राग बनते हैं—कमल
फानूस—रातें मोतियों की डाल—।

मुक्तिबोध इस खुशनुमा दुनिया से बहुत दूर रहते हैं। इसलिए रहस्यवाद उनके मन में बड़ी उलझनें पैदा करता है। वह सोचते हैं कि सूर्य से चेतना का सम्बन्ध इस तरह जोड़ा जाए कि मानव-समाज और ब्रह्मांड के सारे रहस्य एक साथ प्रकट हो जाएँ, अन्तर्मन की गुफा से ज्ञान के ऐसे मणि और रत्न निकालें कि गन्दी बस्तियों की गरीबी तुरन्त दूर हो जाए। फिर वह इन सपनों को तोड़ डालते हैं और सपने देखनेवाले मन को खूब फटकारते हैं। शमशेर के मन में रहस्यवाद को लेकर ऐसी उलझन पैदा नहीं होती क्योंकि जिस बस्ती में अपने एलबम से वह चाँद-सूरज निकालते हैं, वह काफी सुरक्षित है।

इस बस्ती में रहते हुए सौन्दर्य की भूख अपने-आप जाग उठती है। वहाँ दरिया राग बनते हैं, कमल फानूस, रातें मोतियों की डाल, और :

दिन में
साड़ियों के से नमूने चमन में उड़ते छबीले; वहाँ
गुनगुनाता भी सजीला जिस्म वह—
जागता भी
मौन सोता भी, न जाने
एक दुनिया की
उम्मीद सा,
किस तरह! ['कुछ कविताएँ', पृ. 57]

अंग्रेजी कवियों में कीट्स और हिन्दी कवियों में गिरिजाकुमार माथुर की-सी सघन ऐन्द्रियता शमशेर में है लेकिन वह मूर्तिकार नहीं कि अंग-प्रत्यंग गढ़कर रख दें, न वह 'कीट' कवि हैं कि बीभत्स में ही उनका मन रमे, न वह 'एब्स्ट्रैक्ट आर्ट' वाले हैं कि ज्यामिति की रेखाओं में नारी का रूप खो जाए। कई लोगों ने उन्हें इम्प्रेशनिस्ट कवि (या कवि रूप में इन्प्रेशनिस्ट चित्रकार) कहा है। इम्प्रेशनिस्ट चित्रकार भी सौन्दर्य ऐसी उड़ती निगाह से नहीं देखते, जैसे शमशेर। रूप और आकार की समग्रता के बदले शमशेर एक झलक-भर देखते हैं, पार्श्वबिम्ब से काम चलाते हैं और यह झलक या पार्श्वबिम्ब ही उन्हें बेहोश करने के लिए काफी है। नील जल में उषा की गौर झिलमिल देह; रात का गहरा साँवलापन स्तनों के बिम्बित उभार लिये;

उसकी अधखुली अँगड़ाइयाँ हैं
कमल के लिपटे हुए दल
कसे भीनी गंध में बेहोश भौंरे को। [उप., पृ. 56]

रूमानियत और रीतिवाद का यह संगम है। कमल में बंद भौंरा नायिका भेदवाली कविता का परिचित उपमान है। रूप-रस-गंध का मोह शमशेर के रूमानी मिजाज का सबूत देता है। उनके कवि-संस्कार रीतिवादी कविता और छायावादियों में पंत की रचनाओं से प्रभावित हैं। रीतिवादी कविता में उर्दू की प्रेम-शृंगार वाली गजलें उन्हें विशेष प्रिय रही हैं :

गुलशन से जो इतराती आँगन में बहार आयी,
खुशज़ौक दुलहन उसकी शोखी को सँवार आयी। [उप., पृ. 27]

शमशेर जितनी खूबसूरती से उर्दू के रीतिवाद का प्रभाव ग्रहण करते हैं, उतनी खूबसूरती से हिन्दी के रीतिवाद या छायावाद का प्रभाव नहीं ग्रहण कर पाते। जब

वह गद्यमय नई कविता लिखते हैं, तब पुराने ढंग का चमत्कारवाद उसमें भी झलक उठता है :

आह, तुम्हारे दाँतों से जो दूब के तिनके की नोक
उस पिकनिक में चिपकी रह गई थी,
आज तक मेरी नींद में गड़ती है।

['कुछ और कविताएँ', पृ. 55]

'ये नज़ाकत देखो, आरिज उनके नीले पड़ गए; मैंने तो बोसा लिया था ख्वाब में तसवीर का!' कुछ उसी तरह की नाजुक बयानी नींद गड़नेवाले दूब के तिनके पर शमशेर की पंक्तियों में है। मखमल के बिछौने पद्माकर की नायिका के पैरों में गड़ते थे; यहाँ दूब का तिनका नायक की नींद में गड़ जाता है। शमशेर के आगे पद्माकर मात हैं।

हिन्दी में छायावादी काव्य ने रीतिवादी परम्परा को छिन्न-भिन्न कर दिया। उर्दू में रीतिवादी काव्य की जड़ें ज्यादा गहरी थीं। परिवर्तन वहाँ भी हुआ लेकिन उतना व्यापक नहीं। हिन्दी का रीतिवादी काव्य ब्रजभाषा में था। काव्य-भाषा के पद से ब्रजभाषा को हटाने का एक फल यह हुआ कि रीतिवाद खड़ी बोली में जड़ जमा ही न पाया। इसके विपरीत उर्दू का रीतिवादी काव्य इसी खड़ी बोली में रचा गया। शमशेर जब 'रूपाभ' के सम्पादकीय विभाग में काम करते हुए प्रगतिशील साहित्य के विकास में योग दे रहे थे, तब उन्होंने लिखा था : "किसी एक तनहा बुलबुल के राग में या किसी अकेले खामोश गुल के बिखरते हुए रंग में विभोर होकर जीवन-सुख की बहार और खिजां के दर्द से परिपूर्ण हो उठना—बस, यही संकेत तो गजल का एक शेर है। अस्तु, हमें कुछ समझाकर बहका ले जाने के लिए यही संकेत काफी है।" ('दोआब', पृ. 122)

शमशेर ने छायावादी कवियों में पंत और निराला को विशेष रूप से पढ़ा लेकिन इनका प्रभाव उनके रीतिवादी संस्कारों को निर्मूल नहीं कर सका। वह निराला की प्रशंसा करते थे—छन्द, गति, लय के लिए; किन्तु "शब्दों के माधुर्य और कोमल सौन्दर्य, साथ ही पूर्ण प्रकारात्मक न्यास तथा सुरुचिपूर्णता में पंत का अपना अकेला स्थान है।" (उप., पृ. 39) पंत की काव्य-कला शमशेर के रीतिवादी संस्कारों के नितान्त प्रतिकूल नहीं थी। 'मदनराज के बीर बहादर' और 'रति-श्रान्ता ब्रज बनिता' के उपमान जुटानेवाले पंत स्वयं रीतिवादी काव्य-सौन्दर्य पर किसी हद तक मुग्ध थे। पंत-काव्य का कोमल सौन्दर्य और शब्द-माधुर्य तनहा बुलबुल के राग और खामोश गुल के बिखरते हुए रंग में घुलमिल गया।

इसके बाद शमशेर उन कवियों से प्रभावित हुए जो अक्सर 'अत्यधिक अस्वस्थ' हैं, जो 'बहुधा नाना असंगतियों में पड़कर' अचेतन मन के भावलोक में जा पहुँचे हैं,

जो 'अत्यधिक भावुक' हैं और इसलिए जिन्होंने 'अपने ही व्यक्तित्व का मंथन इस बेरहमी से किया' कि उनके भाव, शब्द, अर्थ अद्‌भुत और चमत्कारपूर्ण—कभी-कभी तो दिव्य भी—हुए, "मगर हमेशा विशृंखल, असम्बद्ध, अगम्य और रहस्यमय और अनेकार्थयुक्त हो गए।" ('दोआब', पृ. 60) 'इन आधुनिक कलाकारों के गुरु एज़रा पाउंड और टी.एस. इलियट हैं।' (उप., पृ. 61)

रोमांटिक कवियों में जो व्यक्तिवाद था, वह विकृत होकर इन कवियों में अपनी चरम सीमा तक पहुँच गया था। ये बौद्धिक नहीं, भावुक थे; यथार्थदर्शी नहीं, अपने ही व्यक्तित्व का मंथन करनेवाले—चमत्कारी और अद्‌भुत, फिर भी—विशृंखल और असम्बद्ध कविता लिखनेवाले कलाकार थे। शमशेर ने जिस समय कविता लिखना शुरू किया, वह छायावाद का ह्रासकाल—बच्चन और नरेन्द्र शर्मा के उत्तर छायावादी काव्य का जमाना—था। अंग्रेजी का उत्तर छायावादी काव्यबोध शमशेर के मन को सहज ही छूता था।

इस समय वह मार्क्सवाद से भी प्रभावित हुए। 'रूपाभ' के बाद वह बम्बई से प्रकाशित होनेवाले 'नया साहित्य' के सम्पादक हुए। इस प्रभाव के ही कारण जिन आधुनिक कवियों पर वह मुग्ध थे, उन्हें अस्वस्थ और व्यक्तिवादी भी मानते थे। शमशेर का आत्मसंघर्ष उनके मार्क्सवादी विवेक और इस उत्तर-छायावादी—इलियट, एज़रा पाउंड वाले—काव्यबोध का संघर्ष है।

इसमें और मुक्तिबोध के आत्मसंघर्ष में काफी अन्तर है। मुक्तिबोध रहस्यवाद को लेकर बड़ी उलझन में पड़े थे, शमशेर में ऐसी कोई उलझन नहीं है। मुक्तिबोध मनोविश्लेषण शास्त्र से प्रभावित होकर अन्तर्मन की गुफा में ज्ञान के मणि और रत्न ढूँढ़ते थे और फिर इस आत्म-प्रवंचना पर झुँझलाते थे। शमशेर सजीले जिस्म के गुनगुनाने पर ऐसा रीझते हैं कि अँधेरे कुएँ या बावड़ी में उतरने की उन्हें फुर्सत नहीं मिलती। किन्तु शमशेर उतने आत्ममुग्ध नहीं जितने मुक्तिबोध थे। मुक्तिबोध अस्तित्ववाद की ओर खिंचे और अपने-पराये अनेक पापों का मैल मन से धोते रहे। शमशेर नई कविता के उन तमाम लेखकों से अलग हैं जो अस्तित्ववाद से प्रभावित हैं। वह जितनी दूर सार्त्र से हैं, उतनी ही दूर किर्केगार्ड से। किसी भी तरह के अस्तित्ववाद ने उन्हें उलझन में नहीं डाला। उनका आत्मसंघर्ष है उत्तर-छायावादी काव्यबोध को लेकर।

नेमिचन्द्र जैन, भारतभूषण अग्रवाल आदि प्रयोगवादियों से शमशेर इस बात में भिन्न हैं कि इन लोगों ने सन् '47 के पहले जो मार्क्सवादी विचारधारा अपनाई थी, उसे सन् '47 के बाद छोड़ दिया। शमशेर ने उसे कभी छोड़ा नहीं। उनके मन में मार्क्सवाद और इलियट-एज़रा पाउंड को लेकर जो द्वंद्व सन् '47 के पहले था, वह बाद को भी बना रहा।

'दूसरा सप्तक' प्रयोगवादी कविताओं का संग्रह माना जाता है। इसमें, अपनी कविताओं के साथ दिये हुए वक्तव्य में, शमशेर ने लिखा था : "कला का संघर्ष

समाज के संघर्षों से एकदम कोई अलग चीज नहीं हो सकती और इतिहास आज इन संघर्षों का साथ दे रहा है। सभी देशों में, बेशक यहाँ भी, दरअसल आज की कला का असली भेद और गुण उन लोक-कलाकारों के पास है, जो जन-आन्दोलनों में हिस्सा ले रहे हैं। टूटते हुए मध्यवर्ग के मुझ जैसे कवि उस भेद को पाने की कोशिश में लगे हुए हैं।" इससे शमशेर के आत्मसंघर्ष का अन्दाजा हो जाएगा। लोक-कलाकारों के पास जैसी कला है, शमशेर की काव्य-कला उससे बहुत दूर है। पर अपनी कला से उन्हें सन्तोष नहीं और लोक-कलाकारों वाली कला उनके पास नहीं।

शमशेर यह कहकर अपना मन समझा लेते थे कि इलियट-पाउंड की अस्वस्थ विषयवस्तु से हमें क्या लेना-देना है, हम तो उनके शिल्प को सराहते हैं। वास्तव में बात शिल्प को सराहने की न थी। बात थी इन 'अस्वस्थ' कवियों के भावबोध पर मुग्ध होने की। उनका भाव-सौन्दर्य उन्हें अपनी ओर खींचता था और उनका विवेक उन्हें फटकारता था कि यह सब व्यक्तिवादी प्रपंच है।

आधुनिक काव्य-चर्चा के प्रसंग में 'इलियट और पाउंड' और उनके अनुयायी याद आ जाते हैं। इन्होंने शिल्प में बड़ी मेहनत की, बड़ा श्रम किया। अद्भुत इनकी पकड़ है : छन्द, गति, लय, ताल की। अक्षर का 'मर्म' ये जानते हैं, मगर फिर भी जैसे कुछ नहीं जानते। ज्ञान-विज्ञान की नाना कलाओं के सागर में गोते लगाए हैं, पर जैसे खूबसूरत, बहुत खूबसूरत सीपों के अलावा कोई मोती इन्हें न मिला हो। यहाँ मोती का जिक्र है, यों सीपों को भी हम प्यार करते हैं क्योंकि इन्हीं में से मोती निकल आता है।

"मुझे बहुत आकृष्ट करते हैं ये कवि, इन्हीं की तरह, पर कुछ काफी कम दर्जे पर श्री अज्ञेय, श्री मीम नून राशिद (मीरानी नहीं), शुरू का फैज और डायलन टामस, जुकोफ्स्की, मैरियन मूर, पैचन वगैरह। मगर फिर लगता है कि जैसे ये कागज के फूल न होकर भी सच्चे फूल न हों। इनमें शायद वह सब कुछ है जिसके विरुद्ध मेरा स्वस्थ मन विद्रोह करता है, पर जिन्हें बड़े आश्चर्य से भी देखता है—शायद इसलिए कि इनमें जीवन के रोग-शोक, आत्मा की हाय, दैन्य, पराजय, भ्रम, कुहा, क्रूरता आदि उघारकर रख दिये गए हों। काश कि अक्सर यह काम सचेत रूप से कलाकार करता!" ('आलोचना', संख्या 2)

आत्मा की हाय, दैन्य, पराजय—यह सब कुछ इस कविता में है : कलाकार इन्हें उघारकर रख देता है किन्तु सचेत रूप से नहीं। सचेत हो तो दैन्य से लड़े, पराजय के गीत गाने में उसे आनन्द न आए। वह अचेत होकर, भावुकतावश, विवेक को त्यागकर, भ्रम, पराजय और दैन्य के प्रवाह में बह चलता है। इसीलिए शमशेर का स्वस्थ मन विद्रोह करता है, फिर भी "मुझे बहुत आकृष्ट करते हैं ये कवि!"

मध्यमवर्ग को लेकर शमशेर के मन में वैसे ही हीन भाव हैं, जैसे मुक्तिबोध के मन में। जितना ही प्रबल यह हीन भाव है, उतना ही भव्य वह अपने मन में श्रमिक वर्ग का चित्र बनाते हैं—ठीक मुक्तिबोध की तरह। एक ओर :

हीन भाव, हीन भाव, मध्यवर्ग का समाज दीन

['कुछ और कविताएँ', पृ. 8]

दूसरी ओर :

आगे-आगे जलती चलती है
लाल-लाल
वज्र-कठिन कमकर की मुट्ठी में
पथ-प्रदर्शिका मशाल। [उप.]

जहाँ सम्पत्तिशाली वर्ग के हाथ में धन सिमटता जाता है और निर्धन जनता की तकलीफें बढ़ती जाती हैं, वहाँ मध्यमवर्ग टूटता है : उसका एक हिस्सा पूँजीपतियों से, दूसरा हिस्सा श्रमिक जनता से मिल जाता है। जिस नये समुदाय से यह दूसरा हिस्सा मिलना चाहता है, उससे वह अच्छी तरह परिचित नहीं है। इसलिए एक ओर अपनी जमात छोड़ने पर उसके मन में हीन भाव पैदा होता है, दूसरी ओर जिस नई अपरिचित जमात से वह मिल रहा है, वह यथार्थ में जैसी है, उससे ज्यादा भव्य उसे मालूम होती है। भारत की श्रमिक जनता को अभी वर्ग रूप में संगठित होना है, अभी उसे वर्ग-चेतना प्राप्त करनी है। आर्थिक-सामाजिक स्थिति, राजनीतिक बोध और संगठन के हिसाब से उसमें अभी बहुत-से भेद हैं। राजनीतिक पार्टियों के नेता मजदूरों की तारीफ ज्यादा करते हैं, उनके वोट लेने के लिए, उन्हें अपना अनुयायी बनाने के लिए। उनमें सोचने-विचारने, राजनीतिक परिस्थिति को समझने और खुद नीति निर्धारित करने की ताकत पैदा करें—इस तरफ वे ध्यान कम देते हैं। इसीलिए जो पार्टियाँ मजदूरों की प्रतिनिधि होने का दावा करती हैं, वे पूँजीपतियों से कम, आपस में ज्यादा लड़ती हैं और उनके नेतृत्व में लड़नेवाले मजदूरों की संख्या नगण्य है। यथार्थदर्शी कवि अवसरवादी राजनीतिज्ञों की तरह श्रमिक जनता की झूठी तारीफ क्यों करे?

शमशेर कहते हैं :

सेनानी
वीर युवक
अति बलिष्ठ
वामपंथी गामी वह—
समय साम्यवादी। [उप., पृ. 9]

यह यथार्थ नहीं, स्वप्न है। स्वप्न में रूमानी रंग गहरा है, यथार्थवाद का स्पर्श कम है।

वह शान्ति पर कविता लिखते हैं। एक जगह रवीन्द्रनाथ, हाफ़िज़, तुलसीदास और ग़ालिब पावर हाउस के कुशल ऑपरेटर हैं, दूसरी जगह संसार के शान्तिप्रेमी जन उषा के मधुर अधर बन जाते हैं। कुछ लोग उपमानों के इस भेद को नई कविता और छायावाद का भेद कहेंगे। दुनिया को देखनेवाली निगाह में भी फर्क है या उपमानों के हेरफेर से ही नई कविता में यथार्थयाद आ जाएगा—यह प्रश्न विचारणीय है।

हम एक साथ उषा के मधुर अधर बन उठे
सुलग उठे हैं
सब एक साथ ढाई अरब धड़कनों में बज उठे हैं
सिम्फोनिक आनन्द की तरह।

रहस्यवाद यहाँ से ज्यादा दूर नहीं है। कल्पना-लोक में ढाई अरब धड़कनों का अनहद नाद सुनकर स्वभावत: कवि को ब्रह्म याद आ जाता है। शान्ति बच्चा और दोस्तों के लिए चाहिए :

और उस अमर परम शक्ति के लिए जो पिता का रूप है।

जो लोग यथार्थ पर—किसी न किसी रूप में—कल्पना का आवरण डालते हैं, वे स्वभावत: कही-न-कहीं, और कभी-न-कभी, रहस्यवाद की शरण में आते हैं, और इस नव्य रहस्यवाद का कोई क्रान्तिकारी दार्शनिक या सामाजिक पक्ष नहीं होता। नये-पुराने रहस्यवाद में यही फर्क है।

ज्ञानातीत संज्ञा से भी आगे
और वही है जो कुछ है,
है—है से आगे और पार,
जो कि है का है का है का है...
'है'।

शमशेर के रहस्यवाद का लगाव यदि दादू, रज्जब, कबीर से होता तो वे किसी दूसरी जगह पहुँचते। किन्तु इलियट, एज़रा पाउंड की सीढ़ियाँ उतरते हुए वे सीधे गिन्सबर्ग के पास पहुँचते हैं—दशाश्वमेध घाट पर, जहाँ भारतीय और अमरीकी संस्कृतियों का मिलन होता है :

दूऽऽऽर एलन गिन्सबर्ग सैनफ्रांसिस्को से, इधर
दशाश्वमेध, संगम की...चिलम संध्याओं में सुलग

गाँजा सा लाल उठता है, लपक—कुछ नये युग के
नशे सा।

['कल्पना', जुलाई, '63]

चिलम में भी क्या अद्‌भुत शक्ति है! हजारों हिप्पी हर साल आध्यात्मिक शान्ति प्राप्त करने के लिए भारतभूमि की ओर खिंचे चले आते हैं। जो काम पीस-कौंसिलें नहीं कर पातीं, वह गाँजे की चिलम कर दिखाती है। उपासक ठीक ही कहते हैं, जिसने न पी गाँजे की कली, उस लड़के से लड़की भली। फिर शंकर भगवान् की नगरी और पावन गंगा तट, दुगुना माहात्म्य। दिमाग में नये युग का नशा छा जाए तो क्या आश्चर्य! मुक्तिबोध इस मंजिल तक नहीं पहुँचे। जब कल्पना बहुत जोर मारती है और वह 'मधुर चन्द्र मुख' पर उल्काफूल फेंकते हैं, तब :

बस तभी तलब लगती है बीड़ी पीने की।

['चाँद का मुँह टेढ़ा है', पृ. 122]

गिन्सबर्ग और मुक्तिबोध में उतना ही फासला है जितना गाँजे की चिलम और बीड़ी में।

बीड़ी पीने से एक और कलाकार के ओठ स्याह पड़ गए थे। नाम था भुवनेश्वर। जिन दिनों यह अफवाह फैली थी कि भुवनेश्वर नहीं रहे—"कुछ नहीं कहा जा सकता, वह अब कहाँ, किस लोक में हैं"—शमशेर ने उन पर कविता लिखी थी। गिन्सबर्ग वाले चित्र से इस खानाबदोश कलाकार की तसवीर मिलाकर देखिए। मैं पूरी कविता उद्धृत करता हूँ :

आदमी रोटी पर ही जिन्दा नहीं
—तुमसे बढ़कर और किसने
हर सच्चाई को अपनी कड़ुई मुस्कराहट भरी भूख
के अन्दर
जाना होगा?
पता नहीं तुम कहाँ किस सदाव्रत का हिसाब
किस लोक में
लिख रहे हो
बगैर खाए-पिए...

× × ×

सिर्फ अमरूदों की सी गोरी सुनहरी धूप
अंगों की
फ्रेम से उभरती हो कमरे के एकान्त में,

भुवनेश्वर,
जहाँ तुम बुझी हुई आँखों के अन्दर
एज़रा पाउंड के टुकड़े,
इलियट के बिब्लिकल पीरियड्स
किसी ड्रामायी खाब में,
पॉल क्ली के घरौंदों में, एक फ्रीवर्स की तरह
तोड़ देते हो
खाब में ही हँसते हुए!
आह बदनसीब शायर, नाटककार, फकीरों में
नव्वाब, गिरहकट, wit,
आजाद अघोरी साधक!
होट बीड़ी सिगरेट की नीलिमा से।
(चूमे हुए किसी रूप के।)
किसी एक काफिर शाम में,
किसी क्रॉस के नीचे।...
वो दिन, वो दिन...।
धुँधली छतों में बिखर गए हैं
शराब के, शबाब के, दोस्त एहबाब के वो—
वो 'विटी' गुनाहों-भरे
खूबसूरत बदमाश दिन
चले गए हैं...।
हाँ, तपती लहरों में छोड़ गए हैं वो
संगम गोमती दशाश्वमेध के
सैलानियों के बीच
न जाने क्या
एक टूटी हुई नाव की तरह,
जो डूबती भी नहीं : जो सामने ही हो जैसे,
और कहीं भी नहीं।

इस कविता से शमशेर के रहस्यवाद—उनके अगोचर 'है'—की तुलना कीजिए। शमशेर में पुराने रहस्यवादी कवियों की भाव-विह्वलता नहीं है, वैसे ही, जैसे इलियट में पुराने धार्मिक कवियों की-सी भक्ति नहीं है। न उनमें प्रसाद के दार्शनिक चिन्तन का बौद्धिक गुरुत्व है। शमशेर के रहस्यवाद की तुलना में रूप-रस-गंध वाले संसार के उनके पार्श्वबिम्ब ज्यादा सुहावने मालूम होते हैं। इनमें निराला का

ओज और घनत्व नहीं है लेकिन नफासत है, सौन्दर्य की परख, और गोचर संसार का सुकुमार संवेदन है।

इस कविता से शमशेर की राजनीतिक कविताओं की तुलना कीजिए। उन कविताओं में वह उपमानों से खेलते हैं और कभी वह भी नहीं, सिर्फ भाषण करते हैं ('कल्पना' में चीन पर उनकी कविता)। न केवल राजनीतिक परिस्थिति पर वरन् राजनीतिक विचारों पर कविता लिखी जा सकती है। किन्तु शमशेर का मन जो कुछ स्वयं देखता है, उसी से अधिक प्रभावित होता है, सुनी-सुनाई बातों का असर उस पर कम होता है। वह मूलत: यथार्थवादी कवि हैं जिनके हृदय में करुणा का स्रोत है जो कभी-कभी फूटकर बहता भी है। मन के गोचर-अगोचर घेरे तोड़कर जब करुणा का यह स्रोत बह चलता है, तब शमशेर भुवनेश्वर पर इस कविता जैसी रचनाएँ करते हैं। यथार्थवाद का यह भी एक रूप है जिसकी ओर हिन्दी की नई कविता का विकास सम्भव है।

इस कविता में शमशेर सूर्रिअलिस्ट—अति यथार्थवादी—नहीं, रिअलिस्ट—यथार्थवादी—कलाकार हैं। वे पार्श्वबिम्बों से सन्तुष्ट न होकर भुवनेश्वर का भरा-पूरा चित्र देते हैं। सतह पर ही न रुककर वह दिल की धड़कन भी सुनते हैं। नई कविता में नाव का उपमान बहुत दुहराया गया है : नाव के पैर, सूनी नाव, वगैरह। लेकिन जिसके लिए अभी सिर्फ 'अफवाह गर्म है' कि वह नहीं है और जिसके लिए कहा नहीं जा सकता, वह अब कहाँ, किस लोक में है, उसके लिए यह उपमान कितना सार्थक है—एक टूटी हुई नाव, जो डूबती भी नहीं, जो सामने ही हो जैसे, और कहीं भी नहीं।

यथार्थ के चित्र के साथ जहाँ उनका भाव सध जाता है, वहाँ शमशेर का शिल्प निखर उठता है। किन्तु उनके भाव-बोध में काफी अस्थिरता है। देशी-विदेशी कवियों के शब्द और मुहावरे उनके मन में इतना ज्यादा गूँजते हैं कि शिल्प की साधना करते हुए वह उसे सँवारने की जगह बिगाड़ भी देते हैं।

भुवनेश्वर पर उनकी कविता जैसी 'वसुधा' में छपी थी, वैसी ऊपर उद्धृत की गई है। इसका 'सँवारा हुआ' रूप 'कुछ और कविताएँ' में है। 'वसुधा' में कविता किसी भूमिका के बिना, नाटकीय और मार्मिक ढंग से, भुवनेश्वर को सीधे सम्बोधित करते हुए शुरू होती है। 'कुछ और कविताएँ' में पहले भूमिका बाँधी गई है, शमशेर भुवनेश्वर को सम्बोधित करते हुए भी खुद से ही ज्यादा बातें करते हुए दिखाई देते हैं। शब्दों के मितव्यय के बदले छोटा-सा भाषण दे डाला है :

न जाने कहाँ किस लोक में आज, जाने किस
सदाव्रत का हिसाब बैठे तुम लिख रहे होगे (अपनी
भवों में?—जहाँ पता नहीं प्राप्त भी होगा

तुम्हें कोरी चाय या एक हरी पुड़िया का बल
भी?...हिसाब; मसलन ताड़ी कितने
की?—कितने की देसी?—और, रम?...
कितनी अधिक-से-अधिक, कितनी कम-से-
कम? कितनी असली, कितनी...।

इस भूमिका के बाद—जिसकी वाक्य-रचना और विरामों में शिल्प का मुलम्मा है, निखार नहीं,—वह शुरू करते हैं...इन्सान रोटी पर ही जिन्दा नहीं, इत्यादि।

'आदमी' फारसी का शब्द है, 'इन्सान' अरबी का। आदमी की जगह वह ज्यादा गरिमायुक्त इन्सान बिठाते हैं। तुमसे बढ़कर और किसने जाना होगा—इस वाक्य में 'जाना होगा' क्रिया कमजोर लगी, उसे बदलकर उन्होंने लिखा : 'महसूस किया होगा'। अमरूदों की-सी धूप—ठीक लिखा था; इलाहाबाद के अमरूद मशहूर हैं और भुवनेश्वर लखनऊ छोड़ने के बाद ज्यादातर इलाहाबाद में रहे भी थे। लेकिन शमशेर ने अंग्रेजी कविताओं में 'साइडार' वृक्षों का वर्णन पढ़ा था। अमरूद हटा दिये गए; उनकी जगह, 'साइडार' आ गए। मूल कविता में 'बुझी हुई आँखों' को काफी व्यंजक न मानकर इन्होंने लिखा—बुझी-बुझी सी गजल-भरी आँखों में! मूल कविता में सिर्फ 'एज़रा पाउंड के टुकड़े' थे; ये परिवर्तित होकर 'अनोखे पद एज़रा पाउंड के' हो गए! ज्यादातर परिवर्तन उन्होंने भाषा को अधिक गरिमामय बनाने के लिए किए, लेकिन कई जगह नये शब्द भी जोड़े, व्याख्या करने के लिए, जिससे अर्थ का विकेन्द्रीकरण हो गया है और कविता चौपट हो गई है। मूल कविता की तीन पंक्तियाँ देखिए :

आह बदनसीब शायर, नाटककार, फकीरों में
नव्वाब, गिरहकट, wit,
आजाद अघोरी साधक!

इससे तुलना कीजिए परिवर्तित रूप की :

ओ बदनसीब शायर, एकांकीकार, प्रथम
वाइल्डियन हिन्दी विट, नव्वाब
फकीरों में, गिरहकट, अपनी बोसीदा
जंजीरों में लिपटे, आजाद
भ्रष्ट, अघोरी साधक!

'आह' की जगह 'ओ'—भाषण में पहले का सम्बोधन-चिह्न! 'एकांकीकार' न लिखने से उनके साहित्य का परिचय अधूरा रह जाता था। विट का मतलब—पता नहीं—आप समझें या न समझें। इसलिए समझाया, वह हिन्दी के विट हैं और प्रथम

वाइल्डियन विट हैं। 'गिरहकट' और 'अघोरी साधक' की सारी ताकत परिवर्तित रूप में बिलकुल बिखर गई। लेकिन 'निंदिया सतावे मोहें सँझही से सजनी'। ('कुछ और कविताएँ', पृ. 81) से यह परिवर्तित रूप फिर भी अच्छा है। लोकगीतों की दुनिया से शमशेर जितना ही दूर हैं, उतना ही असफल उनका लोकगीतों का अनुकरण है। गिन्सबर्ग के लम्बे वाक्यों का अनुकरण उन्होंने ज्यादा सफलता से किया है—यद्यपि गिन्सबर्ग की वक्तृत्व-कला का ओज उनके पास नहीं है। प्रसन्नता की बात है कि उनकी गजलों (या नज्मों) की रीतिवादी नफासत पर कहीं-कहीं निराला के प्रभाव की धूल उड़ती हुई आ गिरी है। मुलाहिजा हो :

नाज पकने पर खुले आकाश से
बिजलियाँ गिरती हैं निर्धन के लिए।
संकुचित है आज जीवन का हृदय,
व्यक्तिमन रोता है जन-मन के लिए।

['कुछ और कविताएँ', पृ. 16]

केदारनाथ अग्रवाल और शमशेर बहादुर सिंह की काव्य-प्रतिभा में अन्तर यह है कि केदार की सधी निगाह वस्तु के मर्म में उतरती है, वह दूसरों के काव्य-कौशल पर ठहरकर उसके अनुरूप वस्तु को छाँटने, तराशने की कोशिश नहीं करती। अपनी पीढ़ी के कवियों में केदार ही ऐसे हैं जिन पर छायावाद का प्रभाव नगण्य है। पूर्व-पश्चिम के आधुनिक कवियों में वह पढ़ते बहुतों को हैं लेकिन जब कविता लिखते हैं तब उसका कौशल वस्तु के मर्म ग्रहण के साथ जैसे अपने-आप सँवारता चला जाता है।

केदार और शमशेर में अन्तर यह है कि केदार की कविता अपने निष्कम्प भाव-बोध के कारण सहज ही लोकगीतों का सौन्दर्य अपने अन्दर समो लेती है।

फूल कटोरों सी मुस्काती—
रूप भरी है नगरी—

ऐसे बिम्ब सहज भाव से उनकी कविता में उतर आते हैं। शमशेर की रचनाओं में काव्य-कौशल को लेकर उधेड़बुन ज्यादा है। कहीं लोकगीत, कहीं गजल, कहीं मुक्त छन्द और इनमें बहुत तरह की किस्में, कहीं सफल, कहीं असफल। उनकी उलझनों का एक कारण यह है कि वे अपने रीतिवादी-रूमानी सौन्दर्यबोध से अपने मार्क्सवादी विवेक की संगीत नहीं बिठा पाए। दूसरा कारण यह है कि जब वह रीतिवाद और रूमानियत से हटकर, मानव-करुणा में गहरे डूबकर कविता लिखते हैं, तब शायद समझते हैं कि वह कविता मार्क्सवाद के अनुरूप हुई नहीं। इस लेख में भुवनेश्वर वाली कविता इसीलिए पूरी की पूरी मैंने उद्धृत की है। यह एक अनुपम

आधुनिक कविता है, आत्म-सम्मोहन के दायरे से बाहर, नव्य रहस्यवाद से बचती हुई, दूसरे की जिन्दगी को सहानुभूति से चित्रित करने में एक चमत्कार। इसे पढ़कर मुझे 'रूपाभ' के शमशेर की याद आती है जो बहुत गहरे डूबकर सुरमई साँझों के बारे में लिखते थे :

तुम छोटा-सा हो ताल—घिरा फैलाव, लहर हल्की सी,
जिसके सीने पर ठहर शाम
कुछ अपना देख रही है उसके अन्दर—वह अंधियाला,

यह प्रेम की कविता है, गुनगुनाते सजीले जिस्म वाली कविताएँ बस जिस्म की कविताएँ हैं, उस जिस्म में या तो दिल नहीं है या दिल है तो उसमें मोहब्बत नहीं है।

और बहुत-से कवियों की तरह शमशेर भी नव्य रहस्यवाद को आधुनिकता का पर्याय मान बैठते हैं। उनके 'है है' की खींचतान, गद्य के अनगढ़पन से, भले किसी को चौंका दे, वहाँ उन्होंने कवि की निगाह से दुनिया में नया कुछ नहीं देखा है। उनका मन कभी-कभी झूठी वक्तृत्व-कला के पीछे दौड़ता है, कभी भाव-विचार के नाम पर कल्पना की गिरह लगाता है। कभी-कभी काव्य-कौशल को सँवारने के फेर में वह मूल कविता की व्यंजनाशक्ति नष्ट कर देते हैं। उनका कौशल-प्रेमी मन उन्हें कैसे धोखा देता है, इसकी श्रेष्ठ मिसाल है, भुवनेश्वर वाली कविता का परिवर्तित—और—परिवर्द्धित—रूप। किन्तु हर जगह शमशेर का अपना एक रंग है। कविता भरी-पूरी न उतरे, पढ़कर लगे कि असंगठित संवेदन कागज पर उतार दिये गए हैं, तब भी उनकी कविता से आनन्द आता है। आनन्द में खलल पड़ता है तब, जब उनकी पंक्तियों के प्रवाह में दूसरों के चेहरे झाँकने लगते हैं। जब उनका मन सध जाता है, तब वे ऐसी पंक्तियाँ लिखते हैं :

घिर गया है समय का रथ कहीं।
लालिमा से मढ़ गया है राग।

और ऐसी पंक्तियाँ कोई सिद्ध कवि ही लिख सकता है।

अस्तित्ववाद और नई कविता

उन्नीसवीं शताब्दी के पूर्वार्द्ध में जिन विचारकों ने हेगल के दर्शन का विरोध किया, उनमें डेनमार्क के धर्मचिन्तक किर्केगार्ड भी थे। एंगेल्स ने 'एंटी-डूयरिंग' में हेगल के युगान्तरकारी महत्त्व की व्याख्या करते हुए लिखा है कि हेगल ने पहली बार प्राकृतिक, ऐतिहासिक और वैचारिक जगत् को एक गतिशील, परिवर्तनशील और विकासमान क्रम के रूप में प्रस्तुत किया। अब मानव-जाति का इतिहास हिंसात्मक कृत्यों का निरर्थक समूह न रह गया, मनुष्य का परिपक्व विवेक जिसकी भर्त्सना करता, वरन् वह मानवता के ही विकास का क्रम सिद्ध हुआ।

हेगल ने मनुष्य की ठोस ऐतिहासिक परिस्थितियों का अध्ययन किया, समाज के अन्तर्विरोधों का विश्लेषण किया, सामन्ती रूढ़ियों और धार्मिक अन्धविश्वासों की आलोचना की। जर्मनी में सामन्ती व्यवस्था की समाप्ति और पूँजीवादी व्यवस्था के अभ्युदय की मिलन-रेखा पर स्थित है हेगल का दर्शन। वह फ्रांस की राज्यक्रान्ति के समर्थक थे। उनके चिन्तन की सीमाएँ स्पष्ट करते हुए मार्क्स और एंगेल्स ने उनकी विचारधारा के क्रान्तिकारी तत्त्वों को विकसित किया।

किर्केगार्ड उल्टी दिशा में चले। उनका कहना था कि मानव-इतिहास और मानव-चिन्तन उस विकासक्रम से सम्बद्ध नहीं है जिसकी व्याख्या हेगल ने की थी वरन् वे सम्बद्ध हैं मनुष्य के व्यक्तिगत निर्णयों से। केवल व्यक्ति सत्य है; उसकी उलझनें, तथ्यों की छानबीन से या तथ्यों के बारे में हमारे सोचने-विचारने के जो नियम हैं, उनसे दूर नहीं होतीं। मनुष्य के मन में जो संघर्ष और द्वंद्व फूटते हैं, जो वेदना वह सहता है, उसी से वह निर्णयों तक पहुँचता है। भय और त्रास से हमें बोध होता है कि अस्तित्व क्या है और मृत्यु क्या हो सकती है। अपराध और पश्चात्ताप की भावनाओं से हमें ज्ञान प्राप्त होता है कि नैतिक आधार क्या है और हम कर्म करने में स्वतंत्र हैं। वेदना से व्याकुल होकर हम ऐसे संसार की आकांक्षा करते हैं जो सोद्देश्य और व्यवस्थित हो। अनिश्चय की स्थिति में जब मन दुखी होता है, तब हमें ज्ञात होता है कि ईश्वर क्या है। किर्केगार्ड के अनुसार : हमें अपने अस्तित्व की यथार्थता का बोध अपने भीतर से होता है; सत्य हमेशा आत्मगत होता है, वस्तुगत नहीं।

किर्केगार्ड ने हेगल के चिन्तन की सीमाओं की आलोचना करके उसके क्रान्तिकारी तत्त्व को विकसित नहीं किया; यह कार्य मार्क्स और एंगेल्स ने किया। किर्केगार्ड ने वस्तुजगत् से ही मुँह मोड़ लिया, ज्ञान की वस्तुगत कसौटी से ही इनकार किया, क्रान्ति और सामाजिक परिवर्तन जैसे कामों से उन्हें कोई सरोकार न था। हेगल ने विचारों की सत्ता सर्वोपरि मानी थी, किन्तु समाज की ठोस परिस्थितियों का विश्लेषण किया था; किर्केगार्ड भौतिकवाद की छाया से भी दूर थे, वह हेगल से भी बढ़कर 'आइडियलिस्ट' थे।

1855 में किर्केगार्ड का देहान्त हुआ। साठ-सत्तर साल तक किसी ने विशेष ध्यान न दिया कि किर्केगार्ड कौन हैं और क्या लिख गए हैं। प्रथम महायुद्ध के बाद पराजित जर्मनी में एक ओर साम्यवादी नेतृत्व में क्रान्तिकारी आन्दोलन प्रबल हुआ, दूसरी ओर पूँजीवाद अपने आन्तरिक संकट से उबरने में असमर्थ होकर क्रमश: फासिस्ट तानाशाही की ओर बढ़ा। इन दोनों के बीच, निराशा और पराजय से अभिभूत, जर्मन बुद्धिजीवी, एक नये दर्शन की तलाश में, किर्केगार्ड के पास जा पहुँचे। अस्तित्ववाद ने नया जीवन पाया।

जर्मन दार्शनिक कार्ल यास्पर्स ने सिद्ध किया कि बड़े-बड़े कल-कारखानों वाली वर्तमान सभ्यता एक रोग है। मनुष्य जितना ही विचारों को वस्तुगत कसौटी पर परखता रहा है, उतना ही मानव-अस्तित्व की वास्तविक विशेषता से वह दूर होता गया है। चिन्तन की यांत्रिक और वस्तुगत व्यवस्थाओं ने मानव-मन को कुचल डाला है। मनुष्य अपना बाह्य जीवन देखकर समझता है कि वह प्रगति कर रहा है। वास्तव में वह अपनी मूल आन्तरिक शक्ति का नाश कर रहा है। मनुष्य के लिए दो ही रास्ते हैं—या तो घमंड में आकर वह ईश्वर की सत्ता से इनकार करे या अपना दुखी मन उसे समर्पित कर दे।

कार्ल यास्पर्स के समकालीन विचारक मार्टिन हाइडेगर भी जर्मन थे और उन्हीं के समान वस्तुगत ज्ञान से इनकार करते थे। इनका सिद्धान्त था कि मनुष्य जो कुछ देखता-सुनता है, वह वस्तुगत ज्ञान नहीं होता, उसकी इच्छा से प्रेरित वह आत्मगत ज्ञान होता है। किसी वस्तु को हम किस रूप में देखें, इसका निश्चय मन पहले ही कर लेता है। मनुष्य जिस संसार में जन्म लेता है, उसे वस्तुगत रूप से जान नहीं सकता; वह स्वयं को रूपों के मायालोक में खोया हुआ पाता है। यह मायालोक निरर्थक और निरुद्देश्य है किन्तु इसी में मनुष्य को जीना है; जीने के इस दायित्व से वह घुट-घुटकर रह जाता है। उसके लिए आवश्यक है कि वह इस सत्य से साक्षात्कार करे कि यह संसार निरुद्देश्य और निरर्थक है; वह स्वयं उद्देश्य निश्चित करके जीवन को सार्थक कर सकता है, निरर्थक बाह्य संसार को एक अर्थ दे सकता है। इस पद्धति से ही उसे अपने अस्तित्व का बोध हो सकता है, किन्तु इस प्रकार अपनी ओर से उद्देश्य निश्चित करना बहुत कम लोगों के लिए सम्भव होता है।

अधिकांश जन दूसरों के गढ़े हुए मंत्र जपते हैं; तरह-तरह के विचारों से मन बहलाते हैं, किन्तु उनमें स्वयं अपना उद्देश्य निश्चित करने की क्षमता नहीं होती। मनुष्य के मन में यह भय विद्यमान रहता है कि उसे एक दिन मरना है। रोजमर्रा के कामों से चिपके रहकर, अपनी व्यस्तता से, इस भय को हम दूर रखना चाहते हैं। किन्तु मन इस तरह के बहलावे स्वीकार नहीं करता। उसमें यह अपराध-भावना उत्पन्न होती है कि वह सत्य से आँखें चुराता है। इसलिए मनुष्य को दृढ़ता से मृत्यु-भय से आँखें चार करना चाहिए।

किर्केगार्ड और यास्पर्स ईश्वर में विश्वास करते थे, हाइडेगर ने अपनी व्यवस्था में ईश्वर को जगह न दी थी। तीनों में सामान्य तत्त्व यह था कि वे वस्तुगत ज्ञान को अमान्य करते थे, केवल आत्मगत ज्ञान को स्वीकार करते थे। किर्केगार्ड के बाद यास्पर्स और हाइडेगर अस्तित्ववाद के प्रमुख विचारक हुए। पराजित जर्मनी के बुद्धिजीवियों में इन्होंने अस्तित्ववाद को लोकप्रिय बनाया।

जर्मनी में हिटलर के अभ्युदय के बाद फ्रांस में पूँजीपतियों और राजनीतिज्ञों का एक दल फासिस्टवाद का समर्थक हो गया; दूसरा दल ब्रिटिश प्रधान मंत्री चेम्बर-लेन की तरह इस ताक में रहा कि हिटलर से समझौता कर ले और उसे रूस से लड़ने को प्रेरित करे। बुद्धिजीवियों में कुछ लोग कम्यूनिस्ट पार्टी के साथ फासिस्ट-विरोधी अभियान में शामिल हुए; कुछ फासिस्टवाद के समर्थक हुए। एक दल अस्तित्ववाद के प्रभाव में आया। इसके नेता थे सार्त्र। फ्रांस पर हिटलर के आक्रमण से साल-भर पहले सार्त्र का उपन्यास 'उबकाई' (ला नौसे) छपा। युद्ध के दौरान उनका एक दार्शनिक ग्रंथ 'अस्तित्व और शून्य' (लेत्र ए ल नेआँ) प्रकाशित हुआ।

यूरोप के जिन देशों पर विजय पाने में हिटलर को सबसे ज्यादा आसानी हुई, उनमें पहला नम्बर है फ्रांस का। वहाँ का मध्यवर्ग जिस मानसिक दुर्बलता से ग्रस्त था, उसका एक रूप था—अस्तित्ववाद। ज्ञान की वस्तुगत कसौटी को अस्वीकार करने के अलावा सार्त्र ने मानव-सम्बन्धों को केवल परस्पर संघर्ष के सम्बन्ध माना। प्रेम करने का मतलब है, या तो दूसरे के अनुकूल बनकर अपनी स्वतंत्रता खोना या दूसरे को अपने अनुकूल बनाकर उसकी स्वतंत्रता का अपहरण करना। स्वपीड़न या परपीड़न—इनके अतिरिक्त प्रेम की अन्य परिणति नहीं।

युद्ध के बाद फ्रांस में अस्तित्ववाद का प्रभाव और भी फैला। बुद्धिजीवियों का एक दल पूँजीवादी संकट से उबरने के लिए एक ही रास्ता देखता था—व्यापक सामाजिक परिवर्तन द्वारा एक नई व्यवस्था कायम हो। दूसरा दल कहता था—इस तरह के परिवर्तन से कुछ न होगा, असली चीज है, निरर्थक संसार में अपना उद्देश्य स्वयं निश्चित करना। 1946 में सार्त्र ने एक भाषण दिया जो पुस्तक रूप में छपा : 'अस्तित्ववाद मानववाद है'। इसमें उन्होंने उन लोगों को उत्तर दिया जो अस्तित्ववाद को मानवता का विरोधी मानते थे।

सार्त्र का कहना था कि मनुष्य जब पैदा होता है तब वह तुरन्त मानवीयता प्राप्त नहीं कर लेता; वह मानवीयता अर्जित करता है, स्वतंत्र इच्छा से उद्देश्य निश्चित करके। मानवीयता नाम की कोई ईश्वर-निर्मित वस्तु नहीं है; ईश्वरहीन संसार में मनुष्य अपनी मानवीयता स्वयं गढ़ता है। वह जब अपना उद्देश्य निश्चित करता है तब उसके द्वारा अपना हित ही नहीं करता वरन् उद्देश्य का निश्चय मानव मात्र के लिए हितकर होता है। अपने इस विराट् दायित्वबोध के कारण ही उसे तीव्र वेदना का अनुभव होता है। मनुष्य के आत्मगत ज्ञान के अलावा मूल्य-निर्धारण की और कोई कसौटी नहीं है। मनुष्य संसार में अकेला है; अपने अलावा वह किसी पर निर्भर नहीं हो सकता। उसे अपना भाग्य स्वयं निर्मित करना है। मनुष्य की यह नियति है कि वह अपना उद्देश्य स्वयं निश्चित करे। उद्देश्य से प्रतिबद्ध होना आवश्यक है, प्रतिबद्ध न होकर वह अपने दायित्व से बचता है। भविष्य में श्रमिक-वर्ग की विजय होगी, ऐसी कोई अनिवार्यता नहीं है। मनुष्य जैसा निर्णय करेंगे, सामाजिक परिस्थिति वैसी ही होगी। मनुष्य का मन पैतृक संस्कारों या सामाजिक परिस्थितियों से प्रभावित होता है, यह कहकर हम अपनी स्वतंत्रता से बच नहीं सकते। मनुष्य का आत्मसम्मान इस बात में है कि वह वस्तु नहीं है। भौतिकवाद के लिए मनुष्य भी एक वस्तु है; अस्तित्ववाद के अनुसार : मनुष्य अपनी क्षमता को सर्जनात्मक ढंग से कर्ममय जीवन में चरितार्थ करके अपना निर्माण स्वयं करता है।

दर्शन और साहित्य—दोनों में अस्तित्ववाद एक हानिकर और अवैज्ञानिक प्रवृत्ति है। कारण इस प्रकार हैं :

मनुष्य अपना निर्माण स्वयं करे, अपना उद्देश्य स्वयं निश्चित करे—इसके लिए दो बातें आवश्यक हैं। उसे अपनी क्षमता का सही ज्ञान होना चाहिए और जिन परिस्थितियों में उसे अपना उद्देश्य चरितार्थ करना है, उनका सही ज्ञान होना चाहिए। उसे अपनी क्षमता का सही ज्ञान न हो, तो अपने मन में वह अपने उद्देश्य को चाहे जितना सही समझे, वह उसे ठीक-ठीक जीवन में चरितार्थ कभी न कर पाएगा। आधुनिक मनोविज्ञान की जो सबसे महत्त्वपूर्ण उपलब्धि है, वह यह कि मनुष्य के चिन्तन के अपने वस्तुगत नियम हैं जो अक्सर उसकी इच्छाओं से मेल नहीं खाते। अपने कर्म के लिए यह जो तर्क ढूँढ़ निकालता है, उसकी जड़ में कभी-कभी उन इच्छाओं की प्रेरणा होती है, जिन्हें वह स्वयं नहीं जानता। विवेक और इच्छाओं का द्वंद्व उसकी चेतना की गतिशीलता और विकास का एक कारण है। मनुष्य उतना विवेकशील प्राणी नहीं है, जितना अठारहवीं-उन्नीसवीं सदी के अनेक विचारक समझते थे। फ्रांस में सामन्तवाद के पतन और पूँजीवाद के अभ्युदय-काल में लोगों ने शुद्ध विवेक को देवता बनाकर पूजना शुरू कर दिया था। शुद्ध विवेक की देवता-रूप में प्रतिष्ठा अस्तित्ववाद में बहुत-कुछ बनी हुई है। अन्तर इतना है कि पहले जहाँ यह शुद्ध विवेक बहुजन-सम्मत था, वहाँ अब वह व्यक्ति-सम्मत रह गया है।

परिस्थितियों का सही ज्ञान न होगा तो उद्देश्य चाहे जितना मानववादी हो, उसे कार्य-रूप में परिणत करने का फल मनुष्य की इच्छा के विपरीत होगा। कोई भी अस्तित्ववादी शून्य में अपना निर्णय नहीं कर सकता, शून्य में अपनी मानवीयता नहीं गढ़ सकता। सामाजिक परिस्थितियाँ स्थिर न होकर गतिशील हैं; उनकी परस्पर सम्बद्धता को, उनके अन्तर्विरोध और एकता को, उनकी गतिशीलता और विकास—अथवा ह्रास—को पहचानने के विज्ञान का नाम ऐतिहासिक भौतिकवाद है। व्यक्ति और समाज एक-दूसरे से भिन्न, फिर भी जुड़ी हुई, परस्पर निर्भर अन्योन्याश्रित दो इकाइयाँ हैं। एक के बिना दूसरे की कल्पना नहीं की जा सकती। परिस्थितियाँ गतिशील हैं तो व्यक्ति की चेतना स्थिर नहीं है। अपने कर्ममय जीवन से मनुष्य अपनी चेतना का उत्तरोत्तर विकास करता है, परिस्थितियों को बदलता है, बदलती हुई परिस्थितियों से स्वयं प्रभावित होता है। जो दर्शन मनुष्य की चेतना को विकासमान नहीं मानता, वह जड़ है। जो विचारधारा व्यक्ति और समाज की परस्पर-सम्बद्धता को स्वीकार नहीं करती, वह एकांगी है।

मनुष्य कर्म करने में केवल सापेक्ष रूप से स्वतंत्र है, निरपेक्ष रूप से सृजनशीलता का प्रदर्शन करनेवाला प्रजापति वह नहीं है। स्वयंभू न होने से वह अपना स्रष्टा आप नहीं है। जान में या अनजान में दूसरों ने उसे पैदा किया है; उसकी निरपेक्ष स्वतंत्रता की यह सबसे बड़ी सीमा है। जन्म लेते समय उसकी आत्मा आगोचर ब्रह्म की तरह निर्विकार नहीं होती। वह अपने दैहिक-मानसिक विकास की क्षमता बहुत-कुछ अपने साथ लाता है; उसके व्यक्तित्व की अनेक विशेषताएँ उसके साथ होती हैं। पैदा हुआ है दो के मिलने से, लेकिन समझता है अपने को एकमेवाद्वितीयम्! जिस समाज में वह रहता है, उससे विचारों के आदान-प्रदान का माध्यम—भाषा—सीखता है; समाज की सांस्कृतिक स्थिति जैसी हो, उसी से विचार करना, संसार से अपने सम्बन्ध पहचानना सीखता है। इस समाज को उसने नहीं रचा, भाषा का निर्माण उसने नहीं किया, इसीलिए वह परम्परा से जुड़ा हुआ है। न भाषा स्थिर है, न समाज; इनके परिवर्तन और विकास में मनुष्य का व्यक्तिगत योग होता है, इसलिए वह परम्परा से विच्छिन्न भी है। व्यक्ति और परम्परा का यही द्वंद्वात्मक सम्बन्ध है।

पुराने यांत्रिक भौतिकवादी समझते थे कि संसार मशीन की तरह है। एक बार ब्रह्म ने उसमें चाभी भर दी, उसके बाद घड़ी अपने-आप चलती रही। डार्विन ने ब्रह्म को खारिज कर दिया लेकिन ब्रह्म की जगह अपना विकासवाद प्रतिष्ठित क्रिया। संसार अब भी मशीन की तरह था; परिवेश का ज्ञान प्राप्त कर लीजिए, व्यक्ति उसकी उपज है, उसका ज्ञान अपने-आप हो जाएगा। मनुष्य अपनी नियति से बँधा हुआ है जिसकी यांत्रिक गति से एक इंच इधर-उधर हटना उसके लिए असम्भव है।

साहित्य में इस तरह की यांत्रिक भौतिकवादी धारणाओं का प्रतिफलन था : 'नैचुरलिज्म' (प्रकृतिवाद)। एमिल ज़ोला और अनातोल फ्रांस अपने समय के प्रकृतिवादी लेखक किसी हद तक क्रान्तिकारी थे। रूस में टॉल्स्टॉय और गोर्की ने यथार्थवाद विकसित किया जो प्रकृतिवाद से अधिक समर्थ और प्रभावशाली था। अस्तित्ववाद पुराने यांत्रिक भौतिकवाद और प्रकृतिवाद के विरुद्ध, दर्शन और साहित्य में घटित होनेवाली, एक प्रतिक्रिया है, किन्तु वह जिनके विरुद्ध प्रतिक्रिया है, उन दोनों से अधिक एकांगी है। मार्क्सवाद व्यक्ति और समाज, स्वेच्छित कार्य और स्वेच्छातीत परिवेश, अहंगत विवेक और वस्तुगत परिस्थिति—इनका द्वंद्वात्मक सम्बन्ध मानता है, एक को काटकर दूसरे की निरपेक्ष सत्ता स्वीकार नहीं करता। मानव-चेतना भौतिक परिस्थितियों से प्रभावित होती है, निश्चित नहीं होती। इसीलिए गैर-श्रमिक वर्ग में उत्पन्न होकर भी मार्क्स और एंगल्स श्रमिक वर्ग के नेता बने।

अस्तित्ववादी विचारक मूल्यों की बात करते हैं। वे कहते हैं कि मनुष्य जब अपना उद्देश्य निश्चित करता है, तब वह निर्णय मूल्यगत होता है। किन्तु क्या मूल्यवान है, क्या मूल्यहीन है, यह तै करने का सवाल तभी उठता है, जब किसी तरह की मूल्य-सम्बन्धी धारणा पहले से प्रचलित होती है और यह धारणा समाजगत या वर्गगत होती है। अस्तित्ववादी लेखक समझता है कि वह अकेले, अपने तईं कोई निर्णय कर रहा है, किन्तु देखने में आता है कि वह अकेला नहीं है, उस जैसे दर्जनों लेखक वैसा ही निर्णय करते चले जा रहे हैं। एक ने निर्णय किया कि दुनिया लिजलिजी है तो दस और बोले, हाँ, लिजलिजी है। एक ने सलीब उठाया तो दर्जनों कवि सलीब ढोते हुए चलने लगे। और इनमें हर एक समझता है कि उसका निर्णय पूर्ण रूप से स्वतंत्र है। किन्तु जब पराजयवादी भावनाएँ एक नहीं, दर्जनों लेखकों में एक साथ प्रकट हों, तब मानना चाहिए कि वे समूहगत हैं, उनके सामाजिक कारण हैं, वे पूर्ण-स्वतंत्र आत्मगत अनुभूतियाँ नहीं हैं। पराजित जर्मनी में अस्तित्ववाद फैला, युद्ध से पहले पराजय के कगार पर खड़े हुए फ्रांस में वह फैला—इस घटनाक्रम के वस्तुगत कारण हैं।

अस्तित्ववाद में एक तीव्र विसंगति है। वह केवल आत्मगत सत्य को स्वीकार करता है, दूसरी ओर वह मूल्यों की बात करता है जो स्वभावत: समाजगत हैं। तर्कसंगत विचारक या तो मूल्यों को समाजगत मानकर मार्क्सवाद की ओर बढ़ेगा, जैसा सार्त्र ने किया या वह उन्हें पूर्ण स्वतंत्र और निरपेक्ष रूप से आत्मगत मानकर मूल्यहीनता की ओर बढ़ेगा, जैसाकि ब्रिटेन, अमरीका और भारत के बहुत-से पराजयवादी 'विद्रोही' कर रहे हैं।

अस्तित्ववाद पर ब्रिटिश और जर्मन भाववाद का गहरा प्रभाव है। वह चेतना को वस्तुगत भौतिकता से वैसे ही अलग रखता है, जैसे ब्रिटिश दार्शनिक बर्कले। यहाँ वह रोमांटिक साहित्य की उस विचारधारा से मिल जाता है जो भाववाद से

प्रभावित थी। शेलिंग के चेतना-सम्बन्धी विचारों को साहित्य में लागू करते हुए कोलरिज ने 'बायोग्राफिआ लिटरारिआ' में लिखा था कि वस्तुएँ जड़ और मृत हैं; साहित्य में मनुष्य की चेतना ही उन्हें जीवन प्रदान करती है। 'डिजेक्शन' कविता में कोलरिज ने लिखा था :

> O Wordsworth, we receive but what we give,
> And in our life alone doth nature live!

अस्तित्ववादी लेखक प्रकृति को जिस तरह आत्मसात् करते हैं—उसकी वस्तुमत्ता हटाकर उसे आत्मगत करते हैं—उस तरह की क्रिया रोमांटिक कवि बहुत पहले कर चुके थे।

अस्तित्ववाद पर उस पुराने तर्कशास्त्र का प्रभाव है जो द्वंद्ववाद का विरोधी है। आत्मगत और वस्तुगत यथार्थ सम्बद्ध न होकर उसके लिए अलग हैं। भूत और चेतना, व्यक्ति और समाज इसी तरह विच्छिन्न इकाइयाँ हैं। अस्तित्ववाद पर सामन्तकालीन धार्मिक अन्धविश्वासों का गहरा असर है। उसकी शुरुआत किर्केगार्ड से हुई जो, चर्च की आलोचना करते हुए भी, ईसाइयत के मार्ग से ही मुक्ति का अन्वेषी था। मध्यपूर्व और यूरोप की सामन्तकालीन धार्मिक आस्थाओं के अनुसार ईश्वर ने प्रथम मनुष्य—आदम—को सोचने और कार्य करने की पूर्ण स्वतंत्रता दी थी, किन्तु उसने उस स्वतंत्रता का दुरुपयोग किया। खुदा ने ज्ञान के वृक्ष का फल खाने को मना किया था, उसी को उसने चख लिया। तब से जितने आदमी पैदा हुए, सभी पापी हुए। खुदा की मर्जी, जिसे चाहे मुक्ति दे दे, वर्ना नरक का त्रास तो लिखा ही है उसके भाग्य में। जब तक खुदा था, तब तक पाप-पुण्य की भावना भी थी, नैतिक आचरण के मूल्य भी थे। किन्तु जब विज्ञान ने खुदा को नैतिकता के आसन से हटा दिया तब अस्तित्ववादी के लिए बड़ी समस्या उठ खड़ी हुई। समाज में मूल्य की कोई कसौटी न रह गई। पाप-पुण्य कुछ नहीं; मनुष्य को व्यक्तिगत रूप से निर्णय करना है कि क्या मूल्यवान् (पुण्य) है, क्या मूल्यहीन (पाप) है। अँधेरे में बाप का हाथ छूट जाने पर जैसे छोटा बच्चा चीख उठे, वही हालत खुदा को नकारनेवाले अस्तित्ववादी की है। उसके त्रास का, अकेलेपन की अनुभूति का, वेदना का यह मुख्य कारण है। पुराने धार्मिक विश्वासों के अनुसार ईसामसीह ने आत्म-बलिदान करके खुदा को मनाया और मनुष्य की मुक्ति का मार्ग खोला। जो अस्तित्ववादी खुदा को नहीं मानते, वे खुदा के बेटे को भी नहीं मानते। इसलिए खुद ही खुदा के बेटे बन जाते हैं; खुद ही सलीब उठाने की दिमागी कसरत करते हैं और यह सोचकर आत्मविभोर हो उठते हैं कि यह कार्य वे समस्त मानवता के हित में कर रहे हैं।

सलीब ढोने की क्रिया से उन्हें जो आध्यात्मिक आनन्द प्राप्त होता है, उसमें आत्मनिर्वासन-सम्बन्धी उनकी धारणा सहायक होती है। निर्वासन पहले समाज

से, फिर खुद अपने से। मुक्तिबोध की कविता 'अँधेरे में' का विश्लेषण करते हुए डॉ. नामवर सिंह ने लिखा है कि इस कविता का 'मैं' दो व्यक्ति-चरित्रों में विभाजित कर दिया गया है और 'एक नाटकीय कौशल मात्र नहीं, बल्कि इसका आधार 'आत्मनिर्वासन' (सेल्फ एलियनेशन) है।' 'अँधेरे में' की अन्तिम पंक्तियाँ "उस अस्मिता या 'आइडेंटिटी' की खोज की ओर संकेत करती हैं जो आधुनिक मानव की सबसे ज्वलन्त समस्या है।"

इस आत्म-निर्वासन की भावना का विश्लेषण द्वंद्वात्मक भौतिकवाद के संस्थापकों ने भी किया था। एंगेल्स ने 'एंटी-ड्यूरिंग' में धार्मिक गाथाओं का विवेचन करते हुए लिखा था कि मनुष्य अपने को पहले प्रकृति की उस बाह्य शक्ति के सामने निर्वासित पाता है जो उसके जीवन को नियंत्रित करती है। जब उत्पादन और वितरण का विकास होता है, तब प्रकृति के साथ समाज की वह शक्ति जुड़ जाती है जो उसके जीवन को नियंत्रित करती है। समाज की यह शक्ति मनुष्य को उतनी ही गैर—'एज इक्वली एलियन'—मालूम होती है जितनी प्रकृति की शक्ति। वर्तमान पूँजीवादी समाज में "मनुष्यों पर आर्थिक परिस्थितियाँ जिन्हें उन्होंने स्वयं रचा है, उत्पादन के साधन जिन्हें उन्होंने स्वयं पैदा किया है, यों हावी रहते हैं मानो वे कोई गैर शक्ति हों—(एज इफ बाई एन एलियन फोर्स)!"

आत्म-निर्वासन—सेल्फ-एलियनेशन—की जड़ यह है। यह कोई विशुद्ध मनोवैज्ञानिक समस्या नहीं है जो इस युग की विशेष देन हो या जिसका सम्बन्ध किसी अनुभूतिप्रवण कवि की आत्मसम्भव अभिव्यक्ति से विशेष हो। यह मूलतः पूँजीवादी सम्बन्धों के नियंत्रण में न रहकर उनको अपने नियंत्रण में रखने—उन्हें समाजवादी सम्बन्धों में परिवर्तित करने—की समस्या है। किन्तु अस्तित्ववादी कवि आत्म-निर्वासन की समस्या को इस रूप में नहीं देखते। वे समझते हैं, यह उनकी विशिष्ट आत्मानुभूति है, अथवा अपने विशुद्ध विवेक से उन्होंने इस स्थिति को वरण किया है। वे इस स्थिति को आधुनिकताबोध से जोड़ते हैं, यद्यपि वह है उन्नीसवीं सदी की, काफी पुरानी, रोमांटिक भावधारा से सम्बद्ध।

1897 में फ्रांसीसी समाजशास्त्री एमील दुरखाइम की पुस्तक 'आत्महत्या' प्रकाशित हुई थी। उसने फ्रांस में बढ़ती हुई आत्महत्याओं का सम्बन्ध औद्योगिक सभ्यता से जोड़ा था। उसका एक निष्कर्ष यह था कि आत्महत्याएँ गाँवों में बहुत कम होती हैं, शहरों में ज्यादा होती हैं। दुरखाइम ने अपना समाजशास्त्र उत्पादन और वितरण की पद्धति का विश्लेषण न करके आत्महत्या के प्राप्त आँकड़ों के बल पर रचा था। उसमें अनेक खामियाँ हैं। फिर भी उसने आत्म-निर्वासन की समस्या पर ध्यान केन्द्रित किया था और उसका सम्बन्ध मानव-मूल्यों के असन्तुलन से जोड़ा था। आत्महत्या के रुझान का विश्लेषण करते हुए उसने फ्रांसीसी लेखक लामार्तीन की रूमानियत की जो आलोचना की है, उसे पढ़कर

लगता है मानो वह सन् '38 के अस्तित्ववाद की आलोचना कर रहा हो, यद्यपि उसका देहान्त 1917 में हो गया था।

लामार्तीन के नायक रैफेल को आसपास की वस्तुओं से घृणा हो जाती है। वह अपने को इन वस्तुओं से अलग कर लेता है और अपने अकेलेपन पर जोर देता है। वह प्रेम करता है तो समर्पित होने के लिए नहीं, नारी के साथ प्रजनन-क्रिया के आनन्द के लिए नहीं, वरन् प्रेम का चिन्तन करने के लिए। उसकी वासना एक प्रवंचना है क्योंकि वह नपुंसक है। अपने से अलग वह किसी वस्तु की सृष्टि नहीं कर सकता, इसलिए निरर्थक कल्पना में शक्ति नष्ट करता है। दुरखाइम का कहना है कि मनुष्य को चिन्तन की सामग्री बाह्य जगत् से मिलती है। यदि मनुष्य अपनी चेतना को बाह्य जगत् की वस्तुओं और व्यक्तियों से आमूल विच्छिन्न कर ले, उचित सीमा लाँघकर उसे विशुद्ध आत्मगत बना ले, तो वह उस स्रोत का ही नाश कर देता है जिससे चेतना पोषण-सामग्री पाती है। अपने चारों ओर शून्य रचकर वह अपने भीतर भी शून्य की सृष्टि कर लेता है। चिन्तन के लिए अपने दर्द के अलावा उसके पास कुछ रह नहीं जाता। वह इस दर्द के प्रति ही समर्पित होता है और उसके रोगी मानस को इसमें मजा आता है। लामार्तीन ने यह मजा चखा था। इसीलिए उसने अपने नायक के बारे में लिखा था : "मेरी आत्मा का अकेलापन एक झीनी चादर है जिससे होकर मेरी दृष्टि मनुष्य को देखना नहीं चाहती थी, केवल ईश्वर और प्रकृति को देखना चाहती थी।"

दुरखाइम की यह आलोचना आत्मनिर्वासन की भावना को शून्यवाद से जोड़ती है। आत्मनिर्वासन की भावना को आत्महत्या के रुझान से सम्बद्ध करके उसने बड़ी सूझ-बूझ का परिचय दिया है।

सार्त्र के उपन्यास 'उबकाई (अंग्रेजी में 'नौशिआ', पेंग्विन बुक्स) का नायक अन्त्वान रोकांतैं सोचता है कि संसार में जो कुछ है, व्यर्थ है, फालतू है, वह स्वयं अनावश्यक है। "मैं खयाल दौड़ाने लगा कि आत्महत्या कर लूँ। ये जो तमाम व्यर्थ अस्तित्व हैं, उनमें कम-से-कम एक का नाश कर डालूँ।"

सौभाग्य से वह खयाल दौड़ाकर रह जाता है, निर्णय नहीं करता कि वह आत्महत्या कर ही लेगा। जर्मन, फ्रांसीसी और अंग्रेजी साहित्य में आत्महत्या करनेवाले या आत्महत्या की ओर खयाल दौड़ानेवाले कवियों, कथाकारों और उनके नायकों की एक लम्बी परम्परा है और इनमें आदि प्रजापति के समान स्थापित है शेक्सपियर का हैमलेट।

> O, that this too solid flesh would melt,
> Thaw, and resolve itself into a dew!
> Or that the Everlasting had not fix'd
> His canon 'gainst self-slaughter!

यूरोप में नवजागरण-काल (रिनैसांस) से पहले आत्महत्याकामी यह भावधारा शून्यवत् है। पूँजीवादी व्यवस्था के अभ्युदय के साथ जो नवजागरण-काल आरम्भ हुआ, उसमें एक स्वर जो बार-बार झंकृत हुआ, वह था आत्महत्या की कामना का स्वर। 18वीं-19वीं शताब्दियों में यह स्वर और भी गहरा हुआ और बीसवीं सदी में उसकी चरम परिणति हुई सार्त्र के अस्तित्ववाद में। उसके व्यापक प्रभाव का यही कारण है। सार्त्र ने अस्तित्ववाद के दर्शन को इस्तेमाल किया एक पूर्व-निश्चित,पूर्व-प्रवाहित भावधारा का औचित्य सिद्ध करने के लिए। मनुष्य का अहंकार आसानी से स्वीकार नहीं करता कि वह धारा के साथ बह रहा है; वह अपने अस्तित्व की सार्थकता इस तर्क से सिद्ध करता है कि वह स्वयं धारा को बहा रहा है। जब हैमलेट, वर्थर, मैनफ्रेड,रोकांतैं—सभी आत्महत्या की बात सोचें तब मानना होगा कि यह किसी एक लेखक के व्यक्तिगत भावबोध का प्रश्न नहीं है वरन् यह एक सामाजिक भावधारा है।

सार्त्र तर्क और विवाद की भूमि पर विवेक और आत्मगत निर्णय की बातें करते हैं, किन्तु उनके नायक रोकांतैं की भावदशा जब और जैसे बदलती है, वह सब उसकी सचेत इच्छा से परे, उसके विवेक से परे बदलती है। रोकांतैं को उबकाई के दौरे आते हैं, उसकी इच्छा के विपरीत आते हैं। "लगता है, कै कर दूँगा—और अचानक, वही आ गया उबकाई का दौरा। बहुत ही बुरा दौरा आया। सिर से पैर तक इसने हिला डाला। घंटे भर से देख रहा था कि दौरा आनेवाला है, केवल मैं इस बात को स्वीकार न करना चाहता था। मुँह जैसे पनीर से भर गया हो!" ये दौरे हमेशा आकस्मिक होते हैं, अयाचित और अनपेक्षित—कम-से-कम रोकांतै को ऐसा ही लगता है।

रोकांतैं बैठा हुआ पेड़ देख रहा है, पेड़ की जड़ देख रहा है। "अचानक मेरे लिए जड़ के अस्तित्व की बात सोचना असम्भव हो गया।...और तब अचानक मेरे सामने कोई चीज हिलने लगी—हल्की, अनिश्चित-सी सिहरन : हवा से पेड़ की फुनगी हिल रही थी।"

सब काम अचानक होते हैं।

Sudden, they shadow fell on me; I shrieked
And clasped my hands in ecstasy!

यह शेली के आत्मबोध—अथवा वास्तविकता-बोध—का क्षण है। रहस्यवादियों के बेसुध, भाव-विभोर, अगोचर, अनिर्वचनीय आत्मज्ञान अथवा ब्रह्मज्ञान के क्षण के ही समान रोकांतैं को एक विशिष्ट क्षण में अस्तित्वबोध होता है। वह उस क्षण को स्मरण करता हुआ कहता है :

"वह क्षण अपूर्व था। मैं खड़ा रह गया, शरीर गतिहीन, निस्पन्द, मन एक भयानक भाव-विह्वलता से आन्दोलित। उस विह्वलता के दौर में कुछ नया हो गया था। मैं समझ गया, उबकाई क्या है, मैं उस पर हावी हो गया। सच बात यह है कि

जो नया हुआ, उसे मैंने अपने तईं शब्दों में व्यक्त नहीं किया। किन्तु लगता है कि अब मैं उसे सरलता से शब्दबद्ध कर सकूँगा।...कितनी देर यह दौर रहा? उस पेड़ की जड़ मैं स्वयं था; अथवा मैं उसके अस्तित्व की समग्र चेतना था।"

रहस्यवादियों की शब्दावली ही नहीं, उनसे मिलती-जुलती अनुभूति भी—एक ही चेतना की व्यापकता का आभास है। वड्सवर्थ ने 'टिंटर्न ऐबे' वाली कविता में अपनी जिस अनुभूति का वर्णन किया है, उसने उसकी व्याख्या की है लौक-हार्टले के दर्शन-मनोविज्ञान के आधार पर। किन्तु वह अनुभूति ही उस दर्शन-मनोविज्ञान का सबसे बड़ा खंडन है। सार्त्र ने रोकांतैं की अनुभूति का सम्बन्ध जोड़ा है अस्तित्ववादी दर्शन से और वह अनुभूति इस दर्शन का भी खंडन है। सार्त्र के दर्शन में उपचेतन इच्छाओं को जगह नहीं है; सब समस्याओं का फैसला होता है आत्मगत विवेक से, सचेत निर्णय से। विवेक के जिस स्तर पर वह अस्तित्ववाद का तर्कजाल बुनते हैं, रोकांतैं उससे बहुत दूर है; वह जाल खींचते हैं लेकिन रोकांतैं साफ बचकर निकल जाता है।

रोकांतैं अर्द्ध-विक्षिप्त है—न्यूरॉटिक।

समुद्र के किनारे वह कंकड़ी उठाकर पानी में फेंकना चाहता है। फिर रुक जाता है, कंकड़ी जमीन में डाल देता है और एक ओर चल देता है। "मेरा खयाल है कि मेरा चेहरा कुछ-कुछ पागलों जैसा रहा होगा क्योंकि मेरी पीठ-पीछे बच्चे हँस रहे थे।"

होरैशो ने हैमलेट के चेहरे पर ऐसे ही पागलपन का भाव देखा था, जब कहा था :

He waxes desperate with imagination.

रोकांतैं निश्चय नहीं कर पाता कि वह कुछ समय के लिए पागल हुआ था या नहीं। कहता है : "विचित्र बात यह है कि मैं यह मानने को बिलकुल तैयार नहीं हूँ कि मैं पागल हूँ। दरअसल मैं बिलकुल साफ देख रहा हूँ कि मैं पागल नहीं हूँ। इन सब तब्दीलियों का सम्बन्ध वस्तुओं से है। कम-से-कम मैं चाहता यही हूँ कि बात ऐसी ही हो।" फिर सोचता है : "शायद पागलपन का हल्का दौरा ही था। अब उसका निशान भी नहीं है।" हैमलेट को भी दौरे ही आते हैं॥ लाएर्टीज़ से उसने जो अभद्र व्यवहार किया है, उसके लिए यह कहता है :

I here proclaim was madness.

इस पागलपन की विशेषता यह है कि हैमलेट को लगता है कि उसके विभाजित व्यक्तित्व का एक अंश उससे दूर चला गया है। दूसरा अंश जो करता है, उसके लिए पहला अंश जिम्मेदार नहीं है :

If Hamlet from himself be ta'en away,
And when he's not himself does wrong Laertes,
Then Hamlet does it not, Hamlet denies it.

रोकांतैं की हालत और भी खराब है। उसे लगता है कि उसके शरीर के अंग भी बेगाने हैं : "मेरे भीतर कोई तार टूट गया है। निगाह घुमा लेता हूँ, सिर नहीं। खोपड़ी एकदम मुलायम और लुचलुची हो गई है मानो गर्दन पर अभी सँभालकर रखी गई हो, मैं जरा हिला कि वह गिरी!"

वह मेज पर अपना फैला हुआ हाथ रख देता है। उसे लगता है कि कोई जानवर उत्तान पड़ा है, ऊपर पेट है, उसकी अपनी उँगलियाँ, उसके पंजे मानो केंकड़े के पंजे हों; केकड़ा मर गया है; हाथ उलटता है, लगता है, अब वह मछली है। हाथ खींचकर वह जेब में रख लेता है; कपड़े की परत से जाँघ की गर्मी हाथ तक पहुँचती है। वह हाथ निकाल लेता है, कुर्सी पर टिका देता है। हाथ का भार उसे महसूस होता है। जहाँ भी रखे, हाथ का अस्तित्व बना रहेगा। वह हाथ से, शरीर से मुक्ति नहीं पा सकता। पसीने से कमीज तर हो गई है। वह तमाम गर्म चर्बी मानो कोई चम्मच से धीरे-धीरे चला रहा हो! वह मेज से छोटा चाकू उठा लेता है। बाईं हथेली में चाकू भोंक देता है। "यह काम एकदम अचानक हुआ," चाकू फिसल गया, मामूली-सा घाव हुआ। आत्महत्या की रिहर्सल; लेकिन मंच पर पूरा नाटक नहीं हुआ।

रोकांतैं अघोरी। हर तरफ भीतर-बाहर उसे सड़ाँध दिखाई देती है। बीभत्स उसका सहज आवास है। जुगुप्सा की स्थिति में ही उसे वह दौरा आता है जब वह समझता है, पेड़ की जड़ मैं हूँ। वह शव-साधक है—ऐसे शव का साधक, जो सड़ रहा है। स्वाद, स्पर्श और घ्राण का बोध उसमें बहुत तीव्र है। पेड़ की छाल, लगता है, उबाला हुआ चमड़ा है; उसकी नाक में दुर्गन्ध भर जाती है। एक स्त्री है जो मुनीम का काम करती है। वह अपनी स्कर्ट के नीचे सड़ रही है; सड़ते हुए शव से जैसे वायलेट फूलों की गंध कभी-कभी आती है। एक स्त्री के साथ लेटे हुए उसे लगता है कि उस स्त्री का शरीर एक पार्क है जिसमें चींटियाँ, कनखजूरे रेंग रहे हैं। वहाँ जानवर हैं जिनके शरीर टोस्ट के उन टुकड़ों के बने हैं जो भुने हुए कबूतरों के नीचे रखे जाते हैं और ये जानवर केंकड़ों की तरह टेढ़े-मेढ़े चलते हैं। रोकांतैं कहता है : "इस पार्क में कै की दुर्गन्ध आती है।" वह लगभग हैमलेट का ही वाक्य दुहराता है :

fie on't! Ah, fie! 'tis an unweeded garden.

उपन्यास का नाम ही 'उबकाई' है। कै की उपमा बार-बार आती है, कभी स्त्री-सहवास के पहले उसे उबकाई आती है, कभी उसके बाद। वह खुद भीतर से सड़ रहा है, इसलिए हर चीज सड़ती हुई मालूम होती है। वह सामान्य रति-सुख के अयोग्य है; भोग के पहले हल्की-सी आकांक्षा, बाद को वितृष्णा। उसे हर चीज चिकनी, लिजलिजी और लचीली मालूम होती है। कुत्ते, आदमी, तमाम जानदार चीजें, चर्बी का ढेर (flabby masses) हैं। हर चीज जीवित, अलग अस्तित्व वाली उसे दबाती हुई-सी जान पड़ती है। उसके हाथों और जाकिट की बाँहों पर पीली

रोशनी पड़ती है। "मैं कह नहीं सकता, मुझे उससे कितनी घृणा होती है।" वह गली में जाता है; गली मुर्दा है, उसमें तहखाने की-सी बू आती है। वह एक डॉक्टर की ओर देखता है। लगता है, डॉक्टर के चेहरे में आँखें नहीं हैं, वह चेहरा कार्ड-बोर्ड का बना हुआ है और यह आदमी शीघ्र ही मरने वाला है। चारों तरफ की चीजें कार्ड-बोर्ड की बनी हुई हैं। "जो पुस्तक मैं पढ़ रहा था, उसे मैंने कसकर पकड़ लिया, लेकिन तीव्र संवेदन भी जैसे सो गए। कुछ भी वास्तविक न मालूम होता था; लगा कि मेरे चारों ओर कार्ड-बोर्ड सीनरी है जिसे कभी भी हटाया जा सकता है।" वह भागता है; "दुखी निगाह से मकान मेरा भागना देख रहे थे।" एक मकान खिड़की से अपना काला हृदय उसके सामने रख देता है; एक पीली इमारत चलना शुरू कर देती है। "मैं वस्तुओं के बीच घिरा हूँ जिनका नामकरण असम्भव है। अकेला, अशब्द, अरक्षित—मैं उनसे घिरा हूँ, वे मेरे पीछे हैं, ऊपर हैं।" कभी उसे लगता है, वस्तुएँ गतिहीन अस्तित्व हैं जो उसे घूर रही हैं। उसके सामने एक विचार आता है; विचार गुड़ीमुड़ी हो गया और बिल्ली-जैसा उसके सामने जमा हुआ है। और अन्त में वह कहता है : "अन्त्वान रोकांतैं का अस्तित्व किसी के लिए नहीं है। सोचकर हँसी आती है। और यह अन्त्वान रोकांतैं आखिर है क्या? एक निराकार धारणा। स्वयं की छोटी-सी पीताभ स्मृति चेतना में लहराती है। अन्त्वान रोकांतैं। और अचानक बहुत पीला पड़ता हुआ मुरझा जाता है और अन्त में गायब हो जाता है।"

रोकांतैं आत्महत्या नहीं करता किन्तु कल्पना में उससे मिलती-जुलती स्थिति में पहुँच जाता है। उसके कार्यों का, चिन्तन का विवेक से कोई सम्बन्ध नहीं है; इसलिए उसका जीवन सार्त्र के अस्तित्ववाद को असिद्ध करता है। किन्तु मूलत: अस्तित्ववाद विवेक पर आधारित है ही नहीं। किर्केगार्ड के अस्तित्ववाद से रोकांतैं के जीवन-अनुभवों का गहरा सम्बन्ध है। वह संसार की असारता को देख चुका है। वस्तुएँ उसे वैसे ही परेशान करती हैं, जैसे शुद्ध ब्रह्म का ध्यान करनेवालों को माया। संसार का भोग-सुख सब क्षणभंगुर है। संसार दु:ख का कारण है। उसे उबकाई आती है; चारों ओर बीभत्स है। जब उसे अपने चिन्तन की व्यर्थता पर पश्चात्ताप होता है, तब वह कहता है : "जल के समान निर्मल विचारों से मुझे अपने को धोकर साफ करना है।" अपने बारे में वह जो कुछ कहता है या लिखता है, वह सब पादरी के सामने 'कनफेशन' के समान है। छोटी-बड़ी पाप की सारी बातें कहकर ही वह मुक्ति-लाभ कर सकता है। सार्त्र का रोकांतैं एक अर्द्धविक्षिप्त व्यक्ति है जो एक होटल से दूसरे होटल में, एक औरत के पास से दूसरी औरत के पास खानाबदोश का-सा जीवन बिताता है। वह किसी के साथ मिलकर कोई काम नहीं करता, कमाने-खाने की चिन्ता से वह मुक्त-सा है।

रोकांतैं अपने को अकेला महसूस करते हुए दुनिया के संघर्षों को दूर से तटस्थ होकर देखता है। "यूरोप के शहरों में बत्तियाँ जल गई हैं; बर्लिन की सड़कों पर

कम्यूनिस्ट और नाज़ी एक-दूसरे पर गोलियाँ दाग रहे हैं, न्यूयॉर्क के फुटपाथों पर बेकारों की भीड़ चहलकदमी कर रही है।" इस सबसे उसे वास्ता नहीं है। सन् '38 में 'उबकाई' उपन्यास छपा। अगले साल नाज़ियों ने फ्रांस पर हमला किया। सार्त्र ने देशभक्तों को लड़ते, नाज़ियों के अत्याचार सहते देखा। उन्होंने युद्ध के बाद तीन उपन्यास लिखे जिनमें उन्होंने दिखाया कि युद्ध में फ्रांस पर क्या बीती थी। सार्त्र अब अकेले, अप्रतिबद्ध नहीं थे। वह स्वभावत: मार्क्सवाद के निकट आए और उनके पुराने प्रशंसक निराश होने लगे कि मार्क्सवाद-विरोधी मोर्चे का नेता उन्हें अकेला छोड़कर भीड़ में शामिल होने जा रहा है।

हिन्दी के बुद्धिजीवियों ने सार्त्र के अस्तित्ववाद को तब अपनाना शुरू किया जब वह स्वयं उसे छोड़ रहे थे।

हिन्दी के अधिकांश नई कविता लिखनेवालों का हाल रोकांतैं जैसा है। ऊब, उबकाई, अकेलापन, बुरे-बुरे सपने, त्रास, आत्महत्या की चाह, सड़ाँध का बोध, भीड़ में अजनबीपन का अहसास होने की समस्या से परेशानी आदि-आदि लच्छन इनमें भी मिलते हैं। बीमार आदमी को कभी-कभी हर चीज बीमार नजर आती है; इन कवियों को चीजें बीमार ही नहीं, मुर्दा भी नजर आती हैं। श्रीकान्त वर्मा को लगता है—सारी पृथ्वी से उठती है सड़ाँध; वह 'एक पब्लिक लेवेटरी में' बैठे हुए मानो सोचते हैं, उनकी कविता में लय क्यों नहीं है, उनके पैरों पर चींटियाँ चढ़ती हैं, कन्धे पर रीछ पंजे गड़ाता है, और "भुजा पर प्रेमिका करती है कै।" कैलाश वाजपेयी को सब तरफ पिचकी घुमावदार आँतों की गलियाँ दिखाई देती हैं : "जहाँ सिर्फ उबकाई का शब्द आता है।" जो भी, जहाँ भी है, बीमार है। सभी को किसी-न-किसी तरह का बुखार है : थूक, पीक, मलबा, गँधाती धुआँ देती बस्तियाँ, और :

लगातार—
मैं मर रहा हूँ
मर रहा है एक—संसार!

सर्वेश्वरदयाल सक्सेना को लगता है, जैसे मैं मुर्दों के बीच हूँ, उन्हें ही उठा रहा हूँ, रख रहा हूँ, उनसे ही लिपट रहा हूँ, लड़ रहा हूँ, उन्हें ही बाँध रहा हूँ, छोड़कर आगे बढ़ रहा हूँ, इस मृत नगर में। "मैं जीवित हूँ या मृत, कुछ समझ में नहीं आता।" चारों तरफ दुर्गन्ध है, प्रार्थनाघरों के घंटे तक जंगली जानवरों की तरह "दुर्गन्ध सूँघते मिलते हैं।"

गिरिजाकुमार माथुर का हाल यह है कि हर चीज मैले टीन के डिब्बों में बंद है, हवा का अँगूठा मूसली से कुचल गया है, वनस्पति की आँख आई है, जमीन उबले हुए मोटे खुरंट-सी है, बादल 'घाव-सा फूलकर' कीचड़-सी गाढ़ी बूँदें टपका

देता है, चेतनाएँ पक गई हैं भय और घृणा से, और "सारा जीवन प्रमेहग्रस्त लकवा मारे रोगी-सा" हो गया है!

राजकमल चौधरी की अनुभूति यह थी कि वह वर्तमान के शव को कन्धों पर रखे हैं और "मैं इस शव के गर्भ में हूँ और वह शव मेरे कन्धों पर है।" दुर्गन्ध और वमन की कमी नहीं। शालिग्राम के बदले खरीद लाए गए "शक्तिपीठ योनि-मुखों में सात नरकों की दुर्गन्धियाँ" :

नींद नहीं, क्षुधा नहीं पागलपन केवल वमन यह दुराग्रह
उपदंश महादंश की नरककुंड बीजात्माएँ।

पागलपन के मुकाबले जगदीश चतुर्वेदी की अनुभूति बहुत हल्की है :

घुट रही हैं मेरी दम तोड़ती साँसें
मुझे उबकाई आ रही है।

स्वभावत: नई कविता में विक्षिप्तता और पागलपन की चर्चा विशेष हुई है; और इसमें, यह कहना कठिन है, कितना हिस्सा काल्पनिक है, कितना यथार्थ पर आधारित है। लक्ष्मीकान्त वर्मा कहते हैं कि :

संशय, शंका, विक्षिप्तता की व्याकुलता
वह केवल मेरी नहीं
उसमें वे सब हैं
जो मेरे ही समानधर्मा हैं।

समानधर्मा विजयदेव नारायण साही कहते हैं कि यद्यपि उन्हें मृत्यु का साक्षात्कार नहीं हुआ, फिर भी किन्हीं रातों में :

देर तक मैंने
अट्टहास और संगीत सुने हैं
करीब तीसरे पहर जाकर
भयानक चीख सुनाई पड़ती है।

कैलाश वाजपेयी पूछते हैं कि :

इससे पहले कि पागल हो जाऊँ
चढ़ बैठूँ गरदन पर
हाथ में जहर-बुझा कोड़ा लिये हुए
सड़ासड़
मारता चला जाऊँ...

या दबा दूँ जलती रेत में
ये अपनी आँखें, नाक, कान, जिह्वा
कूद जाऊँ ताजे चून के
हौज में
या कि
फिर क्या करूँ?

विभाजित व्यक्तित्व वाले विक्षेप में यह देखा जाता है कि रोगी कभी एक व्यक्ति की भूमिका पूरी करता है, कभी दूसरे की, कभी यह पूर्ण असम्पृक्त होकर दोनों का द्वंद्व देखता है। भारतभूषण अग्रवाल ने इस स्थिति का बड़ा सटीक चित्रण किया है। लिखा है कि "एक दीखनेवाली मेरी इस देह में दो 'मैं' हैं। एक मैं और एक मेरा पिट्ठू। मैं तो, खैर, मामूली-सा क्लर्क हूँ पर, मेरा पिट्ठू? वह जीनियस है!" उन्हें अपने पिट्ठू पर तभी हँसना चाहिए जब वह स्वयं क्लर्क हों, या जीनियस। वैसे मामूली-सा क्लर्क भी जीनियस हो सकता है, जैसे चार्ल्स लैम्ब।

गिरिजाकुमार माथुर कहते हैं कि मेरे दो मन साथ-साथ रहते हैं, दोनों एक-दूसरे के घोर शत्रु हैं, बोलचाल बंद है :

एक कहता
हूँ उदास
दूसरा कहता है
अबे, खूब खिलखिला के हँस।

सूर की गोपियों को शिकायत थी कि मन दस-बीस नहीं हैं। आज का कवि अपने भीतर एक से अधिक मन ही नहीं देखता, बाहर एक से अधिक देह भी देखता है यानी अपनी देह के विभाजित रूप। गिरिजाकुमार माथुर ने निर्जन दूरियों के ठोस दर्पणों में चलते हुए देखा कि :

सहसा मेरी एक देह
तीन देह हो गई।

यहाँ एक देह की तीन हुईं, ऐसा भी होता है कि एक ही देह के हिस्से हो जाएँ, सिर अलग, धड़ अलग। तब सिर धड़ का नाच देखता है और श्रोताओं को नाच का आँखों-देखा हाल भी सुनाता जाता है। गिरिजाकुमार माथुर की ही अभिव्यक्ति है :

मेरा कटा हुआ सिर
पाताल राज-सा

अपने ही कबन्ध का विक्षिप्त नृत्य देखता है
देखता है
और रनिंग कमेंट्री करता जाता है।

इस अभिव्यक्ति के मुकाबले दुःस्वप्नों की अनुभूति हल्की ठहरती है। जैसे गिरिजाकुमार माथुर का यह कहना कि मैं एक भूकम्प-दबे नगर के नीचे फिरता हूँ, सीढ़ियों पर चढ़ता हूँ तो छत से टकराता हूँ, मुझे बेहद प्यास लगी है और आस-पास हत्यारे कुएँ हैं जिनमें सिर्फ गिर सकता हूँ; या सर्वेश्वरदयाल की अनुभूति कि एक अदृश्य इमारत मेरे ऊपर गिर पड़ी है, और जो 'नहीं है', उसके बोझ से मैं दब गया हूँ; या लक्ष्मीकान्त वर्मा की यह अनुभूति :

मैंने सिर हिलाया
खाली बिस्कुट के डिब्बे-सा वह सो गया
गरदन हिलाई
नहीं हिली, अकड़ी थी :

यह सब कबन्ध-डांस के आगे फीका है। पृथ्वी के नीचे दब जाने, अँधेरे कमरों में खो जाने का सपना आदमी अक्सर तब देखता है जब देर से खाना खाकर बाईं करवट सो जाए, खास कर तली-भुनी चीजें खाकर। व्यायाम करने, उचित समय पर अल्पाहार करने से ये दुःस्वप्न दूर हो सकते हैं। उम्र पचास से ज्यादा हो तो रात्रि को केवल फलाहार अति उत्तम है।

अपने ही नगर में यह अनुभव करना कि वह अपरिचित है, मित्रों के बीच में सहसा यह बोध होना कि ये अजनबी हैं—न्यूरॉसिस के बहुत हल्के-फुल्के रूप हैं। सड़कों का उछलना-कूदना, लैम्प पोस्टों की बातें करना न्यूरॉसिस को छूनेवाले दिवास्वप्न मात्र हैं—कल्पना की अतिशयता जो अर्द्ध-विक्षेप का रूप भी ले सकती है। एक ने लिखा :

सड़कें चाबुक-सी उछलती हैं
मैदान पैंट झाड़ कर
उठ खड़े
होते हैं।

दूसरे ने लिखा :

सब सड़कें
हाथों में हाथ फँसाकर
एक घेरे में नाचने लगती हैं।

तीसरे ने लिखा :

बेतरतीब ढोती सड़कें
घबड़ाकर मकानों पर चढ़ गई हैं।

चौथे ने लिखा :

सड़कें दौड़ती हैं
मिलने को गले
चौराहे भागते हैं
एक दूसरे से।

पाँचवें ने लिखा :

क्षण-भर बाद उठकर यह सड़क
उस रेत पर बैठेगी, तट पर खड़ी होगी,
जाने क्या सोचेगी, फिर डूब जाएगी।

यानी नदी में डूब जाएगी क्योंकि इस सड़क के पास नदी बहती है। जब सड़कों का यह हाल है तब दीवारें दूसरों की बातें सुनें, उन पर विचार करें, यह वाजिब ही है। उनके कान बहुत दिनों से हैं।

मुँडेरों के कन्धे हिलते हैं
झरोखे झाँकते हैं
दीवारें सुनती हैं
मेहराबें जमुहाई लेती हैं।

एक अन्य कविता में :

दीवारें खड़ी सोचती रहीं...
माइक ने जाते समय
शहर की दीवारों से कहा...

अस्तित्ववादी दर्शन में भले ही वस्तुजगत् मृत हो, मानव-चेतना ही सत् हो, व्यवहार में कवि के लिए मुर्दा चीजें जानदार हैं और जानदार चीजें मुर्दा हैं। कोई आश्चर्य नहीं कि नई कविता में आत्महत्या का जिक्र बार-बार आता है।

लक्ष्मीकान्त वर्मा :

आज मैं प्रेत हूँ
क्योंकि मैं अपनी मौत से नहीं मरा हूँ
मैंने की है आत्महत्या जान-बूझकर!

विजयदेव नारायण साही :

ऐसे ही मैंने सृजन को देखा है
और उसे मृत्यु की तरह पहचाना है
वह हत्या से उपजता है
और आत्महत्या की ओर बढ़ता है।

जगदीश गुप्त :

मानता हूँ खुदकुशी को कायरों का काम
निश्चय, आत्मघाती भावना से घृणा करता हूँ।
मगर इस क्षण न जाने क्यों यही जी चाहता है
झाँक लूँ उस अन्ध तमसावृत अजाने लोक में
जिसमें हजारों प्रेत बसते हैं।

गिरिजाकुमार माथुर :

किसी ने भी
मेरी अन्तिम आत्महत्या नहीं देखी।

श्रीकान्त वर्मा :

न मैं आत्महत्या
कर सकता हूँ
न औरों का
खून!

यह मूल्यों के विघटन का युग है। हर चीज टूट रही है, कवि टूट रहा है, कविता टूट रही है। फासिस्ट तानाशाही के पनपने के लिए वह हवा बहुत मुफीद होती है जिसमें मनुष्य के लिए हत्या और आत्महत्या में ज्यादा फर्क न रहे। नई कविता रचनेवाले देश, जनता और इतिहास को जिस ढंग से याद करते हैं, उससे अन्दाज होता है कि जनतंत्र खत्म हो जाए और फासिस्ट तानाशाही कायम हो तो इन्हें कोई खास तकलीफ न होगी। जीवन व्यर्थ है, इतिहास व्यर्थ है, इसलिए दो तरह की शासन-व्यवस्था में भेद करना व्यर्थ है।

एक बड़े हॉल में सिंहासन पर सुनहरी पोशाक पहनकर एक आदमी बैठ जाता है। "यंत्रवत् दर्शक ताली बजाते हैं।" दूसरा व्यक्ति सबसे हाथ उठवाकर पहले को गद्दी से नीचे बिठा देता है। "सहमत दर्शक शोर मचाते हैं।" तीसरा आकर दोनों को खिड़की से बाहर फेंक देता है। "भयभीत दर्शक जोश दिखाते

हैं।" चौथा आकर सिंहासन उठा ले जाता है, हॉल पर बाहर से ताला जड़ देता है। "बन्द हुए दर्शक नारे लगाते हैं।" गिरिजाकुमार माथुर के लिए इतिहास इस तरह का तमाशा है। और : "इतिहास अन्धा है", "इतिहास बहरा है", "इतिहास गूंगा है", "इतिहास लँगड़ा है।"

इतिहास इसलिए भी लँगड़ा है कि उसके कई 'हीरो' लँगड़े हैं। लक्ष्मीकान्त वर्मा पूछते हैं :

इतिहास के जंगों से
म्यूजियम के जिरह बख्तरों से
टूटी बन्दूक से
लँगड़े तैमूर से
क्या मिला?

विजयदेव नारायण साही के लिए अग्निकुंड में 'बदहवास शताब्दियाँ' नागों की तरह गिर रही हैं और :

जो है
धधक-धधककर जल रहा है
और जो नहीं है
वह भी धधक-धधककर जल रहा है।

कैलाश वाजपेयी के लिए :

वे तानाशाह
जनहितैषी
वे धर्मपुत्र
सब अपनी-अपनी तरह के नरभक्षक थे।

ये कवि कभी-कभी कृपा करके देश के बारे में भी सोचते हैं। सोचते हैं और बेहद निराश होते हैं। दुखी स्वर में पूछते हैं, इस देश का मैं क्या करूँ? उनका सबसे विकट दुर्भाग्य मानो यह है कि वे इस भारत देश में पैदा हुए हैं। यहाँ के नेता तो बेईमान हैं ही, जनता मूर्ख है जो उनके पीछे चलती है। भीड़ से जितनी नफरत नई कविता के रचयिता को है, उतनी और किसी दूसरे को नहीं। अपने अकेलेपन होने या न होने की अनोखी अनुभूति और प्रगाढ़ सर्जनात्मक पीड़ा के कारण उसे शेष भारतवासी गँवार, असभ्य और मूर्ख लगते हैं। उनमें जो पढ़े-लिखे हैं, वे निहायत 'मीडिऔकर' हैं, बौने हैं। "टूटी चाय की प्यालियों और तश्तरियों-जैसे निरर्थक लोग।" स्वभावत: ऐसे लोगों के बीच में लक्ष्मीकान्त वर्मा को लगता है, उफ,

कितना अजनबी हूँ, कितना निर्वासित हूँ मैं! लोकमत, मानवता, जनता—सिर्फ चेहरे हैं, गिरिजाकुमार माथुर के अनुसार। हिटलर का जो कहना था, वही गिरिजाकुमार ने कविता में उतारा है :

लोग न्याय से नहीं
शक्ति से प्रसन्न होते हैं
आतंक से प्रीति करते हैं।

श्रीकान्त वर्मा ने तो 'देश को खोकर ही' कविता प्राप्त की। कुछ राजनीतिज्ञ इस भीड़ को संगठित करने का प्रयत्न करते हैं, उसे नारे लगाना सिखाते हैं। भारतभूषण अग्रवाल इन पर व्यंग्य करते हुए कहते हैं :

भावों को भूलो, और
नारों के हो जाओ
भीड़ों से निकलो और
भीड़ों में खो जाओ!

नारेबाजी की बीमारी खास तौर से कम्यूनिस्टों को होती है। पूँजीपतियों को शिकायत है कि ये सब मास्को या पीकिंग के दलाल हैं। इससे मिलता-जुलता खयाल भारतभूषण अग्रवाल का है। रेस्तराँ में किसी महिला से कहते हैं :

लजाओ मत सुन्दरी!...
आसपास बैठे ये लोग...
यहाँ नहीं कहीं और हैं...
और ये कामरेड?
ये यहाँ नहीं
ये चीन और रूस में हैं।

अस्तित्ववादी कवि की निगाह में दुनिया के मार्क्सवादी—क्या साहित्य में, क्या राजनीति में—हमेशा सस्ते समाधान ढूँढ़ते हैं।

मगर हम और हम जैसे
कि जिनसे जिन्दगी की बात का मतलब निकलता है
महज आसान रस्तों में भुलाये जा नहीं सकते।

इसलिए विजयदेव नारायण साही और उनके समानधर्मा मित्र आत्महत्या द्वारा मृत्यु के साक्षात्कार की तलाश में घूमते हैं (यानी कविता के कल्पना-लोक

में)। पर साही की अनुभूति में वह प्रगाढ़ता अभी नहीं है जो कैलाश वाजपेयी या राजा दुबे की रचनाओं में है। कैलाश वाजपेयी ने 'एक नया राष्ट्रगीत' लिखा है, जिसकी शुरुआत यों होती है :

सौ करोड़ से ज्यादा लिजलिजे पंजे
दलदल में धँसे हुए,
रीढ़ की जगह एक केंचुआ...

और अन्त इस प्रकार :

यही क्या कम है कि मैं संतमेंत में
पिछले बीस साल से दुनिया का 'महान्' गणतंत्र
कहला रहा हूँ।

राष्ट्रगीत लिखने की इस प्रतियोगिता में स्वर्णपदक मिलना चाहिए राजा दुबे को :

सटे हुए केले जैसा
मेरा अंग-अंग गलता जाता है...
हो गया सारा का सारा राष्ट्र
किसी तवायफ के घर उतरी जूती...
और जनता?
जापानी बबुआ
सो भी बिन चाभी...
गोल बाँधकर अब
खड़ी हो गई है तमाशों की अभ्यस्त भीड़
मेरे चारों ओर!
भ्रष्ट है भीड़, और भ्रष्ट है भीड़ का शोर...
लोगो, सुनो लोगो,
मैं किसी फाहशा के मुखारविन्द से
'जनगणमन अधिनायक जय हे' सुनकर
मरना चाह रहा हूँ।

तवायफ के घर उतरी जूती! 'भारतमाता ग्रामवासिनी' के बाद से अब तक नई कविता ने कितनी प्रगति की है!

तवायफ, वेश्या—इससे अधिक चालू उपमान नई कविता में शायद ही दूसरा हो। नई कविता का सर्जक उसकी तरफ खिंचता है, उस पर थूकता भी है। वेश्या

उस बीभत्स की प्रतीक है जिसे कवि ने अपने मनोविनोद के लिए कल्पना-लोक में रचा है। कैलाश वाजपेयी के हाथ में धुआँजली 'वेश्या-इच्छाओं की' राख है। लक्ष्मीकान्त वर्मा की राय में शान्ति के बारे में उस कुलवधू से पूछना चाहिए जो "कई बार विचारों की वेश्या हो गई है" (विचारों की वेश्या का अर्थ जो भी हो)। अजितकुमार सड़क से सहानुभूति प्रकट करते हुए कहते हैं :

पड़ी हुई है एक बेहया की तरह
—खुली, ठंडी, उदासीन!..
—सबको सहती।
अपने में लीन।
—एक वेश्या।

बीभत्स-विशेषज्ञ श्रीकान्त वर्मा के यहाँ औरों की अपेक्षा वेश्या-उपमान की खपत ज्यादा है। एक चित्र : एक कवि दूसरे कवि से समय पूछ रहा है, "वेश्याएँ खुश हैं", कुत्ते हड़बड़ाकर उठ आए हैं। कवि के सामने समस्या है, इस सारे क्रम का मैं क्या करूँ? क्या बागडोर दे दूँ वेश्याओं के हाथ में? एक परेशानी और है। जिस कवि की वाणी में आज तेज है, वह दस साल बाद इस तरह लौट आता है :

जैसे किसी वेश्या के कोठे से
अपने को बुझाकर।

अब एक प्राकृतिक दृश्य : पूर्व दिशा के नितम्ब पर स्खलित करता है अपने शौर्य को तेजस्वी सूर्य, कराहती हैं सारे शहर की वेश्याएँ, जैसे सारे शहर की वेश्याओं पर सूरज सवार था। दूसरा दृश्य : नावें कई यात्रियों को उतारकर वेश्याओं की तरह थकी पड़ी हैं घाट में। तीसरा दृश्य : कवियों की झूठ में लिपटी हुई 'वेश्या-माँ' अपनी सन्तानों का स्वर्ग देख रही है। दुनिया की बन्दरगाहों पर अन्धकार बरस रहा है, "मगर वेश्याई स्वर्ग में" फोड़ों की तरह उत्सव फूट रहे हैं। फिर एक प्रशंसनीय समाजसेवा का काम : "मैं एक पेशाब घर की दीवार पर" जाकर लिख आता हूँ चाक से—खबरदार! हैजा फैलाती हैं मक्खियाँ, खबरें, अखबार :

टाँगें फैलाती हैं
रंडियाँ,
धनी रोजगार!

इसके बाद कवि घर लौट आता है और प्रश्न करता है :

क्या मैं पड़ा रहा हूँ अपनी स्त्री की जाँघ की दराज में?

कहीं कोई खामी है जो इन कवियों को त्रास देती रहती है, इनके मन को आक्रान्त करनेवाले दु:स्वप्नों की रचना करती है, जो इनका ध्यान संसार के अन्य व्यापारी से खींचकर एक ही विषय पर केन्द्रित कर देती है।

मैं तुममें घुटता रहा और
अपने में चुकता रहा किन्तु
तुमको सारा सका न पा
अपने को सारा सका न दे।

इसलिए स्वभावत:

प्रत्येक सुबह तुम लगती हो
कुछ और अधिक अजनबी मुझे।

फ्रायड की बात सच मालूम होती है। मनुष्य की दमित, अतृप्त कामेच्छाएँ उसके सारे सामाजिक दृष्टिकोण को रंग देती हैं। यह सोचकर उसे कुछ सान्त्वना मिलती है कि :

कुछ स्त्रियाँ
प्रेम करती हैं
वर्दी से;
बाकी
नामर्दी से।

अजनबीपन, अकेलेपन और प्रेम की निस्सारता के दर्शन का स्रोत यही है :

प्रेम
अकेले होने का ही
एक और ढंग है।

सार्त्र और श्रीकान्त वर्मा की सह-अनुभूति का मूल उद्गम एक है। इन अकेले होनेवाले प्रेमियों की काफी बड़ी भीड़ है, भले ही उनमें हर एक अपने को बहुत अकेला महसूस करता हो। राजा दुबे कहते हैं : तुम्हारा प्रेम जैसे एक फ्रेम है जिसमें तुम मुझे अपनी मनचाही आकृति में कस लेती हो। फिर पुष्ट कन्धों से उड़ाती हुई बदन गंध इत्यादि। प्रणय-व्यापार की परिणति यह है :

और हमारे बीच
रह जाती है कविता बनते-बनते
टूट जाता है छन्द मँजते-मँजते

और हम थक जाते हैं रचते-रचते
कुछ का कुछ।

इस सफलता के बाद वह एक कविता रचते हैं : 'सारी प्रेयसियों के नाम'। शीर्षक भिन्न है, प्रणय-व्यापार की परिणति अभिन्न है :

एक लड़की जैसे एक बहुत अच्छा सपना!
और मुझे घेर लेता है
मेरा ही हारा हुआ अकेलापन।

एक अन्य कविता में अकेलेपन से सपनों का सम्बन्ध स्पष्ट करते हुए उन्होंने लिखा :

एक आदमकद आइना :
टूटता है जिसमें एक दृश्य
मैं ही हूँ उसका एक नपुंसक नायक।

'आत्मजयी' के कवि कहते हैं :

तत्पर शरीर के कण-कण में लपकता काम वेग...
देह के अश्लील आकर्षण
थमे संकेत सहसा स्पष्ट होते जा रहे हैं...
वह जो बीत गया
निष्प्रयोजन-सा एक सुख—
जहाँ से अभी-अभी समाप्त होकर
लौटा वह अनर्थ और बे-स्वाद
मानो कुछ पाकर नहीं—खोकर...
मरा नहीं
किन्तु फिलहाल पूरी तरह चुका हुआ।

कुछ तो जन्मजात नये कवि हैं; कुछ लड़कपन में नये कवि बनने के आवश्यक गुण प्राप्त कर लेते हैं; कुछ ऐसे भी हैं जो प्रौढ़ वय में—अनेक वर्षों तक सुखी गृहस्थ जीवन बिताने के बाद—उस मार्मिक स्थिति तक पहुँचते हैं। गिरिजाकुमार माथुर की कुछ कविताएँ बड़ी ही हृदयस्पर्शी हैं। यथा :

डूबकर भोगे हुए
कितने अद्वितीय रसगोपन क्षण
होम पर धरे मैंने
—गंध पर उठी नहीं।

अन्य कविता में :

जितने चटकदार क्षण आए
बिना बोले चले गए
जितने चटखारे-भरे दिन पाए
सबको हम थोड़ा-थोड़ा जूठा कर
छोड़ चुके
कुछ भी ललचाने वाली चीज अब रही नहीं।

इस नई कविता ने न जाने कितनों की गृहस्थी बरबाद कर दी है। शकुन्त माथुर की स्पष्टवादिता देखिए :

मेरा और तुम्हारा
अभी तक चलता प्यार
कहाँ खींचकर ले आया है
जहाँ के सारे बल्ब फ्यूज हैं
सपाट धरती पर
सिर्फ एक-दूसरे को बैठे
हम घूर रहे हैं
और सामने के दो खँडहर
सिद्ध कर रहे हैं अपना क्रम।

नई कविता लिखनेवालों में पुरुष ही अधिक हैं, स्त्रियाँ बहुत कम, उतनी भी नहीं जितनी छायावादी कविता लिखती थीं। वे शायद नई कविता तब लिखती हैं जब नये कवि से ऊबती हैं—यानी उस कवि से, जो कविता चाहे बहुत पहले से करता आया हो, पर जो नया कवि हाल में बना हो।

सार्त्र के नायक रोकांतैं को हर चीज थुलथुल, निर्जीव, लिजलिजी मालूम होती थी। हिन्दी के अस्तित्ववादी कवि आत्मवत् सर्वभूतेषु देखते हुए उसी प्रकार संसार और उसके सजीव-निर्जीव पदार्थों का वर्णन करते हैं। रघुवीर सहाय की एक कविता है 'दुनिया'। कैसी है यह दुनिया?

दुनिया एक पपड़ियाई हुई-सी चीज हो गई है...
दुनिया एक चिपचिपाई हुई-सी चीज हो गई है...
दुनिया एक फँफूदियाई हुई-सी चीज हो गई है...
दुनिया एक बजबजाई हुई-सी चीज हो गई है।

कैलाश वाजपेयी के राष्ट्रगीत की शुरुआत होती है 'लिजलिजे' पंजों से। वह स्वयं 'मांस ढके गिजगिजे अन्धकार में' हर रात अपने को फेंककर सुख से नष्ट होते हैं! गिरिजाकुमार माथुर की अन्तर्दृष्टि के सामने :

एक निश्चेष्ट मिट्टी के लोंदे-सा बादल
आसमान में ठसकर बैठा है।

लेकिन ये बादल बगैरह के उपमान पुराने पड़ गए। नये उपमानों में उल्लेखनीय हैं कछुए और केंकड़े। जगदीश चतुर्वेदी कहते हैं :

सभी मर्द घिनौने कछुओं से पहने हुए हैं खोल
केंकड़े-सी सिमटी जा रही हैं रतिक्रान्त युवतियाँ
बुझे बल्बों की कतार-सी टिड्डियों की टोली;
नपुंसकों का हुजूम!

नई कविता में उपमानों का 'पासिंग' खूब होता है। जगदीश चतुर्वेदी के यहाँ बुझे बल्बों की कतार है तो शकुन्त माथुर के लिए जहाँ के सारे बल्ब फ्यूज हैं। जगदीश चतुर्वेदी के यहाँ युवतियाँ केंकड़े-सी सिमट रही हैं; कैलाश वाजपेयी के यहाँ :

सूर्याकृति केंकड़ा खिसकता है
मांस के बुरादे पर?

नई कविता में केंचुए भी काफी हैं। सर्वेश्वरदयाल सक्सेना ने लिखा :

बिलबिलाकर बिछ गए हैं
केंचुए अन्धे!

कैलाश वाजपेयी ने सौ करोड़ लिजलिजे पंजों से जोड़ा : 'रीढ़ की जगह एक केंचुआ'। सौ करोड़ पंजों से अलग अपने दिमाग और होंठों के बारे में लिखा :

मेरे दिमाग में ततैयों का छत्ता
होंठों पर कनखजूर चिपका है।

मकड़ा भी अच्छा उपमान है। सर्वेश्वरदयाल सक्सेना ने एक कविता में लिखा : "वृद्ध मकड़ा आयु का चुप जाल है बुनता।" दूसरी में लिखा :

चाँद आकाश में
बड़े सुनहरे मकड़े की तरह
धीरे-धीरे गर्व से रेंगता हुआ आता है
मुझे दबोच लेता है।

केंकड़ों, केंचुओं, कछुओं, मकड़ों से कहाँ तक काम चले! इस भारत देश में जहाँ और बहुत-सी खराबियाँ हैं, वहाँ एक यह भी है कि उसने कवियों के लिए काफी उपमान पैदा नहीं किए। इसलिए उपमानों की तलाश में कवि मिस्र, यूनान, फिलिस्तीन—कहाँ-कहाँ की यात्रा नहीं करते। बहुत साल पहले 'नाश और निर्माण' के युग में गिरिजाकुमार ने लिखा था :

पर गीतों के इन पिरामिडों,
—इन धौलागिरि, सुमेरुओं पर
मिट जाती स्वयं मृत्यु आकर।

पिरामिडों के साथ उसी कविता में ममी :

अब ये बसन्त
कितने सहस्र वर्षों की ममी बना आया...

भारतभूषण ने लिखा :

और निस्तब्धता का यह पिरामिडी प्रसार
मेरे बस का नहीं।

फिर लक्ष्मीकांत वर्मा ने भी लिखा :

और मैं केवल एक अस्तित्वहीन
निर्जीव ममी सा...
पिरामिड की परतों में दफनाया हुआ-सा लगता हूँ।

फिर पीयूष वर्मा ने लिखा :

...ममियों ने
आज सदियों के उपरान्त
फिर करवट ली है
सोए हुए फराओं की आत्मा
आज फिर जग पड़ी है।

नई कविता से यदि ये पिरामिड, ममी, केंकड़े, मकड़े, कछुए, केंचुए हटा दिये जाएँ तो उसका मूल भाव-तत्त्व उत्तरकालीन छायावाद—उन्नीसवीं सदी के उत्तरार्द्ध वाली यूरोपीय रूमानियत—से कहाँ भिन्न है? कवि की ऊब, उसका अकेलापन, आत्म-निर्वासन की भावना, आत्महत्या की आकांक्षा—कुछ भी नया नहीं है; पूँजीवादी सभ्यता के आरम्भ से साहित्य में यह सब घटित होता आया है। औद्योगिक पूँजीवाद

के प्रसार के बाद वह सब और फलीभूत हुआ है। अन्तर यह है कि आज का अस्तित्ववादी अकेलेपन के आगे जैसे घुटने टेकता है, सामाजिक प्रतिबद्धता से जैसे बचकर भागता है (सिद्धान्त-चर्चा के दौरान भले ही वह प्रतिबद्धता की बात करे), वैसे न शेक्सपियर और मिल्टन ने घुटने टेके—यूरोप के नवजागरण-काल में; न शेली और बायरन बचकर भागे—इंग्लैंड के रोमांटिक युग में; न प्रसाद और निराला ने आत्मसमर्पण किया—हिन्दी के छायावादी काव्य में। ये सब लेखक अपनी सामाजिक प्रतिबद्धता पहचानते थे। हिन्दी के नई कविता-लेखकों की सामाजिक प्रतिबद्धता कहाँ है? निराला की शूर्पणखा की तरह साधारण मानवों पर—डाल अवज्ञा की दृष्टि—वे अपने आत्मगत संसार में खो जाते हैं। इन्होंने अपने भीतर नया क्या देखा है जो इनके पूर्वजों ने न देखा था? उन देखी हुई पुरानी बातों को ही अपनी नवीन, मौलिक अनुभूति के बल पर कलात्मक संवेदनशीलता से चित्रित करते। वह भी नहीं। जिसके पास दृष्टि है, यह बाहर भी देखता है, भीतर भी। संसार में कोई ऐसा महाकवि अभी तक नहीं हुआ जिसने भीतर देखा हो, बाहर को छोड़ दिया हो या बाहर देखा हो, भीतर को छोड़ दिया हो। यथार्थ की इकाई बहुरूपी, अनेक-स्तरीय, स्थूल से स्थूलतम और सूक्ष्म से सूक्ष्मतर है। पर है वह इकाई, आन्तरिक रूप से सम्बद्ध और अविभाज्य। इसीलिए जो दर्शन आत्मगत चेतना को निरपेक्ष मानता है, वह साहित्यकार के मूल रचनात्मक दृष्टिकोण का ही नाश करता है—वैसे ही, जैसे यांत्रिक भौतिकवाद मानव-चेतना को वस्तुजगत् का प्रतिबिम्ब मात्र मानकर साहित्यकार की रचनात्मक क्षमता को ही अस्वीकार करता है।

यूरोप की रोमांटिक कविता में यह कमजोरी मौजूद थी कि वह यथार्थ से मुँह मोड़कर कवि की व्यक्तिगत आशा-निराशा, दु:ख-सुख, स्वप्नशीलता, पलायनप्रियता से उलझ जाती थी। औद्योगिक क्रान्ति के बाद समाज का पुराना ढाँचा तोड़कर जो व्यक्तिवाद उदय हुआ, उसका एक आर्थिक आधार था, सांस्कृतिक क्षेत्र में उसका सापेक्ष महत्त्व भी था। 18वीं सदी के रीतिवाद की सीमाएँ लाँघता हुआ यूरोप का नया लिरिक-काव्य इसी व्यक्तित्ववाद के सहारे पनपा, फला-फूला और हमारे देश समेत संसार के अनेक देशों के साहित्य को प्रभावित कर सका। किन्तु उन्नीसवीं सदी के अन्त तक यह धारा अपना कार्य सम्पन्न करके क्षीण हो रही थी। नये रूमानी कवि अनुभूति की तलाश में ऐबसिन्थ, हशीश, लौडनम का सहारा ले रहे थे। गाँजा-चरस से स्फूर्ति पाने के आकांक्षी कोई नया काम नहीं कर रहे हैं जिसे—या जिससे मिलता-जुलता काम—उनके आदि प्रेरणास्रोत न कर चुके हों। वैसे चिलम से लौ उठाना भारतीय संस्कृति के अधिक अनुकूल माना जा सकता है।

रोमांटिक काव्य की व्यक्तिवादी प्रवृत्ति क्रमश: विकृत होती हुई अब अस्तित्ववाद के रूप में प्रकट हुई है। चरम व्यक्तिवाद को वह सामाजिक दर्शन का रूप देकर प्रस्तुत करती है। रोमांटिक कवि रूढ़ियाँ तोड़कर नये सौन्दर्यबोध और नवीन

सामाजिक मूल्यों की ओर बढ़े थे। अस्तित्ववाद ने सौन्दर्यबोध की उपेक्षा और मानव-मूल्यों की अस्वीकृति को ही एक रूढ़ि का रूप दे दिया। यह बात फ्रांस के अस्तित्ववादियों पर उतना लागू नहीं होती जितना हिन्दी में उनके अनुवर्तियों पर। रोमांटिक कवियों में एक प्रदर्शनवादी रुझान था, दुनिया को यह दिखाने की आकांक्षा कि वह कितने पतित, पीड़ित अथवा त्रस्त हैं। नई कविता में यह रूमानी प्रदर्शनप्रियता चरम सीमा तक पहुँच गई है।

जो अपने को पीड़ित, पतित, निर्वासित, अर्द्ध-विक्षिप्त महसूस करता है, वह सहानुभूति का पात्र है, सह+अनुभूति का नहीं। 'न्यूरॉसिस' का गहरा सम्बन्ध सामाजिक परिस्थितियों से है; मनुष्य निरुपाय और त्रस्त होकर ही अर्द्ध-विक्षिप्त होता है। किन्तु अस्तित्ववादी लेखक होशहवास में, अपना भाग्य स्वयं रचने का जन्मजात अधिकार सिद्ध करते हुए 'न्यूरॉसिस' का वरण करते हैं। सार्त्र के अस्तित्ववाद में यह असंगति है कि वह दार्शनिक स्तर पर विवेक से अपना रास्ता आप चुनने का पक्षधर है, कलात्मक स्तर पर वह अपने को अर्द्ध-विक्षेप से ग्रस्त पाता है। सार्त्र ने जब-जब स्वस्थ मन से अपने अर्द्ध-विक्षेप को देखा है, उन्होंने तटस्थ होकर उसकी आलोचना की है। 'उबकाई' कहानी का जिक्र करते हुए उन्होंने कहा था : 'उस समय मुझमें यथार्थबोध की कमी थी। तब से अब मैं बदल गया हूँ। यथार्थ को अनुभव करना मैंने धीरे-धीरे सीखा है। मैंने बच्चों को भूखों मरते देखा है। मरते हुए बच्चे के आगे 'उबकाई' में कोई वजन नहीं है।' ('लाइफ' में फ्रैंक कैपलर का लेख : 'डीलिंग विद अर्थली हेल्स')

हिन्दी कवियों ने 'न्यूरॉसिस' को तटस्थ दृष्टि से देखने वाला यह विवेक छोड़ दिया है। वह उसे महान् दार्शनिक उपलब्धि मानकर ध्यानाकर्षण द्वारा अनुभूति के स्तर पर उसे उतारने की कोशिश करते हैं।

हर बार नये-नये
अनदेखे काटों के कपड़े पहने मैंने
हाथ बाँध फिर भी
अस्पृश्य सा खड़ा रहा
—प्रतिमा पर बोली नहीं।

कैसे बोले? प्रतिमा पुरुषत्व देखकर बोलती है, नये-नये काटों के कपड़ों पर नहीं रीझती। सौभाग्य से नई कविता-लेखकों में अधिकांश विक्षिप्त होने का अभिनय करते हैं, वास्तव में विक्षिप्त हैं नहीं। विक्षिप्त होना उनके 'होने' से कोसों दूर है। बड़े पूँजीपतियों के किस पत्र के सम्पादकीय विभाग में नौकरी करने से कितनी तनखाह मिलेगी, किस सम्पादकीय नीति पर चलने से मालिक निकालेगा नहीं, या अन्य किसी सरकारी संस्था से चिपकने के लिए कौन-सा फलसफा

अपनाना चाहिए—यह सब वे बखूबी पहचानते हैं। पूँजीवाद की खुली वकालत करके न साहित्य में जीना सम्भव है, न राजनीति में। विद्रोही का बाना जरूरी है। अस्तित्ववादी कवि विद्रोही हैं—पूरे समाज से, नैतिक मूल्यों से, कविता से, अपने से। पूँजीवादी नेता जब भ्रष्टाचार देखकर दुखी होते हैं, तब कहते हैं—सारे देश का नैतिक पतन हो गया है, जनता का ही चरित्र भ्रष्ट हो गया है, हम सब लोग स्वार्थी और कायर हो गए हैं। इस प्रकार वे पूँजीपतियों को और अपने को भ्रष्टाचार की जिम्मेदारी से साफ बचा जाते हैं। नई कविता के लेखक जब सारी दुनिया को सड़ती-बजबजाती हुई देखते हैं, जब वे सारे देश को पस्त और मुर्दा देखते हैं, जब वे जनता को निष्क्रिय और मूर्ख कहते हैं, समस्त इतिहास की व्यर्थता सिद्ध करते हैं, तब वे पूँजीवादी दृष्टिकोण से ही यथार्थ को देखते और परखते हैं। हिन्दी में अस्तित्ववाद एक अराजकतावादी धारा है। अराजकतावाद जनता की संगठनबद्ध, सामूहिक कार्यवाही का विरोध करता है। वह समझता है कि कुछ अद्वितीय महापुरुषों के बलिदान और वीरता से जनता का उद्धार हो जाएगा। हिन्दी के अस्तित्ववादी ऐसे किसी भ्रम के शिकार नहीं हैं कि वे जनता का उद्धार कर रहे हैं किन्तु उन्हें यह भ्रम अवश्य है कि वे हिन्दी कविता का विकास कर रहे हैं। विकास की इस सर्जनात्मक प्रक्रिया में वे कभी अपने को तुलसीदास और शेक्सपियर से बढ़कर मानते हैं, कभी—आत्मबोध के विरल क्षणों में—उन्हें सारा प्रयास व्यर्थ जान पड़ता है और वे कहते हैं : "हम सब बौने हैं।"

अस्तित्ववाद यदि समाज-व्यवस्था के प्रति वास्तविक विद्रोह हो तो वह साम्राज्यवाद, सामन्तवाद और पूँजीवाद के प्रति विद्रोह हो। किन्तु वह भरसक अपने अन्तर्जगत् को सामाजिक सम्बन्धों की छूत से बचाकर रखता है। जब वह इन सामाजिक सम्बन्धों पर दृष्टिपात करता है, तब समाजवाद और पूँजीवाद, जनता और उसके शोषक—दोनों को कोसकर अपना सामाजिक दायित्व निबाह डालता है। यदि नई कविता के लेखक वास्तव में विद्रोही होते तो नये यथार्थबोध से वे हिन्दी कविता को समृद्ध करते। स्थिति इससे बिलकुल उलटी है। नई कविता ने अपने भावबोध और उपमानों का ऐसा कल्पना-लोक रच लिया है जो छायावाद से कहीं ज्यादा काल्पनिक और रीतिवाद से कहीं ज्यादा रूढ़िबद्ध है। गनीमत यही है कि पिछले बीस साल में बहुत-सी कविताएँ अस्तित्ववाद से हटकर भी लिखी गई हैं।

मुक्तिबोध का आत्मसंघर्ष और उनकी कविता

'तार सप्तक' के लिए अपनी कविताएँ भेजते हुए मुक्तिबोध ने अपने पिछले दिनों के जीवन पर निगाह डाली और लिखा : "मानसिक द्वंद्व मेरे व्यक्तित्व में बद्धमूल है।"

माखनलाल चतुर्वेदी और रमाशंकर शुक्ल की कविताएँ पढ़कर उनके मन में सौन्दर्य की भूख जगी थी; मराठी और रूसी उपन्यास पढ़कर उन्होंने शोषित जनों से सहानुभूति करना सीखा था। सौन्दर्य-प्रेम और विश्व-मानव का सुख-दु:ख—"इन दोनों का संघर्ष मेरे साहित्यिक जीवन की पहली उलझन थी।" ('तार सप्तक' में वक्तव्य)

'तार सप्तक' के प्रकाशन से पहले, चार-पाँच साल तक, वह मानसिक रूप से अशान्त रहे। उन्हें लगता था, मन ही नहीं, शरीर भी ध्वस्त हो गया है। इन दिनों बर्गसों का अर्द्ध रहस्यवादी जीवन-दर्शन उनके मन को सहारा देता था और "मेरा व्यक्तिवाद कवच की भाँति काम करता था।" (उप.)

1942 में वह मार्क्सवाद के प्रभाव में आए। सालभर के प्रयत्न से "पाँच साल का पुराना जड़त्व निकालने की कोशिश की।" पूरी सफलता नहीं मिली, क्योंकि "पुरानी परम्परा बिलकुल छूटती नहीं है।"

बीस साल बाद 'तार सप्तक' का दूसरा संस्करण प्रकाशित हुआ। स्वाधीन भारत में बिताए हुए दिनों को याद करके उन्होंने लिखा : "अचानक अन्तर्मुख दिशाएँ और भी दीर्घ और गहन होती गईं। किन्तु यह भी एक तथ्य है कि इस आत्मग्रस्तता के बावजूद और शायद उसको साथ लिये-लिये मेरा आत्मसंवेदन समाव के व्यापकतर छोर छूने लगा।"

ये अन्तर्मुख दशाएँ क्या थीं, कैसे गहनतर होती गईं, आत्मग्रस्तता का रूप क्या था, उसके बावजूद या उसको साथ लिये आत्मसंवेदन कैसे समाज के व्यापकतर छोर छूने लगा—मुक्तिबोध के काव्य का विवेचन करते हुए इन प्रश्नों का उत्तर देना आवश्यक है।

जिन दिनों पंत जी 'अरविन्द-दर्शन' की ओर आकृष्ट हुए, उन्हीं दिनों मुक्तिबोध की कविता में रहस्यवादी रुझान प्रकट हुआ। प्रतीक (संख्या-1) में पंत जी की एक कविता छपी : 'ज्योति भारत'। उन्होंने आशा प्रकट की कि धरती पर अमृत ज्योति और दिव्य चेतना की वर्षा होगी। दूसरी कविता छपी : 'आवाहन'। पंत जी

ने नूतन मन की सृष्टि का आह्वान किया, जिससे स्वर्ण शान्ति में भू पर ऐक्य और शान्ति का शोभन स्वर्ग बने।

'प्रतीक' (संख्या-2) में मुक्तिबोध की कविता छपी : 'मुझे पुकारती हुई पुकार'। कवि ने जो सत्य पाया है, वह अपूर्ण है। जीवन की अनुभूति से जो प्राणमूर्ति गढ़ी है, वह खंडित है। इसी अपूर्णता के बोझ से मन में पुकार उठती है—पूर्णता की तलाश कर। पुकार सुनकर तिमिर-विवर में पड़ी हुई अशान्त नागिनी आग उठती है। मृत्युगीत के छन्द नष्ट हो नाते हैं, "दबी हुई अनन्त ज्योति" जाग उठती है।

यह जो तिमिर-विवर में नागिनी उठती है, वह कुंडलिनी है।

एक कविता है : 'कल जो हमने चर्चा की थी'। इसमें मुक्तिबोध किसी मित्र के साथ ज्वालामुखियों के भीतर पैठने और लावा के उद्गम तक पहुँचने का वर्णन करते हैं। वहाँ देखते हैं—धरती की महानाड़ियाँ "इड़ा-पिंगला फड़क रही थीं।" पास ही सुषुम्ना भी है जिसके "अंगारी प्राणपथों पर" वे घूमते हैं। आगे कुंडलिनी का उल्लेख है :

निर्णय निश्चय—
जीवन संचय की कुंडलिनी,
पृथ्वी के भीतर की ज्यालामयी कमलिनी की
विवेकमय पंखुरियों पर
हम जा लेटे!!

यहाँ कवि ने ज्ञान सरोवर का जल पिया, आस्था का अक्षयवट देखा और सूर्यकन्या देखी, जिसके अन्तर में विवेक का रस बहता है और जो कवि को सूचित करती है कि "आत्मा का प्रतीक है सूरज"।

कबीर से लेकर प्रसाद तक रहस्यवादियों ने इड़ा, पिंगला, सुषुम्ना, कुंडलिनी और कमल का वर्णन किया था, पर यह सूर्यकन्या कौन है?

प्रभाकर माचवे ने लिखा है : "अग्नेश्का से मैंने कहा था, मुक्तिबोध की कविता 'लावा' है। वह उनसे मिलने गई। इसके दो कविताओं में इंगित हैं : 'कल जो हमने बातें की थीं' (पृ. 110 से 115) और पृ. 154 पर 'अकेली एक छायामूर्ति'।" ('राष्ट्रवाणी', फरवरी, '65)

(दिल्ली विश्वविद्यालय के उर्दू विभाग में अपने कोश-निर्माण-कक्ष की अलमारी से अग्नेश्का की डिब्बी से—उनकी अनुपस्थिति में—मुझे सिगरेट देते हुए शमशेर बहादुर सिंह ने कहा था—पोलिश महिला हैं, कविता-प्रेमी हैं, हिन्दी-उर्दू बहुत अच्छी जानती हैं।)

अग्नेश्का नाम सूर्यकन्या के रूप में सार्थक है। वैसे वह कर्मनिष्ठा जनकन्या भी हैं। सूर्यकन्या—इड़ा, पिंगला, कुंडलिनी और कमल के साथ—मुक्तिबोध के रहस्यवादी स्वप्न में घुल-मिल गईं।

मुक्तिबोध ने एक लेख लिखा था : 'सुमित्रानन्दन पंत : एक विश्लेषण'। पंत जी हिन्दी के ज्येष्ठतम कवियों में हैं, पर 'अब भी तरुण' हैं, इस बात पर हर्ष प्रकट करते हुए उन्होंने उनकी "ऐतिहासिक अनुभूति" का विश्लेषण किया था जो "हिन्दी के वर्तमान काव्यक्षेत्र में कम दिखाई देती है।" इस ऐतिहासिक अनुभूति की विशेषता क्या है?

मुक्तिबोध कहते हैं : "ऐतिहासिक अनूभूति वह कीमिया है जो मनुष्य का सम्बन्ध सूर्य के विस्फोटकारी केन्द्र से स्थापित कर देती है। यह वह जादू है जो मनुष्य को महसूस कराता है कि विश्व-परिवर्तन की मूलभूत प्रक्रियाओं का वह सारभूत अंग है। ऐतिहासिक अनुभूति के द्वारा मनुष्य के अपने आयाम असीम हो जाते हैं—उसका दिक और काल अनन्त हो जाता है। ऐतिहासिक अनुभूति के कारण ही, पंत जी विश्व-परिवर्तन के वर्तमान क्षणों को 'ब्रह्म अहम्' की संज्ञा दे सके।" ('नई कविता का आत्मसंघर्ष तथा अन्य निबन्ध', पृ. 72)

अर्थात् पंत के नव रहस्यवाद का नाम है ऐतिहासिक अनुभूति।

मुक्तिबोध की बड़ी इच्छा थी कि ऐसा जीवन-दर्शन मिले जिससे समाज ही नहीं, विश्व के सृजन-प्रलय के रहस्य भी एक साथ उद्भासित हो उठें। मार्क्सवाद पूर्ण ज्ञान का दावा नहीं करता। मुक्तिबोध उस कवि से उकता उठे थे, जो सतत विकासमान हो। विकासमान होगा तो ज्ञान अपूर्ण भी होगा। उन्हें चाहिए था पूर्ण ज्ञान; ऐसा ज्ञान रहस्यवाद ही दे सकता था। मनुष्य को अपने आयाम असीम करने हैं, अपने दिक् और काल को अनन्त बना लेना है। यह सब किसी जादू से ही सम्भव है जो मनुष्य का सम्बन्ध सूर्य के विस्फोटकारी केन्द्र से स्थापित कर दे। पंत अपनी ऐतिहासिक अनुभूति से ऐसा कर सके हैं, मुक्तिबोध भी वैसा कर सकते हैं।

ज्वालामुखी के भीतर धरती की महानाड़ियाँ इड़ा-पिंगला फड़कती हैं। यह ज्वालामुखी मुक्तिबोध का मन है। उनकी आत्मा 'धुले सूर्य का छोटा-सा कण' है। यह कण 'रवि-अन्तर के साक्षात्कारी क्षोभ-केन्द्र से सम्बन्धित है।' गद्य में जिसे वह विस्फोटकारी केन्द्र कहते हैं, कविता में वही क्षोभ-केन्द्र है। मनुष्य के ज्ञान-संवेदनों का मूल-केन्द्र है सूर्य।

यहाँ हृदय-आलम्ब भाव सब
तीव्र ज्ञान-संवेदन के ही पूर्ण बिम्ब हैं।
ठीक सूर्य के मूल केन्द्र से उनका उद्गम।

मनुष्य के ज्ञान की धारा सूर्य के मूल-केन्द्र से फूटती है, इसलिए यह ज्ञान सामाजिक सत्य का ज्ञान ही नहीं, ब्रह्मांड के रहस्य का ज्ञान भी हो जाता है। पंत जी ने आधुनिक कवि सीरीज वाले अपने कविता-संग्रह की भूमिका में लिखा था कि भारत के ऋषि-मुनि अपने 'सूक्ष्म नाड़ी मनोविज्ञान' के कारण 'सापेक्षता के

उस पार' पूर्ण सत्य की प्रतिष्ठा कर सके थे। मुक्तिबोध भी महानाड़ियों में कम्पन पैदा करके कुंडलिनी को सहस्रार तक पहुँचा देते हैं। उन्हें भी विश्वास है कि ज्ञानी पूर्वजों ने एक रात मंत्र पढ़ते हुए नदी में गोता लगाकर 'एक तेजस्वी शिलाखंड' प्राप्त कर लिया था जो 'पूरे ब्रह्मांड की केन्द्र-क्रियाओं का तेजस्वी अंश' था और :

सम्भव है,
सभी कुछ दिखता हो उसमें से,
दूर दूर देशों में क्या हुआ,
क्यों हुआ, किस तरह, कहाँ हुआ!! ['एक स्वप्न-कथा']

यह पत्थर वही काम करता है जो पंत जी की ऐतिहासिक अनुभूति करती है। उसमें यही नहीं दिखाई देता कि दूर देशों में क्या हुआ, उससे यह भी मालूम हो जाता है कि वह सब क्यों हुआ।

मुक्तिबोध ने रवीन्द्रनाथ, प्रसाद और पंत को ही न पढ़ा था, उन्होंने तिलस्मी, ऐयारी और जासूसी उपन्यास भी पढ़े थे। इन उपन्यासों से ली हुई शब्दावली और अनेक बिम्ब उनकी रचनाओं में विद्यमान हैं। 'जादुई' उनका प्रिय शब्द है। तिलस्मी-द्वार अचानक खुल जाते हैं। भुतहे महलों में खुद न भी रहे होते तो वैसी इमारतों के वर्णन उन्हें देवकीनन्दन खत्री या उन जैसे लेखकों के उपन्यासों में मिल जाते। वह पहले कवि नहीं हैं, जिन्होंने इस तरह की तिलस्मी सामग्री का उपयोग कविता में किया है। मिसेज रैडक्लिफ के उपन्यासों से ऐसी ही सामग्री कीट्स ने प्राप्त की थी। मुक्तिबोध बाहर की दुनिया में जितना ही मार खाते हैं, उतना ही उनका जादूप्रेमी; भावुक और भोला मन रहस्यवाद की तरफ तेजी से दौड़ता है, कोई ऐसा पत्थर या मणि हाथ आ जाए जिससे अपने और संसार के सब दु:ख एक साथ दूर हो जाएँ, समाज और ब्रह्मांड के तमाम रहस्य जो विश्व वैज्ञानिकों के सामने गुप्त हैं, मुक्तिबोध के सामने अचानक स्पष्ट हो जाएँ। तब जीवन की सारी असफलताओं का क्षोभ दूर हो जाए, संघर्ष में फँसकर उन्होंने जो कुछ सहा, वह सब सार्थक हो जाए।

इतने में कोई आ कानों में कहता है—
ऐसा यह ज्ञानमणि
मरने से मिलता है। [उप.]

मुक्तिबोध का रहस्यवाद कबीर या रवीन्द्रनाथ के उस अप्रतिहत आनन्द-प्रवाह की तरह नहीं है जो अन्तर्मन में रोके नहीं रुकता, जो निर्झर की तरह शिलाखंडों को तोड़ता-हटाता हुआ प्रकाश में बह निकलता है। रहस्यवाद के अनेक परम्परागत प्रतीक, जिनका सम्बन्ध प्रकाश और आनन्द से है, मुक्तिबोध की कविता में भी हैं किन्तु पंत और अज्ञेय से भिन्न मुक्तिबोध का मन अँधेरे से घिरा रहता है। वह अँधेरे में प्रकाश

की खोज में भटकता है। आनन्द से अधिक उसे अनुभूति होती है दु:ख की। पुराने कुएँ, बावड़ी, खँडहर, वीरान पठार, खड्ड, अँधेरी तंग गलियाँ, घने बरगद, फूटा हुआ भैरों का मन्दिर—ये सब उनकी आत्मा के निवास हैं अथवा उनके अशान्त मन के भटकने की जगहें हैं। सहस्रार तक पहुँचनेवाली कुंडलिनी से अधिक उनके मन की क्रियाएँ व्यक्त करता है वह सर्प, जो धरती के झाड़-झंखाड़ों और अन्धे कुओं में घूमता है :

नीचे उतरो, खुरदुरा अँधेरा सभी ओर...
यह है अँधियारा कुआँ...
चुपचाप अँधेरे में उतरो!! ['ओ काव्यात्मक फणिधर']

रहस्यवाद की यह उलटबाँसी है। चढ़ने से अधिक उतरने का क्रम है, प्रकाश से अधिक अँधेरा है, आनन्द से अधिक वेदना है। आत्मा धुले सूर्य का कण है? होगी किन्तु 'आत्मा के स्याह घेरे' (अन्त:करण का आयतन) के उल्लेख से लगता है कि श्यामता पूरी तरह घुल नहीं पाई। सूर्य के भीतर भी स्याही है जिसका 'आत्मा के स्याह घेरे' से गहरा सम्बन्ध है। उन्हें दिखाई देते हैं 'स्याह धब्बे सूर्य के भीतर बहुत विकराल' और इन धब्बों के विवर-तल से दल बाँधकर गिद्ध पृथ्वी पर (मुक्तिबोध के मन पर) झपटते हैं। जिस सहस्रार तक कुंडलिनी पहुँचती है, वह काला है, काले खून में डूबा हुआ है :

जल-खोहों से ऊपर उठ
लहरों से ऊपर चढ़
बनकर वृहद एक
काला सहस्रदल सम्मुख उपस्थित है,
उसमें है कृष्ण रक्त! ['एक स्वप्न-कथा']

कोई आश्चर्य नहीं कि मुक्तिबोध का काव्यात्मक फणिधर, जो 'प्रज्वलंत मन' है, 'तम विशेषज्ञ' भी है और वे उसका आह्वान करते हैं : 'मेरी छाती से चिपक रक्त का पान करो।'

रहस्यवाद की इस उलटबाँसी का एक कारण मुक्तिबोध का यह विश्वास था कि समाज और ब्रह्मांड के रहस्य मनुष्य के उपचेतन में छिपे हुए हैं। सन् '47 के बाद उनके मन पर फ्रायड और युंग के मनोविश्लेषण शास्त्र का असर गहरा होता है; फलस्वरूप 'अन्तर्मुख दशाएँ और दीर्घ और गहन होती गईं।' उपचेतन का संसार अन्धकारमय है। अन्धे कुएँ, बावड़ी, समुद्र की तलहटी, पठारों के गड्ढे—वे तमाम बाह्य दृश्य जिन्हें आत्मसात् करके मुक्तिबोध वस्तु-सत्य बनाते हैं—उसी उपचेतन के प्रतीक हैं। मुक्तिबोध का काव्यात्मक फणिधर 'विश्लेषण करते हुए', 'स्वप्न देखते हुए' अपना पथ खोजता है। मनोविश्लेषण-शास्त्रियों के अनुसार, मनुष्य का उपचेतन

दमित इच्छाओं और अस्वीकृत, निषिद्ध भावनाओं का आगार है, तभी वहाँ ओरांग उटाँग रहता है जो मानव-सभ्यता का शत्रु है। मुक्तिबोध के अनुसार यह उपचेतन सब मनुष्यों में बहुत कुछ एक-सा है। इसकी गुफाओं में जो रत्न मिलते हैं, वे मुक्तिबोध के ही नहीं, जनसाधारण के मानस के रत्न हैं। वह उपचेतन का साधारणीकरण करते हैं :

चुपचाप धँसाए गए, छिपाए गए रत्न मन के, जन के,
जो मूल्य सत्य हैं इस जग के परिवर्तन के!

['ओ काव्यात्मक फणिधर']

ज्वालामुखियों के भीतर जो अंगारी झीलें वे देखते हैं, वे 'जनमन के अन्तस्तल' की झीलें हैं। सूर्य-कन्या भी 'जन-जन्या', 'कर्मनिष्ठा जन-कन्या' है।

मुक्तिबोध का उपचेतन जब समाज के उपचेतन से मूलत: भिन्न नहीं है, तब वहाँ जो रत्न प्राप्त होते हैं, वे अपनी तुष्टि के लिए ही नहीं, लोकहित के लिए भी हैं। ज्वालामुखियों के भीतर से जो ज्ञान-संवेदन अकुलाते हुए बाहर निकलते हैं, वे :

हमको हर घर में ले निकले
हमको हर घर में दे आए।

काव्यात्मक फणिधर के रत्नों का प्रकाश 'घर-घर में पहुँचेगा फिर से।' क्रान्तिकारियों का जुलूस निकलता है, स्वभावत: उनकी मुट्ठियों में मुक्तिबोध के रत्न हैं :

मेरे ही विक्षोभ-मणियों को लिये वे,
मेरे ही विवेक-रत्नों को लेकर,
बढ़ रहे लोग अँधेरे में सोत्साह। ['अँधेरे में']

इस तरह आत्मग्रस्तता के बावजूद और उसको साथ लिये—आत्मग्रस्तता न हो तो, उपचेतन के मणि और रत्न कैसे उपलब्ध हों—मुक्तिबोध का आत्म-संवेदन समाज के व्यापकतर छोर छूता है।

आत्मग्रस्तता का एक रूप और है।

शहर से दूर खँडहर की तरफ परित्यक्त सूनी बावड़ी में एक ब्रह्मराक्षस रहता है। भीतर पागल की-सी बड़बड़ाहट गूँजती रहती है। तन की मलिनता और 'पाप-छाया दूर करने के लिए' वह हाथ के पंजे देह पर दिन-रात घिसता है, फिर भी मैल दूर नहीं होता।

अस्तित्ववाद के पितामह किर्केगार्ड ने मनुष्य की भूलों, अपराध-भावना, पाप-सम्बन्धी चेतना, आत्म-परिष्कार की तड़प, आत्मसंघर्ष द्वारा मुक्ति और ईश्वर-प्राप्ति की सम्भावना पर बड़ा बल दिया था। मनुष्य सांसारिकता में फँसा हुआ है, रोटी-रोजी और सुख-सुविधा के लिए ईमान बेचकर कदम-कदम पर समझौते करता है,

भूल और पाप-भावना से आँखें चुराता है, आत्म-परिष्कार के जोखिम से बचता है। आदम ने ईश्वर की आज्ञा न मानकर ज्ञान का फल चखा था, तब से दुनिया में मृत्यु और दु:ख का साम्राज्य स्थापित हो गया। ईश्वर और शैतान—इन दो में से मनुष्य को एक चुनना है। सच्चे मन से अपने पाप के लिए दुखी होकर वह वेदना के अनमोल क्षणों में ईश्वर का साक्षात्कार कर सकता है।

मुक्तिबोध की एक कविता है : 'भूल-गलती'। वह दिल के तख्त पर सुल्तान की तरह बैठी है। सामने कैदी है ईमान, जिसकी तेज निगाह के सामने बख्तरबन्द समझौते सहम जाते हैं। कहीं दूर कोई फौज इकट्ठी कर रहा है, वह हमारी हार का बदला चुकाने आएगा और :

संकल्पधर्मा चेतना का रक्तप्लावित स्वर
हमारे ही हृदय का गुप्त स्वर्णाक्षर
प्रकट होकर विकट हो जाएगा!!

मुक्तिबोध की एक कविता है : 'शून्य'। भूल और गलती यहाँ भी है।

जगह-जगह दाँतदार भूल,
हथियारबन्द गलती है,
जिन्हें देख, दुनिया हाथ मलती हुई चलती है।

ये भूलें हथियारबन्द क्यों हैं? मनुष्य उन्हें देखकर डरता क्यों है? इसलिए कि ये भूलें सांसारिक जीवन की भूलें नहीं हैं। ईश्वर को छोड़कर जब मनुष्य शैतान के चंगुल में फँसता है, तभी वह ऐसी भूलें करता है। भीतर जो शून्य है, उसके एक जबड़ा है, जबड़े में मांस काट खाने के दाँत हैं; अर्थात् शैतान का दूसरा नाम है शून्य। यह शून्य हर जगह करवत, कटार और दराँत उगाता है, मांस काट खाने के दाँत बढ़ता है।

इसीलिए जहाँ देखो वहाँ
खूब मच रही है, खूब ठन रही है,
मौत अब नये-नये बच्चे जन रही है। ['शून्य']

शैतान ने आदम को लुभाया, धरती पर मृत्यु का आविर्भाव हुआ। आदम का पाप आज के आदमी का भी पाप है; वह आदमी है, इसलिए आदम के पाप से मुक्त हो नहीं सकता। मुक्तिबोध कहते हैं :

सदियों की खून रँगी भूलों के
किस्सों का किस्सा
मेरी अन्तरात्मा का अंश
मेरी जिन्दगी का हिस्सा!! ['चम्बल की घाटी में']

चम्बल की घाटी के टीले पर एक महाकाय दस्यु बैठा है—काला, मोटा, नाटा, जंगली। टीला है मनुष्य का मन और उस पर बैठा हुआ डाकू है शैतान। हवा टीले को यह ज्ञान देती है कि उसकी छाती पर जो डाकू की चट्टानी सूरत बनी हुई है, वह 'तुम्हारी ही आकृति' है :

दस्यु की चट्टानी आकृति बन कर
दबंग रौबीले ठाठ से बैठी,
छाती पर चढ़ी हुई वह दुष्ट सत्ता
मात्र बृहत्कृत बिम्ब है तुम्हारा,
तुम्हारे स्वरूप का मूर्त महत्कृत
रूप है वह तो।

शैतान मनुष्य के बाहर नहीं, उसके भीतर है। उसकी पाप करने की इच्छा ही शैतान है। मनुष्य जितना ही सामंजस्यों में फँसता है, 'उतनी ही बंजर बनती है दुनिया।' वह खुद के बनाए शिकंजों से छूट नहीं पाता। लेकिन उस टीले में कहीं मुक्ति की चाह छिपी हुई है। पाषाणी नेत्रों में ब्रण हैं :

खून बहाते-से आँखों के घाव
घावों में सचाई की किरकिरी
कसकती!!
कसकते हैं खूनभरी आँखों में सत्यों के अणु-रेणु...

यह कसक बड़ी मूल्यवान है, क्योंकि मुक्ति इसी दुखानुभूति से सम्भव है। 'जड़ता के पंजे' जब तक मन को दबाए रहते हैं, तब तक लोग 'अनसुनी करते हैं आत्मा की आवाज।' पृथ्वी पर कहीं 'उदार चेतनाध्यक्ष की हत्या' होती है, कहीं 'आत्माध्यक्ष का खून' होता है। मनुष्य की पुण्य-चेतना का वध किया जाता है।

टीले के भीतर भयानक द्वंद्व होता है। वह टीला सांसारिकता के हाथों पूरी तरह बिका नहीं है। किसी अज्ञात लोक की हवा लगती है, 'पत्थरी ढाँचे में थरथरी' पैदा होती है। टीले का आर्द्र :

भीगा हुआ मन
चला जाता किसी दूर देश
खामोश सिसकियाँ भरने।

हवा टीले को सहलाती है, चोट भी करती है। पाप से मुक्ति पाना सुखद है लेकिन दुःख झेले बिना मुक्ति नहीं, इसलिए दुःखद भी है। हवा सलाह देती है कि छाती पर बैठे हुए दस्यु को लेकर लुढ़कते चले जाओ, वह टूटेगा, तुम भी टूटोगे; इस टूटने में ही मुक्ति है।

मुक्तिबोध नहीं कहते कि दुनिया लिजलिजी है, उसे देखकर उबकाई आती है, मैं सड़ रहा हूँ, देश सड़ रहा है, शरीर पर कनखजूरे रेंग रहे हैं, इत्यादि। वह सार्त्र की भावभूमि से अलग हटकर किर्केगार्ड और काफ्का के प्रदेश में विचरण करते हैं। इस अस्तित्ववाद से वह रहस्यवाद और मार्क्सवाद की पटरी कैसे बिठाते हैं?

चम्बल की घाटी का टीला आधा अस्तित्ववादी है, आधा रहस्यवादी। खामोश सिसकियाँ भरनेवाला मन—वह है अस्तित्ववादी। वह मन आन्तरिक रहस्यमय प्रकाश से दीप्त भी हो उठता है :

मेरा यह टीला
अन्तर-विवरों के केन्द्रों में भीषण
भभक कर...
अग्निमान
अचानक अग्निमान!!
अन्तर-ब्रह्मांड
स्याह लकीरों से कटा-पिटा, लेकिन
देदीप्यमान है पूरा का पूरा!!

देदीप्यमान होने और सिसकियाँ भरने की क्रियाएँ आगे-पीछे सम्पन्न होती हैं। एक साथ नहीं; अर्थात् मुक्तिबोध का मन बारी-बारी से रहस्यवादी और अस्तित्ववादी की भूमिकाएँ पूरी करता है। टीले को आन्तरिक प्रकाश से जगमगाते देखकर मुक्तिबोध का मार्क्सवादी मन टोकता है।

टोकने का स्वर काफी तेज है, लगभग सर्वहारा वर्ग का लहजा है। इस मार्क्सवादी मन को शान्त करना बहुत जरूरी है। मुक्तिबोध कहते हैं, भीतर के शैतान से लड़ो, बाहर के शैतान से भी लड़ो। जो छाती पर बैठा है, यह सचमुच का डाकू भी तो है। जो पीड़ित हैं, वे पाप से ही पीड़ित थोड़े हैं, शोषण से भी तो पीड़ित हैं। कहते हैं :

अपने ही दर्रों के
लुटेरे इलाकों में जोरदार
आज जो गिरोह हैं,
पीड़ित जनों को
जनसाधारण को उनकी ही टोह है।
पूर्ण विनाश अनस्तित्व का चरम विकास है।
इसीलिए, ओ हृषद् आत्मन्
कट जाओ, टूट जाओ।
टूटने से विस्फोट शब्द जो होगा

गूँजेगा जग भर;
किन्तु, अकेले की, तुम्हारी ही वह सिर्फ
नहीं होगी कहानी!!

इस तरह मुक्तिबोध अस्तित्ववाद, रहस्यवाद और मार्क्सवाद का समन्वय करते हैं। इस समन्वय में कई बातें स्पष्ट नहीं हैं। अनस्तित्व का विकास क्या होता है? जिसका अस्तित्व ही नहीं, उसका विकास कैसा? यह विकास भी किस काम का जब उसकी परिणति है पूर्ण विनाश? हृषद-आत्मन् टूटेंगे, विस्फोट का शब्द सारे संसार में गूँजेगा; इससे पीड़ित जनों को क्या लाभ होगा? टीले के टूटने की कहानी हर आदमी की कहानी क्यों बनेगी? शोषण से मुक्ति पाने के लिए आदमी का टूटना क्यों जरूरी है?

किन्हीं विशेष सम्प्रदायों की आस्थाएँ स्वीकार कर लेने पर मुक्तिबोध की बातें युक्तिसंगत हो जाती हैं किन्तु जहाँ वे इन आस्थाओं का समन्वय सामाजिक क्षेत्र में शोषित वर्गों के मुक्ति-प्रयास से करते हैं, वहीं उनकी तर्क-योजना खंडित हो जाती है। समन्वय के ऊपरी ढाँचे के भीतर द्वंद्व बना रहता है।

'एक स्वप्न-कथा' में मुक्तिबोध फिर मनोविश्लेषण-शास्त्र, रहस्यवाद, अस्तित्ववाद और मार्क्सवाद में सामंजस्य स्थापित करने का प्रयत्न करते हैं। स्याह समुंदर के पाँखी कहते हैं : सहस्रों वर्षों से जो सागर उफनता आया है, उसका भाष्य करो, सागर के अतल का निरीक्षण करो। मुक्तिबोध को यह सीख मनोविश्लेषण-शास्त्र से मिली है। सागर में पैठकर वह उस पत्थर को खोजते हैं जो "पूरे ब्रह्मांड की केन्द्र क्रियाओं का तेजस्वी अंश हो।" यह हुआ रहस्यवाद। "ग्लानिकर समुद्र में मुझे गश आता है", उनके अन्त:स्थित संवेदन उन्हीं पर कड़क उठते हैं, सतहों पर छटपटाकर गिरना, माथे पर चोट लगना, लहरों द्वारा रक्त का चूसा जाना—यह सब अस्तित्ववादी भावजगत् का कार्यक्रम है। कविता के अन्त में समुद्र पर सर्चलाइट से रोशनी फेंकता हुआ एक जहाज आता है :

वह जहाज
क्षोभ विद्रोह भरे संगठित विरोध का
साहसी समाज है!!
भीतर व बाहर के पूरे दलिद्दर से
मुक्ति की तलाश में
आगामी कल नहीं, आगत वह आज है!!

बाह्य शोषण और आन्तरिक पाप से एक साथ मुक्ति। अस्तित्ववाद और मार्क्सवाद का समन्वय। किन्तु कविता में इस जहाज के आने की कोई संगति नहीं है। वह अकस्मात् आता है, अकस्मात् डूब भी सकता है।

निष्कर्ष यह कि मुक्तिबोध की अन्तर्मुख दशाएँ हैं अन्तश्चेतना में डूबने के उनके प्रयास। ये दशाएँ गहनतर होती हैं बाहर की दुनिया में मार खाकर अपने भीतर समाज और ब्रह्मांड का रहस्य ढूँढ़ने से। आत्मग्रस्तता का एक रूप है रहस्यवाद, दूसरा रूप है अस्तित्ववाद। आत्मग्रस्तता के बावजूद और उसे साथ लिये हुए मुक्तिबोध के आत्मसंवेदन समाज के व्यापकतर छोर छूते हैं—इसका अर्थ है, वह रहस्यवाद और अस्तित्ववाद से मार्क्सवाद का समन्वय करने का प्रयत्न करते हैं।

किन्तु यह समन्वय हो नहीं पाता।

मुक्तिबोध साहित्य और राजनीति की प्रगतिशील परम्परा के प्रति अत्यन्त जागरूक रहनेवाले कवि थे। हिन्दी के अलावा वे मराठी के संत वाङ्मय से भली भाँति परिचित थे। आधुनिक बंगला, मराठी और हिन्दी काव्य साहित्य के वे प्रेमी थे। उनकी अस्तित्ववादी भावधारा इस परम्परा-बोध से टकराती थी। यह टक्कर जिस कविता में बहुत ही तीव्र रूप में प्रकट हुई है, उसका नाम है : 'अँधेरे में'।

इस कविता में अनेक दृश्यों के बीच तिलक की मूर्ति दिखाई देती है। कवि जब पास पहुँचता है, तब मूर्ति हिलती है और उसके तन से अंगार झरते हैं। फिर क्या देखते हैं कि मूर्ति की नाक से गर्म खून बह रहा है। अँगरखा खून के धब्बों से भर गया है, मानो अतिशय चिन्ता के कारण मस्तक-कोष ही फूट पड़ा हो!

जैसी दशा मुक्तिबोध की होनेवाली थी, उसकी कल्पना मानो वे तिलक की मूर्ति में करते हैं। मस्तक-कोष फूट जाता है और नाक से खून बह चलता है। पत्थर की मूर्ति अपने क्षोभ का इससे बड़ा प्रमाण और क्या दे सकती थी? और कवि अपने और अपराध-भाव, उस महान् राजनीतिज्ञ के प्रति अपनी श्रद्धा का इससे बड़ा प्रमाण और क्या दे सकता था कि मन की तहों के नीचे छिपी मृत्यु की गुप्त आशंका वह प्रस्तर-मूर्ति पर आरोपित कर देता है? 'पिता, पिता, चिन्ता न करो, हम अभी जिन्दा हैं', कहता हुआ वह मूर्ति के ठंडे पैरों से लिपट जाता है। उसे लगता है, स्वयं उसके हृदय में रक्त टपकता है :

आत्मा में बहता सा लगता
खून का तालाब।

परम्परा और देश के प्रति अपने दायित्व का कितना गहरा बोध है, उतना ही विकट मुक्तिबोध का हठ है। मन में कोई भयानक जिद जाग उठती है। यह जिद अपने दायित्व से हटने, एकान्त में, समाज से अलग रहकर रहस्यवादी अथवा अस्तित्ववादी चिन्तन करने की जिद है। वैसे कोई बालक अपने पिता की बात सच मानते हुए भी केवल अपनी स्वतंत्र सत्ता का मान रखने के लिए अपनी किसी गलत बात पर

अड़ा रहे। पिता से घृणा होती तो कष्ट न होता, पिता से प्रेम की गहरी अनुभूति है, इसीलिए हठ और दायित्वबोध के द्वंद्व से भयानक कष्ट है। छाती में ठक-ठक, सिर में धड़-धड़ की आवाज सुनाई देती है। लगता है, हड्डी काटी जा रही है।

विवेक चलाता तीखा सा रंदा
चल रहा बसूला
छीले जा रहा मेरा यह निजत्व कोई।

'विवेक'—बहुत ही उपयुक्त शब्द है। साहित्य और राजनीति की परम्परा का बोध कवि के विवेक को तीव्र करता है। इस विवेक को मुक्तिबोध की आत्मग्रस्तता सह्य नहीं है। विवेक के रंदे से निजत्व छीलकर—आत्मग्रस्तता दूर करके—मुक्तिबोध अपना नया व्यक्तित्व गढ़ने की कोशिश करते हैं।

तिलक के बाद गांधी दिखाई देते हैं : सर्दी में बोरा ओढ़े हुए, काँपते हुए मानो प्राण निकलने को हैं। पास जाने पर जैसे कवि को बिजली का झटका लगता है और गांधी जी कहते हैं :

भाग जा, हट जा
हम हैं गुजर गए जमाने के चेहरे
आगे तू बढ़ जा।

'गुजर गए जमाने के चेहरे'—यह है परम्परा का बोध। नई कविता इस परम्परा को आगे बढ़ा रही है या उससे पीछे जा रही है?

वे कह रहे हैं :

दुनिया न कचरे का ढेर कि जिस पर
दानों को चुगने चढ़ा हुआ कोई भी कुक्कुट
कोई भी मुरगा
यदि बाँग दे उठे जोरदार
बन जाए मसीहा।

नई कविता साहित्य और राजनीति की परम्परा को आगे नहीं बढ़ा रही, उससे पीछे जा रही है। मुक्तिबोध ने नई कविता की बुनियादी कमजोरी का उल्लेख अपनी आलोचना में यों किया था : "आय के युग के मूलभूत जीवन-तथ्यों के तर्कसंगत तथा अनुभव-सिद्ध निष्कर्षों और परिणामों की ओर न जा सकने के कारण, आज का कवि वर्तमान मानव-समस्याओं के प्रति भी उदासीन है।" ('नई कविता का आत्मसंघर्ष', पृ. 35) यही बात उन्होंने दूसरे ढंग से गांधी जी से कहलाई है। यह मुक्तिबोध की स्वयं की आत्मालोचना भी है।

शहर में सैनिक शासन है। एक सिरफिरा पागल अचानक पागलपन से मुक्त होकर 'आत्मोद्बोधमय' गीत गाता है। उसके स्वर करुण, रसाल, हृदय के स्वर हैं। वे स्वयं मुक्तिबोध के विवेक के स्वर हैं :

दु:खों के दागों को तमगों-सा पहना,
अपने ही खयालों में दिन-रात रहना,
असंग बुद्धि व अकेले में सहना,
जिन्दगी निष्क्रिय बन गई तलघर
अब तक क्या किया
जीवन क्या जिया!!
बताओ तो किस-किसके लिए तुम दौड़ गए,
करुणा के दृश्यों से हाय! मुँह मोड़ गए,
बन गए पत्थर
बहुत-बहुत ज्यादा लिया,
दिया बहुत-बहुत कम,
मर गया देश, अरे, जीवित रह गए तुम!!

आत्म-भर्त्सना का ऐसा प्रखर स्वर हिन्दी के किसी दूसरे कवि की रचनाओं में नहीं सुनाई देता। उसकी प्रखरता उत्पन्न होती है मुक्तिबोध के विवेक से। उन्हें लगता है कि 'मेरी निष्क्रिय संज्ञा' से ही शहर पर संकट आ गया है। किसी छायामूर्ति के सामने वह खड़े हो जाते हैं, बहस होने लगती है और 'लगने लगे परस्पर तमाचे।' यह अपराध-भावना धार्मिक आस्थाओं के कारण, आदम ने ज्ञान का फल चख लिखा, इस कारण—उत्पन्न नहीं होती। यह अपराध-भावना सामाजिक दायित्वबोध और अपनी आत्मग्रस्तता के एहसास से उत्पन्न होती है।

एक जुलूस उद्योगपतियों, मंत्रियों और फौज के बड़े-बड़े अफसरों का है। इसमें शहर के मशहूर गुंडे हैं, 'प्रकांड आलोचक, विचारक, जगमगाते कविगण' भी हैं। ये सब बिके हुए हैं। 'यह शोभा यात्रा है किसी मृतदल की'—उस व्यवस्था की, जो ऊपर से देखने में जीवित है, भीतर से वास्तव में खोखली और मुर्दा है। कवि को लगता है कि जुलूस के लोगों ने उसे पहचान लिया है, संगीनें उसकी ओर मुड़ गई हैं। शोर होता है, इसे गोली मार दो।

भागता मैं दम छोड़,
घूम गया कोई मोड़!!
बन्दूक धाँय-धाँय
मकानों के ऊपर प्रकाश-सा छा रहा गेरुआ।

त्रास की यह भावना समाज में वास्तविक संघर्ष से—व्यवस्था के रक्षकों और व्यवस्था को बदलनेवालों के बीच संघर्ष से—उत्पन्न हुई है।

एक कलाकार मारा जाता है। वह 'कार्य क्षमता से वंचित' था, वह जो सपने देखता था, वे 'शुचितर विश्व के मात्र थे सपने।' ज्ञान और जीवन के जो अनुभव उसके दिल में हलचल करते थे, उन्हें 'किसी को भी दे नहीं पाया था वह तो।' यानी अभिव्यक्ति का कार्य पूरा नहीं हुआ था। वह मानो अपनी आत्म-सम्भवा अभिव्यक्ति की तलाश करते मारा गया हो! यह कलाकार मुक्तिबोध का ही प्रतिरूप है। स्वयं कवि मारा नहीं जाता, पर गिरफ्तार कर लिया जाता है। एक बार हड्डियों पर विवेक का रंदा और बसूला चला था, इस बार दमनचक्र चलानेवाले अधिकारी सिर की हड्डी तोड़ते हैं, ढूँढ़ते हैं : 'मस्तक यंत्र में कौन विचारों की कौन-सी ऊर्जा' है, कहाँ प्रेस है, कहाँ से पर्चे छपते हैं :

इस संस्था के सेक्रेटरी को खोज निकालो,
शायद उसका ही नाम हो आस्था।

कवि छोड़ दिया जाता है। क्रान्तिकारी संघर्ष की तैयारी होती है। जनता आत्मा के चक्के पर संकल्पशक्ति का मजबूत टायर चढ़ाती है। साहित्यिक चुप हैं, कवि जन निर्वाक् हैं, 'बौद्धिक वर्ग है क्रीतदास।' स्वयं कवि की स्थिति क्या है? वह 'रक्तपायी वर्ग' के साथ नहीं है किन्तु पूरी तरह जनता के साथ भी नहीं है।

विचित्र अनुभव!!
जितना मैं लोगों की पाँतों को पार कर
बढ़ता हूँ आगे,
उतना ही पीछे रहता हूँ अकेला।

निम्न मध्यवर्ग के औसत बुद्धिजीवी की यही स्थिति है।

मुक्तिबोध कल्पना करते हैं कि उनके विवेक-रत्नों को लेकर लोग अँधेरे में सोत्साह बढ़ रहे हैं।

किन्तु मैं अकेला
बौद्धिक जुगाली में अकेला।

पीछे से एक रेला लगने पर वे भीड़ के साथ हो जाते हैं। वे देखते हैं कि क्रान्तिकारी संघर्ष के दौरान 'मेरे युवकों में होता जाता व्यक्तित्वान्तर।' यह व्यक्तित्वान्तर मुक्तिबोध की समस्या भी है।

रेला लगने पर वे भीड़ के साथ चलते हैं, क्रान्ति के अनेक मोहक दृश्य देखते हैं : 'गगन में नाच रही कक्का की लाठी।' बच्चों की पेंपें उड़ती हुई, हवा में सलेट-

पट्टी भी घूमती हुई दिखाई देती है। शहर में लाठी और सलेट-पट्टी से हथियारबन्द दमनकारियों का मुकाबला नहीं किया जा सकता। इस तरह क्रान्ति की विजय हो नहीं सकती। मुक्तिबोध उसे दमन और आतंक से पराजित होते भी नहीं देखते। युवकों के व्यक्तित्वान्तर से क्रान्ति का स्वप्न खत्म हो जाता है। वह स्वप्न ही था, इसलिए :

एकाएक फिर स्वप्नभंग
बिखर गए चित्र कि मैं फिर अकेला।

स्वप्न देखने से आत्मा में चमकीली प्यास भर गई। उन्हें 'सुनहली तसवीरें' दिखाई देती हैं, मानो स्वप्न में किसी ने बाँहों में कस लिया हो :

उस स्वप्न स्पर्श की, चुम्बन की याद आ रही है,
याद आ रही है!!
अज्ञात प्रणयिणी कौन थी, कौन थी?

तब स्वयं कवि के व्यक्तित्वान्तर की क्रिया कैसे सम्पन्न होती? सुनहली तसवीरों और स्वप्न के चुम्बनों से क्रान्तिकारी संघर्ष की निष्ठुर वास्तविकता का क्या सम्बन्ध है? दायित्वबोध का शिशु लेकर वे कुछ दूर चले थे किन्तु अकस्मात् वह कहीं चला गया और सूरजमुखी फूलों के गुच्छे रह गए जिनसे प्रकाश फूटकर कवि के शरीर पर और रास्ते पर फैल गया। सामाजिक दायित्वबोध जब यों रहस्यवाद में बदल जाएगा, तब व्यक्तित्वान्तर की क्रिया कैसे पूरी होगी? इसीलिए कविता के अन्त में वह अपनी अभिव्यक्ति ढूढ़ते ही रह जाते हैं।

जो अभिव्यक्त हो चुका है, उसे ढूँढ़ना क्या? मुक्तिबोध का आशय यह है कि जिसे वह ढूँढ़ रहे हैं, वह पूरी तरह अभिव्यक्त नहीं हुआ, अर्द्ध अभिव्यक्त होकर अस्फुट-सा आँखों से ओझल हो गया है। नया व्यक्तित्व गढ़ने की क्रिया एक दिन में सम्पन्न नहीं होती, गढ़ने की क्रिया में विघ्न पड़ता है। जिस कल्पना-चित्र को देखकर वे मूर्ति गढ़ते हैं, वह कल्पना-चित्र ही आँखों से ओझल हो जाता है। इसीलिए उनकी अभिव्यक्ति 'खोई हुई है', 'आत्मसम्भावा' भी है। उसे वह गलियों, सड़कों पर देखते हैं :

अत्यन्त अद्विग्न ज्ञान-तनाव वह
सकर्मक प्रेम की वह अतिशयता
वही फटेहाल रूप!!

यही मुक्तिबोध के व्यक्तित्व का आदर्श रूप है जिसमें ज्ञान का तनाव ही नहीं है, प्रेम की अतिशयता भी है और वह सकर्मक है।

किन्तु यह मुक्तिबोध का ही आदर्श रूप नहीं है।

कविता के आरम्भ में—जिन्दगी के कमरों में अँधेरे—जो लगाता है चक्कर लगातार, वह कौन है? सुनाई देता है, दिखाई नहीं देता। भीतर से फूले पलस्तर गिरते हैं, पपड़ियाँ खिसकती हैं—मन साफ होता है—तब दीवाल पर एक बड़ा चेहरा बन जाता है। मुक्तिबोध पूछते हैं—कौन, मनु?

शहर के बाहर तालाब में एक बड़ा चेहरा फैल जाता है, मुस्कराता है, पहचान बतलाता है, किन्तु कवि उसे समझ नहीं पाता। तिलस्मी खोह के भीतर मशाल की रोशनी में वही 'रक्तालोक स्नात पुरुष' दिखाई देता है। यह व्यक्ति कवि की 'पूर्ण अवस्था' है, उसके 'परिपूर्ण का आविर्भाव' है, 'आत्मा की प्रतिमा' है। आधी रात को दरवाजे की साँकल खटकती है, फिर वही 'द्युतिमय मुख', वही 'प्रेमभरा चेहरा' दिखाई देता है। यह वही व्यक्ति है जो तिलस्मी खोह में दिखाई दिया था। कवि की सुविधाओं का खयाल न करके वक्त-बेवक्त वह प्रकट हो जाता है : 'हृदय को देता है बिजली के झटके।' इच्छा होती है कि उसे बाँहों में भर ले लेकिन कमजोरियों से लगाव है, इसलिए टालते हैं, कतराते हैं। उससे डरते हैं क्योंकि :

वह बिठा देता है तुंग शिखर के
खतरनाक, खुरदरे कगार तट पर।

कहता है, रस्सी के पुल से दूसरे कगार तक पहुँच जाओ। उसने कवि को 'भविष्य का नक्शा' दिया जिसकी चमक वह सह नहीं सकता, उसे छोड़ भी नहीं सकता। रात का पक्षी कहता है : वह तेरी पूर्णतम अभिव्यक्ति है। तेरा गुरु है, वह चला गया है, उसे तू खोज। कविता के अन्त में वह व्यक्ति फिर दिखाई देता है : 'वही जन जिसे मैंने देखा था गुहा में।'—फिर वही भीड़ में खो जाता है। यह व्यक्ति कौन है? मुक्तिबोध यह प्रश्न क्यों करते हैं?—'कौन, मनु?' किस मनु के बारे में वह सोच रहे हैं?

मनुस्मृति के मनु यह नहीं हैं। जिस मनु से मुक्तिबोध सर्वाधिक परिचित थे, जिस पर उन्होंने सबसे ज्यादा लिखा था, वह कामायनी में है। नुकीली नाक, भव्य ललाट, दृढ़ हनु—यह मुक्तिबोध का रूप—आदर्श रूप भी—नहीं है। फिर उसके तेजो प्रभावमय ललाट, गौरवर्ण, दीप्तदृग, भव्य आजानुभुज रूप का वर्णन है।

अवयव की दृढ़ मांसपेशियाँ
ऊर्जस्वित था वीर्य अपार;
स्फीत शिराएँ, स्वस्थ रक्त का
होता था जिनमें संचार।

कामायनी के इस मनु से मुक्तिबोध की कविता के मनु की तसवीर बहुत कुछ मिलती-जुलती है।

कामायनी के मनु को मुक्तिबोध की निगाह से देखें, तो यह स्वयं मुक्तिबोध से काफी मिलते-जुलते दिखाई देते हैं। अनेक दुर्गुणों के अलावा "ऐसा आत्मग्रस्त निविड़ आत्मविश्लेषण, जो पराजय से प्रसूत होकर पराजयों की ओर ले जाता है, मनु की विशेषता है।" ('कामायनी : एक पुनर्विचार', पृ. 21) यह विशेषता मुक्तिबोध की भी है और उनके आत्मविश्लेषण की इससे अच्छी व्याख्या किसी ने की नहीं है। किन्तु इस आत्मग्रस्तता के बावजूद मनु का आत्म-संवेदन समाज के व्यापकतर छोर भी छूता है। कहते हैं : "सच तो यह है कि यद्यपि मनु गहन अहंवादी और व्यक्तिवादी है, किन्तु उसमें व्यापक जीवन-क्षेत्र में विचरण करने की लालसा सकर्मक साहसशीलता और गत्यात्मकता है।" (उप., पृ. 159)

मनु वह सब कुछ है जो मुक्तिबोध हैं और होना चाहते हैं। उनकी परम अभिव्यक्ति में सकर्मक प्रेम की अतिशयता है; मनु में भी सकर्मक साहसशीलता और गत्यात्मकता है; मनु हिमगिरि के उत्तुंग शिखर पर बैठे हैं, 'अँधेरे में' कविता का रहस्यमय व्यक्ति मुक्तिबोध को तुंग शिखर के कगार पर बिठा देता है। इसी व्यक्ति के अनुरूप वह अपना निजत्व गढ़ते हैं। कविता की आन्तरिक संगति इस बात में है कि उसकी शुरुआत जिस व्यक्ति के चित्रण से होती है, उसका अस्त भी उसी के उल्लेख से होता है। आरम्भ में वह मुक्तिबोध को जगाता है, कविता के अधिकांश में इस जागरण के संघर्ष की कथा है, अन्त में वह जाग चुके हैं और उस परम अभिव्यक्ति को ढूँढ़ निकालते हैं अर्थात् अपने नये व्यक्तित्व के निर्माण में तत्पर होते हैं।

प्रसाद के साथ विश्व मानवतावाद के प्रतीक रूप टॉल्स्टॉय आ मिलते हैं—मुक्तिबोध के अनलिखे उपन्यास के "केन्द्रीय संवेदन" की तरह। तिलक, गांधी, टॉल्स्टॉय और प्रसाद की मानवतावादी धारा मार्क्सवादी प्रभाव को साथ लेती हुई उनकी आत्मग्रस्तता से टकराती है। 'अँधेरे में' कविता का ताना-बाना इस आत्मसंघर्ष के सूत्रों से तैयार किया गया है और यह मुक्तिबोध का ही नहीं, उनकी पीढ़ी के और बहुत-से लेखकों का आत्मसंघर्ष भी है।

इस संघर्ष में जब मुक्तिबोध का आत्मग्रस्त, आत्मसम्मोहित मन कष्ट पाता है, तब उनकी कविता में गहरी व्यथा प्रकट होती है। जब उनका विवेक इस मुग्ध मन की मान्यताओं पर प्रहार करता है, तब उनकी व्यंग्य-प्रतिभा निखर उठती है। जब उनका मन 'स्व' से हटकर परिवार और पड़ोस के लोगों का ध्यान करता है, तब वह स्नेह से द्रवित होकर प्रगीतों की-सी कोमल संवेदनाओं का परिचय देता है। मोह की दशा छोड़कर जब वह ज्ञान-नेत्र खोलते हैं, तब अपने अन्धविश्वासों और चमत्कारी मान्यताओं को ध्वस्त कर देते हैं।

मुक्तिबोध जब रहस्यवादी या अस्तित्ववादी चिन्तन करते हैं, तब प्राय: अकेले होते हैं। जब वह सामाजिक संघर्ष और परिवर्तन की बात सोचते हैं, तब

मित्रों को और तरह-तरह के लोगों को याद करते हैं। रहस्यवादी सपने नहीं, 'नई गहरी विवेक-चेतना' इन मित्रों के पास है, समुद्र की तलहटी में करामाती पत्थर ढूँढ़ने के बदले :

वैज्ञानिक मानव-शस्त्रों से
मेरे सहचर हैं ढहा रहे
वीरान विरोधी दुर्गों की अखंड सत्ता।

['जब प्रश्नचिह्न बौखला उठे']

विरोधी दुर्ग पुरानी समाज-व्यवस्था के हैं। 'एक भूतपूर्व विद्रोही का आत्म-कथन' में वे सामन्ती परिवार के आन्तरिक उत्पीड़न, हत्या और बलात्कार का चित्र खींचते हैं। 'चाँद का मुँह टेढ़ा है' कविता में पूँजीवादी व्यवस्था की पोषक संस्कृति पर तीव्र व्यंग्य करते हैं। गलियों, गन्दी बस्तियों में गरीब जनता अपना भाग्य बदलने के लिए जिस राजनीतिक कार्यवाही में संलग्न है, उसका सहानुभूति से चित्रण करते हैं। वे उन पर हँसते हैं जो जनता से दूर रहकर अपने को ध्यान-मग्न ब्रह्म, विराट् पुरुष की तरह अद्वितीय समझते हैं जिनके लिए जनता अशिक्षित जनों की भीड़ मात्र है :

समुदाय, भीड़
डार्क मासेज, ये मॉब हैं। ['लकड़ी का रावण']

ऐसे लोग महज लकड़ी के रावण हैं।

मुक्तिबोध रूमानी सपने देखते हैं और इन सपनों पर व्यंग्य करते हैं। वह चन्द्रमुख पर उल्का फूल फेंकते हैं, उनकी छाया दूर नेब्यूला में गिरती है :

बस, तभी तलब लगती है बीड़ी पीने की ['एक अन्तर्कथा']

यथार्थ के एक झटके से वह अपने आकाशी स्वप्न भंग कर देते हैं। माँ सूखी टहनियाँ बीनती है क्योंकि इनके भीतर आग है और वह आग खुलने को है। माँ की सीख से मन का वह विकृत आईना टूट जाता है जिसमें या तो चेहरा बहुत बड़ा दीखता था या विकलांग और छोटा दिखाई देता था। मुक्तिबोध में एक प्रवृत्ति थी—चीजों को बढ़ा-बढ़ाकर भव्य रूप में देखने की; दूसरी प्रवृत्ति थी, उन्हें छोटा, हीन और क्षुद्र बनाकर देखने की। इन दोनों प्रवृत्तियों से वह सतर्क होकर युद्ध करते हैं। माँ फटकारती है :

केवल जीवन-कर्तव्यों का
पालन न हो सके इसीलिए
निज को बहलाया करता है।

मुक्तिबोध प्रयास करते हैं कि वह निज को बहलाना बंद करें, विवेक की आँखों से यथार्थ को देखें। यथार्थ को बदलने की समस्या और स्वयं को बदलने की समस्या मुक्तिबोध के लिए एक-दूसरे से गुँथी हुई हैं :

समस्या एक :
मेरे सभ्य नगरों और ग्रामों में
सभी मानव
सुखी, सुन्दर व शोषण-मुक्त
कब होंगे?
कि मैं अपनी अधूरी दीर्घ कविता में
उमग कर,
जन्म लेना चाहता फिर से,
कि व्यक्तित्वान्तरित होकर,
नये सिर से समझना और जीना
चाहता हूँ, सच!!
['चकमक की चिनगारियाँ']

वह इस बात को बार-बार दुहराते हैं कि "सुकोमल व काल्पनिक तल पर नहीं है द्वंद्व का उत्तर" (अन्तःकरण का आयतन)। 'मुझे याद आते हैं', 'मेरे लोग', 'चकमक की चिनगारियाँ' और 'जब प्रश्नचिह्न बौखला उठे' कविताओं में अनेक स्थल ऐसे हैं, जिनमें परिवार और पड़ोस के लोगों के प्रति—किसी काल्पनिक, अमूर्त जनता के प्रति नहीं—मुक्तिबोध का गहरा स्नेह आत्म-विह्वल गेयता के स्वरों में फूट पड़ा है। उनके जीवन में काफी दुःख था, फिर भी परिवार और पड़ोस और देश के लोगों का मुँह देखकर उनका मन मस्ती से भर जाता था। वे उनको भूले नहीं—अपनी आत्मग्रस्तता के बावजूद—जिन्होंने अगरबत्ती की तरह स्वयं जलकर, अपने अन्तर के अगरु-धूम के बादल-सी 'मुझको अथाह, मस्ती प्रदान की।' ('जब प्रश्नचिह्न बौखला उठे')

निराला ने लिखा था : 'वह रहा एक मन और राम का जो न थका'। यह मन निराला के पास था, मुक्तिबोध के पास भी। यह अपराजेय मन, स्नेह का सम्बल पाकर, वर्षों तक मृत्यु से जूझता रहा। मृत्यु से बीस वर्ष पहले उन्होंने लिखा था :

जलते अंगारे लाल बुझ चले
मन के।
ज्यों कभी यकायक वायु ठहर जाती है।
वन के उजले सूनेपन में
और घूरने लगते हैं बरगद पथराई आँखों से
फैले रीतेपन की विराट लहरों को,
त्यों मन के अन्दर प्राण खो चले।

अंगारों के बुझने, वायु के यकायक ठहरने और मन के अन्दर प्राणों के खो जाने की क्रिया उन्होंने वर्षों तक देखी थी। दु:ख और वेदना पर पिछले बीस साल में हिन्दी कवियों ने बहुत लिखा है किन्तु वे या तो कल्पना की गिरह लगाते हैं या भावुकता के फेन पर उतराते हैं। उनकी अनुभूति चाहे जितनी सच्ची हो, उनके लिखने में वह गहराई नहीं है, जो मुक्तिबोध की कविता में है। अन्तर्मन से विश्व रहस्य प्रकट करने के लिए वह जो हीरे-मोती ढूँढ़ लाए, उनसे ज्यादा महत्त्वपूर्ण उनके साधारण मन की दशाएँ हैं, जो सुख-दु:ख, आशा-निराशा, आत्म-विश्लेषण और आत्म-उत्पीड़न की अवस्थाओं में बदलती रहती हैं और जिन्हें बहुत स्पष्ट मुक्तिबोध का अपराजेय कवि-मन देखा करता है। मस्तिष्क तन्तुओं में जब यथार्थों की वेदना जगती है, तब दिन में भी अँधेरा दिखाई देता है और कवि :

अपनी उठती-गिरती लौ की लीलाओं में
अपनी छायाओं की लीला देखता रहा।

['जब प्रश्नचिह्न बौखला उठे']

उनके आत्मग्रस्त होने के दो रूप हैं : एक वह, जब अन्तर्मन में वे पूर्ण ज्ञान की तलाश में पैठते हैं; दूसरा वह, जब वे मन की विभिन्न क्रियाएँ देखते हैं। यह दूसरी तरह की आत्मग्रस्तता उनकी कविता के लिए बाधक नहीं, साधक है। ये मन की दशाएँ वे परिवेश छोड़कर चित्रित नहीं करते। कविता में उनका मन अपने पूरे परिवेश के साथ अवतरित होता है।

अनेक रचनाओं में उनकी कला यूरोपीय साहित्य की 'अँलीगरी' से मिलती है। इस कला की विशेषता है, किन्हीं अमूर्त विचारों और भावनाओं के लिए मूर्त पात्रों और वस्तुओं को निश्चित करना। यह घटिया किस्म की कला है, क्योंकि वस्तुओं और पात्रों का वर्णन पढ़ते हुए जहाँ हम उन्हें यथार्थ समझना चाहते हैं, वहीं लेखक मन को धक्का देता है—ये सत्य नहीं हैं, ये तो अमुक विचारों और भवनाओं की बीजगणित मात्र हैं। काफ्का ने इस कला का यथेष्ट प्रयोग किया है। मुक्तिबोध जगह-जगह स्पष्ट करते चलते हैं, समुद्र पर आता हुआ जहाज साहसी रागाज है। कन्धे पर जिस मानव शिशु को वह अक्सर बिठाकर चलते हैं, वह उनका दायित्वबोध, अनुभव अथवा मानव-परम्परा है, किन्तु मुक्तिबोध की बीजगणित खटकती नहीं। इसका कारण यह है कि उनकी बीजगणित सतही है। सतह के नीचे चित्र जहाँ से उभरकर ऊपर आते हैं, वह धरातल है अन्तर्मन का।

मुक्तिबोध का मन जहाँ-जहाँ भटकता है, उन स्थलों में एक आन्तरिक साम्य है। छाती पर जैसे कोई बोझ हो, दिल और फेफड़ों की हरकत में जैसे कोई बाधा पड़ रही हो, शरीर यंत्र में कहीं कोई कलपुर्जा बिगड़ गया हो, स्नायुतंत्र में असामान्य तनाव हो—ऐसे स्वप्न हैं मुक्तिबोध के। 'फैंटेसी' उनके लिए अभिव्यंजना का माध्यम

मात्र नहीं है, जिसे वह चाहे अपनाएँ, चाहे छोड़ दें। स्वप्न उनके मन की सहज वृत्ति है। यथार्थ को स्वप्नचित्रों में बदले बिना वह मानो उसे समझ नहीं सकते। इन चित्रों में वह उत्तुंग शिखर पर बैठते हैं। कोई उनसे कहता है कि रस्सी के पुल से दूसरे शिखर पर पहुँचो और वह मना करते हैं, वह समुद्र की सतह पर गिरते हैं। माथे से खून बहता है, समुद्र की तलहटी में पहुँच जाते हैं; वह अँधेरी बावड़ी और कुएँ में पड़े होते हैं, जीने में बार-बार चढ़ते-उतरते हैं, लेकिन बाहर नहीं निकल पाते या किसी पुरानी इमारत के गिरने से उसके नीचे दब बाते हैं। बाहर की दुनिया में जितना ही झटके खाए, उतना ही स्नायुतंत्र का तनाव बढ़ा। बीज रूप में जो रोग विद्यमान था, उसने त्रास के सपनों की सृष्टि की। मुक्तिबोध का संवेदनशील मन शरीर की आन्तरिक हलचल देखकर अपनी मृत्यु की—मस्तक के कोष फूटने की—भविष्यवाणी कर रहा था।

इसलिए उनकी वेदना के स्रोत बहुत गहरे हैं।

मुक्तिबोध कवियों के प्रिय रहे हैं और रहेंगे। उन्होंने जो नये कलात्मक प्रयोग किए हैं, उनमें सीखने-समझने के लिए बहुत कुछ है। उन्होंने 'फैंटेसी' का प्रयोग व्यंग्य-उपहास से लेकर करुण भावों की अभिव्यक्ति तक के लिए किया है। ऊपर से अँधेरा-अँधेरा दिखने पर भी उनकी कविता में बड़ी विविधता है। यदि कभी उनकी तमाम असंकलित कविताओं का संग्रह प्रकाशित होगा, तो इस विविधता की जानकारी और भी अच्छी तरह हो सकेगी। वह रहस्यवादी हैं, क्रान्तिकारी हैं, रोमांटिक भी हैं। भूल-गलती के सिलसिले में अलगजाली, इब्नेसिन्ना, अलबरूनी, कौन-कौन-से आलिम फाजिल, सिपहसालार उन्हें याद नहीं आते, ज्वालामुखियों के भीतर वह कौन-कौन-से अद्भुत दृश्य नहीं देखते, पुस्तकें उनके रोमांटिक चित्रों का मुख्य स्रोत हैं। किन्तु साधारण जीवन—खास तौर से निम्न मध्यवर्ग के शहरी जीवन—से जितने उपकरण उन्होंने लिये, उतने उनकी पीढ़ी के और किसी कवि ने नहीं बटोरे। उनकी रचनाओं में जगह-जगह भाषा और छन्द की शिथिलता दिखाई देती है, किन्तु जब वह 'मस्ती' में होते हैं, तब भाषा और छन्द की गति साँचे में ढली हुई निकलती है।

मुक्तिबोध की कविता असुरक्षित जीवन की कविता है। उसमें भावबोध की अस्थिरता और विचारों की उलझन भी है। लेकिन यह सब किसमें नहीं है? इसलिए भी उनकी कविता में सीखने और समझने के लिए बहुत कुछ है—खास तौर से कवियों के लिए।

नई कविता के सन्दर्भ में : नागार्जुन की काव्यकला

कवि दिनकर ने लिखा है :

मरकर भी जीवित रहने का
लोभ न करना चाहिए।
मरे अगर कवि तो
उसको पूरा ही मरना चाहिए।

['कोयला और कवित्व', पृ. 61]

जहाँ मौत नहीं है, बुढ़ापा नहीं है; जनता के असन्तोष और राज्यसभाई जीवन का सन्तुलन नहीं है, वह कविता है नागार्जुन की। ढाई पसली के घुमन्तू जीव, दमे के मरीज, गृहस्थी का भार—फिर भी क्या ताकत है नागार्जुन की कविताओं में! और कवियों में जहाँ छायावादी कल्पनाशीलता प्रबल हुई है, नागार्जुन की छायावादी काव्य-शैली कभी की खत्म हो चुकी है। अन्य कवियों में रहस्यवाद और यथार्थवाद को लेकर द्वंद्व हुआ है, नागार्जुन का व्यंग्य और पैना हुआ है। क्रान्तिकारी आस्था और दृढ़ हुई है। उनके यथार्थ-चित्रण में अधिक विविधता और प्रौढ़ता आई है। नागार्जुन इस बात से परेशान नहीं हैं कि एज़रा पाउंड और टी.एस. इलियट की शैली अपनाएँ या लोकगीतों की तर्ज पर कुछ लिखें। उनकी बहुत-सी कविताओं में वैसा ही कसाव, शब्दों का सांकेतिक प्रयोग और चित्रण-कौशल है, जैसा किसी सधे हुए कलाकार में हो सकता है। उनकी कविताएँ लोक-संस्कृति के इतना नजदीक हैं कि उसी का एक विकसित रूप मालूम होती हैं। किन्तु वे लोकगीतों से भिन्न हैं, सबसे पहले अपनी भाषा—खड़ी बोली के कारण, उसके बाद अपनी प्रखर राजनीतिक चेतना के कारण और अन्त में बोलचाल की भाषा की गति और लय को आधार मानकर नये-नये प्रयोग के कारण। हिन्दी-भाषी प्रदेश के किसान और मजदूर जिस तरह की भाषा आसानी से समझते और बोलते हैं, उसका निखरा हुआ काव्यमय रूप नागार्जुन के यहाँ है। किसान अपने गाँव या घर में अपनी जनपदीय बोली का प्रयोग करते हैं; शहर में, अपने राजनीतिक-सांस्कृतिक जीवन में, कचहरी, अदालत और शिक्षा में वे खड़ी बोली का व्यवहार करते हैं। विभिन्न जनपदों से आनेवाले

मजदूर जब शहरों में केन्द्रित होते हैं, तब वे किसानों की अपेक्षा खड़ी बोली का व्यवहार और भी अधिक करते हैं। नागार्जुन मैथिली में भी साहित्य-रचना करते हैं और इसके लिए अकादेमी से पुरस्कृत भी हो चुके हैं। किन्तु जिन रचनाओं में मालवे से लेकर मिथिला तक विभिन्न जनपदों के श्रमिकों की राजनीतिक चेतना अपने प्रखर रूप में प्रकट होती है, वे खड़ी बोली में हैं। नागार्जुन पहले मैथिली को हिन्दी से स्वतंत्र भाषा मानते थे। अब क्या स्थिति है, मुझे नहीं मालूम। सम्भव है, अब भी उनकी वही मान्यता हो। किन्तु आज भी, और पहले भी विभिन्न जनपदों के राजनीतिक रूप से जाग्रत श्रमिक जनों को एक-दूसरे के निकट लाने में उनकी भूमिका अन्यतम रही है। नागार्जुन जितने क्रान्तिकारी सचेत रूप से हैं, उतने ही अचेत रूप से भी हैं। उनका क्रान्तिकारीत्व एक ओर साम्राज्यवाद, सामन्तवाद और पूँजीवाद की प्रखर आलोचना में प्रकट होता है, दूसरी ओर वह उनकी कला द्वारा हिन्दी जातीयता के स्तर पर विभिन्न जनपदों की श्रमिक जनता को एकताबद्ध करने में भी प्रकट होता है। यद्यपि उत्तर भारत के जन-आन्दोलन में बहुत बड़ा बिखराव है, फिर भी यह सही है कि हिन्दी प्रदेश का कोई ऐसा आधुनिक कवि नहीं है जिसकी रचनाएँ इतने चाव से इतने लोग पढ़ते हों जो मध्यवर्ग के नहीं हैं, जिनमें राजनीतिक चेतना फैल रही है और जो आल्हा-नौटंकी के दायरे से बाहर आ रहे हैं। हर विकासमान देश के समाजवादी आन्दोलन के सामने यह समस्या आती है कि साहित्य को कैसे लोकप्रिय बनाया जाए, साथ ही उसे कलात्मक स्तर से गिरने न दिया जाए। नागार्जुन ने लोकप्रियता और कलात्मक सौन्दर्य के सन्तुलन और सामंजस्य की समस्या को जितनी सफलता से हल किया है, उतनी सफलता से बहुत कम कवि—हिन्दी से भिन्न भाषाओं में भी—हल कर पाए हैं। यदि हम इस बात पर ध्यान दें कि स्वाधीनता-प्राप्ति के बाद अन्तर्मुखी व्यक्तिवादी धाराएँ हिन्दी में बड़े पैमाने पर सैलाब बनकर फैलती रही हैं, तो नागार्जुन की एकान्त लक्ष्यप्रियता, सुविधा और समझौतों को ठुकराने वाली उनकी सतेज सामाजिक चेतना, उनका आत्मविश्वास, जनता में उनकी क्रान्तिकारी आस्था और भी स्पष्ट हो जाती है। नागार्जुन में ऊँचे दर्जे का राजनीतिक शऊर ही नहीं है, उनका सहज ज्ञान, अन्तर्वृत्तियाँ, स्वत:स्फूर्त मानसिक प्रतिक्रियाएँ, सभी जनमानस से अभिन्न रूप से जुड़ी हुई हैं। यह सही है कि आज नई कविता के सन्दर्भों में नागार्जुन की चर्चा नहीं के बराबर है लेकिन कल जब समाजवादी दलों का बिखराव दूर होगा, जब हिन्दी प्रदेश की श्रमिक जनता एकजुट होकर नई समाज-व्यवस्था के निर्माण की ओर बढ़ेगी, जब नई कविता का अस्तित्ववादी सैलाब सूख चुका होगा, जब मध्यवर्ग और किसानों और मजदूरों में भी जन्म लेनेवाले कवि दृढ़ता से अपना सम्बन्ध जन-आन्दोलन से कायम करेंगे, तब उनके सामने लोकप्रिय साहित्य और कलात्मक सौन्दर्य के सन्तुलन की समस्या फिर पेश होगी और तब साहित्य और

राजनीति में उनका सही मार्गदर्शन करनेवाले, अपनी रचनाओं के प्रत्यक्ष उदाहरण से उन्हें शिक्षित करनेवाले, उनके प्रेरक और गुरु होंगे कवि नागार्जुन। यह कहना आवश्यक है कि समाजवादी सप्ताहिकों में क्रान्तिकारी कविताएँ तो बहुत-सी छपती हैं किन्तु उनके रचयिताओं में इस समय कवि हैं अकेले नागार्जुन।

नागार्जुन की एक प्रसिद्ध कविता है : 'आओ रानी, हम ढोएँगे पालकी'। इसमें लोकगीतों का हल्का स्पर्श-भर है। पालकी के साथ जवाहरलाल की तुक ने व्यंग्य में चार चाँद लगा दिये हैं। भारत की गरीबी और बदहाली, इसके लिए ब्रिटेन की जिम्मेदारी, उसी ब्रिटेन से भारत के नेताओं की मैत्री—यह सब देखकर नागार्जुन के हृदय में तीव्र आक्रोश उत्पन्न होता है, साथ ही वह ब्रिटिश मलका और उनके भारतीय भक्तों पर खुलकर हँसते हैं। लोकगीतों की शब्दावली अपनाते हुए मर्मान्तक व्यंग्य से उन्होंने अमरीकी अन्नदाताओं के प्रति भारतीय नेताओं के भक्तिभाव पर कविता लिखी :

तुम चन्दन हम पानी।
हम काहिल हैं, हम भिखमंगे, तुम हो औढर दानी
अब की पता चला है प्रभुजी, तुम चन्दन हम पानी।
हम निचाट धरती निदाघ की, तुम बादल बरसाती
अब की पता चला है प्रभुजी, तुम दीपक, हम बाती।

राष्ट्रीय आत्मसम्मान की भावना पर चोट लगने से क्षुब्ध होकर नागार्जुन ने साम्राज्यवाद के सामने नाक रगड़नेवाले नेताओं पर यह कविता लिखी है। चन्दन और पानी, दीपक और बाती के ऐसे प्रतीक परिचित हैं कि उनका अर्थ समझने के लिए विशेष अनुसन्धान की आवश्यकता नहीं है। वे अनपेक्षित सन्दर्भ में प्रयुक्त हुए हैं, इसलिए एक आश्चर्य-भावना व्यंग्य को और भी आकर्षक, साथ ही तीखा बना देती है।

'शासन की बन्दूक' शीर्षक से नागार्जुन ने पाँच दोहे लिखे हैं। कुछ पुराने राजस्थानी कवियों ने दोहों का उपयोग सफल राजनीतिक कविता के लिए किया था। कानपुर के दो-एक कवियों ने खड़ी बोली में दोहों का वैसा ही उपयोग किया। जरा नागार्जुन के मूर्तिविधान की विशदता और उदात्त स्तर की राजनीतिक कविता के लिए छोटे-से दोहे का प्रयोग देखिए :

खड़ी हो गई चाँप कर, कंकालों की हूक।
नभ में विपुल विराट्-सी, शासन की बन्दूक।

दमन के लिए शासन बहुत-सी बन्दूकें इस्तेमाल करता है। नागार्जुन ने उन सबको मिलाकर एक बड़ी बन्दूक बना दी है जो नभ में विपुल विराट्-सी छा गई है। नीचे क्षुब्ध जनता का समूह है जिसे उन्होंने संक्षेप में कंकालों की हूक कहकर मूर्तिमान

कर दिया है। चित्रण-सौन्दर्य का यह कौशल अन्य कवियों के राजनीतिक दोहों में नहीं है। आखिरी दोहे में दमन की निरर्थकता और जनता की विजय में विश्वास एक सादे प्रतीक द्वारा—किन्तु बहुत ही प्रभावशाली ढंग से—यों व्यक्त हुआ है :

जली ठूँठ पर बैठकर, गई कोकिला कूक।
बाल न बाँका कर सकी, शासन की बन्दूक।

ठूँठ जल गया है लेकिन उस पर भी कोयल बैठकर कूक जाती है। 'बाल न बाँका कर सके' का परिचित मुहावरा पूरी हेकड़ी से बन्दूक को अँगूठा दिखाता है।

अब भिन्न गति लय में प्रदेश के कांग्रेसी नेता का दिल्ली से चुनाव-टिकट लेकर लौटना देखिए। कविता का शीर्षक है : 'आए दिन बहार के'। शुरू का बंद है :

स्वेत स्याम रतनार अँखियाँ निहार के
सिंटीकेटी प्रभुओं की पगधूर झार के
दिल्ली से लौटे हैं कल टिकट मार के
खिले हैं दाँत ज्यों दाने अनार के
आए दिन बहार के।

कोई रीतिवादी नायिका—प्रौढ़ा मध्या धीरा आदि—अपने प्रियतम को देखकर इतना प्रसन्न न हुई होगी जितना टिकट पाकर यह कांग्रेसी नेता। स्वेत स्याम रतनार रीतिवादी सन्दर्भ की ओर संकेत करते हैं और अनार के दाने नौटंकी संस्कृति वाले नये लोकगीत की तरफ—बिखरे गुलशन में दाने अनार के। व्यंग्य में गहराई पैदा होती है इस रीतिवादी सन्दर्भ की ओर संकेत से। 'आए दिन बहार के' में चुनाव के उद्दीपन विभावों का समा बँध गया है।

इन नेताओं के सहयोगी, ब्रिटिश स्टील फ्रेम के वारिस, जनता के हुक्मरान अफसरों का एक चित्र है : 'तो फिर क्या हुआ?' भीड़ ने ढेले चलाए, पुलिस ने आँसू गैस फेंकी। एक किशोर मारा गया, एकाध अफसर पिट गए।

नत नयन मुद्रित मुख कुर्सीधर ने देखा—
तो फिर क्या हुआ!
महीन मुस्कान फेंकते रहे मेरी ओर
वेतन सर्वस्व, बुद्धिजीवी महानुभाव
बढ़ा दी आगे गोल्डफ्लेक की पैकेट।

पूरी नाटकीय स्थिति, संवाद और भावों के घात-प्रतिघात के साथ व्यंग्य रूपायित होता है—दर्द और अकेलेपन के बेठोस बयानों की तरह नहीं—कलात्मक चित्र में पूरी परिस्थिति के साथ।

नागार्जुन की हँसी एक साधारण श्रमिक की हँसी है—ऐसी हँसी, जो पूँजीपतियों, उनके हितसाधक नेताओं, असमंजस में पड़े हुए मध्यम वर्ग के बाबुओं को देखकर आती है। ट्राम के नीचे दर्जे में कुली-मजदूर ठसाठस भरे हैं। उनमें फँस गया है कोई भद्रलोक! नागार्जुन उसकी परेशानी का मजा लेते हुए पूछते हैं :

छूती है निगाहों को
कत्थई दाँतों की मोटी मुस्कान
बेतरतीब मूँछों की थिरकन
सच सच बतलाओ
घिन तो नहीं आती है?
जी तो नहीं कुढ़ता है?

शमशेर की नाजुक-खयाली से मिलती-जुलती नागार्जुन की यह नाजुक-बयानी है—कत्थई दाँतों की मोटी मुस्कान, बेतरतीब मूँछों की थिरकन—लेकिन एकदम भिन्न सन्दर्भ में, एक भिन्न उद्‌देश्य की पूर्ति के लिए। शमशेर की तरह नागार्जुन ने भी पूरी तसवीर न देकर आंशिक बिम्ब से काम लिया है, लेकिन आधा व्यंग्य तो कुली-मजदूरों के लिए उस शैली के इस्तेमाल करने ही में है जो शमशेर के यहाँ आम तौर से रमणीय अंगों के उतार-बढ़ाव के लिए सुरक्षित रहती है।

शहर की सजी-बजी महिलाओं को देखकर नागार्जुन फिर उसी देहाती ढंग से खूब हँसते हैं। कलकत्ते की सड़कों का चक्कर लगाती हुई 'विज्ञापन सुन्दरी' सत्रह सौ के विज्ञापन बटोर लाती है। नागार्जुन बड़े प्यार से उसे प्रोत्साहन देते हैं :

रमा लो माँग में सिन्दूरी छलना...
फिर बेटी, विज्ञापन लेने निकलना...
तुम्हारी चाची को यह गुर कहाँ था मालूम!

भद्रवर्ग की एक महिला सबेरे उठकर किसी को गालियाँ देना शुरू करती है। नागार्जुन दूर खड़े—असम्पृक्त भाव से—उसकी गालियाँ सुनते हैं और उसके कमल की पंखुड़ियों जैसे होंठों का बार-बार हिलना भी प्रेम से देखते रहते हैं :

होंठ हिले
हिलते रहे
देर तक हिलते ही रह गए
उस पार—
मोतिया दंतपंक्तियों के अन्दर
काँपती रही क्षोभ के मारे जीभ
निकल आई बासी भाप ताजा सौरभ के बदले

अर्द्ध-स्फुट कमल की पंखुड़ियों को क्या हो गया था जाने
निकलते रहे बाहर
एक के बाद एक
काले काले भौंरे :
गालियाँ, आक्रोश, अभिशाप!

होंठ हिले और हिलते रहे। नागार्जुन यह क्रिया देखकर वैसे ही प्रसन्न होते हैं, जैसे पंत के 'हिलाते अधर प्रवाल' को सोच-सोचकर निराला हँसते थे। कमल की पंखुड़ियों से काले भौंरों का निकलना रीतिवादी सौन्दर्यबोध का सबूत देता है, लेकिन रीझने के बजाय नागार्जुन उस पर हँसते हैं। और कमल ही अर्द्धस्फुट नहीं हैं, नागार्जुन भी अर्द्धस्फुट बिम्बों से अपनी कला सँवारते हैं। अर्द्धस्फुट बिम्ब, वैसे ही अर्द्धस्फुट वाक्य। 'लिखा थोड़ा, जानना बहुत' वाली सांकेतिक शैली।

एक कविता है : 'तन गई रीढ़, पीठ पर हथेली का स्पर्श : तन गई रीढ़!' कन्धों के पीछे किसी की साँसों की उष्णता का अहसास : तन गई रीढ़! इसी तरह चितवन के कौंधने पर, खिलखिलाहट के गूँजने पर, अलकों से तैलाक्त परिमल का झोंका आने पर—हर बार रीढ़ तन जाती है। लेकिन रीढ़ तनने पर उसके पुरुषार्थ की प्रशंसा करने के बदले नागार्जुन हँसते हैं—चुपचाप। ऐसे ही ब्रिटिश मलका के पति ने शेर का शिकार किया। इस बहादुरी पर खुश होने के बदले नागार्जुन कविता शुरू करते हैं :

बीत गई सर्दी, बीत गया माघ
रानी के खसम ने मारा है बाघ।

छन्द की गति में, अन्त्यानुप्रास में, हर शब्द में शरारत।

मिठाइयों की दुकान, मिठाइयों पर बिजली के बल्बों का प्रकाश, दुकान का नाम 'मधुक्षरा'। नागार्जुन को फिर हँसी आती है :

भावुक बंगाल को प्रिय है अतिशयोक्ति
न हुई मिठाइयों की दुकान,
हो गई 'मधुक्षरा'
रसगुल्ला, सन्देश, चमचम, खीरमोहन...
यही कुछ तो मिलते होंगे उस दुकान के अन्दर?
विद्युत आलोकित चमक रहे हैं चार अक्षर—
म धु क्ष रा
इतना प्यारा नाम?
हाय राम!

बिलकुल तटस्थ होकर—सड़क पर खड़े-खड़े—दुकान को देखते हैं कवि नागार्जुन, क्योंकि 'यही कुछ तो मिलते होंगे दुकान के अन्दर' का अर्थ ही है, दुकान के बाहर हैं। अपनी मिताक्षरा शैली में मधुक्षरा नाम पर 'हाय राम' कहकर उन्होंने यह भी सिद्ध कर दिया कि स्त्रियों की तुलना में उन्हें मिठाइयाँ ही अधिक आकर्षित करती हैं।

यह बात नहीं कि काली घटाएँ और पुरवाई नागार्जुन के हृदय को नीरस ही छोड़ जाती हों। पुजारिन भाभी अपने रसिया देवर को छेड़ती है और देवर को हँसी भी आती है लेकिन 'तन गई रीढ़' और 'अर्द्धस्फुट कमल' वाली कविताओं की हँसी से यह जरा दूसरे ढंग की हँसी है। शृंगार रस में नागार्जुन की यह कविता अद्वितीय है, इसलिए मैं उसे पूरी की पूरी यहाँ उद्धृत करता हूँ :

झुक आए कजरारे बादल
कूक उठे मोर
टर्राए मेढक
पहुँच कर धीरज के छोर पर
दम साध लिये धरती ने...
बिजली की मूठ से खुजलाकर पीठ
पुजारिन भाभी बोली
आँधी आएगी
बादलों को कहाँ से कहाँ उड़ा ले जाएगी
तुम्हारे तो मजे ही मजे रहेंगे
धार के उस पार
झूसी की तरफ
रेती पर मारोगे टहलान
फड़कते रहेंगे होंठ
चमकती रहेंगी आँखें
हल्की फुहियों से भीगता रहेगा बदन
छेड़ती रहेगी छिनाल पुरवइया
इकलौती बिटिया वाले अधेड़ बाप की भाँति
झुका रहेगा तुम पर बादल
तुम्हारे तो भई मजे ही मजे रहेंगे
ओ मेरे रसिया देवर!
और मुझे आ गई हँसी
कूक उठे मोर
और मेरा रोआँ रोआँ हो उठा कंटकित
टर्राए मेढक

और मेरा दिल धड़कने लगा जोरों से
हो उठी तीव्र झींगुरों की रीं रीं रीं...
और मैं लगा गया गोता गहराई के अन्दर
झुक आए कजरारे मेघ
और अधिक
और अधिक
और अधिक।

मैंने कहा न था—यह हँसी दूसरे ढंग की है, रोआँ-रोआँ हो उठा कंटकित और दिल धड़कने लगा। लेकिन जब पहुँचकर धीरज के छोर पर धरती ने दम साध लिये हों—इस मार्मिक अनुभूति और उसकी सफल अभिव्यक्ति की जितनी दाद दी जाए, थोड़ी है—तब मनुष्य की क्या बिसात! पुजारिन भाभी ने नागार्जुन के ही व्यंग्य धनुष पर अपना पुष्पबाण चढ़ाया—फड़कते रहेंगे ओठ, चमकती रहेंगी आँखें! वैसे ही, जैसे—होंठ हिले, हिलते रहे, देर तक हिलते ही रह गए! बिजनी की मूठ से पीठ खुजलाना—क्या किसी नायिका ने केशवदास से ऐसा संकेत किया होगा! और इकलौती बिटिया वाले अधेड़ बाप जैसा बादल—एकदम आधुनिकताबोध वाला उपमान! मोर कुके और रोआँ-रोआँ रोजी कंटकित हो उठा, मेढक टर्राए और दिल धड़कने लगा। जैसे प्रेम की अतिशयता में पहले लोगों को मूर्च्छा आ जाती थी, वैसे ही यहाँ है यह दिल धड़कने का भाव। और अन्त में—मैं लगा गया गोता गहराई के अन्दर। पूर्ण आत्म-समर्पण के क्षण में विराट् की अनुभूति! धार के उस पार न जाकर मझधार में मानो दम साध कर डुबकी लगाई हो!

इससे भिन्न एक भद्र महिला का चित्रण देखिए :

चम्पई आभा की नारी-सी मध्यवयसी महिला
डबल एम.ए. मिसेज गुप्ता...
नचाकर कमलपत्री नेत्र...
आइसक्रीम खिलाती हैं यानी पेश करती हैं लेकिन
रोककर हाथ
सुनता रहा मैं मिसेज गुप्ता की बात।

और सारी बातें अपनी भद्र संस्कृति का रोब डालने के लिए हैं। उनकी मुन्नी केम्ब्रिज के आखिरी साल में है :

कविता का बेहद शौक है...
लिख दीजिएगा वही—
पाँखें खुजलाईं कौए ने

रोता रहा चूल्हा, चक्की थी उदास।
याद तो होगी न?

उस कविता का यहाँ इस ढंग से याद किया जाना ही महिला की भद्र संस्कृति पर करारा व्यंग्य बन जाता है।

नागार्जुन भद्र महिलाओं पर ही व्यंग्य करते हों, ऐसी बात नहीं है। वह साधारण जनता के अन्धविश्वासों की भी तीखी आलोचना करते हैं। उनकी एक कविता है : 'काली माई'। पैरों के नीचे शंकर करुणावतार हैं, किन्तु 'माता को कद्दू-लौकी नहीं, बलि पशुओं की आँत चाहिए'। और खास बात यह कि मुंडमाल के लिए गरीबों पर निगाह है। धनपतियों के लिए दया की खुली राह है! ऐसे ही 'देखना ओ गंगा मइया' में पुल पर जाती रेल से भक्तों द्वारा पैसे फेंके जाने पर वह उन्हें बता देते हैं कि इन पैसों का क्या उपयोग होगा—बीड़ी पिएँगे, आम चूसेंगे, सुगन्धित साबुन की टिकिया घिसेंगे :

लगाएँगे सर में चमेली का तेल
या कि हम-उम्र छोकरी को टिकुली ला देंगे।

नागार्जुन में हास्यवृत्ति इतनी प्रबल है कि जहाँ वह प्रकृति के सौन्दर्य पर मुग्ध होते हैं, वहाँ भी कोई न कोई वस्तु हास्य का आलम्बन बन ही जाती है। वसन्त में कलियाँ मुस्कराती नहीं हैं, मुँह बा देती हैं। नागार्जुन टेसू, अलसी और बौरों के बारे में ऐसे लिखते हैं, जैसे वे इनके सगे सम्बन्धी हों! अद्भुत आत्मीयता है नागार्जुन की ऐसी कविताओं में :

अबके इस मौसम में
कोयल आज बोली है
पहली बार! ['अबके इस मौसम में']

मानो वह बहुत दिन से इन्तजार करते रहे थे कि कोयल बोले।

टूसों को उमगे कई दिन तो गए
टेसू को सुलगे कई दिन हो गए
अलसी को फूले कई दिन हो गए
बौरों को महके कई दिन हो गए

फिर भी कोयल चुप थी। सचमुच वह दिन गिन रहे थे। जब सारी तैयारी हो गई तब 'कलमुँही' बोली। कवि की प्रसन्नता का ठिकाना नहीं। इसी तरह :

बहुत दिनों के बाद
अब की मैंने जी-भर देखी
पकी सुनहली फसलों की मुस्कान...

अबकी मैं जी भर छू पाया
अपनी गँवई पगडंडी की चन्दनवर्णी धूल
—बहुत दिनों के बाद।

['बहुत दिनों के बाद']

नागार्जुन मूलतः ग्राम-कवि हैं। शहर के मजदूरों के लिए उनकी किसानवाली सहृदयता अत्यन्त मूल्यवान है। गाँव के मुफलिस किसान रोजी-रोटी की तलाश में शहर आते हैं। उनके प्रति उनकी सहानुभूति सहज ही जाग उठती है :

खुब गए
दूधिया निगाहों में
फटी बिवाइयों वाले खुरदरे पैर।

ये रबड़विहीन पैडलों के ठूँठ को चलानेवाले रिक्शा चालक के पैर हैं। और दूधिया निगाहें स्वयं नागार्जुन की हैं :

देर तक टकराए
उस दिन इन आँखों से वे पैर
भूल नहीं पाएगा फटी बिवाइयाँ
खुब गई दूधिया निगाहों में
धँस गई कुसुम कोमल मन में। ['खुरदरे पैर']

नागार्जुन को गुस्सा कम आता है—यानी कविता में। साधारणतः वह व्यंग्य का रूप लेता है या करुणा द्वारा नियंत्रित रहता है। जैसे 'कई दिनों तक चूल्हा रोया, चक्की रही उदास' वाली कविता में कुतिया और छिपकलियों की तरह चूल्हा और चक्की—मानो किसी उड़नखटोले वाली परी-कथा में बेजान चीजें—सजीव हो उठी हों!

नागार्जुन की अनेक कविताएँ राजनीतिक पत्रकारिता के स्तर पर क्रान्तिकारी जोश उभारने के लिए लिखी गई हैं। जैसे 'लुमुम्बा' पर :

अफ्रीका की काली मिट्टी लाल हो गई आज
गोरे बौनों की साजिश विकराल हो गई आज।

इस तरह की कविताएँ राजनीतिक लेक्चरबाजी का छन्दोबद्ध रूप हैं। यह आवश्यक नहीं है कि राजनीति पर लिखी हुई कविताएँ इसी स्तर की हों। क्रान्तिकारी उत्साह जगानेवाली राजनीतिक कविताएँ सुन्दर हो सकती हैं किन्तु अभी स्थिति यह है कि नागार्जुन की सबसे सफल राजनीतिक कविताएँ वही हैं जिनमें वे व्यंग्य से हँसते हैं, क्रोध या आवेश में नहीं आते। इसका एक वस्तुगत कारण यह है कि बिहार और उत्तर प्रदेश में राजनीतिक जीवन जैसा है—विशेष रूप से वामपक्ष की

जैसी स्थिति आज है—उससे कवि को क्रान्तिकारी उत्साह के बदले व्यंग्य के लिए ही सामग्री अधिक मिलती है।

नागार्जुन की अनेक कविताओं में थोड़ा ऊबड़-खाबड़पन है। कलात्मक खुरदुरापन नहीं—लिखने में कहीं ऊँचाई, कहीं गिरावट। लेकिन उनका मन जब अपने आसन पर सध जाता है, तब कविताएँ ऐसे निकलती हैं, जैसे साँचे में ढली हुईं। उनकी प्रज्ञा को जैसे प्रकृति जगाती है, वैसे और कोई उत्तेजक नहीं। किसान-मजूरों के कवि को प्रकृति से क्या मतलब? क्या यह क्रान्ति-विरोधी पलायन नहीं? यांत्रिक भौतिकवाद मनुष्य की चेतना को सामाजिक सम्बन्धों—या केवल आर्थिक सम्बन्धों—के दायरे में सीमित कर देता है। इसी धारणा से यह दृष्टिकोण बनता है कि प्रगतिशील साहित्यकार का कर्तव्य सामाजिक सम्बन्धों को क्रान्तिकारी ढंग से प्रतिबिम्बित करना भर है। विशुद्ध कलावादी और अध्यात्मवादी चिन्तक यह मानकर चलते हैं कि मनुष्य की चेतना परब्रह्म का ऐसा विशुद्ध अंश है कि सामाजिक सम्बन्धों जैसी स्थूल वस्तुओं से उसका कोई सरोकार हो ही नहीं सकता। दोनों ही धारणाएँ गलत हैं।

पूँजीवादी व्यवस्था श्रमिक जनता का आर्थिक रूप से ही शोषण नहीं करती, वह उसके सौन्दर्यबोध को कुंठित करती, उसके जीवन को घृणित और कुरूप भी बनाती है। फूलों-फव्वारों से सजे हुए बाग-बगीचे पूँजीपतियों और उनकी रखैलों के लिए हैं, मजदूरों के लिए गन्दी बस्तियों की तंग कोठरियाँ हैं। समाजवाद का उद्देश्य शहर और गाँव का भेद मिटाना है, खेतों की हरियाली के बीच स्कूल-अस्पताल कायम करना, वहाँ बिजली की सुविधाएँ पहुँचाना और शहरी बस्तियों की गन्दगी मिटाकर हरे-भरे पार्कों, पेड़ों और फूलों से उन्हें सुन्दर बनाना है। जो चेतना मनुष्य की इस प्राकृतिक आवश्यकता को समझती है, वही उसे सामाजिक संघर्ष में भाग लेने की प्रेरणा भी देती है। क्या भारत और क्या यूरोप—कहीं भी अब तक कोई बड़ा मानव-प्रेमी कवि नहीं हुआ, जो प्रकृति का प्रेमी भी न रहा हो। केवल यांत्रिक भौतिकवाद के लिए यह प्रेम मूल्यहीन है, द्वंद्वात्मक भौतिकवाद के लिए वह अत्यन्त मूल्यवान है।

नागार्जुन की एक कविता है : 'कल और आज'। कल गर्मी थी, आज पानी गिरा है। संक्रमण-बिन्दु पर प्रकृति मानो नागार्जुन को झटका देती है। फिर मन सध जाता है, सारी प्रक्रिया एक क्षण में आँखों के सामने कौंध जाती है : कविता उतर आती है, निर्दोष, पूर्ण, मन के साँचे में ढली हुई (यानी कविता के साथ उसका नया साँचा भी ढलता आता है।) :

अभी कल तक
गालियाँ देते थे तुम्हें
हताश खेतिहार
अभी कल तक

धूल में नहाते थे
गौरैयों के झुंड
अभी कल तक

पथराई हुई थी
धनहर खेतों की माटी
अभी कल तक

धरती की कोख में
दुबके पड़े थे मेंढक
अभी कल तक

उदास और बदरंग था आसमान
और आज
ऊपर ही ऊपर तन गए हैं
तुम्हारे तम्बू

और आज
छमका रही है पावस रानी
बूँदों बूँदियों की अपनी पायल

और आज
चालू हो गई है अविराम
झींगुरों की शहनाई लाजवाब

और आज
जोरों से कूक पड़े
नाचते-थिरकते मोर

और आज
आ गई है वापस जान
दूब की झुलसी शिराओं के अन्दर

और आज
बिदा हुआ चुपचाप ग्रीष्म
समेटकर अपने लाव-लश्कर।

जिस व्यक्ति ने यह कविता लिखी है, वह शहर से देहात में हवा खाने नहीं गया, न किसी समाजवादी नेता के कहने से वह गाँव की जनता से सम्पर्क कायम करने पहुँचा है। वह गाँव का है, वहीं की जनता में पैदा हुआ है, पढ़-लिख गया है लेकिन इससे उसके संस्कार विकृत नहीं हुए, परिष्कृत हुए हैं। वह संस्कृत का पंडित है लेकिन वह अपनी भाषा का सादा जातीय रूप खूब पहचानता है। तत्सम शब्दावली—यानी कोमल कान्त पदावली—से वह अपनी रचना को कवित्वपूर्ण नहीं बनाता। अभी कल तक पथराई हुई थी धनहर खेतों की माटी—यह भाषा वैसे ही ठेठ हिन्दी है, जैसे धनहर खेतों की माटी ठेठ भारतीय धरती है। धरती की कोख में दुबके पड़े थे मेढक—जो तुच्छ और नगण्य हैं, प्रकृति की समूची कार्यवाही में वह भी कवित्वपूर्ण बन जाते हैं। पावस रानी का पायल छमकाना छायावादी कविता की मेघपरियों के पायल छमकाने से अलग है, अति मानवीयता वाले उदात्तीकरण से भिन्न यहाँ लोक-संस्कृति की सहज आत्मीयता है। और अन्त में—आ गई है वापस जान दूब की झुलसी शिराओं के अन्दर। वर्षा के उद्दीपन विभावों की रीतिवादी फौज के बदले एक सीधी-सी आये-दिन की बात। यह हिन्दी कविता का नया यथार्थवाद है।

नागार्जुन मुद्दत से कविताएँ लिख रहे हैं। उनका पहला कविता संकलन 'युग धारा' सन् '53 में प्रकाशित हुआ था। सन् '51 में उन्होंने दूसरा कविता संकलन 'सतरंगे पंखोंवाली' स्वयं प्रकाशित किया और उसके प्रारम्भिक वक्तव्य में सूचित किया कि 'युगधारा' से एक भी रचना यहाँ नहीं ली गई और यह भी कि 'युगधारा' अब दुबारा नहीं छपेगी। सन् '62 में उन्होंने नया संकलन 'प्यासी पथरायी आँखें' प्रकाशित किया। इसके प्रारम्भिक वक्तव्य में उन्होंने सूचित किया कि ये रचनाएँ इससे पहले किसी संकलन में नहीं आईं। चूँकि 'युगधारा' दुबारा छपनी न थी, इसलिए संकलनों की गिनती उन्होंने 'सतरंगे पँखोंवाली' से शुरू की। 'प्यासी पथराई आँखें' हुआ दूसरा संकलन।

"'तालाब की मछलियाँ और अन्य कविताएँ' हमारा तीसरा संकलन होगा... राजनीतिक रचनाओं का एक संकलन अलग से निकालने का हमारा इरादा है।' अभी तक ये संकलन देखने में नहीं आए। एक बार नागार्जुन ने कलकत्ते में विस्तार से मुझे अपनी योजना समझाई कि वह पाठकों से पेशगी रुपया लेकर कैसे अपनी पुस्तकों का सेट प्रकाशित करेंगे और उन्हें बहुत ही सस्ते दामों में सुलभ करेंगे। फिर एक बार पूर्णिया से उन्होंने लिखा कि उन्होंने घूम-घूमकर अपनी इतनी किताबें बेच ली हैं।

वैद्यनाथ मिश्र 'यात्री' उर्फ नागार्जुन यात्री प्रकाशन के स्वामी हैं। इस प्रकाशन ने दो कविता-संकलन प्रकाशित किए हैं। पहला 'सतरंगे पंखोंवाली' जिसमें यात्री प्रकाशन का पता है : 'पोस्ट बॉक्स...कलकत्ता-7।' प्रेस को पांडुलिपि देते समय उन्होंने पोस्ट बॉक्स के आगे नम्बर की जगह खाली छोड़ दी थी, पुस्तक छप जाने

पर भी जगह वैसे ही खाली पड़ी रही। दूसरे संकलन में पोस्ट बॉक्स का झंझट हटाकर पता सिर्फ इतना छपा : 'यात्री प्रकाशन, इलाहाबाद'। गली, मोहल्ले, सड़क के नाम की ज़रूरत नहीं इतने प्रसिद्ध प्रकाशन के लिए। याद पड़ता है कि एकाध चिट्ठी मेरे पास यात्री प्रकाशन, पटना से भी आई है। मतलब यह कि नागार्जुन के साथ उनका प्रकाशन भी एक शहर से दूसरे शहर की यात्रा करता रहता है।

नागार्जुन की सारी कविताएँ एक जगह संकलित होकर छप जाएँ तो इससे नागार्जुन की कवि-प्रतिभा के अलावा आधुनिक हिन्दी कविता के विकास का भी समुचित ज्ञान हिन्दी पाठकों को हो जाए। पत्र-पत्रिकाओं से उनकी रचनाएँ समेट-समेटकर उनपर एक छोटा-सा लेख लिखने के लिए भी आलोचक को काफी अनुसन्धान करना पड़ता है। आलोचकों ने नागार्जुन पर कम लिखा है। पर इससे क्या? यह कवि ही नहीं, कविता के आलम्बन भी बन गए हैं। केदारनाथ अग्रवाल ने बाँदा में उन्हें देखकर लिखा था :

आओ साथी गले लगा लूँ,
तुम्हें, तुम्हारी मिथिला की प्यारी धरती को,
तुम में व्यापे विद्यापति को,
और वहाँ की जनवाणी के छन्द चूम लूँ,
और वहाँ के गढ़ पोखर का पानी छूकर नैन जुड़ा लूँ।

हिन्दी साहित्य की जीवन्त परम्परा और भारतीय जनता के साहसी अभियान के प्रतीक हैं : कवि नागार्जुन।

नई कविता और मुक्तिबोध का पुनर्मूल्यांकन

1. प्रस्तावना

मुक्तिबोध ने 1936 से कविता लिखना शुरू किया था। इसी वर्ष प्रगतिशील लेखक संघ की स्थापना भी हुई थी। अपने अनेक समकालीन कवियों की तुलना में मुक्तिबोध विलम्ब से प्रगतिवादी दल में शामिल हुए। 1936 से 1942 तक वह अधिकतर छायावादी कविताएँ लिखते थे। इस समय वह दर्शनशास्त्र में भाववादी विचारक बर्गसों से भी प्रभावित हुए। 1938 से 1942 की अवधि को 'तार सप्तक' के वक्तव्य में उन्होंने मानसिक संघर्ष और बर्गसोंनीय व्यक्तिवाद का समय कहा था। 1942 में वह जिसे विरोधी शक्ति मानते थे, उसके—अर्थात् मार्क्सवाद के—नजदीक आए। जब 'तार सप्तक' प्रकाशित हुआ, तब मार्क्सवाद के नजदीक आए उन्हें साल भर भी न हुआ था। 'तार सप्तक' के प्रकाशन के समय, मार्क्सवाद के नजदीक आने पर भी, वह अपने विकास से सन्तुष्ट नहीं थे। अपने वक्तव्य में उन्होंने लिखा था : 'मेरा हर विकास-स्थिति में मुझे घोर असन्तोष रहा और है। मैं मानसिक द्वंद्व मेरे व्यक्तित्व में बद्धमूल है।' जिस विकास-स्थिति से उन्हें इस समय असन्तोष था, वह छायावाद और बर्गसों के भाववाद को छोड़कर मार्क्सवाद के निकट आने की ओर की स्थिति थी।

1947 में जब अज्ञेय ने 'प्रतीक' का प्रकाशन आरम्भ किया, तब मुक्तिबोध की प्रसिद्ध कविता 'मुझे पुकारती हुई पुकार' उसकी पावस संख्या में प्रकाशित हुई। प्रयोगवाद जब एक काव्यधारा के रूप में प्रतिष्ठित हुआ, तब मुक्तिबोध ने उससे अपने को सम्बद्ध किया। इस प्रकार प्रगतिवाद से प्रयोगवाद तक संक्रमण करने में मुक्तिबोध को लगभग चार वर्ष लगे और यही चार वर्ष हैं जब वह प्रगतिशील लेखक संघ के सक्रिय सदस्य थे और मार्क्सवाद के नजदीक आए थे। उनका प्रगतिवादी दौर गिरिजाकुमार माथुर जैसे अनेक कवियों की तुलना में अल्पकालीन था। प्रयोगवाद से अलग हटकर 1954 में जब इलाहाबाद से 'नई कविता' का प्रकाशन आरम्भ हुआ और 'नई कविता' का आन्दोलन शुरू हुआ, तब मुक्तिबोध ने अन्य अनेक कवियों की तरह प्रयोगवाद शब्द छोड़ दिया और नई कविता से स्वयं को सम्बद्ध किया। 1958 में श्रीकान्त वर्मा और नरेश मेहता के सम्पादन में जब 'कृति' का प्रकाशन

आरम्भ हुआ, तब मुक्तिबोध ने नई कविता के पुराने आन्दोलन का विरोध किया। किन्तु नई कविता के बदले किसी दूसरे नाम का चलन न हुआ, इसलिए उन्होंने नई कविता को दो भागों में बाँट दिया : एक नई कविता वह, जिसका सम्बन्ध उच्च मध्यवर्ग से था; दूसरी नई कविता वह, जिसका सम्बन्ध निम्न मध्यवर्ग से था। इस प्रकार मुक्तिबोध के विकास की मंजिलें बदलती गईं। प्रयोगवाद प्रगतिवाद का विरोधी था। नई कविता का आन्दोलन और भी संगठित रूप से प्रगतिवाद का विरोध कर रहा था। यह नई कविता बहुत कुछ अस्तित्ववाद से प्रभावित थी। मुक्तिबोध ने जब अपनी नई कविता का पक्ष लेकर इसका विरोध किया, तब वह प्रगतिवाद की ओर लौट नहीं आए, उन्होंने प्रगतिवाद की आधारभूमि से ही इसकी आलोचना की किन्तु प्रगतिवाद को एकांगी कहकर—उन्होंने उससे अपने को अलग रखा। उनके बारे में विजया वैद्य ने लिखा है कि "उनके मित्रों द्वारा अब यह स्पष्ट किया जाने लगा है कि वह अपने अन्तिम दिनों में मार्क्सवाद से पूरी तरह निराश हो चुके थे।" ('राष्ट्रवाणी' जनवरी-फरवरी, 1965, पृ. 271) यह कथन अतिरंजित है पर यह सत्य है कि मुक्तिबोध के मानसिक संघर्ष का एक कारण मार्क्सवाद के प्रति उनका गहरा आकर्षण तथा उसे पूरी तरह स्वीकार न कर पाने की विवशता थी। इस विवशता के पीछे उसी तरह की विचारधाराएँ और काव्य-प्रवृत्तियाँ थीं जिनके प्रभाव से प्रयोगवाद और नई कविता के आन्दोलनों का प्रसार हुआ था।

मुक्तिबोध तथा अन्य प्रगतिवादियों में अन्तर यह था कि उनके लिए मार्क्सवाद एक ऐसी विचारधारा न था जिसे वह आसानी से स्वीकार कर लेते और असुविधा होने पर उतारकर फेंक देते। उनके लिए यह जीवन-मरण का प्रश्न था। वह कविता के लिए जीते थे और उनकी कविता की एक बुनियादी समस्या मार्क्सवाद से उनके व्यक्तित्व के सम्बन्ध की थी। भारत भूषण अग्रवाल ने 'तार सप्तक' में अपने बारे में कहा था : "मार्क्सवाद को आज के समाज के लिए रामबाण मानता हूँ। कम्यूनिस्ट हूँ।" जब 'तार सप्तक' का दूसरा संस्करण प्रकाशित हुआ, तब उन्होंने कहा : "अब कम्यूनिस्ट नहीं हूँ। यही नहीं, अब तो लगता है कि जब कहता था तब भी नहीं था।" इस तरह की उक्ति, आसानी से मार्क्सवाद की स्वीकृति और उतनी ही आसानी से उसकी अस्वीकृति, मुक्तिबोध के लिए सम्भव नहीं थी। वह केवल प्रगतिशील लेखक नहीं थे, राजनीतिक रूप से कम्यूनिस्ट भी थे। 30 अक्टूबर, 1945 के पत्र में उन्होंने नेमिचन्द्र जैन को लिखा था : "आपने एक व्यक्ति के साथ नाजुक खेल खेला है। उसे कम्यूनिस्ट बनाया, दुर्धर्ष घृणा के उत्ताप से पीड़ित।" ('आलोचना' जुलाई-सितम्बर, 1968) उनका जीवन निम्नवर्ग के अतिसाधारण लोगों के जीवन के समान था। आर्थिक दृष्टि से बहुत-से मजदूर उनसे अच्छी हालत में थे। शोषक वर्गों के प्रति उनकी घृणा, मार्क्सवाद के अलावा, उनके जीवन की परिस्थितियों से पैदा हुई थी। किन्तु शोषक वर्गों से घृणा करना काफी नहीं है। मुक्तिबोध स्वयं

ज्ञान की आवश्यकता पहचानते थे। यदि मार्क्सवाद से उन्हें सन्तोष होता तो उनके आत्मसंघर्ष की नौबत न आती। यदि मार्क्सवाद को अपूर्ण समझकर वे उसे विकसित करने का प्रयत्न करते, तो भी उन्हें अपनी स्थिति से ऐसा तीव्र असन्तोष न होता। मार्क्सवाद की विरोधी प्रवृत्तियाँ उन्हें अपनी ओर खींचती थीं और इनसे वह अपना पीछा न छुड़ा पाते थे।

मुक्तिबोध का 'ब्रह्मराक्षस' वेद मंत्रों से लेकर मार्क्स, एंगेल्स, रसेल, टोएन्बी, हाइडेगर, स्पेंग्लर, सार्त्र और गांधी तक का अध्ययन कर चुका है। इस नामावली में जयशंकर प्रसाद और बर्गसों, ये दो नाम छूट गए हैं। बर्गसों भाववादी विचारक थे और उनका चिन्तन रहस्यवादियों से मिलता-जुलता है। बर्गसों का उल्लेख पहले हो चुका है। प्रसाद का अध्ययन, मुख्यत: उनकी एक पुस्तक 'कामायनी' का अध्ययन, मुक्तिबोध ने बीस साल तक किया : "पिछले बीस वर्षों से, मैं 'कामायनी' का पठन-पाठन और अध्ययन करता आया हूँ।" ('कामायनी : एक पुनर्विचार', पृ. 13) यदि 'कामायनी' एक प्रतिक्रियावादी कवि की असफल काव्य-रचना होती तो उसके अध्ययन में बीस साल का समय लगाना समय गँवाना ही होता। मुक्तिबोध के आत्मसंघर्ष का कारण प्रसाद समेत उन अनेक लेखकों के प्रभावों का भीतरी टकराव है जिनके नाम उन्होंने 'ब्रह्मराक्षस' में गिनाए हैं।

मुक्तिबोध के आत्मसंघर्ष से किसी न किसी रूप में उनके युग के अधिकांश लेखक जुड़े हुए हैं। उनके इस आत्मसंघर्ष को समकालीन कवियों की रचनाओं के सन्दर्भ में ही पहचाना जा सकता है। उनकी कविता का पुनर्मूल्यांकन केवल ऐतिहासिक दृष्टि से महत्त्वपूर्ण नहीं है, वह उन सभी लोगों के लिए महत्त्वपूर्ण है जो साहित्य, विशेष कर कविता, का विकास समाजवादी लक्ष्य के अनुरूप करना चाहते हैं। मेरे लिए इस कारण आवश्यक है कि मुक्तिबोध पर मेरा पूर्व लेख अपर्याप्त है।

2. नई कविता और शीतयुद्ध

मुक्तिबोध की कविता और नई कविता में क्या अन्तर है? इस अन्तर के बारे में स्वयं मुक्तिबोध क्या कहते हैं?

'आधुनिक कविता की दार्शनिक पार्श्वभूमि' नाम के निबन्ध में दूसरे महायुद्ध के बाद सामाजिक और साहित्यिक प्रगति-विरोधी अभियान के बारे में उन्होंने लिखा : "स्वाधीनता-प्राप्ति के उपरान्त, भारत में एक ओर अवसरवाद की बाढ़ आई। शिक्षित मध्यवर्ग में भी उसकी जोरदार लहरें पैदा हुईं। साहित्यिक लोग भी उसके प्रवाह में बहे और खूब ही बहे। इस भ्रष्टाचार, अवसरवाद, स्वार्थपरता की पार्श्वभूमि में, नई कविता के क्षेत्र में पुराने प्रगतिवाद पर जोरदार हमले किए गए और कुछ सिद्धान्तों की एक रूपरेखा प्रस्तुत की गई। ये सिद्धान्त और उसके हमले, वस्तुत: उस शीत युद्ध के अंग थे जिसकी प्रेरणा लन्दन और वाशिंगटन से ली

गई थी। पश्चिम की परिपक्व मानववादी परम्परा से प्रेरणा ग्रहण न करके उन नये व्याख्याताओं ने उसकी अत्यन्त प्रतिक्रियावादी साहित्यिक विचारधारा को अपनाया और फैलाया। नई कविता के आसपास लिपटे हुए बहुत-से साहित्यिक सिद्धान्तों में शीत युद्ध की छाप है।" ('नई कविता का आत्मसंघर्ष तथा अन्य निबन्ध', पृ. 37)

दूसरे महायुद्ध के बाद अनेक देशों में वामपक्षी विचारधारा का प्रवाह तेजी से फैला। पराधीन देशों में यह विचारधारा स्वाधीनता-आन्दोलन को प्रभावित करने लगी। भारत में कांग्रेस के कुछ नेताओं ने जेल से बाहर आने के बाद जोरदार कम्यूनिस्ट-विरोधी अभियान शुरू किया। ऊपर से देखने में यह अभियान केवल सन् '42 में कम्यूनिस्टों की गलत नीति के विरोध में था। वास्तव में वह विश्वव्यापी मार्क्सवाद-विरोधी अभियान का अंग था। मार्क्सवाद एकांगी है और मार्क्सवाद अभारतीय है, ये दो बातें इस अभियान के दौरान जोरों से कही जाती थीं। दोनों बातें नकारात्मक थीं। मार्क्सवाद के बदले किसी सुनिश्चित विचारधार को स्थापित करना जरूरी था। किसी समय पूँजीवादी विचारक मार्क्स के मुकाबले में फ्रायड को प्रस्थापित करते थे। वह बात अब पुरानी हो चुकी थी। विश्व पूँजीवाद ने दूसरे महायुद्ध के बाद जिस विचारधारा का व्यापक रूप से प्रसार किया, वह अस्तित्ववाद की विचारधारा थी। भारत में इसका प्रवेश कुछ विलम्ब से हुआ किन्तु जब हुआ तो बड़े पैमाने पर हुआ। 1953 के बाद प्रगतिशील साहित्य के आन्दोलन में जो विसर्जनवादी प्रवृत्तियाँ शक्तिशाली बनीं, उनसे, विशेषत: हिन्दी प्रदेश में, मार्क्सवाद को हटाकर अस्तित्ववाद को प्रतिष्ठित करने में लेखकों के एक विशेष समुदाय को सुविधा हुई और सफलता भी मिली।

'एक साहित्यिक की डायरी' में 'एक लम्बी कविता का अन्त' शीर्षक रचना में मुक्तिबोध ने युद्धोत्तरकाल के अवसरवाद की, और साहित्य-सम्बन्धी प्रतिक्रियावादी स्थापनाओं की आलोचना की है। प्रतिगामी उच्चवर्ग प्रयत्न करता है कि साहित्यकार 'जनता की ओर उन्मुख न हो।' (पृ. 38) नई कविता में जो प्रतिक्रियावादी विचार प्रकट किए जाते हैं, उनमें एक यह है कि प्रयोगवादी कवि को भीड़ से दूर रहना चाहिए, नहीं तो कवि भी भीड़ बन जाएगा। मुक्तिबोध कहते हैं कि "देश-विदेश के पिछले इतिहास से हमें यह सूचित होता है कि संगठित जनता ने असाधारण कार्य किया है।" (पृ. 39) किन्तु कई नये कवियों को सामूहिकता से चिढ़ हो गई है। इसका कारण क्या है? इसका कारण साम्राज्यवादी प्रचार है। "पश्चिमी विचार-पत्र उसे वैसा ही सिखाते हैं। उसे सिखाया गया है कि सचेत आत्मनिर्णीत विवेकपरक संकल्प से शून्य होकर व्यक्ति अपने को समूह में विलीन कर देता है। इसलिए हे जागरूक सचेत महानुभाव, तुम अपने को समूह में विलीन मत करो। दूसरे शब्दों में, जनता समूह है—वह अज्ञ है, अन्धकारग्रस्त है, यह जल्दी ही भीड़ बन जाती है। उसका साथ मत दो। तुम सचेत व्यक्तित्वशाली प्राणकेन्द्र हो। उसमें अपने-आपको

विलीन मत करो। अपने अन्तिम निष्कर्ष में यह विचारधारा अत्यन्त प्रतिक्रियावादी है, वह जन के प्रति घृणा पर आधारित है; और बुद्धिजीवियों को जनता से अलग करके रखने का एक उपाय है। यह विचारधारा अब तक भारत में नहीं थी... हमारे विश्वविद्यालयों के कुछ केन्द्र ह्रासग्रस्त साम्राज्यवादी देशों की विचारधाराओं को हिन्दी में प्रचलित करते हैं...भारत के उच्चतर वर्गों के बहुत-से कर्णधार ठेठ पश्चिमी साम्राज्यवादी विचारधाराओं को अपनाकर उनका प्रचार करते हैं...भारत के उच्चतर वर्ग, पश्चिम के साम्राज्यवादी देशों की अद्यतन राजनैतिक और सांस्कृतिक मनोवृत्तियों को आत्मसात् करते हुए अपने सांस्कृतिक प्रभाव को विस्तृत करना चाहते हैं।" (पृ. 39-40)

इसलिए नई कविता के विवेचन में सबसे पहले इस राजनीतिक परिस्थिति को ध्यान में रखते हुए उस विचारधारा का खंडन करना आवश्यक है जो प्रतिक्रियावाद का मुख्य अस्त्र बन रही थी। हिन्दी में इस विचारधारा के प्रमुख सूत्रधार विजयदेव नारायण साही हैं। 'कविता के नये प्रतिमान'—इस नाम से एक परिचर्चा 'नई कविता' 1966-67 में शुरू हुई। इसके अन्तर्गत नागेश्वरलाल, रमेशचन्द्र शाह, प्रमोद सिन्हा के लेख प्रकाशित हुए। नागेश्वरलाल ने लिखा कि "नई कविता के प्रतिमानों के बदले कविता के नये प्रतिमानों पर विचार करना अधिक अर्थपूर्ण है।' नामवर सिंह के अनुसार, 'नई कविता' पत्रिका ने 'सम्भवत: श्री विजयदेव नारायण साही से संकेत ग्रहण कर 'कविता के नये प्रतिमान' का प्रश्न उठाया है।" ('कविता के नये प्रतिमान', पृ. 29) नामवर सिंह ने 'नई कविता' में प्रकाशित परिचर्चा से कविता के नये प्रतिमान का मुद्दा लेकर पूरी एक पुस्तक लिखी। इस पुस्तक को उसी परिचर्चा का अंग समझना चाहिए। उन्होंने पुस्तक लिखने के लिए साही से खुद भी संकेत ग्रहण किया हो चाहे न किया हो, पुस्तक के आरम्भ में उन्होंने बीजमंत्र के रूप में, अपनी सहमति व्यक्त करते हुए, उनका यह कथन उद्धृत किया है : "समूची नई कविता को ठीक-ठीक देखने के लिए नई कविता के प्रतिमान की जरूरत नहीं है बल्कि कविता के नये प्रतिमान की जरूरत है।" (उप., पृ. 28)

स्वभावत: विजयदेव नारायण साही या नई कविता की परिचर्चा में भाग लेनेवालों को इस बात से दिलचस्पी नहीं है कि वे साम्राज्यवाद से प्रेरित विचारधारा का विश्लेषण करें। प्रतिमानों की टक्कर होती रहे, विचारधारा का प्रश्न खटाई में पड़ जाए, इसमें उन्हें फायदा है। पर नामवर सिंह ऊपर उद्धृत की हुई मुक्तिबोध की स्थापनाओं से परिचित हैं, फिर भी उनके लिए हिन्दी कविता के सामने अस्तित्ववाद या ऐसी किसी विचारधारा के प्रभाव का खतरा नहीं है, ख़तरा है छायावाद का, छायावादी संस्कारों का। कहते हैं : "नई कविता की आलोचना में प्राय: पुराने प्रतिमान क्यों इस्तेमाल किए गए, यदि इसकी जाँच की जाए तो साफ मालूम होगा कि जिन्हें हम 'पुराने प्रतिमान' कहते हैं, वे वस्तुत: पुराने 'संस्कार' हैं—इस दृष्टि से आज नये

से नये प्रतिमान के लिए सबसे बड़ी चुनौती छायावादी संस्कार हैं।" ('कविता के नये प्रतिमान', पृ. 30) यह चुनौती स्वीकार करके नामवर सिंह सैद्धान्तिक विवेचन में आगे बढ़ते हैं और अस्तित्ववाद और अनेक प्रकार के व्यक्तिवाद से संघर्ष करने की बात दरकिनार रह जाती है। छायावादी संस्कारों से युद्ध करने के लिए वह जिस आधारभूमि पर खड़े होते हैं, उसे विजयदेव नारायण साही ने ही तैयार किया है।

मुक्तिबोध ने प्रगतिवाद की आधारभूमि से अज्ञेय और साही की विचारधारा की आलोचना की है। पहले ये दोनों सम्प्रदाय एक ही थे, सन् '54 के बाद दोनों में दरार पड़ गई। नामवर सिंह ने इस बात का ध्यान रखा है कि जहाँ-तहाँ अज्ञेय की नुक्ताचीनी तो करें किन्तु साही से मैत्री-सम्बन्ध बनाए रहें। प्रगतिवाद की आलोचना करनेवालों से मुक्तिबोध 'काव्य : एक सांस्कृतिक प्रक्रिया' नाम के निबन्ध में कहते हैं : "राजनैतिक भावावेश से सम्पन्न काव्य विद्रूप करार दिया गया अथवा उसकी जानबूझकर उपेक्षा की गई। जहाँ भी ऐसा प्रतीत हुआ कि अन्य की जीवन-दृष्टि उत्पीड़ित जनता का पक्ष ले रही है, वहीं नाक-भौं सिकोड़े जाने के चिह्न दिखाई दिये। ये सौन्दर्यवादी लोग यह भूल गए कि बंजर काले स्याह पहाड़ में भी एक अजीब वीरान भव्यता होती है, गली के अँधेरे में उगे छोटे-से जंगली पौधे में भी एक विचित्र संकेत होता है, विशाल व्यापक मानव जीवन में पाए जानेवाले भयानक संघर्ष के रौद्र रूप तो उनकी सौन्दर्याभिरुचि के फ्रेम के बाहर थे।" ('नई कविता का आत्मसंघर्ष', पृ. 15) यहाँ मुक्तिबोध के वाक्यों में प्रेमचन्द के उस व्याख्यान की प्रतिध्वनि है, जो उन्होंने अखिल भारतीय प्रगतिशील लेखक संघ के अध्यक्ष पद से दिया था।

मुक्तिबोध आगे कहते हैं : "आप मुझे क्षमा करेंगे यदि मैं यह कहूँ कि नई कविता में आवेश के पंख काट दिये गए, कल्पना को अपने पिंजरे में पालकर रखा गया—उसे मानव जीवन को मूर्त और साक्षात् करनेवाली रचनात्मक शक्ति के रूप में उपस्थित नहीं किया गया, क्योंकि वह एक विशेष प्रकार की, भद्र जनोचित सौन्दर्याभिरुचि के फ्रेम के खिलाफ जाती थी। व्यक्ति मन की बात करके, आत्मा की महान्, दुर्दम विप्लवकारिणी ज्ञानशक्ति को भुला दिया गया, 'लघु मानव' के सिद्धान्त का प्रचार किया गया। संक्षेप में विषम ह्रास-ग्रस्त सभ्यता को उलटनेवाली महान् भावनाओं को परित्यक्त करके, तथाकथित आधुनिक भावबोध को उद्घोषित किया गया।" (उप.) यहाँ मुक्तिबोध लघु मानव और आधुनिक भावबोध का उल्लेख करके सीधे विजयदेव नारायण साही और उनके सहयोगियों की आलोचना करते हैं। पूँजीवाद और सामन्तवाद से संघर्ष करनेवाली विचारधारा को अस्तित्ववादी लोग रेजिमेंटेशन की संज्ञा देते थे। मुक्तिबोध कहते हैं : "मैं अपनी खुद की जिन्दगी और दोस्तों की जिन्दगी के तजुर्बे से बता सकता हूँ कि अन्याय के खिलाफ आवाज बुलन्द करना आधुनिक भावबोध के अन्तर्गत है। आधुनिक भावबोध के अन्तर्गत

यह भी है कि मानवता के भविष्य-निर्माण के संघर्ष में हम और भी अधिक दत्तचित्त हों तथा हम वर्तमान परिस्थिति को सुधारें, नैतिक ह्रास को थामें; उत्पीड़ित मनुष्य के साथ एकात्म होकर उसकी मुक्ति की उपाय-योजना करें। क्या यह आधुनिक भावबोध के अन्तर्गत नहीं है कि मैं अपनी लेखनी द्वारा किसी विशेष लोकादर्श के लिए कविताएँ लिखूँ? क्या जब बंगाल में अकाल पड़ा तब महादेवी से लेकर बच्चन तक ने, मैथिलीशरण गुप्त से लेकर मेरे जैसे तुच्छ कवि ने कविताएँ नहीं लिखी थीं? क्या यह बात किसी से छिपी है कि कैसी श्रेष्ठ कविताओं का संकलन निकला और उसके पैसे अकाल फंड में गए? क्या वह रेजिमेंटेशन था? क्या वह आधुनिक भावबोध के अन्तर्गत नहीं आएगा?" ('नई कविता का आत्मसंघर्ष', पृ. 16) आवश्यकता इस बात की थी कि प्रगति-विरोधियों की इस प्रखर आलोचना को 'कविता के नये प्रतिमान' में नामवर सिंह और विकसित करते। किन्तु उन्होंने जिन सूत्रों को विकसित किया, वे मुक्तिबोध के नहीं, विजयदेव नारायण साही के हैं। मुक्तिबोध के नाम का उपयोग उन्होंने इस ढंग से किया है कि साही की स्थापनाएँ सही जान पड़ने लगें।

अपनी सौन्दर्याभिरुचि के कारण प्रगति-विरोधी सज्जन कविता के क्षेत्र में किस तरह का रेजिमेंटेशन करते हैं, इसके बारे में मुक्तिबोध कहते हैं : "संक्षेप में, नये कवियों को यह बताया गया है कि वे तथाकथित एस्थेटिक इमोशन तक ही सीमित रहें। हृदय में संचित वास्तविक जीवनानुभवों को—यदि वे एस्थेटिक इमोशन में बहकर नहीं आते—व्यक्त करना गलत होगा। यह एक ऐसा सिद्धान्त है, जिसके पीछे न केवल विशेष सौन्दर्याभिरुचि है, वरन् विशेष प्रकार के विषय-संकलन का आग्रह भी है। किन्तु इस सिद्धान्त का मुख्य हेतु यह है कि व्यक्ति को व्यक्तिबद्ध बनाया जाए। यह सिद्धान्त मनोवैज्ञानिक दृष्टि से अनुचित और व्यावहारिक दृष्टि से प्रतिक्रियावादी है।" (उप., पृ. 17)

यह सब पढ़ने के बाद पाठक पूछ सकते हैं कि मुक्तिबोध को प्रगतिवादी क्यों न कहा जाए? मुक्तिबोध उसी निबन्ध में कहते हैं : "प्रगतिवाद ने मनुष्य जीवन का केवल राजनैतिक पक्ष उठाया, उसने सम्पूर्ण मनुष्य को अपना काव्य-विषय नहीं बनाया। यदि इसी प्रकार नई कविता (भिन्न प्रकार से) एकांगी हो जाती है, तो उसके लिए यह कल्याणकर सिद्ध नहीं होगा।" (उप., पृ. 19) यहाँ वह प्रगतिवाद से भिन्न और उसके विरोध में नई कविता का आन्दोलन प्रस्तुत करते हैं। यदि प्रगतिवाद एकांगी था तो उसका एकांगीपन दूर करके उसे सर्वांगीण बनाया जा सकता था। पर मुक्तिबोध न तो राजनीतिक कविताएँ लिखने के विरोधी थे और न प्रगतिवाद को वास्तव में राजनीतिक कविताओं तक सीमित समझते थे। 'समीक्षा की समस्याएँ' निबन्ध में उन्होंने लिखा है : "प्रगतिवादियों के व्यवहार द्वारा यह सूचित होता है कि वे मुक्ति-संघर्ष, राष्ट्र-प्रेम, प्राकृतिक सौन्दर्य, नारी-सौन्दर्य,

प्रगतिवादी यथार्थ, आलोचन-भावना, आशा, उत्साह तथा तत्समान अन्य भावों को प्रगतिशील समझते हैं।" ('नई कविता का आत्मसंघर्ष', पृ. 127) इस वाक्य से स्पष्ट है कि प्रगतिवादियों का आग्रह केवल राजनीतिक कविताएँ लिखने के लिए नहीं था। राजनीतिक कविताएँ किस ढंग से लिखी जाएँ, नारी और प्रकृति पर किस ढंग की कविताएँ लिखी जाएँ, इसको लेकर भेद था। मुक्तिबोध मानते थे कि प्रयोगवादी धारा पश्चिमी देशों के विचार से प्रभावित होकर प्रगतिवाद का विरोध कर रही थी। स्वयं को प्रयोगवादी मानकर, साथ ही अपनी कविता को प्रगतिशील भी समझकर, उन्होंने लिखा था : "किसी जमाने में प्रयोगवादी कविता प्रगतिवाद के अधिक निकट थी। किन्तु, प्रगतिवादियों ने उसकी खूब उपेक्षा की।" (उप., पृ. 127) उपेक्षा उस धारा की हो सकती है जिसे मुक्तिबोध प्रयोगवाद के अन्तर्गत प्रगतिशील मानते हैं। जहाँ तक प्रयोगवादी आन्दोलन का सम्बन्ध था, प्रगतिवाद ने उसका जमकर विरोध किया, उपेक्षा नहीं की। प्रयोगवाद और नई कविता को पर्यायवाची मानकर उन्होंने लिखा था : "प्रयोगवादी या नई कविता में, प्रारम्भ काल से लेकर जो आज तक के इस समय-क्रम में, अनाशा और वैफल्य की भावना के साथ ही साथ, स्वस्थ, मानवीय, उन्मेषशील, मानव कल्याणमूलक तथा कोमल मानवीय भावनापूर्ण और प्रगतिशील तत्त्व रहे हैं, वे आज भी हैं।" (उप., पृ. 123) जो लोग इन प्रगतिशील तत्त्वों को लेकर आगे बढ़ रहे थे, उनके लिए उचित था कि वे प्रयोगवाद और नई कविता के आन्दोलन से अपने को अलग रखते।

यदि प्रगतिवाद एकांगी था तो उसे सर्वांगीण बनाया जा सकता था। उसने केवल राजनीतिक पक्ष उठाया, यह बात सही नहीं है पर सही मान भी ली जाए तो प्रगतिवाद के विकास-क्रम में मुक्तिबोध को उसी परम्परा से जोड़ना उचित होता। मुक्तिबोध जहाँ-तहाँ पुराने प्रगतिवाद का उल्लेख करते हैं। यदि पुराना प्रगतिवाद कमजोर है तो नये प्रगतिवाद को समर्थ बनाओ। मुक्तिबोध मानते हैं कि नई कविता में कई भावधाराएँ हैं : "इनमें से एक भावधारा में प्रगतिशील तत्त्व पर्याप्त हैं।" (उप., पृ. 10) और भी : "नई कविता के क्षेत्र में, असन्दिग्ध रूप से प्रगतिशील परम्परा की एक लीक चली आई है। प्रश्न इस परम्परा को आगे बढ़ाने का है।" (उप., पृ. 13) नई कविता को, इस लीक के बावजूद, यह छायावाद और प्रगतिवाद से अलग करते हैं। नई कविता लिखनेवाले के लिए कहते हैं : "छायावादियों और प्रगतिवादियों की भाँति कोई दार्शनिक विचारधारा उसके पास नहीं है।" (उप.) कुछ कवियों के पास अपना विशेष दृष्टिकोण हो सकता है किन्तु अधिकांश के साथ यह बात नहीं है। अन्यत्र कहते हैं : "नई कविता को उत्तराधिकार के रूप में न अध्यात्मवादी विचारधारा प्राप्त हुई, न भौतिकवादी।" (उप., पृ. 31) यदि मुक्तिबोध को अध्यात्मवाद या भौतिकवाद में किसी से सन्तोष होता तो वह उसका समर्थन और प्रतिपादन करते। निम्न मध्यवर्ग का लेखक अध्यात्मवाद को उच्चवर्गों की विचारधारा मानता

है। साथ ही अपना वर्ग छोड़ नहीं सकता, इसलिए भौतिकवादी विचारधारा को पूरी तरह स्वीकार करना उसके लिए सम्भव नहीं होता। मुक्तिबोध ने नई कविता में दो दल बनने की बात लिखी थी : "एक दल वह है, जो उच्च मध्यवर्ग का अंग है; दूसरे वे हैं, जो निचले गरीब मध्यवर्ग से सम्बन्धित हैं। उनकी वर्गीय प्रवृत्तियाँ न केवल उनके काव्य में वरन् साहित्य-सम्बन्धी उनके सिद्धान्तों में परिलक्षित होती हैं।" ('नई कविता का आत्मसंघर्ष', पृ. 15) यदि मुक्तिबोध इस निम्न मध्यवर्ग की विचारधारा की परिधि लाँघ जाते तो वह सुसंगत रूप से मार्क्सवादी विचारक और कवि के रूप में सामने आते किन्तु उन्होंने प्रगतिवाद की तुलना में अपना सम्बन्ध प्रयोगवाद से जोड़ना उचित समझा। सुमित्रानन्दन पंत पर अपने निबन्ध में उन्होंने पंत जी के लिए लिखा है : "वे हम प्रयोगवादियों से अधिक दूर देखते हैं।" (उप., पृ. 85) हम प्रगतिवादियों से नहीं, हम प्रयोगवादियों से।

इस अन्तर्विरोध के रहते हुए भी यह मानना होगा कि प्रयोगवाद और नई कविता की आलोचना करते हुए मुक्तिबोध ने जो कुछ कहा है, वह मूल्यवान है। उनकी आलोचना का स्वर अत्यन्त प्रखर है। 'कविता के नये प्रतिमान' में न तो इस आलोचना का विकास किया गया है और न नई कविता के विवेचन में स्वर की वह प्रखरता है। स्वर की प्रखरता जहाँ-तहाँ छायावादियों और प्रगतिवादियों की आलोचना में अवश्य दिखाई देती है।

3. स्वाधीनता-आन्दोलन और मुक्तिबोध

कहते हैं कि नई कविता के मूल्यांकन के लिए छायावादी संस्कारों से लड़ना जरूरी है। ये संस्कार छायावादी कविता ने पैदा किए। छायावादी कविता स्वयं विशेष सामाजिक परिस्थितियों की उपज है। इन परिस्थितियों के बारे में विजयदेव नारायण साही और नामवर सिंह की राय एक है। छायावादी कवि अपने परिवेश से टकराते तो थे पर तुरन्त ही उससे समझौता कर लेते थे। छावावादी कविताओं की परिणति देखते हुए "श्री विजयदेव नारायण साही का यह कथन युक्तिसंगत प्रतीत होता है कि उस युगभूमि को संघर्ष या द्वंद्व न कहकर सन्तुलन का नाटक कहना अधिक उपयुक्त है क्योंकि वस्तुत: वह चरम द्वंद्व था भी नहीं। वह द्वंद्व भीतरी हो या बाहरी—एक सीमा तक उसका सामना करने के बाद छायावादी कवि सन्तुलन अथवा सामंजस्य के लिए चिन्तित हो उठते थे।" ('कविता के नये प्रतिमान', पृ. 186) यह तो साहित्य का हाल है—उस साहित्य का, जो स्वाधीनता-आन्दोलन के दौरान रचा गया था। अब स्वाधीनता-आन्दोलन की हालत देखिए "सामंजस्य की यह दुर्दम आकांक्षा वस्तुत: उस युग के पूरे वातावरण में भी थी। सारा स्वाधीनता-संग्राम इसी सामंजस्य के नारे पर खड़ा था। उस लड़ाई में सारे आपसी मतभेद मुल्तवी कर दिये जाते थे। फूट के दुष्परिणामों से समूचा देश इतना आतंकित था कि द्वंद्व की दिमागी ऐयाशी

गवारा नहीं कर सकता था।" (उप., पृ. 186) न स्वाधीनता-संग्राम होता, न सन्तुलन का नाटक होता; तब न छायावाद होता और न प्रसाद, निराला, पंत का सामंजस्य प्रेमी-काव्य होता। तब मार्क्सवाद-विरोधी 'समाजवादियों' का रास्ता साफ होता, नई कविता के लिए विकास की सम्भावनाएँ अभूतपूर्व होतीं। किन्तु 20वीं सदी में एक ओर साम्राज्यवाद, दूसरी ओर समग्र भारतीय जनता, इन दोनों का अन्तर्विरोध तीव्र होता गया। भारतीय समाज में सामन्ती अवशेष, साम्प्रदायिक शक्तियाँ, जातिवाद और प्रादेशिकता के अलगाववादी संगठन साम्राज्यवाद के मुख्य सहायक हुए। पूँजीपतिवर्ग में अनेक स्तर थे। कुछ स्तर साम्राज्यवाद से साँठ-गाँठ करते थे, कुछ स्तर सक्रिय रूप से उसका विरोध कर रहे थे। स्वाधीनता-आन्दोलन में मध्यवर्ग, धनी और निर्धन किसान, मजदूर, अनेक वर्गों के लोग शामिल थे। विभिन्न वर्गों, पार्टियों आदि की भूमिका एक-सी नहीं थी। सारे स्वाधीनता-संग्राम को सामंजस्य के नारे पर खड़ा करना इतिहास के प्रति अन्याय है।

मुक्तिबोध की कविता 'अँधेरे में' स्वाधीनता-आन्दोलन की पृष्ठभूमि में नई कविता लिखनेवाले को प्रस्तुत करती है। परम्पराबोध के कारण कवि में अपराध-भावना उत्पन्न होती है। इस परम्परा के एक प्रतिनिधि महात्मा गांधी हैं। उनके सामने कवि की स्थिति इस तरह की है :

अँधेरे की स्याही में डूबे हुए देव को सम्मुख पाकर
मैं अति दीन हो, जाता हूँ पास कि
बिजली का झटका
कहता है—'भाग जा, हट जा
हम हैं गुजर गए जमाने के चेहरे
आगे तू बढ़ जा।'
किन्तु मैं देखा किया उस मुख को।
गम्भीर दृढ़ता की सलवटें वैसी ही,
शब्दों में गुरुता।

यहाँ स्वाधीनता-आन्दोलन और महात्मा गांधी के प्रति जो दृष्टिकोण अपनाया गया है, वह साही और नामवर सिंह के दृष्टिकोण से ठीक उल्टा है। यदि कहें कि इस कविता का नायक मुक्तिबोध का प्रतिनिधि नहीं है, तो मुक्तिबोध ने स्वयं अपनी ओर से गद्य में स्वाधीनता-आन्दोलन और महात्मा गांधी के बारे में जो कुछ कहा है, उसे सुन लीजिए :

"हजारों वर्षों में एकाध बार जो आदमी नजर आते हैं, उनमें महात्मा गांधी का नाम आता है। क्यों? इसलिए कि उन्होंने राजनैतिक उद्देश्यों की पूर्ति के लिए विशुद्ध नैतिक अस्त्रों का सफलतापूर्वक प्रयोग किया। इस प्रचंड ब्रिटिश साम्राज्य

को, जो सन् सैंतालीस के पहले दुनिया के सभी हिस्सों में था, महात्मा गांधी ने ऐसी करारी चोट दी कि वह हिल गया। पहली बार, भारत के इतिहास में करोड़ों भूखे जनों को महत्त्व देनेवाला, इनका सगा बननेवाला एक व्यक्ति सम्मुख आया, जिसने उसी गरीब दबी-कुचली जनता को नैतिक साहस प्रदान करके क्या का क्या बना दिया! उस नैतिकतापूर्ण जनशक्ति के आधार से ब्रिटिश साम्राज्य चूर-चूर हो गया।" ('भारत : इतिहास और संस्कृति', पृ. 143-147) मानना होगा कि 'अँधेरे में' कविता राजनीतिक परम्परा का जो रूप प्रस्तुत करती है, वह मुक्तिबोध की अपनी राजनीतिक समझ के अनुरूप है।

'अँधेरे में' कविता का नायक तिलक को पिता कहकर सम्बोधित करता है। पिता की पाषाण मूर्ति पुत्र के निकम्मेपन से इतना दुखी होती है कि भव्य ललाट की नासिका में से खून बहने लगता है और लोकमान्य तिलक का अंगरखा खून के धब्बों से भर जाता है। कवि पाषाण-मूर्ति के ठंडे पैरों को छाती से चिपका लेता है, रुआँसा हो जाता है और उसे लगता है कि उसके हृदय में रक्त टपक रहा है, आत्मा में खून का तालाब भर रहा है। अपनी उक्त गद्य पुस्तक में मुक्तिबोध तिलक के बारे में कहते हैं : "लोकमान्य बाल गंगाधर तिलक ने भारतीय जनता की उदासीन जड़ता हटाकर उसको वीर और साहसी बना दिया। तिलक एक महापंडित थे। पांडित्य के तेज में कार्य की शक्ति थी। कार्य की शक्ति में जनता में प्राण फूँक देने की ताकत थी। अंग्रेज उनकी लेखनी से थर्राए थे। उन पर राज्यद्रोह का मुकदमा चलाया गया। वह मुकदमा देश-भर में गूँज उठा। उन्होंने भारतीय जनता को युद्ध (शस्त्रों से नहीं) का आह्वान किया था। उनकी मृत्यु सन् बीस में हुई। बम्बई के मजदूरों ने आम हड़ताल कर दी। सुदूर रूस में बैठे हुए लेनिन ने उसे देखा और कहा कि 'यह भविष्य का संकेत है'।" (उप., पृ. 157) ऐसे व्यक्तित्व का स्मरण करके कवि का 'पिता-पिता' कह उठना स्वाभाविक था।

इन नेताओं की श्रृंखला में एक महत्त्वपूर्ण कड़ी जवाहरलाल नेहरू हैं। 'अँधेरे में' कविता में वह नहीं हैं। किन्तु 'सन्तुलन के नाटक' से उनका भी सम्बन्ध है, इसलिए उनके बारे में भी मुक्तिबोध की राय जान लेनी चाहिए। कहते हैं : "आज भारत विश्व के अन्यतम देशों में है। उसकी आवाज सब देशों को सुननी पड़ती है। उसकी सलाह में एक वजन होता है। इस सबका श्रेय विश्व के अन्यतम राजनीतिज्ञ पंडित जवाहरलाल नेहरू को है। अगर कोई पूछे कि भारत के श्रेष्ठतम राजनैतिक पुरुष कौन हुए जिनका नाम और काम दुनिया को जानना चाहिए तो इसका उत्तर होगा अशोक, अकबर, महात्मा गांधी और पंडित जवाहरलाल नेहरू!" (उप., पृ. 161) इस सूची में लोकमान्य तिलक का नाम नहीं है किन्तु जवाहरलाल नेहरू का नाम है।

यह कहा जा सकता है कि 'भारत : इतिहास और संस्कृति' पुस्तक उन्होंने स्कूली लड़कों के लिए लिखी है, इसमें गम्भीर राजनीतिक-विलेषण सम्भव नहीं

था। निस्सन्देह ऐसी पुस्तक में ऐसा विश्लेषण सम्भव नहीं है। किन्तु मुक्तिबोध ने जो स्थापनाएँ प्रस्तुत की हैं, वे वैसे विश्लेषण का ही परिणाम हैं। ऐसा न हो तो मानना होगा कि वह स्कूली लड़कों को बरगला रहे थे। उनकी एक स्थापना है : "काश्मीर का एक भाग, जो पाकिस्तान ने हथिया लिया, और काश्मीर का उत्तरी सीमान्त का कुछ हिस्सा जो चीन ने ले लिया, ये समस्याएँ अभी बची हुई हैं। धैर्य और शान्ति, सद्‌भावना और शक्ति, मैत्री और बल—दोनों के प्रयोग से ये समस्याएँ भी धीरे-धीरे सुलझ जाएँगी।" (उप., पृ. 161) यदि यह स्थापना सुविचारित नहीं है तो मुक्तिबोध अन्ध राष्ट्रवादी भावनाएँ फैलाने के दोषी पाए जाएँगे। उनकी एक अन्य स्थापना उल्लेखनीय है : "जिस समय महात्मा गांधी राजनीति में अवतीर्ण हुए, उन दिनों देश की दशा क्या थी? जनता कष्ट में डूबी हुई थी, लेकिन सिर ऊँचा नहीं कर सकती थी। शिक्षित मध्यवर्ग को मालूम नहीं था कि वह किधर जाए—प्राचीन की ओर जाने में उसकी आँखों से सामाजिक जीवन लक्ष्य लुप्त हो जाता है। जो कुछ नवीन था, वह पश्चिम से मिला था, उसकी उस पर अटूट श्रद्धा न थी। सर्वोच्च रईस-जमींदार वर्ग अंग्रेजों के आँचल में दुबक गया था। उद्योगपति वर्ग अंग्रेजों से नाराज था, लेकिन कर कुछ नहीं सकता था, क्योंकि उसके प्रतिदिन के स्वार्थ अंग्रेजों से लगे हुए थे।" (उप., पृ. 145) यहाँ मुक्तिबोध ने विभिन्न वर्गों का उल्लेख किया है, उनकी भूमिका पर ध्यान दिया है। उनके विलेषण में यह दोष माना जा सकता है कि उन्होंने राजनीतिज्ञों को वर्गों से अलग देखा है किन्तु उनके विश्लेषण का मूल्यवान पक्ष यह है कि उन्होंने स्वाधीनता-आन्दोलन के प्रति नकारात्मक दृष्टिकोण नहीं अपनाया। उनके लिए स्वाधीनता-आन्दोलन का मखौल उड़ाते हुए यह कहना असम्भव था : "एक लक्ष्य, एक देश, एक नेता और एक संगठन का ऐसा उदात्त आदर्श था कि उसके विराट् प्रभामंडल के सामने सभी प्रश्न गौण हो जाते थे और समस्त शंकाएँ चुप कर दी जाती थीं।" ('कविता के नये प्रतिमान', पृ. 186)

मुक्तिबोध और साही-नामवर सिंह ने भिन्न दृष्टियों से स्वाधीनता-संग्राम को देखा है। ये दृष्टियाँ एक दूसरे की विरोधी हैं।

4. छायावाद और मुक्तिबोध

स्वभावत: स्वाधीनता-आन्दोलन की पृष्ठभूमि में जिस साहित्य का विकास हुआ, उसमें विजयदेव नारायण साही तथा नामवर सिंह को अनुभूति का सरलीकरण दिखाई देता है, छायावादी कवियों के द्वंद्व का शमन उनकी शिशु आस्था करती है, उनके काव्य में जटिल अनुभूतियों के स्थान पर अति सरलीकृत भावावेश व्यक्त होता है। ('कविता के नये प्रतिमान', पृ. 187) देखना चाहिए कि छायावादी कवियों के बारे में मुक्तिबोध की राय क्या है। छायावाद के एक प्रतिनिधि कवि सुमित्रानन्दन पंत हैं। इनके बारे में मुक्तिबोध ने लिखा था : "यद्यपि पंत जी आज हिन्दी के ज्येष्ठतम

कवियों में से हैं, मुझे प्रतीत होता है कि वे अभी भी तरुण हैं। तरुण व्यक्तित्व में कृतित्व का जो साहस होता है और अपने को सतत विकासमान बनाए रखने के लिए जो संवेदनशील जागरूकता रहती है, वह पंत जी में भरपूर है। इसका मुख्य कारण यह है कि पंत जी में ऐतिहासिक अनुभूति है—जो हिन्दी के वर्तमान काव्य क्षेत्र में कम दिखाई देती है। पंत जी में अद्‌भुत सहानुभूति क्षमता है। जनगण के प्रति उनकी सहानुभूति बौद्धिक नहीं है, छिछली नहीं है, सतही नहीं है, वह बहुत गहरी है। उसी की यह शक्ति थी कि उसने पंत जी को नये मार्ग पर लाकर खड़ा कर दिया...वे भविष्य के स्वप्नद्रष्टा हैं, इसलिए कि वस्तुत: पंत जी तरुण हैं, अपनी आयु के बावजूद।" ('नई कविता का आत्मसंघर्ष', पृ. 75-87) सन् '47 के बाद मुक्तिबोध के अनुसार पंत जी ने जहाँ "पुरानी गूँजें दोहराना शुरू किया, वहाँ अंगार बुझने लगे, शिल्प में झोल पड़ गया, भाषा सुन्दर और जालीदार तो हुई किन्तु बासी भी हो गई।" (उप., पृ. 84) मूलत: दोष छायावाद में नहीं है, छायावाद की आवृत्ति में है। मुक्तिबोध पंत का सहज विकास छायावाद से 'जनमार्ग' की ओर देखते हैं।

उनके प्रिय कवि जयशंकर प्रसाद हैं जो, मुक्तिबोध के अनुसार, छायावाद से जनमार्ग की ओर बढ़े ही नहीं। मुक्तिबोध की पुस्तक 'कामायनी : एक पुनर्विचार' में प्रसाद और 'कामायनी' की भर्त्सना अधिक है, प्रशंसा बहुत कम। इसलिए इस पुस्तक को छायावाद के खिलाफ, और छायावाद का मूल्यांकन करनेवाले मुझ जैसे आलोचकों के खिलाफ, आसानी से काम में लाया जा सकता है। देखना चाहिए कि 'कामायनी' की भर्त्सना के मुख्य कारण क्या हैं।

मुक्तिबोध के अनुसार, 'कामायनी' में जो जीवन-दर्शन "सोदाहरण दृष्टान्त सहित उपस्थित किया गया है, वह एकदम जनविरोधी और प्रतिक्रियावादी है।" ('कामायनी : एक पुनर्विचार', पृ. 92) 'कामायनी' का मुख्य पात्र मनु है। मनु का सम्बन्ध किस वर्ग से है? मुक्तिबोध कहते हैं : "वह आधुनिक पूँजीवादी व्यक्तिवाद का पुत्र नहीं है। वह सामन्त व्यवस्था के शासक वर्गों का पुत्र है, जो नई ऐतिहासिक सामाजिक स्थिति के कारण, पूँजीवादी व्यक्तिवाद को लिये हुए, अपनी सामन्ती परम्परा से विच्छिन्न होकर भी, सामन्ती शासक वर्गीय प्रवृत्तियों की तानाशाहियत को अपने खून में लिये हुए है।" (उप., पृ. 21) मानव चरित्र का शायद ही कोई दुर्गुण हो जो मनु के चरित्र में न मिलता हो। "अहंकार, विलासिता, आत्ममोह, निर्बन्ध उच्छृंखलता, निविड़ आत्मविश्लेषण, जो पराजय से प्रसूत होकर पराजयों की ओर ले जाता है, मनु की विशेषता है।" (उप.) इन तमाम दुर्गुणों का कारण यह है कि वह उस सामन्त वर्ग का पुत्र है जिसके हाथ से शासन-सत्ता छिन गई है। ऐसा लगता है कि प्रसाद जी के समय तक सामन्तवाद खत्म हो गया था और पूँजीवाद को विकसित होने का मौका मिल गया था। मनु सामन्तवाद और पूँजीवाद से आगे बढ़कर साम्राज्यवाद का प्रतिनिधित्व भी करता है। मुक्तिबोध के अनुसार, प्रसाद जी को जापान, जर्मनी,

ब्रिटेन, "अमरीका के उग्र राष्ट्रीयतावादी साम्राज्यवाद के जीवन तथ्यों" का ज्ञान था। प्रसाद जी वैश्य थे; मनु उनके वैश्य वर्ण का भी प्रतिनिधि है। मुक्तिबोध कहते हैं : "मनु उनके वर्ग का, उस वर्ग के स्वयं प्रसाद जी की अपनी कमजोरियों का तथा व्यक्तिवाद—पूँजीवाद—साम्राज्यवाद का (भारतीय पैमाने पर, भारतीय भूमि में) वर्ग प्रतिनिधि बना।" ('कामायनी : एक पुनर्विचार', पृ. 97) मनु की विशेषता यह है कि वह उस वर्ग का प्रतिनिधि है जो सत्ता खो चुका है, साथ ही "वह एक वर्ग का—ऐसे वर्ग का, जो शासक वर्ग है—या भारत में शासक वर्ग बनने जा रहा है)" का प्रतिनिधि भी है (उप., पृ. 98) सारांश यह है कि मनु सामन्तवाद, पूँजीवाद, साम्राज्यवाद—सभी का एक साथ प्रतिनिधि है। 'कामायनी' के कवि से मनु का सम्बन्ध बड़ा गहरा है। प्रसाद जी मनु के आत्ममोह पर मुग्ध हैं। आलोचक को सन्देह होने लगता है कि "मनु प्रसाद जी के व्यक्तित्व की बहुत भीतरी प्रवृत्तियों का प्रतिनिधि चरित्र है।" (उप., पृ. 35) 'आँसू' तथा उनकी अन्य कविताएँ पढ़कर "हमारे सन्देह की पुष्टि होती है, तथा हम इस वस्तुतथ्य पर पहुँचते हैं कि यदि मनु प्रसाद जी की अन्तर्निहित प्रवृत्तियों का प्रतिनिधि चरित्र न होता तो प्रसाद जी अवश्य ही मनु के अंकन-विश्लेषण में अधिक कठोर होते, जो कि वे नहीं हैं।" (उप., पृ. 35) इतना होने पर भी आश्चर्य की बात है कि प्रसाद जी ने शासक वर्ग की आलोचना की : "इस शासक वर्ग की जो आलोचना उन्होंने की, वह अत्यन्त स्पष्ट तथा तीव्र होते हुए भी, क्रान्तिवादी समीक्षा नहीं थी।" (उप., पृ. 99)। न हो क्रान्तिवादी, आलोचना स्पष्ट और तीव्र तो है। किन्तु शासक वर्ग का प्रतिनिधि मनु है, मनु के प्रति प्रसाद जी के मन में मोह है। वह उसकी या उसके वर्ग की आलोचना कर कैसे सकते थे? मनु के बारे में मुक्तिबोध के विचार बेहद उलझे हुए हैं।

'कामायनी' की एक पात्र श्रद्धा है। यद्यपि आरम्भ से अन्त तक श्रद्धा में आदर्शवाद ही आदर्शवाद है, फिर भी अपने प्रथम अवतरणकाल में वह "जीवन के वास्तविक निर्माणात्मक पक्ष का सन्देश लेकर आई है।" (उप., पृ. 94) इस सन्देश का सम्बन्ध भारतीय पूँजीवाद से है। यह पूँजीवाद विषाद और पराजय से ग्रस्त नहीं है। वह मुक्ति-संघर्ष की मंजिलें नापने के लिए तैयार हैं। मुक्तिबोध कहते हैं : "वस्तुत: देखा जाए तो हमारा भारतीय राष्ट्रवाद इन्हीं आशाकांक्षाओं को लिये हुए अपनी अवस्था विशेष में, इस प्रकार प्रकट हुआ। उसी का सबल मधुर स्पन्दन श्रद्धा की वाणी में उद्घाटित हुआ है। उस राष्ट्रवाद की (उसी के सन्दर्भ के हमारे पूँजीवाद की) वह एकाकी विषण्ण स्थिति दूर हुई और भारतीय जनता ने बहुत आत्मविश्वास, गम्भीर मनोबल तथा मानव भविष्य में आस्था प्रकट करते हुए मुक्ति-संघर्षों की मंजिलें नापने के लिए अपने विराट् भुजदंड बढ़ाए। उसके प्रथम आत्मविश्वास की सांस्कृतिक झलक न केवल 'कामायनी' में, वरन् प्रसाद जी के अन्य साहित्य में भी मिलती है।" (उप., पृ. 97)

जिन प्रसाद जी ने मनु का चरित्र निर्मित किया, उन्हीं ने श्रद्धा के चरित्र का निर्माण भी किया। किन्तु मुक्तिबोध प्रसाद की आन्तरिक वृत्तियों का सम्बन्ध मनु से जोड़ते हैं, श्रद्धा से नहीं। कहा जा सकता है कि भारतीय पूँजीवाद का एक पक्ष प्रगतिशील था तो दूसरा पक्ष प्रतिक्रियावादी था। यदि ऐसी बात हो तो 'कामायनी' अद्वितीय राजनीतिक काव्य होगा जिसमे वस्तुगत रूप से पूँजीवाद के दोनों पक्ष उद्घाटित हैं। मनु के चरित्र पर प्रसाद जी स्वयं चाहे जितना मुग्ध रहे हों, जहाँ तक उनके काव्य की समग्रता का सम्बन्ध है, उसमें भारतीय जनता का वह आत्मविश्वास झलकता है जिसके बल पर वह मुक्ति-संघर्ष में आगे बढ़ने को तैयार थी। प्रसाद और 'कामायनी' के विरोध में मुक्तिबोध ने 'कामायनी : एक पुनर्विचार' में जो कुछ लिखा है, उसे सत्य माना जाए, तो भी इस पुस्तक में स्वाधीनता-आन्दोलन के प्रगतिशील पक्ष का उल्लेख है, यह मानना होगा। इस प्रगतिशील पक्ष से छायावाद का सम्बन्ध है, यह भी मानना होगा। यह सापेक्ष प्रगतिशीलता 'कामायनी' के अलावा, मुक्तिबोध के अनुसार, प्रसाद के शेष काव्य में भी है, यह भी मानना होगा। मुक्तिबोध ने मनु के चरित्र का जो सामाजिक विश्लेषण किया है, उसे एक ही साथ अनेक वर्गों से जोड़ दिया है, उसे वैज्ञानिक विश्लेषण मानने में कठिनाई अवश्य है। पर 'कामायनी : एक पुनर्विचार' प्रसाद-काव्य के बारे में उनका अन्तिम दस्तावेज नहीं है।

भगवतशरण उपाध्याय ने 'कल्पना' में दिनकर की 'उर्वशी' की आलोचना की थी। उनकी आलोचना और 'उर्वशी' पर जनवरी, 1964 की 'कल्पना' में मुक्तिबोध की टिप्पणी प्रकाशित हुई। इस टिप्पणी का काफी हिस्सा 'कामायनी' से सम्बन्धित है। कारण यह कि "सबसे दुर्भाग्यपूर्ण बात जो भगवतशरण जी ने की, वह 'कामायनी' के सम्बन्ध में है। उन्होंने राह चलते 'कामायनी' की निन्दा कर डाली।" 'कामायनी' काव्य की दृष्टि से घटिया कृति है, उसके काव्य की अपेक्षा दर्शन की ही चर्चा अधिक होती है : "उपर्युक्त सारी स्थापनाएँ असंगत, अनुचित, निराधार एवं दुर्भाग्यपूर्ण हैं।" 'कामायनी' का दोष यह नहीं है कि जीवन-समस्याएँ जिस स्तर और क्षेत्र की हैं, उस स्तर और क्षेत्र का उसका दार्शनिक समाधान नहीं है। अन्य कमजोरियाँ भी हैं पर उसका दर्शन प्रतिक्रियावादी नहीं है। "उसका दर्शन जीवन-समस्याओं पर अनवरत चिन्तन के फलस्वरूप है। अतएव, वह जीवन-समस्याओं के निराकरण के रूप में प्रस्तुत हुआ है। उस दर्शन में, उस दर्शन के चित्रण में कोई दोष नहीं है। उसमें आडम्बर नहीं है। उसमें दार्शनिक दम्भ नहीं है। और बहुत-से स्थानों पर आधुनिक सभ्यता की कुछ मूल विषमताओं पर, कठोर और प्रखर काव्यात्मक आक्रमण है। संक्षेप में प्रसाद जी की दार्शनिक अनुभूति उनकी भावना के नेत्र हैं।"

'कामायनी' के दर्शन को उन्होंने प्रतिक्रियावादी कहा और उसे निर्दोष भी बताया। सम्भव है, ये दोनों बातें भारतीय पूँजीवाद के प्रगतिशील और प्रतिक्रियावादी पक्षों

की तरह अपनी-अपनी जगह सही हों। उस हालत में छायावादी संस्कारों से युद्ध करते हुए प्रतिक्रियावादी पक्ष को निर्मूल करना और प्रगतिशील पक्ष को सुदृढ़ करना आवश्यक होगा। वास्तव में जयशंकर प्रसाद और 'कामायनी' के प्रति मुक्तिबोध के मन में द्वैतभाव है और यह द्वैतभाव उनकी मनोरचना की जड़ में है।

5. जयशंकर प्रसाद और मुक्तिबोध

परिवार के भीतर नये और पुराने का जबर्दस्त संघर्ष चलता है, इसकी चर्चा करते हुए मुक्तिबोध कहते हैं : "क्या यह नहीं जानना चाहिए कि परिवार में जिस व्यक्ति से प्रेम का प्रगाढ़ सम्बन्ध होता है (कभी-कभी, बहुत बार भी) उसी से हृदय-विदारक संघर्ष होते हैं!" ('नई कविता का आत्मसंघर्ष', पृ. 126) प्रगाढ़ प्रेम-सम्बन्ध और हृदय-विदारक संघर्ष, दोनों का सहअस्तित्व सम्भव है। मनु जैसे चरित्र में जो अन्त:प्रवृत्ति-मंडल हैं, "वे मंडल साधारण से साधारण शोषक शासक वर्ग के लोगों में भी खूब पाए जाते हैं—चाहे वह गाँव का छोटा सब-इंस्पेक्टर हो या एक छोटा जमींदार। इतना तो मैं स्वयं अपने अनुभव से ही कह सकता हूँ। इन अर्थों में मनु हमारे समाज में बहुत ही सुलभ है। उसका प्रतिबिम्ब हम शहर, कस्बे और देहात के उस शासक-शोषक वर्ग में देख सकते हैं, जो वस्तुत: यह सोचता है कि वह ही समाज का अधिनायक है और वह संचालनकर्ता है।" ('कामायनी : एक पुनर्विचार', पृ., 86) यह मुक्तिबोध का कौन-सा अपना अनुभव है जिससे वह मनु का सम्बन्ध गाँव के छोटे सब-इंस्पेक्टर या छोटे जमींदार से जोड़ते हैं?

मुक्तिबोध के छोटे भाई शरत्चन्द्र ने लिखा है : "पिताजी रियासती पुलिस सब-इंस्पेक्टर थे, यानी गाँव के राजा थे। इसलिए भाई साहब की खुशामद सब जगह होती थी।" ('राष्ट्रवाणी', जनवरी-फरवरी, 1965, पृ. 288) मुक्तिबोध ने जिस व्यक्तिगत अनुभव का जिक्र किया है, उसका सम्बन्ध उनके पिता से है। उनके पिता सब-इंस्पेक्टर और जमींदार, दोनों एक साथ थे। मनु में उनके पिता की दोनों विशेषताएँ मौजूद हैं। पिता के समान मनु प्रगाढ़ प्रेम-सम्बन्ध और हृदय-विदारक संघर्ष, दोनों के आलम्बन हैं।

उनकी एक कविता है : 'एक अरूप शून्य के प्रति'। यह अरूप शून्य आसमानी शशि के पलंग पर सोता है। धरती के चीखों के शब्द उसके कानों के बालों पर बैठते हैं किन्तु उसकी नींद नहीं टूटती। उसके कान भी काफी बड़े हैं। दिन और रात दो लम्बे-चौड़े कान हैं : एक बिलकुल सियाह, दूसरा कतई सफेद; एक न एक कान ढाँकता है आसमान। यह निराकार शून्य स्वर्ग के पुल पर चुंगी का नोकदार "भ्रष्टाचारी मजिस्ट्रेट, रिश्वतखोर थानेदार" है। जिसका अस्तित्व नहीं है, उसे इतना कोसने की जरूरत क्या है? कारण यह है कि उसके अस्तित्व पर विश्वास है पर मन चाहता है कि उसका अस्तित्व न होता। उसकी एक विशेषता

और है। उसके बड़ी-बड़ी मूँछें हैं और जिन्हें वह प्यार करता है, उन्हें मूँछों का स्पर्श खुरदुरा लगता है। निराकार ब्रह्म, जिसे लोग पिता कहते हैं, उपहास का बहुत अच्छा आलम्बन है।

काल्पनिक योग्य की पूँछ के बालों को काटकर
होंठों पर पूँछ लटका रखी है!!
ओ नट नायक
सारे जगत् पर रौब तुम्हारा है!।
तुमसे जो इनकार करेगा
वह मार खाएगा
और, उस मूँछ के
हवाई बाल जब
बल खाते, धरती पर लहराते,
मँडराते चेहरों पर हमारे
तो उनके चुभते हुए खुरदुरे परस से
खरोंच उभरती है लाल लाल
और, हम कहते हैं कि
नैतिक अनुभूति
हमें कष्ट देती है।
बिलकुल झूठी है सठियाई
कीर्ति यह तुम्हारी।

कहने को यह ब्रह्म निराकार है पर उसके घनी मूँछें हैं और इन मूँछों का स्पर्श कवि को अप्रीतिकर लगता है। ब्रह्म अनादि और अनन्त कहलाता है किन्तु यहाँ वह सठियाया हुआ है। इस ब्रह्म को कवि मजिस्ट्रेट और थानेदार कहता है। उल्लेखनीय है कि मुक्तिबोध के पिता, पुत्र को सिपाही के साथ खेलते देखकर, "अपनी घनी-घनी मूँछों में से हँसते रहते।"

('राष्ट्रवाणी', जनवरी-फरवरी, 1965, पृ. 288)

पिता के प्रति मुक्तिबोध के मन में यह जो द्वैतभाव बना था, यह अन्य व्यक्तियों के प्रति उनके सम्बन्धों को प्रभावित करता था। 'एक साहित्यिक की डायरी' में उन्होंने केशव नाम से किसी मित्र का चित्रण किया है। केशव को वह अपने से महान् समझते हैं, उसके बौद्धिक चिन्तन से प्रभावित होते हैं, साथ ही उसके सामने हीन भावना के कारण वह खीझते भी हैं। "उसका ठंडापन, उसके फलस्वरूप हम दो के बीच की दूरी, दूरी का सतत भान और इस भान के बावजूद हम दोनों का नैकट्य—परस्पर घनिष्ठता और इसके विपरीत, दूरी के इस भान के कारण मेरे मन

में केशव के विरुद्ध एक झख मारती हुई खीझ और चिड़चिड़ापन—इन सब बातों से मेरे अन्त:करण में, केशव से मेरे सम्बन्धों की भावना विषम हो गई थी। सूत्र उलझ गए थे। मैं केशव को न तो पूर्णत; स्वीकृत कर सकता था, न उसे अपनी जिन्दगी से हटा सकता था।" ('एक साहित्यिक की डायरी', पृ. 11-12)

इस तरह की खीझ और चिड़चिड़ापन 'कामायनी : एक पुनर्विचार' में काफी है। दूरी के साथ निकटता का बोध, न पूरी तरह स्वीकार करना, न जिन्दगी से हटा पाना—यह उलझी हुई स्थिति एक मित्र के साथ, पिता के साथ और जयशंकर प्रसाद के साथ है। प्रसाद के प्रति उनके प्रबल आकर्षण का कारण यह था कि उनकी समझ में प्रसाद का दार्शनिक चिन्तन उनके जीवन के अनुभवों पर आधारित था और इस चिन्तन को काव्य-रूप देने में भारत के दो ही महाकवि सफल हुए थे : मराठी में संत ज्ञानेश्वर और हिन्दी में जयशंकर प्रसाद। मुक्तिबोध कहते हैं : "काव्य-रूप में थीसिस लिखना बहुत बड़ी कला है। संत ज्ञानेश्वर की ज्ञानेश्वरी ऐसा ही एक थीसिस है—विस्तृत निबन्ध है। उसमें बौद्धिक दार्शनिक भाव विश्लेषित होकर, बारीक से बारीक तत्त्वों में विघटित हो जाते हैं और उन सूक्ष्म तत्त्वों को कल्पना के माध्यम से विशाल से विशालतर बनाया जाता है।" ('नई कविता का आत्मसंघर्ष', पृष्ठ 83) पंत और प्रसाद में अन्तर यह है कि "काव्य में थीसिस लिखना अथवा थीसिस रूप में काव्य लिखना पंत जी के बस की बात नहीं है।" (उप., पृ. 82) प्रसाद में यह क्षमता है। 'कल्पना' वाली 'उर्वशी' सम्बन्धी टिप्पणी में 'कामायनी' के दार्शनिक चिन्तन की प्रशंसा करते हुए वह फिर ज्ञानेश्वरी का स्मरण करते हैं : "ज्ञानेश्वरी मराठी का एक प्रसिद्ध काव्य-ग्रंथ है। वह असल में गीता की टीका है। और, इसलिए उसमें (एक हद तक) शास्त्रीयता भी है। किन्तु, वह न केवल दार्शनिकता के लिए, वरन् रसमय काव्यात्मकता के लिए भी प्रसिद्ध है।"

'अँधेरे में' कविता में केवल राजनीतिक परम्परा का बोध नहीं है, साहित्य की परम्परा का बोध भी है। ऐसा न होता तो आश्चर्य की बात होती क्योंकि कविता का नायक मूलत: राजनीतिक कार्यकर्ता नहीं है, कवि है। मुक्तिबोध न तो राजनीति में दूसरे गांधी बनना चाहते हैं और न कविता में दूसरे जयशंकर प्रसाद। उनकी आकांक्षा यह है कि जैसे गांधी ने देश की सेवा की, वैसे ही बदली हुई परिस्थितियों में वह भी देश की सेवा करें। जयशंकर प्रसाद अपने जीवन-अनुभवों के आधार पर दार्शनिक चिन्तन को काव्य-रूप दे सके थे। बदली हुई परिस्थितियों में यही कार्य मुक्तिबोध को करना था। किन्तु महात्मा गांधी की अपेक्षा जयशंकर प्रसाद से उनका प्रगाढ़ भावात्मक सम्बन्ध था। प्रसाद का कवि-व्यक्तित्व वस्तुगत रूप से चाहे जैसा रहा हो, मुक्तिबोध जब उसे आत्मसात् करते थे तो उस पर अपना रंग भी चढ़ाते थे। जैसे उनकी कविताओं में बाह्य प्रकृति उनके अन्तर्जगत् का अंग बन जाती है, वैसे ही प्रसाद का काव्य-संसार उनके अन्तर्जगत् का अंग बन गया था। प्रसाद

के भाव-जगत्, उनकी चिन्तन-पद्धति, काव्य-रचना-प्रक्रिया को मुक्तिबोध ने इस प्रकार आत्मसात् किया था कि उसका विवरण मुक्तिबोध के अपने कवि-व्यक्तित्व का विवरण बन जाता है। सुमित्रानन्दन पंत वाले लेख में उनका जितना ध्यान पंत पर है, उससे ज्यादा ध्यान प्रसाद पर है। प्रसाद की जगह मुक्तिबोध का नाम रखें, फिर निम्नलिखित वाक्य पढ़ें और देखें कि मुक्तिबोध ने प्रसाद के साथ तादात्म्य स्थापित किया है या नहीं।

"मुक्तिबोध वस्तुत: अन्तर्मुख कवि हैं। वे भावों को इस प्रकार अनुभूत करते हैं, इस तरह पहचानते हैं, जैसे हम अपने घर की भीत, टेबल, दवात, छड़ी आदि वस्तुएँ अच्छी तरह जानते हैं। भाव, मानव-प्रसंगों के बीच पैदा होते हैं। जिस प्रकार मानव-प्रसंग उलझे हुए होते हैं, उस तरह भाव भी। भाव चाहे जितने ग्रंथिल क्यों न हों, मुक्तिबोध में ऐसी विश्लेषण-प्रधान मर्मदृष्टि थी कि जो भावों को, सारी जटिलता और समग्रता के साथ, फिर भी जहाँ तक बने वहाँ तक, सरलीकृत रूप में, विश्लेषित और संश्लेषित रूप में चित्रित करती थी। मुक्तिबोध की अन्तर्मुखता इतनी गहन थी कि वे अपने अन्तर्जगत् में उपस्थित भावों को, उनके भेद और अभेद को, रूपों और गुणों को बहुत अच्छी तरह पहचानते थे, इसलिए वे समष्टि चित्रों द्वारा उन्हें संश्लेषित रूप में, अथवा उपमा-विधान, प्रतीक-विधान द्वारा विश्लेषित रूप में अंकित कर सकते थे। मुक्तिबोध, एक अन्वेषक के रूप में, अपने ही उलझे मनोभावों के बाह्य सन्दर्भों को खोजते हुए, जीवन-जगत् के उलझाव का अध्ययन करते, चिन्तन द्वारा बाह्य विश्लेषण और आत्मविश्लेषण करते। जीवन-जगत् का अध्ययन करनेवाले अन्तर्मुख मुक्तिबोध के मन पर अपना खुद का बोझ था।... वह अपने खुद के बोझ के सन्दर्भ से ही, जीवन-जगत् की तह में घुसने का प्रयत्न करते।...बाह्य से प्राप्त उनकी संवेदनाएँ भी इतनी अधिक तीव्र थीं कि संवेदना स्वयं उनके लिए वस्तुत: एक समस्या बन जाती थी। फलत:, अपनी संवेदना और संवेदनात्मकता पर उन्हें सोचना पड़ता था। अपनी मूलभूत चिन्तन प्रवृत्ति के द्वारा वे उन तीव्र संवेदनाघातों को समस्यात्मक रूप देते थे। इसीलिए, मुक्तिबोध की काव्याभिव्यक्ति उलझी हुई-सी लगती थी।...मुक्तिबोध का जीवन-चिन्तन उनके अपने ठोस अनुभवों पर आधारित है, फलत: उनकी बुद्धि विश्लेषण-प्रधान और कल्पना संश्लेषण-प्रधान होती चली गई। इन अनुभवों के ठोस आधार पर ही, उनके अन्त:करण में, एक ज्ञान-व्यवस्था निर्मित हुई, यद्यपि इस ज्ञान-व्यवस्था के निर्माण में उनकी मूलभूत दार्शनिक जिज्ञासा का भी बहुत कुछ हाथ था। संक्षेप में, अत्यन्त अन्तर्मुख मनोरचना, जो मुक्तिबोध ने पाई थी, वह विशद होती गई।... व्यक्तिगत जीवन के भयानक उतार-बढ़ाव और पीड़ादायक संघर्षों द्वारा मन बुझ जाता है। बाहर के उलझाव, भीतर के उलझाव बन जाते हैं। यद्यपि जीवन एक ओर अधिक अनुभवसम्पन्न हो जाता है, साथ ही बौद्धिक शक्ति भी बढ़ जाती है;

किन्तु, आत्मजगत् ज्यादा उलझ जाता है। इसका कारण यह है कि ये व्यक्तिगत जीवन-संघर्ष सोद्देश्य, सहेतुक, आत्मविकास के संघर्ष नहीं होते। प्रगतिमूलक, प्रगतिकारक संघर्ष और होते हैं, स्थितिरक्षा के संषर्ष में जीवनी शक्ति का अपव्यय होता है। निराला का संघर्ष स्थिति-रक्षा का संघर्ष है, मुक्तिबोध को अपने जीवन-क्षेत्र में जो संघर्ष करना पड़ा, यह भी इसी प्रकार का है। पूँजीवादी समाज में व्यक्ति को अपनी स्थिति-रक्षा का संघर्ष करना ही पड़ता है। साम्यवादी समाज में ऐसा नहीं होता। स्थिति-रक्षा सम्बन्धी संघर्ष की उग्रता से, अन्तर्जगत् में तीव्र भावनाओं, इच्छाओं, उद्वेगों, मनस्तापों और ज्ञानतत्त्वों का ऐसा अद्‌भुत सम्मिश्रण हो जाता है कि बाह्य वास्तव के प्रति मन की प्रतिक्रियाएँ तीव्र किन्तु सम्मिश्र, आवेगात्मक किन्तु ग्रंथिल, अनुभवात्मक किन्तु बौद्धिक, ज्ञान-सम्पन्न और कल्पनायुक्त होने लगती हैं। वास्तव रूप को निरपेक्ष भाव से देखने के, और निरपेक्ष भाव से तद्द्वारा उत्सर्जित संवेदनाएँ ग्रहण करने के स्थान पर, मन उस वास्तव पर लद जाता है, थुप जाता है, अथवा उन संवेदनाओं को उनके यथार्थ रूप में ग्रहण करने के बजाय उन्हें सम्पादित और संशोधित करके स्वीकार करता है। चिन्तन तथा अनुभव के फलस्वरूप हृदय में जो ज्ञान-व्यवस्था निर्मित हो गई होती है, वह ज्ञान-व्यवस्था भी, संवेदना-ग्रहण में हस्तक्षेप करती है, अर्थात् वह ज्ञान-व्यवस्था भी बाधा स्वरूप बन जाती है. व्यापक जीवन-जगत् के अनुभवप्रसूत आकलन में, कवि पर छाए अपने निज के बोझ से, जो ग्रंथिलता उत्पन्न हो जाती है, चाहे आप उसे चिन्तनप्रधान दार्शनिकता का नाम दीजिए, चाहे और कुछ—वह ग्रंथिलता भी पंत जी में नहीं है (जैसी कि वह मुक्तिबोध अथवा जयशंकर प्रसाद में है), न तत्सम्बन्धी दार्शनिक ज्ञान-व्यवस्था का बोध।" ('नई कविता का आत्मसंघर्ष', पृ. 73 -79)

यह तादात्म्य शत-प्रतिशत नहीं है। प्रसाद की दार्शनिक ज्ञान-व्यवस्था ऐसी थी, "जो वर्तमान सभ्यता स्थिति की विषमताएँ कम करने का उपाय तो बताती थी किन्तु आमूल क्रान्तिकारी परिवर्तन का ध्येय नहीं रख सकती थी।" (उप., पृ. 81) इस ध्येय को जोड़ने से उस ज्ञान-व्यवस्था का विकास होगा। मुक्तिबोध यही करना चाहते थे पर वह प्रसाद को जिस दृष्टि से देखते थे, वह निरपेक्ष ज्ञान की दृष्टि नहीं थी। वह हर जगह अपने जीवन की परिस्थितियों, अपने अनुभव, अपनी मनोदशाएँ ध्यान में रखते हुए प्रसाद को अपने ढंग से देखते थे। निराला का संघर्ष स्थिति-रक्षा का संघर्ष था किन्तु मुक्तिबोध ने प्रसाद के जीवन में भी उसी प्रकार का संघर्ष देखा। उन्होंने इस तरह के संघर्ष से जो शक्ति का अपव्यय होता है, मन में जो उलझनें पैदा होती हैं, उस सबका उल्लेख प्रसाद के सन्दर्भ में किया और 'तार सप्तक' के अपने दूसरे वक्तव्य में उन्होंने यही बातें सीधे अपने बारे में कहीं।

प्रसाद की रचना-प्रक्रिया से मुक्तिबोध गहरा तादात्म्य स्थापित करते हैं अथवा उस पर वह अपनी रचना-प्रक्रिया आरोपित करते हैं। इस तादात्म्य के कारण वह

जिस कवि को आदर्श रूप में देखते हैं, जिसके साँचे में स्वयं को ढालना चाहते हैं, वह जयशंकर प्रसाद हैं। 'अँधेरे में' कविता में साहित्य की गौरवशाली परम्परा के प्रतिनिधि-रूप में टॉल्स्टॉय मौजूद हैं। जो उपन्यास मुक्तिबोध लिखना चाहते थे, उसके वह प्रेरकस्रोत थे। इसका यह अर्थ नहीं कि मुक्तिबोध 'युद्ध और शान्ति' या 'अन्नाकरेनिना' का नया संस्करण प्रस्तुत करना चाहते थे। इसी तरह काव्य-परम्परा के प्रतिनिधि-रूप में प्रसाद मौजूद हैं। मुक्तिबोध के लिए मनु प्रसाद का ही प्रतिरूप है, इसलिए प्रसाद का उल्लेख करने के लिए मनु का नाम देना काफी है। मुक्तिबोध के लिए मनु शब्द मनुष्य का पर्याय नहीं है। मनुष्य, मानव, मनुज—ये मनु के पुत्र हैं यथा 'तार सप्तक' की 'दूर तारा' कविता में : "इसलिए प्रत्येक मनु के पुत्र पर विश्वास करना चाहता हूँ।"

मनु से प्रसाद का सम्बन्ध है, इसे अस्वीकार करने पर भी यह तो मानना ही होगा कि तिलक, गांधी और टॉल्स्टॉय के रूप में राजनीति और साहित्य की एक गरिमामय परम्परा है जिसके सामने स्वयं को रखकर मुक्तिबोध आत्मालोचन करते हैं। साहित्य और राजनीति की परम्परा के प्रति 'कविता के नये प्रतिमान' में नामवर सिंह ने जो दृष्टिकोण अपनाया है, 'अँधेरे में' कविता के लेखक का दृष्टिकोण उससे उल्टा है।

6. व्यक्तित्व का रूपान्तरण

साहित्य और राजनीति की परम्परा का बोध, मार्क्सवाद के प्रति आकर्षण, श्रमिक-आन्दोलन का समर्थन और मध्यवर्गीय लेखक के व्यक्तित्व के रूपान्तरण की समस्या—ये सब चीजें परस्पर सम्बद्ध हैं। जिस देवता के सम्मुख जाकर कवि अत्यन्त दीन हो जाता है, वह महात्मा गांधी हैं। वही उसे फटकारते हुए कहते हैं कि यह दुनिया कचरे का ढेर नहीं है जिस पर चढ़कर कोई भी मुर्गा बाँग दे तो मसीहा बन जाए। युगों-युगों से जनता जो दुख सहती आई है, जिसमें श्रमिक वर्ग का संताप भी शामिल है :

वह जल पीकर
मेरे युवकों में होता जाता व्यक्तित्वान्तर।

'अँधेरे में' कविता की मूल समस्या यही है—मध्यवर्ग का बुद्धिजीवी सर्वहारा वर्ग से तादात्म्य कैसे स्थापित करे। मुक्तिबोध इस प्रक्रिया को एक रूपक द्वारा प्रस्तुत करते हैं। एक बलवान लुहार ने बहुत-से कंडे जलाकर उस पर लोहे का चक्का रखा। कुछ अन्य बलवान लोग लकड़ी के चक्के पर 'जबरन' घन मार- मार कर लाल-लाल लोहे की गोल पट्टी चढ़ाते हैं।

उसी प्रकार अब
आत्मा के चक्के पर चढ़ाया जा रहा

संकल्प शक्ति के लोहे का मजबूत
ज्वलन्त टायर!!

लुहार श्रमिक वर्ग का प्रतीक है। वह घन-चोट से जबरन मध्यवर्गीय बुद्धिजीवी के व्यक्तित्व पर संकल्प का टायर चढ़ाता है। इसी के अनुरूप परम्परा का बोध, कवि का विवेक, उसे आत्मालोचन के लिए विवश करता है। तिलक की मूर्ति के पैरों से चिपके हुए कवि की आत्मा में जब खून का तालाब भर जाता है, तब उसके व्यक्तित्व को नये सिरे से गढ़ने की प्रक्रिया भी आरम्भ होती है :

इतने में छाती में भीतर ठक-ठक
सिर में है धड़धड़!! कट रही हड्डी!!
फिक्र जबर्दस्त!!
विवेक चलाता तीखा सा रंदा
चल रहा बसूला
छीले जा रहा मेरा यह निजत्व ही कोई।

ऐसा नहीं है कि वह अपना निजत्व कहीं छोड़ आए हैं और अब उसे पाने के लिए बेचैन हैं। निजत्व उन्हीं के पास है, समस्या है उसको बदलने की। और यह प्रक्रिया अत्यन्त कष्टप्रद है। 'तार सप्तक' के दूसरे संस्करण के लिए उन्होंने जो कविता भेजी, उसका शीर्षक है : 'एक आत्म वक्तव्य'। इसमें उन्होंने 'अँधेरे में' कविता के प्रतीकों द्वारा स्वयं अपने व्यक्तित्व-परिवर्तन की बात कही है :

नये नये रन्दों और बसूलों से
लगातार लगातार
मेरी काट छाँट
उनकी छील छाल अनिवार।

दोनों कविताओं में व्यक्तित्व के परिवर्तन की, उसके नवनिर्माण की बात कही गई है। कविता के शीर्षक के अलावा मुक्तिबोध ने अपने वक्तव्य में सीधे-सीधे अपने बारे में जो कुछ कहा है, उससे अपनी कविता का सम्बन्ध उन्होंने खुद जोड़ा है : "भाव-प्रकृतियों के खयाल से यह कविता मेरा प्राय: सर्वांगीण प्रतिनिधित्व करती है। जैसाकि शीर्षक से ही स्पष्ट है, वह मेरी इस टिप्पणी को और आगे बढ़ाती है और कदाचित् उसके बाद यह टिप्पणी भी अनावश्यक हो जाती है।" इसलिए किसी को इस बारे में दुविधा न होनी चाहिए कि मध्यवर्गीय बुद्धिजीवी का व्यक्तित्व-परिवर्तन मुक्तिबोध के लिए अत्यन्त महत्त्वपूर्ण समस्या है, यह उनकी अपनी समस्या भी है। यह समस्या 'एक आत्म वक्तव्य' में है, 'अँधेरे में' कविता में है। इस दूसरी कविता के नायक को मुक्तिबोध से अलग करके नहीं देखा जा सकता। किन्तु

'एक आत्म वक्तव्य' कविता उनका प्राय: सर्वांगीण प्रतिनिधित्व करती है, पूर्णत: नहीं। इस दृष्टि से 'अँधेरे में' कविता उनका प्रतिनिधित्व अधिक करती है। कारण यह कि व्यक्तित्व-परिवर्तन की प्रक्रिया के विरोध में मुक्तिबोध की जिद का चित्रण 'एक आत्म वक्तव्य' में नहीं है किन्तु 'अँधेरे में' कविता में है।

भयानक जिद कोई जाग उठी मेरे भी अन्दर
हठ कोई बड़ा भारी उठ खड़ा हुआ है।

जिस समय विवेक रन्दा चलाता है और बसूले से उनका निजत्व छीला जाता है, उसी समय उनके मन में कोई भयानक जिद जाग उठती है। इस जिद की व्याख्या उन्होंने नहीं की, पर स्पष्ट ही इसका सम्बन्ध निजत्व के छीले जाने से है। कवि मानो कहता है, तुम छील-छीलकर मेरा व्यक्तित्व ऐसा बदलोगे कि मेरा अपना कुछ रह ही न जाएगा, निजत्व ही नष्ट कर दोगे। इसीलिए क्रान्ति और दमन के चित्र खींचने के बाद, युवकों के व्यक्तित्वान्तर की बात कहने के बाद :

एकाएक फिर स्वप्न भंग
बिखर गए चित्र कि मैं फिर अकेला।

वह अकेले क्यों रह जाते हैं? इसलिए कि अपना वर्ग छोड़ना अपने पुराने व्यक्तित्व का नाश करने के समान है।

मुक्तिबोध की मुख्य समस्या है अपना वर्ग छोड़कर दूसरे वर्ग के साथ तादात्म्य स्थापित करना। पारिवारिक परिवेश से उनका अलगाव इस समस्या को और तीव्र बना देता है। 'विपात्र' कहानी का नायक कहता है : "जो मेरे अपने हैं, जिनके लिए व्यक्तिश: मेरे हृदय में स्थान है, वे मेरे विचारों के विरोधी, मेरे आन्तरिक जीवन से बहुत दूर हैं। और, जो व्यक्तिश: मेरे नहीं हैं, नहीं हो सकते, उनकी ओर—उनके इर्द-गिर्द मेरे विचार, मेरी आत्मा मँडराती है।"

ठीक यही बात मुक्तिबोध ने 'चम्बल की घाटी में' कविता में कही है। (और नामवर सिंह ने ये पंक्तियाँ उद्धृत भी की हैं) :

अपने समाज में अकेला हूँ बिलकुल
मुझमें जो भयानक छटपटाहट है
नहीं वह किसी में
इसलिए, अपना ही श्रेणीगत
साम्य है जिनसे,
उनसे ही गहरा विद्वेष—
विरोध, विरोध, विरोध!!

किन्तु, जो दूर हैं
अलग, पृथक् हैं
जो अति भिन्न हैं
मित्र हैं वे ही;
परन्तु, शतगुण धर्म जो उनके
ले नहीं पाता हूँ चाहने पर भी।

यही ट्रैजेडी है। यही तनाव का मुख्य कारण है। वर्ग-परिवर्तन भी इसी कठिनाई से उत्पन्न होता है।

मुक्तिबोध का विचार है कि नई कविता जहाँ प्रगतिशील है, वहाँ वह निम्न मध्यवर्ग के कवियों की रचना है। उसका जन्म संघर्षों और तनावों से उत्पन विभिन्न भाव-स्थितियों से हुआ है, फिर भी उन्हें शिकायत है कि नई कविता तनावों के मनोविज्ञान को भी पूर्णत: प्रतिबिम्बित नहीं करती, वास्तविक जीवन में जो महान् भावनाएँ अनुभव की जाती हैं, वे नई कविता में बिम्बित नहीं हो पातीं। जहाँ-तहाँ "ऐसी मानसिक प्रतिक्रियाओं के खंड-चित्र दिखाई देते हैं किन्तु तनावों के विस्तार-चित्र जिनमें जीवन के सामान्यीकरणों के लिए गुंजाइश हो, मुझे तो कम-से-कम नहीं से दिखाई दिये। मतलब यह कि इस श्रेणी के लेखकों में से बहुतेरों में (जिनमें नम्रतावश नहीं, वास्तविकतावश, मैं भी अपने को शामिल करता हूँ) कहीं न कहीं अटकाव जरूर है, जिसका निदान आवश्यक है।" ('नई कविता का आत्मसंघर्ष', पृ. 51) यह अटकाव व्यक्तित्व-परिवर्तन में बाधक होता है।

मुक्तिबोध के लिए समस्या इस रूप में है कि गरीब मध्यवर्ग के साहित्यकार सहज नहीं हो पाते। सहज हो जाएँ तो पीड़ित मानवता की मुक्ति का लक्ष्य उनका लक्ष्य भी बन जाए। कहते हैं : "आवश्यकता है, वस्तुत: प्राकृत होने की, क्योंकि हमारे संघर्ष भी प्राकृत हैं, करुणा और क्षोभ भी और हमारे लक्ष्य भी—वे लक्ष्य और वे क्षोभ जो, हमें समस्त पीड़ित मानवता से एकाकार होने की तरफ प्रवृत्त करते हैं और उसके उद्धार का रास्ता ढूँढ़ते हैं...आज के जमाने में प्राकृत होना ही सबसे ज्यादा मुश्किल है। किन्तु, जो इस वास्तविक सत्य और यथार्थ के अधिकाधिक समीप पहुँचेगा, जो इसका जितना मार्मिक आकलन और उद्‌घाटन करेगा, वही साहित्यकार समाज की और जनता की अधिकाधिक सेवा करेगा, और, उसके लिए अनन्य सौन्दर्य की सृष्टि करेगा।" (उप., पृ. 59-60)

जब प्रगतिशील लेखक संघ का जन्म हुआ, तब इस बात पर जोर दिया गया कि साहित्य उच्च वर्गों के लिए नहीं, जनसाधारण के लिए लिखा जाना चाहिए, उसमें किसानों और मजदूरों के जीवन का चित्रण होना चाहिए; उनका जीवन-संघर्ष, उनकी आशाएँ-आकांक्षाएँ व्यक्त होनी चाहिए। जब प्रयोगवाद का जन्म हुआ तब उसके संस्थापकों ने कहा कि किसानों और मजदूरों के बारे में लिखा हुआ

साहित्य ओढ़ा हुआ यथार्थ होता है, अनुभूत सत्य नहीं होता, इसलिए सतही होता है। जहाँ तक यह साहित्य सतही था, वहाँ तक उसका सतहीपन दूर करने का एक ही उपाय था कि प्रगतिवादी साहित्यकार जनजीवन से और गहरा सम्पर्क स्थापित करे। साथ ही प्रगतिशील साहित्य की धारा में प्रेमचन्द और निराला जैसे लेखक भी थे जिनके साहित्य को सतही नहीं कहा जा सकता। प्रेमचन्द और यशपाल द्वारा प्रेम के चित्रण की तुलना करते हुए मुक्तिबोध ने लिखा है : " 'गोदान' की सिलिया का प्रेम, सियाराम की 'नारी' का प्रेम यशपाल के प्रेम से बिलकुल भिन्न है। यशपाल आदि लोग (जिनमें गरीब श्रेणी से आए हुए बहुत-से नये कवि भी शामिल हैं) उच्च मध्यवर्गीय शृंगारिक तथा इतर सम्मोह में जकड़े हुए हैं।" ('नई कविता का आत्मसंघर्ष', पृ. 54) यशपाल आदि लोग उस वर्ग के नहीं हैं जिसके प्रेमचन्द हैं। किसानों के जीवन से प्रेमचन्द के समान इनका घनिष्ठ परिचय नहीं है। जब इनकी आलोचना की जाती थी, तब ये अनुभूत सत्य की दुहाई देते थे। यदि यशपाल के लिए अनुभूत सत्य काफी नहीं है तो वह निम्न मध्यवर्ग के कवि के लिए भी काफी नहीं है। सम्मोह से जकड़े हुए निम्न मध्यवर्ग के कवि भी हैं। इन्हें प्रेमचन्द से सीखना है, जनसाधारण से तादात्म्य स्थापित करना है। यदि निम्न मध्यवर्ग के लिए अपनी वर्ग भूमि छोड़ना कठिन है तो उच्च मध्यवर्ग के लिए यह कार्य और भी कठिन है। मुक्तिबोध पूछते हैं : "अपनी श्रेणी की कविता को इन फैशनों से बचाना क्या जरूरी नहीं है?" यहाँ अपनी श्रेणी का अर्थ है निम्न मध्यवर्ग। इस श्रेणी के कलाकारों ने जो जीवन-मूल्य प्रस्तुत किए हैं, वे किस श्रेणी के हैं? "उच्च मध्यवर्गीय या साधारण जन के?" यहाँ साधारणजन का अर्थ है : निम्न मध्यवर्ग। उच्च मध्यवर्ग के कलाकारों की सफलता से अपने लिए नतीजे निकालना उचित है : "किन्तु अपनी श्रेणी को छोड़कर उनके सम्मोहों के वशीभूत तो न हुआ जाए।" (उप., पृ. 54) यहाँ पुन: अपनी श्रेणी का अर्थ है : निम्न मध्यवर्ग। इस वर्ग से बाहर जब तक लेखक किसानों और मजदूरों से गहरा परिचय प्राप्त नहीं करता, तब तक नये जीवन-मूल्यों, यथार्थवादी कला आदि का विकास सम्भव न होगा।

मुक्तिबोध ने जिस अटकाव की बात कही, उसका मुख्य कारण अपनी भूमि से हटकर, अपने अनुभूत सत्य की सीमाएँ समझकर, श्रमिक जनता से तादात्मय स्थापित करने की कठिनाई है। यह कठिनाई केवल मुक्तिबोध के लिए नहीं है। वह उन सभी लेखकों के लिए है जो बौद्धिक रूप से मार्क्सवाद अपनाते हैं पर जिनके संस्कार सम्पत्तिशाली वर्गों के हैं या जिनके जीवन की परिस्थितियाँ ऐसे वर्ग के लोगों की परिस्थितियों से मिलती-जुलती हैं। यह कठिनाई मजदूरों के लिए भी है क्योंकि मजदूर होने से ही किसी का दृष्टिकोण अपने-आप क्रान्तिकारी नहीं हो जाता। शंकर शैलेन्द्र समाज के निम्नतम अन्त्यज वर्ण में पैदा हुए; वह मजदूरी करते

थे; मार्क्सवाद की शिक्षा प्राप्त की; क्रान्तिकारी मजदूरों के प्रिय कवि बने। फिर भी जीवन की परिस्थितियाँ बदलने पर उनका दृष्टिकोण बदल गया, जीवन-क्रम बदल गया, उनकी अकाल मृत्यु से हिन्दी साहित्य की भारी क्षति हुई। मुक्तिबोध की कठिनाई हम सभी की कठिनाई है किन्तु अनुभूत सत्य के नाम पर अपनी वर्गभूमि न छोड़ना गलत है। 'सड़क को लेकर एक बातचीत' नाम की गद्य-रचना में लेखक अपने मित्र से कहता है : "हाँ, वी शुड नॉट डेजर्ट अवर ऑन क्लास। यदि हम गरीब मध्यवर्ग में पैदा हुए हैं तो हम उसकी भाव-स्थितियों को जरूर बताएँगे। प्रश्न विषय का भी है और दृष्टिकोण का भी। हममें से बहुतेरे ऊपर की श्रेणी में मिल गए हैं। वे हमारी भावनाएँ प्रकट नहीं करते, कोई दूसरी दृष्टि प्रकट करना चाहते हैं।" ('एक साहित्यिक की डायरी', पृ. 64)

निम्न मध्यवर्ग का व्यक्ति ऊपर के लोगों से जाकर न मिले, यह ठीक है, किन्तु अपनी श्रेणी में ही बना रहे, उस वर्ग की भाव स्थितियों को ही बताना अपना परम कर्तव्य समझे, यह बात सही नहीं है। उच्च मध्यवर्ग के अलावा समाज में अन्य वर्ग भी हैं जिनसे उसका तदाकार होना उसके लेखन के लिए उपयोगी होगा। मुक्तिबोध हमेशा इस दृष्टिकोण का समर्थन नहीं करते कि निम्न मध्यवर्ग की भाव-स्थितियों के दायरे से बाहर निकलना ही न चाहिए। किन्तु दायरे में रहना और दायरे से बाहर निकलना, इन दोनों चीजों को लेकर उसके मन में संघर्ष जरूर है। उनके व्यक्तित्व की बनक ऐसी है कि यह संघर्ष कभी समाप्त नहीं होता। निम्न मध्यवर्ग की भाव-स्थितियों का दायरा वह पूरी तरह छोड़ नहीं सकते; इस दायरे से उनका बचपन, पारिवारिक परिवेश, व्यक्तित्व का विकास जुड़ा हुआ है और इन सब बातों से कविता का गहरा सम्बन्ध है। विवेक उन्हें अपनी भावनाओं की परिधि से सन्तुष्ट नहीं होने देता, और विवेक जिस परिवेश, जिस भाव-भूमि की ओर उन्हें ठेलता है, वह नई और अपरिचित है, उससे भावना के मूल स्त्रोतों का तालमेल नहीं बैठता। मुक्तिबोध के लिए उनका अपना संघर्ष नई कविता का आत्मसंघर्ष बन जाता है। वास्तविकता यह है कि इस आत्मसंघर्ष की हल्की-सी झलक कुछ अन्य कवियों में है पर उस आत्मसंघर्ष की तीव्रता किसी अन्य कवि में नहीं है। मुक्तिबोध ने अपनी नई कविता के लिए आन्दोलन किया, गद्य में बहुत कुछ लिखा, पर नई कविता की धारा को मोड़ने में वे असमर्थ रहे।

7. अभिव्यक्ति का अटकाव

अटकाव का एक बहुत स्पष्ट रूप मुक्तिबोध की अभिव्यक्ति है। साधारण जनता और मुक्तिबोध की कविता के बीच यह अभिव्यक्ति बहुत बड़ी खाई है। शंकर शैलेन्द्र की कविताएँ मजदूर खूब समझते थे, सभाओं और जुलूसों में उन्हें गाते थे।

मुक्तिबोध की कविताएँ मजदूरों के लिए तो दुरूह हैं ही, वे उच्च शिक्षा-प्राप्त जनों, कवियों और आलोचकों के लिए भी दुरूह हैं। इस दुरूहता का एक बहुत बड़ा कारण अपना निम्न मध्यवर्गीय स्तर छोड़ने की कठिनाई है। मुक्तिबोध जिन्हें उच्च मध्यवर्गीय कवि कहते हैं, उनकी अभिव्यक्ति से मुक्तिबोध की अभिव्यक्ति ज्यादा पास है; प्रेमचन्द, नागार्जुन या शंकर शैलेन्द्र की अभिव्यक्ति भूमि से वह बहुत दूर है। शमशेर बहादुर सिंह सुशिक्षित बुद्धिजीवी हैं, प्रसिद्ध कवि हैं। मुक्तिबोध के बारे में कहते हैं : "मुक्तिबोध के साथ मेरी समस्या होती है (अक्सर ही पाठकों की होती है, मैं भी एक साधारण पाठक हूँ) अव्वल तो पढ़ने की! (ईमानदारी की बात) रचना की दीर्घकाय विराटता हताश करती है।" इस तरह ईमानदारी की बात करनेवाले इस दुनिया में कम हैं। लम्बी कविता पढ़ ली, उसके बाद? "दूसरी समस्या होती है समझने की। होती थी...कहना चाहिए। क्योंकि पढ़ लेने, और अर्थ और भाव-व्यंजनाएँ हृदयंगम कर लेने के बाद, कविता हृदय पर, चेतना पर हावी हो जाती है। आप मुक्तिबोध के चित्रों के पैटर्न समझ लेने के बाद उन्हें उम्र-भर नहीं भूल सकते।" ('कृति', नवम्बर-दिसम्बर, 1960) शमशेर बहादुर सिंह ने समर्थ कलाकार होने के नाते अपनी समस्या हल कर ली; वह चित्रकार भी हैं, इसलिए सम्भव है, मुक्तिबोध के चित्रों के पैटर्न समझ लेना उनके लिए आसान हो। किन्तु ऐसा लगता है कि शमशेर बहादुर सिंह मुक्तिबोध की सुबोधता के बारे में जरूरत से ज्यादा आशावादी हैं। उनकी कविता 'ब्रह्मराक्षस' की ओर संकेत करते हुए कहते हैं : "यह भयानक अंश निम्न वर्गों का सार्वभौम शोषण है। यही है 'ब्रह्मराक्षस'। एक व्यापक विद्रूप जो व्यक्ति को आतंकित रखता है।" (उप., पृ. 44) ब्रह्मराक्षस शोषण का प्रतीक हो सकता है, कुछ कविताओं में है, किन्तु यहाँ उद्धरण चिह्न लगाकर शमशेर बहादुर सिंह ने एक विशेष कविता की ओर संकेत किया है। इस कविता के अन्त में मुक्तिबोध 'ब्रह्मराक्षस का सजल उर शिष्य' होना चाहते हैं जिससे कि उसका अधूरा कार्य पूरा कर सकें। यह कविता बहुत लम्बी नहीं है, फिर भी ब्रह्मराक्षस का नाम धोखा देता है। स्पष्ट ही मुक्तिबोध ब्रह्मराक्षस के शिष्य होकर शोषण के अधूरे काम को पूरा करना नहीं चाहते। किरी रागय नामवर सिंह को भी मुक्तिबोध जैसे कवियों की रचनाओं में अस्पष्टता दिखाई देती थी। उन्होंने लिखा था : "सामाजिक यथार्थ का तीसरा स्तर उन कवियों ने झनझनाया जिनके संवेदनशील मन में एक ओर मध्यवर्गीय संस्कारों की कटु अतृप्ति थी तो दूसरी ओर नवीन सामाजिक चेतना को बौद्धिक रूप से स्वीकार करके व्यावहारिक रूप से ग्रहण करने की ललक। इस अन्तर्द्वंद्व ने इन संवेदनशील कवियों की अभिव्यक्ति को अस्पष्ट और उलझनपूर्ण बना दिया। इन्होंने कविता के रूप-विधान की ओर अधिक ध्यान दिया। इनमें अज्ञेय, गिरिजाकुमार माथुर, प्रभाकर माचवे, नेमिचन्द्र जैन, भारतभूषण अग्रवाल, गजानन मुक्तिबोध, शमशेर बहादुर सिंह, हरिव्यास,

धर्मवीर भारती, रघुवीर सहाय, नरेश मेहता और चन्द्रकुँवर बर्त्वाल मुख्य हैं। इन कवियों में गिरिजाकुमार, मुक्तिबोध, हरिव्यास, नरेश और बर्त्वाल में सामाजिक चेतना अपेक्षाकृत अधिक गहरी और प्रौढ़ है।" ये सुलझे हुए विचार नामवर सिंह ने 'आलोचना' संख्या-4 में प्रकाशित अपने लेख 'हिन्दी कविता के पिछले दस वर्ष' में व्यक्त किए थे।

8. अस्तित्ववाद की छाया

मुक्तिबोध के व्यक्तित्व में भीतरी तनाव का एक कारण उन पर अनेक भाववादी विचारधाराओं का प्रभाव है। इनमें एक है अस्तित्ववाद। यह कोई सुनिश्चित दार्शनिक व्यवस्था नहीं है। उसमें अनेक विचारधाराएँ आकर घुल-मिल गई हैं। 'एक स्वप्न-कथा' के प्रसंग में नामवर सिंह ने लिखा है : "डॉ. शर्मा ने जिन क्रियाकलापों के आधार पर इस कविता में अस्तित्ववाद का निरूपण किया है, उससे लगता है कि उनकी दृष्टि में अस्तित्ववाद कोई निश्चित जीवन-दृष्टि नहीं बल्कि भावजगत् के कुछ क्रियाकलापों की रूढ़ियों का सामूहिक नाम है।" (पृ. 257)

नामवर सिंह की दृष्टि में अस्तित्ववाद एक निश्चित जीवन-दृष्टि है, भावजगत् के कुछ क्रियाकलापों की रूढ़ियों से उसका सम्बन्ध नहीं है। यह जानना आवश्यक है कि अस्तित्ववाद की जीवन-दृष्टि उतनी निश्चित नहीं है जितनी कि लोग समझते हैं।

सार्त्र की पुस्तक 'अस्तित्ववाद और मानवतावाद' की भूमिका में फिलिप मैरे बताते हैं कि अस्तित्ववाद के अन्तर्गत फ्रांस में एक ओर सार्त्र का कठोर नास्तिकवाद है, दूसरी ओर फ्रांस में ही गाब्रियेल मार्सेल जैसे अस्तित्ववादी दार्शनिक और नाटककार हैं जो रोमन कैथोलिक ईसाई मत स्वीकार करते हैं और अस्तित्ववाद की ओर उनकी यात्रा इस मत को स्वीकार करने से पूरी हुई है। आस्तिक और नास्तिक जीवन-दृष्टियाँ परस्पर-विरोधी हैं। यदि अस्तित्ववाद की जीवन-दृष्टि निश्चित होती तो मार्सेल और सार्त्र, दोनों अस्तित्ववादी न कहलाते। मार्क्सवादी लेखक भी अनेक प्रकार के होते हैं किन्तु एक मार्क्सवादी लेखक आस्तिक हो और दूसरा नास्तिक, यह असम्भव है। मैरे ने मार्सेल पर किर्केगार्ड तथा फ्रांस की अपनी दार्शनिक परम्परा और जर्मन लेखक नीत्शे के प्रभाव का उल्लेख किया है। फिर बताया है कि फ्रांस की अस्तित्ववादी धारा में दूर-दूर के स्रोतों से आकर सहायक धाराएँ मिल गई हैं और अन्य लेखकों के साथ काफ्का का नाम भी लिया जाता है जो आधुनिक संकट को उसी ढंग से देखते थे और मनुष्य के आन्तरिक जीवन के लिए उसे बहुत बड़ा खतरा समझते थे। इन अनेक धाराओं के मिलने से एक ओर तो यह सिद्ध होता है कि समकालीन यूरोप की विचारधारा में अस्तित्ववाद एक स्वत:स्फूर्त आन्दोलन है किन्तु दूसरी ओर, मैरे

के अनुसार : "उसमें जो राजनीति और धर्म की बातें लेकर दुतरफीपन (political and religious ambiguities) है, उसकी सफाई इससे बिलकुल नहीं हो सकती।" (एग्जिस्टेंशेलिज्म एंड ह्यूमैनिज्म, पृ. 15) धर्म और राजनीति को लेकर अस्तित्ववाद में ऐसी बातें हैं जिनके भिन्न अर्थ लगाए जाते हैं। जहाँ निश्चित जीवन-दृष्टि होती है, वहाँ ऐसे दुतरफीपन की गुंजाइश नहीं होती। मैरे अनिश्चितता का लाभ बतलाते हुए कहते हैं : "इस दिशा में अपनी अनिश्चितता के कारण ही अस्तित्ववाद एक ऐसा मंच बन सका है और ऐसी भाषा दे सका है जिससे धर्म, धर्मनिरपेक्ष आदर्शवाद, और धर्म-विरोध के समर्थक उन समस्याओं पर विचार कर सकें और करते हैं जो उनके लिए प्राथमिक महत्त्व की हैं और जिनसे उन सबको सामान्य दिलचस्पी है।" (उप., पृ. 15)

असामान्य मनोविज्ञान पर 'ऐबनॉर्मल साइकोलोजी एंड मॉडर्न लाइफ' (बम्बई, 1969) पुस्तक में जेम्स सी. कोलमैन कहते हैं : "पश्चिमी समाज में परम्परागत मूल्यों और विश्वासों के लोप का एक जवाब है : अस्तित्ववाद का विकास। मनुष्य और उसकी भूमिका के प्रति अस्तित्ववाद की दृष्टि अधिकतर यूरोप के दार्शनिकों के आधार पर बनी है। व्यक्तित्व के बारे में यहाँ कोई पूर्ण या स्पष्ट सिद्धान्त (थ्योरी) नहीं है। वह दृष्टि महत्त्वपूर्ण इसलिए है कि वह व्यक्ति के अनोखेपन, निजत्व की चेतना, निर्वाचन की स्वतंत्रता, मूल्यों और सार्थकता की खोज पर जोर देती है और व्यक्ति के इस दायित्व पर जोर देती है कि उसका जीवन सार्थक है या नहीं।" (पृ. 645)

कोलमैन आगे कहते हैं कि अस्तित्ववादी दृष्टिकोण से मनुष्य को आधारभूत प्रेरणा यह मिलती है कि वह जीवन का सर्वोत्तम सम्भव मार्ग खोज ले, अपनी सम्भावनाओं को यथार्थ रूप में परिणत करे। मनुष्य जितना ही अपनी आत्मगत सम्भावनाओं के प्रति सचेत होता है, अपनी दुनिया की वास्तविकता के प्रति प्रबुद्ध होता है, उतना ही अपने भाग्य का निर्माण करता है। मनुष्य के लिए सबसे बड़ी कठिनाई यह है कि वह अपने लिए रास्ता चुने और यह दायित्वबोध उसके लिए बड़ी वेदना का कारण बन जाता है। अस्तित्ववाद के केन्द्र में व्यक्ति है। व्यक्ति के निजत्व पर अत्यधिक बल, यह अस्तित्ववादी चिन्तन की विशेषता है। मुक्तिबोध के चिन्तन का केन्द्र भी वह स्वयं हैं। उनके मूल सूत्र का उल्लेख पहले हो चुका है। उसे यहाँ दोहराया जा सकता है : "निर्द्वंद्व और मुक्त भाव से यदि हम अपने आपको प्रकट करेंगे, तो हम गरीब मध्यवर्ग के साहित्यकार उन्हीं मन:स्थितियों, भाव-स्थितियों, आदर्शों और मूल्यों को प्रकट करेंगे, जिनसे हम जिस हद तक और जिस प्रकार तदाकार हैं।" ('नई कविता का आत्मसंघर्ष', पृ. 59) यद्यपि यहाँ वर्ग की बात कही गई है और हम शब्द का प्रयोग किया गया है किन्तु मुक्तिबोध का ध्यान साहित्यकार के व्यक्तिगत अनुभवों पर है। इस व्यक्तिबद्धता से अथवा निजत्वबद्धता

से उन्हें सन्तोष नहीं होता, वह अलग बात है। 'तार सप्तक' के दूसरे संस्करण में जब वह कहते हैं कि जीवन और परिवेश की विषमता से आभ्यन्तर लोक में दु:स्थिति उत्पन्न होती है, 'यह मेरा अपना भी सत्य है', तब वह व्यक्ति को केन्द्र में रखकर दुनिया को देखने की प्रक्रिया सम्पन्न करते हैं। आगे जब वह कहते हैं कि 'इस आत्मग्रस्तता के बावजूद और शायद उसको साथ लिए हुए मेरा आत्मसंवेदन समाज के व्यापकतर छोर छूने लगा', तब वे परस्पर विरोधी क्रियाओं का उल्लेख नहीं कर रहे। अस्तित्ववादी यह नहीं मानता कि वह समाज की उपेक्षा करता है या समाज के प्रति अपना दायित्व नहीं पहचानता।

सार्त्र अपनी उक्त पुस्तक में कहते हैं कि अस्तित्ववाद का पहला सिद्धान्त यह है कि मनुष्य स्वयं को जो कुछ बनाता है, उसके सिवा वह कुछ नहीं है। मनुष्य जो कुछ है, उसके लिए वह स्वयं उत्तरदायी है किन्तु मनुष्य जब अपने लिए एक रास्ता चुनता है, तब वह "सभी मनुष्यों के लिए भी चुनाव करता है।" ('एग्जिस्टेंशेलिज्म', पृ. 29) हम जो कुछ चुनते हैं, वह पूर्वस्थिति से ज्यादा अच्छा होगा : "और कोई भी चीज हमारे लिए ज्यादा अच्छी नहीं हो सकती जब तक कि वह सभी के लिए ज्यादा अच्छी न हो।" ('एग्जिस्टेंशेलिज्म', पृ. 29) हम अपनी जो मूर्ति गढ़ते हैं, वह सभी के लिए और हमारे सम्पूर्ण युग के लिए उपयुक्त होनी चाहिए। "इस प्रकार जितना हमने सोचा था, उससे हमारा दायित्व बहुत ज्यादा हो जाता है क्योंकि उसका सम्बन्ध समूची मनुष्य जाति से है।" (उप.) जहाँ मानवतावाद की बात आए, शोषण से मुक्ति पाने की बात आए, वहाँ अस्तित्ववाद समाप्त हो जाता है, ऐसी बात नहीं है। सार्त्र ने अपनी पुस्तक का नाम 'अस्तित्ववाद और मानवतावाद' रखा है। उन्होंने फ्रांस में अनेक बार मजदूरों का समर्थन भी किया है। किन्तु सारी चिन्तन-प्रक्रिया का केन्द्र रहता है व्यक्ति। सार्त्र कहते हैं कि जब एक मनुष्य किसी स्त्री से विवाह करता है तब वह चाहता है कि सभी पुरुष एक पत्नीव्रत का पालन करें। "इस प्रकार मैं अपने लिए उत्तरदायी हूँ और सभी पुरुषों के लिए हूँ; और मैं मनुष्य की ऐसी मूर्ति गढ़ रहा हूँ, जैसाकि मैं चाहता हूँ कि मनुष्य की हो। स्वयं को गढ़ने में मैं मनुष्य को गढ़ता हूँ।" (उप., पृ. 30)

इसी दायित्वबोध से गहरी वेदना और निराशा का जन्म होता है। मनुष्य जो रास्ता चुनता है, वह सारी मानव जाति के लिए होता है। इससे जो दायित्वबोध उत्पन्न होता है, उसी से गहरी बेचैनी पैदा होती है। जो कुछ मैं करूँगा, उसका प्रभाव सारी मानव-जाति पर पड़ेगा; कैसे पता चले कि मैं जो कुछ कर रहा हूँ, वह ठीक है?—इसी से बेचैनी पैदा होती है। यह बेचैनी निराशा का रूप लेती है जिसका अर्थ सार्त्र के अनुसार यह है कि "जो हमारी इच्छाशक्ति के अन्तर्गत है अथवा उन सम्भावनाओं के अन्तर्गत है जिनसे हमारा कर्म सम्पन्न हो सकता है, उस तक हम अपने को सीमित कर लेते हैं।" (उप., पृ. 39) जोला आदि उपन्यासकारों से अपनी

भिन्नता बताते हुए सार्त्र कहते हैं कि इनके उपन्यासों में यदि पात्र दुराचरण करते हैं तो इसके लिए सामाजिक परिवेश जिम्मेदार है अथवा उन्होंने कुसंस्कार विरासत में पाए हैं। किन्तु जब अस्तित्ववादी लेखक किसी कायर का चित्रण करता है तो वह दिखलाता है कि अपनी कायरता के लिए वह कायर ही जिम्मेदार है। कोई आश्चर्य नहीं कि 'अँधेरे में' कविता का नायक अपनी कायरता के लिए न केवल स्वयं को धिक्कारता है वरन् शहर में मार्शल लॉ लगने के लिए स्वयं को जिम्मेदार ठहराता है; सोचता है :

मानो मेरे कारण ही लग गया
मार्शल लॉ वह,
मानो मेरी निष्क्रिय संज्ञा ने संकट बुलाया,
मानो मेरे कारण ही दुर्घट
हुई यह घटना।

अतिशय दायित्वबोध का ही यह दूसरा पहलू है अतिशय अपराधबोध। यदि यह अपराधबोध असाधारण रूप से तीव्र हो उठे तो ब्रह्मराक्षस के समान मनुष्य आत्म-प्रक्षालन करते हुए मर जाएगा, कर कुछ न पाएगा। यदि वह अपनी सम्भावनाओं को, अपनी अन्तर्निहित क्षमता को बहुत बढ़ा-चढ़ाकर देखेगा, तो उसे अपने कर्म से कभी सन्तोष न होगा, उसकी बेचैनी बढ़ती जाएगी, उसका मानसिक तनाव बढ़ता जाएगा और उसका मन अर्द्ध-विक्षेप की स्थिति में पहुँच जाएगा।

9. टूटे हुए मनुष्य का अपराधबोध

बंगाल के अकाल पर मुक्तिबोध ने जो कविता लिखी है, उसकी मूल समस्या यह है कि उन्हें ऐसे हृदयद्रावक विषय पर कविता लिखने में देर क्यों हुई? बंगाल के अकाल से जिस अपराधबोध का जन्म होता है, कविता का मुख्य विषय वह है। कविता यों शुरू होती है :

रुक गई क्यों आज इतनी देर
तेरी लेखनी?
अब तक विकृत दुर्गन्ध शव-समुदाय की,
बंगाल के कंकाल विगलित काय की,
वातावरण में—
पाप स्मृति दुःस्वप्न के भय सी सहज
(वह घृणित लैंगिक व्यंग्य-सी नंगी निलज)
है घूमती चहुँ ओर।

मानव धाम में
निःसंग, नित बेचैन अन्धे पंथ के
चिमगादड़ों सी घूमती
असगुन भरी दुश्चिह्न सी।
या वह किसी अपराध का,
हो भूत,
सपने में किसी के
मुख अधर को चूम के विद्रूप होंठों से,
चरण आघात से
रक्तात कर दे भाल फिर।

उस भीति के हिम-पात से
आए निकल ही नहीं घुटती चीख,
यों वह घूम ले।
अब तक विकृत दुर्गन्ध शव-समुदाय की
वातावरण में
आधुनिक अपराध-गाथा सी
बराबर छा रही :
फिर रुक गई क्यों आज इतनी देर तेरी लेखनी?
क्या हो चली है मन्द
तेरी ज्योति चिर आलेखिनी?

इन पंक्तियों में अनेक बिम्ब ऐसे आते हैं जो चौंका देनेवाले हैं। बंगाल के अकाल का समाचार उत्तेजक का काम करता है। उस उत्तेजक के प्रभाव से जो बिम्ब उभरकर आते हैं, वे पूर्वसंचित अनुभवों की ओर संकेत करते हैं। इन अनुभवों में एक त्रास की भावना व्याप्त है—ऐसे त्रास की, जो दुःस्वप्न से उत्पन्न होता है, और यह दुःस्वप्न पाप की स्मृति से उत्पन्न होता है। बंगाल के अकाल पर कविता लिखने में देर हुई, इस अपराधबोध से पूर्वसंचित पाप-स्मृति जुड़ जाती है। दरअसल अपराधबोध की अतिशयता उस व्यक्ति में उत्पन्न हुई है जो पाप-स्मृति के दुःस्वप्नों से त्रस्त होता रहा है। इस पाप-स्मृति का सम्बन्ध यौन-क्रियाओं से है, इसका संकेत दो अन्य पंक्तियों में है—वह घृणित लैंगिक व्यंग्य-सी नंगी निलज; और, सपने में किसी के मुख-अधर को चूम ले विद्रुप होंठों से। इस त्रास भावना के कारण बाहर की दुनिया भयावह दिखाई देती है। मानव-धाम में बंगाल के शव-समुदाय की दुर्गन्ध ऐसे घूमती है, जैसे बेचैन अन्धे पंख के चिमगादड़ घूमते हों। जैसे किसी की घुटती हुई चीख भय के मारे निकल न पाए, वैसे वह दुर्गन्ध घूम रही है। पाप-स्मृति के

दु:स्वप्न का भय व्यक्तिगत ही होगा, पूरे वर्ग के स्तर पर विद्रुप होंठों से मुख-अधर को चूमने की क्रिया सम्पन्न न हुई होगी। किन्तु जो पहले किसी अपराध का बोध हो, वह विस्तार पाकर आधुनिक अपराध गाथा बन जाता है। 'अपने कवि से' रचना के प्रारम्भिक अंश में मुक्तिबोध के व्यक्तित्व का जो पेचीदा स्वरूप मिलता है, वह उनकी बाद की रचनाओं में कायम रहता है।

कविता न लिख पाने का अपराधबोध इसलिए भी बढ़ जाता है कि नीपर नदी के किनारे सोवियत संघ की सेनाएँ मानवता के उद्धार के लिए महान् संघर्ष कर रही हैं। मनुष्य की आत्मा एक विहंगिनी के समान :

नीपर की तरंगित वेदनाओं से भरी
विक्षुब्ध धारा में
डुबोकर चंचु

जल पीती है। इसके साथ साहित्य की परम्परा है जिसकी करुण गाथा में बंगाल की कथा एक उपकथा के समान जुड़ गई है :

क्या आज प्रतिक्षण मिल नहीं पाती
वृहत् सुविशाल गाथा
वृहत्, मानव की कथा
व्यापक अजस्र समुद्र सी
पल पल उमड़ती लहर जिसकी
है कथा की एक व्याकुल उपकथा,
निस्सीम, हिल्लोलित, दिशाव्यापी
निवेदित छन्द में
रामायणों की वेदनाओं की विभा सस्पन्द ले।

साहित्य और राजनीति की परम्परा का इससे मिलता-जुलता बोध 'अँधेरे में' कविता में है। 'रामायण' में करुणा ही नहीं है, वीर-रस भी है। अपनी स्वाधीनता के लिए जनता जहाँ-जहाँ संघर्ष कर रही है, वहाँ उसका संग्राम वाल्मीकि की परम्परा से जुड़ जाता है :

मानव-प्राण में
अभिराम शब्दित युद्ध-दुन्दुभि आज
कवि वाल्मीकि
ऐसे ही क्षणों में लिख रहे थे
मुग्ध लंका कांड के सब सैन्य-संगर-साज।

'एक अन्तर्कथा' में जैसे माँ डाँटकर कहती है : 'चल इधर, बीन रूखी टहनी', वैसे ही मुक्तिबोध अपने कवि को डाँटकर कहते हैं :

लिख चल यह इधर लम्बी कथा
भर चल उधर
निज प्राण का तू नित्य नूतन कोश
मानव विश्व के बेचैन रंगों भरे इस आकाश से।

और उनकी लेखनी की नोक विकराल हो जाती है; वह श्रमिक-कृषकों के सुसज्जित युद्धपोत देखने लगते हैं जो दारुण क्रान्ति की अनिवार्यता के भाग्य-मुग्ध प्रतीक हैं।

आज का मनुष्य जो इस युद्धपोत पर चढ़ा हुआ है, किस स्थिति में है? अथवा युद्धपोत पर चढ़ने से पहले वह किस स्थिति में था? मनुष्य भीतर से टूटा हुआ है। 'प्रतीक' में और 'प्रतीक' के बाद नई कविता में टूटे हुए मनुष्य के बारे में जो कुछ लिखा गया है, वह मानो मुक्तिबोध की पंक्तियों का ही भाष्य है। आधुनिक मनुष्य टूटा हुआ है; इस स्थापना के अलावा अनेक बिम्ब बाद की नई कविता की पूर्व-सूचना देते हैं। इन पंक्तियों को ध्यान से पढ़ना चाहिए :

कवि, आज भी मानव
यहाँ पर मरे चूहे सा उपेक्षित है।
है बैल गाड़ी के अचानक राह में
दो भग्न पहियों सा पराजित
युद्ध में टूटे हुए, उद्ध्वस्त पुल सा
है विदारिक।
भग्न ईश्वर मूर्ति सा वह है, विखंडित प्राण।
है फाड़ी हुई चिट्ठी सरीखा
घोर अपमानित सहज अनजान।
जर्जर मलिन अंचल-सा अनाहत दीन
बूढ़े, करुण, धुँधले लोचनों सा
मलिन तेज-विहीन।
वह अँधेरी श्याम गलियों-सा उलझता व्यर्थ,
वंचित, वह प्रवंचित याचना असमर्थ।
फेंके प्याज के छिलकों सरीखा धूल खाता राह
यह पंजाब, यह बंगाल, यह है मालवे का दाह,
हिन्दुस्तान की यह एक मात्र कराह।

मानव के टूटने और पराजित होने का यह अतिरंजित चित्र है। सन् '42 का संघर्ष दबा दिया गया पर लोग लड़े थे। कुछ लोग हिन्दुस्तान के बाहर सेना संगठित करके लड़ने की तैयारी कर रहे थे। सन् '46 में बहुत बड़े पैमाने पर जन-संघर्ष फूटे। जैसे पराजय में मुक्तिबोध मनुष्य को टूटे हुए पहिये-सा बेकार बना देते हैं, वैसे ही जब उसे विजय प्राप्त होती है, तब वह उसे सहस्र शीर्ष विराट् पुरुष बना देते हैं। 'अपने कवि से' कविता में पूछते हैं :

क्या नहीं मानव वक्ष की
सब लौह सीमाएँ
निरन्तर टूटती ही जा रहीं,
ज्यों टूटते हों दुर्ग औ' मैदान बढ़ते हों
कि बढ़ता जा रहा हो आसमान
अनेक अनदेखे
चमकते शान्त तारालोक में?
क्या नहीं प्रतिक्षण
द्रोह, करुणा, क्षोभ औ' प्रतिशोध के
उच्छ्वसित छन्दों में
सभी गृह द्वार वातायन
निरन्तर बोलते?
क्या आज मानव भाव
करुणा के, दया के, धैर्य के
लघुरूप की एकान्तता को त्याग
आज सहस्त्रशीर्ष पुरुष विराट् नहीं हुए हैं?
हार जाएगा हिमालय शृंग क्या?
फिर रुक गई क्यों आज इतनी देर तेरी लेखनी?

जो व्यक्ति स्वयं को टूटे हुए पहिये-सा पराजित अनुभव करता हो, उससे कहा जाए कि लघु रूप की एकान्तता त्यागकर सहस्त्रशीर्ष विराट् पुरुष हो जाए, तो उसकी हालत क्या होगी? हालत यह होगी कि उसके भीतर एक विकट आत्मसंघर्ष का जन्म होगा और वह मृत्यु-पर्यन्त समाप्त न होगा।

हीन और उदात्त का यह अन्तर्विरोध कभी एक ही व्यक्ति में दिखाई देता है और कभी दो के बीच। जब यह दो के बीच होता है तब एक मनुष्य देवता बन जाता है और दूसरा बौना रह जाता है। 'अँधेरे में' कविता में महात्मा गांधी के सामने मुक्तिबोध अथवा कथा-नायक के बीच का फासला देवता और बौने मनुष्य के बीच का फासला हो जाता है। हीन और उदात्त का भेद केवल मानसिक

नहीं, शारीरिक भी होता है। एक ओर स्लेट पर खींची हुई तसवीर जैसा साँवला चेहरा है (तुलनीय है 'एक अरूप शून्य के प्रति' में—मेरे साँवले चेहरे पर कीचड़ के धब्बे हैं), दूसरी ओर जो अनजानी आकृति दिखाई देती है, वह गौर वर्ण, दीप्त दृग, सौम्य मुख ही नहीं है, संस्कृत महाकाव्यों के नायक के समान भव्य आजानुभुज भी है।

एक ओर अस्तित्ववाद का लघु मानव है, दूसरी ओर रहस्यवाद का विराट् पुरुष।

10. रहस्यवाद का आलोक

सार्त्र की पुस्तक 'अस्तित्ववाद और मानवतावाद' की भूमिका में फिलिप मैरे किर्केगार्ड के बारे में कहते हैं : "रहस्यवाद और अमूर्त दार्शनिक ऊहापोह का भरोसा न करके किर्केगार्ड उस व्यक्ति को अपना आधार बनाते हैं जो अभी और यहाँ जीवित है, जो व्यक्ति भावावेश और बेचैनी से भरा हुआ है। उनकी तर्क-योजना का बहुत-सा हिस्सा खुलमखुल्ला व्यक्तिगत अनुभव पर आधारित है। इसमें उनके जीवन का काम-सम्बन्धी संकट भी शामिल है जो ऊपरी तौर पर मामूली, लगभग रोजमर्रा की-सी चीज था। वह ऐसे मनुष्य के बारे में लिखते हैं जो विद्यमान है, जिसमें सुख के लिए, चिरन्तन सुख के लिए लालसा है। यदि उन्होंने मनुष्य की ऐसी व्याख्या दरअसल न की होती, तो भी ऐसे मनुष्य के लिए ही वह लिखते थे अथवा आशा करते थे कि वैसा मनुष्य ही उनकी बात समझेगा।" (एग्जिस्टेंशेलिज्म एंड ह्यूमेनिज्म, पृ. 7) किर्केगार्ड भले ही रहस्यवाद का भरोसा न करते थे पर चिरन्तन सुख की तलाश उन्हें रहस्यवादियों की पंक्ति में ला खड़ा करती है। मुक्तिबोध जिस मानव-मुक्ति का स्वप्न देखते हैं, वह सामान्य वर्ग-शोषण से मुक्ति नहीं है, वह मनुष्य की साधारण सम्भावनाओं और क्षमता का विकास भी नहीं है। उन्हें चाहिए मानव-आत्मा की पूर्ण सत्ता। उसी 'अपने कवि से' रचना में कहते हैं :

मटमैली झुकी दीवाल भी अब देखती है खोज
मानव-मूल्य की
उसकी प्रतिष्ठा की
कि मानव आत्मा की पूर्ण सत्ता की।

'नक्षत्र-खंड' में वह कल्पना करते हैं कि ऐसी संगठित सीढ़ी-व्यवस्थाएँ उस भव्य दीपस्तम्भ तक पहुँचें :

कि जिस उद्दीप्त दीपस्तम्भ के नीचे
रहे गम्भीर तन्मय ध्यानमग्ना

पूर्ण मानवमूर्ति
जीवन-लक्ष्य की दुर्दान्त।

गौतम बुद्ध की ध्यानमग्न मूर्ति के समान पूर्ण मानव की यह मूर्ति उन्हें बहुत आकर्षित करती है। वे बहुत अच्छी तरह जानते हैं कि ऐसा पूर्ण मानव बनना अत्यन्त कठिन है। 'ब्रह्मराक्षस' में कहते हैं :

अतिरेकवादी पूर्णता की तुष्टि करना
कब रहा आसान
मानवी अन्तर्कथाएँ बहुत प्यारी हैं!!

इस अतिरेकवादी पूर्णता के सन्दर्भ में ही मुक्तिबोध की असामान्य बेचैनी पहचानी जा सकती है। मन के इस आन्तरिक संघर्ष का इतिहास लिखना महत्त्वपूर्ण कार्य है क्योंकि मानवी अन्तर्कथाएँ बहुत प्यारी हैं। मानवी अन्तर्कथाओं के समान :

अतिरेकवादी पूर्णता
की ये व्यथाएँ बहुत प्यारी हैं।

ब्रह्मराक्षस :

गहन अनुमानिता
तन की मलिनता
दूर करने के लिए
प्रतिपल
पापछाया दूर करने के लिए, दिनरात
स्वच्छ करने—

अपनी देह घिसता रहता है। यह घिसाई इसलिए नहीं है कि वह अपना निम्न मध्य-वर्ग का मैल छुड़ाकर उज्ज्वल सर्वहारा वर्ग का सदस्य बनना चाहता है। वह देह की घिसाई कर रहा है पापछाया दूर करने के लिए और यह पापछाया पाप-स्मृति दुःस्वप्न के भय-सी उसका पीछा नहीं छोड़ती।

'अँधेरे में' कविता में जिस रहस्यमय व्यक्ति को मुक्तिबोध खोज रहे हैं, यह उनकी सम्भावनाओं, निहित प्रभावों, प्रतिमाओं की 'पूर्ण अवस्था' है, 'मेरे परिपूर्ण का आविर्भाव' है। रात का पक्षी उन्हें बताता है, "वह तेरी पूर्णतम परम अभिव्यक्ति" है। इसीलिए कविता के अन्त में यह अभिव्यक्ति प्राप्त नहीं होती। यदि केवल सर्वहारा वर्ग से तदाकार होने का प्रश्न होता तो मजदूरों के जुलूस और संघर्ष में साथ रहने पर वह प्रक्रिया पूरी हो जाती।

'एक स्वप्न-कथा' में वह कहते हैं कि ज्ञान-मणि राह-गलियों में पड़ा नहीं मिलता। वह जानते हैं कि अकेले में मुक्ति नहीं मिलती। समाज की मुक्ति, सबसे पहले सर्वहारा वर्ग की मुक्ति, में ही व्यक्ति की मुक्ति है। फिर भी वह उस ज्ञानमणि को छोड़ नहीं सकते जो मरने से ही मिलता है। उन्हें वह ज्ञानी पूर्वज याद आता है जिसने अन्धकार जलतल का स्पर्श करके तेजस्वी शिला-खंड निकाला था। कवि भी ऐसा ही पत्थर निकालना चाहता है जो :

मेरा ही नहीं वरन्
पूरे ब्रह्मांड की
केन्द्र-क्रियाओं का तेजस्वी अंश हो।

ब्रह्मांड और इस पृथ्वी पर रहनेवाले मनुष्य की क्रियाओं का एक जगह सम्बद्ध होना रहस्यवाद ही है, भले ही मुक्तिबोध विकासमान ज्ञान का समर्थन करते रहे हों। 'सुमित्रानन्दन पंत : एक विश्लेषण' में वह ऐतिहासिक अनुभूति को ऐसी विश्वव्यापी अनुभूति बना देते हैं जो देशकाल से परे है। लिखा है : "ऐतिहासिक अनुभूति वह कीमिया है जो मनुष्य का सम्बन्ध सूर्य के विस्फोटकारी केन्द्र से स्थापित कर देती है। यह वह जादू है जो मनुष्य को यह महसूस कराता है कि विश्व-परिवर्तन की मूलभूत प्रक्रियाओं का वह सारभूत अंग है। ऐतिहासिक अनुभूति के द्वारा मनुष्य के अपने आयाम असीम हो जाते हैं—उसका दिक् और काल अनन्त हो जाता है। ऐतिहासिक अनुभूति के कारण ही, पंत जी विश्व-परिवर्तन के वर्तमान क्षणों को 'ब्रह्म अहम्' की संज्ञा दे सके। उनके लिए, ऐतिहासिक प्रक्रिया एक कॉस्मिक प्रोसेज हो गई।" ('नई कविता का आत्मसंघर्ष', पृ. 72) मुक्तिबोध यहाँ जिसे ऐतिहासिक अनुभूति कहते हैं, वह देशकाल की सीमाओं में रहनेवाले मनुष्य की अनुभूति नहीं है। यह अनुभूति मनुष्य के आयामों को असीम कर देती है; उसके दिक् और काल अनन्त हो जाते हैं। इसलिए यह ऐतिहासिक प्रक्रिया सामाजिक प्रक्रिया न होकर कॉस्मिक प्रक्रिया बन जाती है। इसके परिणामस्वरूप ही पंत जी विश्व-परिवर्तन के वर्तमान क्षणों को 'ब्रह्म अहम्' की संज्ञा देते हैं।

'एक मित्र की पत्नी का प्रश्न-चिह्न' कथा में मुक्तिबोध कहते हैं कि अपने अनुभव को सत्य की कसौटी मानने में कठिनाई है क्योंकि वह उनके प्रकृत स्वभाव से उत्पन्न हुआ है। यदि वह अनुभव सार्वजनिक हो तो सत्यता की मात्रा बढ़ जाएगी, "फिर भी अनुभव को अन्तिम कसौटी नहीं कहा जा सकता, क्योंकि वह देशकाल-निर्मित है।" ('एक साहित्यिक की डायरी', पृ. 69) आवश्यकता ऐसे सत्य की है जो देश-कालनिर्मित न हो। वैसा सत्य पंत जी की कॉस्मिक प्रक्रिया द्वारा सूर्य के विस्फोटकारी केन्द्र से मनुष्य का सम्बन्ध स्थापित करके ही प्राप्त हो सकता है। तभी मनुष्य के आयाम असीम हो सकते हैं।

'पता नहीं' कविता में सबके मन के अन्तस्तल में एक अग्निव्यूह बना है। उस पर प्रस्तर सतहें छाई हुई हैं। वे सहसा काँपती, तड़कती और टूटती हैं। भीतर से ज्वलत् कोश निकल पड़ता है, प्रज्वलित कमल उत्कलित होता है, और :

उस कमल कोश के पराग स्तर
पर खड़ा हुआ
सहसा होता है प्रकट एक
वह शक्ति-पुरुष
जो दोनों हाथों आसमान थामता हुआ
आता समीप अत्यन्त निकट
आतुर उत्कट
तुमको कन्धे पर बिठला ले जाने किस ओर
न जाने कहाँ व कितनी दूर!!

इस शक्ति-पुरुष को किसी ने बाहर से ठेलकर वहाँ बंद न कर दिया था। वह वहाँ पहले से विद्यमान था। अवसर आने पर शिलाएँ टूट जाती हैं और वह दिव्य पुरुष प्रकट हो जाता है।

'मेरे सहचर मित्र' कविता में आत्मा के गुहाद्वार के अचानक खुलने का वर्णन है :

ओ अकस्मात्, जबरन, धक्के से
शिला द्वार
वह गुहाद्वार आत्मा का धड़ से
खुलता है।
औ अन्तर के उस गुहा-तिमिर में
एक सुदृढ़
पत्थर के टेबल पर रखे
रक्ताभ दीप की लौ
कुछ हिलती-डुलती है।

यहाँ इस दीपक को बाहर से उठाकर किसी ने शिलाद्वार के पीछे गुफा में छिपा नहीं दिया। वहाँ एक पूजा की पुस्तक रखी है और देश-देशान्तर के अनुभव-ग्रंथ रखे हैं। वहाँ आजानुबाहु क्रान्तिदर्शी पुरुष कुर्सी पर बैठा हुआ है। वह मानव-समाज-रूपान्तर विधि के बारे में बहस छेड़ देता है, और कवि :

उस गुहा-भीत से कान लगा मैं सुनता हूँ
जो बहस कि उससे ज्ञान हुआ :

यह ध्यान कि तुमने कन्धों पर
सहसा मुझको
क्यों खड़ा किया नभ को छूने।

मानव-समाज का रूपान्तर आवश्यक है किन्तु इसकी विधि का ज्ञान तब होता है जब अकस्मात् आत्मा की गुफा का शिलाद्वार खुल जाता है।

'मुझे पुकारती हुई पुकार' खो जाती है पर यह नवीन प्रेरणा दे जाती है। घने अन्धकार को घेरकर प्राण-ज्योति के लाल बिम्ब उद्‌भासित हो उठते हैं। राख में दबी हुई ज्योति प्रकट हो जाती है और यह साधारण ज्योति नहीं है :

सफेद राख के अचेत शीत
सर्व ओर रेंगते प्रसार में
दबी हुई अनन्त ज्योति जग उठी।

'एक अन्तर्कथा' में माँ कहती है कि सूखी टहनी में जो आग बंद है, वह खुलने को है। यह साधारण अग्नि नहीं है। इस अग्नि के ज्ञान से कवि विह्वल हो उठता है—साश्रुनयन, रोमांचित तन, प्रकाशमय मन। आनन्द की अतिशयता उन्माद का-सा रूप ले लेती है :

मेरा तो सिर फिर जाता है
औ मस्तक में
ब्राह्मांड दीप्ति-सी घिर उठती
रविकिरण-बिन्दु आँखों में स्थिर हो जाता है।

जैसे हर सूखी टहनी अग्नि है और वह अग्नि अनन्त ज्योति का अंश है, वैसे ही हर मले डबरे में सूरज का बिम्ब है : "हम सब लोग ऐसे ही डबरे हैं, जो अपने भीतर सूरज का प्रतिबिम्ब धारण किए हैं।" ('एक साहित्यिक की डायरी', पृ. 50) सूरज के इस प्रतिबिम्ब का सम्बन्ध सूर्य के विस्फोटकारी केन्द्र से है। जिसके पास ऐतिहासिक अनुभूति होती है, वह केन्द्र से सम्बन्ध-स्थापित करके अपने आयाम असीम कर लेता है। जिसे मुक्तिबोध ऐतिहासिक क्रिया कहते हैं, उसे किसी समय नामवर सिंह नूतन रहस्यवाद कहते थे। 'आलोचना' संख्या-4 में प्रकाशित अपने लेख में उन्होंने इस नूतन रहस्यवाद को छायावादी युग की रोमांटिक रहस्य-भावना से भिन्न बताया था : "क्योंकि इसमें उत्थानशील मध्यवर्गीय व्यक्ति की आशा-आकांक्षाओं तथा कल्पना-शक्ति का वह स्वस्थ यौवन नहीं है।"

आत्म-पीड़ा के बोध और जगत्-पीड़ा के बोध में कोई बुनियादी विरोध नहीं है। जैसे अस्तित्ववादी में अकेलेपन के बावजूद समाज के प्रति दायित्व का बोध

हो सकता है, उसी प्रकार—और अस्तित्ववादी की अपेक्षा अधिक ही—रहस्यवादी को, संसार की पीड़ा का बोध हो सकता है। नामवर सिंह कहते हैं कि "डॉ. शर्मा ने जिन तीन कविताओं—'मुझे पुकारती हुई पुकार', 'कल जो हमने चर्चा की थी' और 'एक स्वप्न-कथा'—के आधार पर रहस्यवाद और अस्तित्ववाद की स्थापना की है, उनमें भी कवि की आत्म-पीड़ा का आधार जगत-पीड़ा ही है।" (पृ. 252) भारत में कबीर जैसे रहस्यवादी समाज की समस्याओं के प्रति उदासीन नहीं थे। अंग्रेजी के कवि वड्र्सवर्थ ने टिन्टर्न ऐबी वाली कविता में रहस्यात्मक अनुभूति का वर्णन किया है, जब उन्हें प्रकृति और मनुष्य में सर्वत्र एक ही शक्ति दिखाई देती है। इस अनुभूति से पहले वह मानवता की समस्याओं पर ही विचार कर रहे थे। इसी प्रकार शेली ने 'हिम टू इंटेलेक्चुअल ब्यूटी' कविता में अपनी रहस्यात्मक अनुभूति का वर्णन करते हुए सौन्दर्य की देवी से पूछा है कि वह आँसुओं से भरी हुई सुनसान अँधेरी विशाल घाटी को छोड़कर क्यों चली जाती है? This dim vast vale of tears, vacant and desolate—यह निर्जन घाटी संसार है, उसमें अँधेरा है और वह आँसुओं से भरी हुई है। इस जगत्-पीड़ा के बोध से शेली का रहस्यवाद खारिज नहीं हो जाता।

चाहे आत्म-पीड़ा हो, चाहे जगत्-पीड़ा, उसकी शुरुआत होती है कवि के आत्मकेन्द्रित व्यक्तित्व से। 'अन्तर्दर्शन' कविता के आरम्भ में उन्होंने अपनी स्थिति इस प्रकार बयान की है :

मैं अपने से ही सम्बोधित, मन मेरा डूबा निज में ही।
मेरा ज्ञान उठा निज में से, मार्ग निकाला अपने से ही।
मैं अपने में ही जब खोया तो अपने से ही कुछ पाया।
निज का उदासीन विश्लेषण आँखों में आँसू भर लाया।

मुक्तिबोध की कविता में वेदना का मूख्य स्रोत यह है। उनकी ज्ञान-प्रक्रिया में बाह्य सामाजिक जीवन की भूमिका गौण है। मुख्य भूमिका उनके अपने मन की है जो अपना मार्ग स्वयं निकालता है। 'मेरा ज्ञान उठा निज में से'—इस सूत्र का भाष्य उनकी बाद की अनेक कविताओं में है :

गणित के नियमों की सरहदें लाँघना
स्वयं के प्रति नित जागना :
भयानक अनुभव
फिर भी मैं करता हूँ कोशिश। ['मुझे नहीं मालूम']

अज्ञेय के समान मुक्तिबोध की कविता में अस्तित्ववाद और रहस्यवाद एक दूसरे के बहुत पास हैं। अन्तर यह है कि असुरक्षित जीवन के कवि मुक्तिबोध में

जगत्पीड़ा का बोध कहीं अधिक गहरा है। पूर्णता की तलाश दोनों को है और यह पूर्णता व्यक्ति के स्तर पर सुलभ होनी चाहिए। अज्ञेय के अनुसार, प्रत्येक मनुष्य में एक बोध सत्त्व है जो पूर्णता प्राप्त करके बुद्ध हो सकता है। 'तार सप्तक' के दूसरे संस्करण में इस संग्रह के कवियों के बारे में कहते हैं : "तब की सम्भावनाएँ अब की उपलब्धियों में परिणत हो गई हैं—सभी बोध सत्व अब बुद्ध हो गए हैं।" व्यक्ति के स्तर पर कुछ ऐसी ही पूर्णता की तलाश मुक्तिबोध को थी।

11. योग और गुरु-मित्र का योगदान

मुक्तिबोध ने योग-सम्बन्धी बहुत-सी बातें सुनी और पढ़ी थीं। उनके मन पर उनका प्रभाव था। कविता में जहाँ-तहाँ ऐसी बातों का प्रभाव दिखाई देता है, इसके अलावा गद्य में भी उन्होंने इसके बारे में लिखा है। 'एक साहित्यिक की डायरी' में उनकी पहली रचना है : 'तीसरा क्षण'। इसमें लेखक का मित्र केशव उसे योग की बातें बताता है। लेखक कहता है :

"केशव ने ही बहुत-बहुत पहले मुझे बताया कि इड़ा, पिंगला और सुषुम्ना किसे कहते हैं। कुंडलिनी चक्र से मुझे बड़ा डर लगता। उसने हठ योगियों की बहुत-सी बातें बड़े ही विस्तार के साथ वर्णन कीं।" (पृ. 1) यह केशव स्वयं हठ योगी जैसा लगता है। उसकी आँखें तलघर जैसी हैं। उसे देखकर लगता था कि "उसकी आँखों के नीचे कोई दूसरी आँखें और जमी हुई हैं।" (उप.) स्कूली जीवन में केशव डायरी-लेखक को जंगल में ले जाता। "हम भर्तृहरि की गुहा, मछिन्दर नाथ की समाधि आदि निर्जन किन्तु पवित्र स्थानों में जाते।" (पृ. 3) लेखक का कहना है कि केशव ने योग-साधना न की थी, "फिर भी वह मुझसे योग की बातें करता। सुषुम्ना नाड़ी के केन्द्रीय महत्त्व की बात उसने मुझे समझाई। षट्चक्र की व्याख्या पर भी उसने पूर्ण प्रकाश डाला। मेरे मन के अँधेरे को उसके प्रकाश ने विच्छिन्न नहीं किया। किन्तु मुझे उसके योग की बातें रहस्य के मर्मभेदी डरावने अँधेरे की भाँति आकर्षित करती रहती मानो मैं किन्हीं गुहाओं के अँधेरे में चला जा रहा हूँ और कहीं से (किसी स्त्री की) कोई मर्मभेदी पुकार मुझे सुनाई दे रही है!" (उप.) योग की बातें आकर्षित करती हैं। न पूरी तरह स्वीकृत हैं, न अस्वीकृत। गुहाओं के अँधेरे में चलना मुक्तिबोध के मन में कहीं योग की बातों से और त्रास-भावना से सम्बद्ध है। मनुष्य का व्यक्तित्व एक गहरा रहस्य है, डायरी-लेखक के अनुसार, इसका भान उसे केशव के साथ रहने पर होता है।

बात लड़कपन की है पर केशव में बाल-सुलभ चंचलता न थी। उसके साथ रहने पर मुक्तिबोध को जो अनुभूति होती थी, वह इस प्रकार है : "मुझे लगता कि भूमि के गर्भ में कोई प्राचीन सरोवर है। उसके किनारे पर डरावने घाट, आतंककारी देवमूर्तियाँ और रहस्यपूर्ण गर्भकक्षों वाले पुराने मन्दिर हैं। इतिहास ने इन सबको

दबा लिया। मिट्टी की तह पर तह, परतों पर परतें, चट्टानों पर चट्टानें छा गईं। सारा दृश्य भूमि में गड़ गया, अदृश्य हो गया। और उसके स्थान पर यूकैलिप्ट्स के नये विलायती पेड़ लगा दिये गए। बँगले बना दिये गए। चमकदार कपड़े पहने हुए खूबसूरत लड़कियाँ घूमने लगीं। उन्हीं किन्हीं बँगलों में रहने लगा मेरा मित्र केशव जिसने शायद पिछले जन्म में या उसके भी पूर्व के जन्म में उसी भूमि-गर्भस्थ सरोवर का जल पिया होगा, वहाँ विचरण किया होगा।" (पृ. 2) इस कथा का मुख्य उद्देश्य कवि की रचना-प्रक्रिया का विवेचन करना है। ऊपर से देखने में लगेगा कि ये पूर्वजन्म, सरोवर और योग की बातें अप्रासंगिक हैं। यह भी कहा जा सकता है कि कथा-नायक योग की बातें सुनकर सपने देखता होगा और उनसे मुक्तिबोध का कोई सम्बन्ध नहीं है। पर कथा में मुक्तिबोध अपनी रचना-प्रक्रिया का ही विवरण प्रस्तुत कर रहे हैं। यह जिस कवि की रचना-प्रक्रिया है, उसकी मनोरचना की छवि दिखाना उनका उद्देश्य है। इसके बिना पता न चलेगा कि केशव के अनुसार डायरी-लेखक की कविताएँ दूसरों को क्यों उलझी हुई मालूम होती हैं।

मुक्तिबोध अपने मन के भीतर झाँकते हैं। कैसा लगता है? "मुझे लगता कि मन एक रहस्यमय लोक है। उसमें अँधेरा है। अँधेरे में सीढ़ियाँ हैं। सीढ़ियाँ गीली हैं। सबसे निचली सीढ़ी पानी में डूबी हुई है। वहाँ अथाह काला जल है। उस अथाह जल से स्वयं को ही डर लगता है। इस अथाह काले जल में कोई बैठा है। यह शायद मैं ही हूँ।" (पृ. 4)

इसके आगे कहते हैं : "मैंने साइकोऐनेलिसिस की बात छेड़ दी थी।" इस पर हमें आश्चर्य नहीं होता। यह बात इतनी देर तक चलती है कि सुननेवाला उकताने लगता है। लेखक को फिलॉसफी में दिलचस्पी है और इस विषय में 'सबसे ऊँचे नम्बर मिले थे।' हो सकता है, यह इच्छा-पूर्ति हो पर मुक्तिबोध की कहानियों और कविताओं में रहस्यवाद, योग और मनोविश्लेषण की धाराएँ एक-दूसरे से घुलती-मिलती दिखाई देती हैं।

मुक्तिबोध की मनोरचना ऐसी है कि उसमें विवेक और तर्कबुद्धि उनके भावों और संवेदनों से टकराती है। इसीलिए विवेक का रंदा चलता है, व्यक्तित्व छीला जाता है। भावों और संवेदनों का संसार उन्हें अत्यन्त प्रिय है। ये भाव और संवेदन अधिकतर स्वत:स्फूर्त और तर्क से परे जान पड़ते हैं। केशव की योग की बातें रहस्य के मर्मभेदी डरावने अँधेरे की भाँति उन्हें आकर्षित करती हैं। उन्हें लगता है कि वह गुहाओं के अँधेरे में चले जा रहे हैं और वहाँ किसी स्त्री की मर्मभेदी पुकार सुनाई देती है। इस सबका कोई तर्कसंगत कारण नहीं है। मन एक अथाह काले जल से भरा हुआ रहस्यमय लोक है। इसकी थाह लेने के लिए तर्कबुद्धि काम नहीं आती। सहज बोध, मन की स्वत:स्फूर्त क्रियाओं और सूक्ष्म संवेदनों का सहारा लेना ही पड़ता है। कभी-कभी सहारा देने के लिए एक बाहर का व्यक्ति होता है।

कवि उसके सामने अपने को हीन पाता है पर उसकी ओर तेजी से आकर्षित होता है। मुक्तिबोध के व्यक्तित्व में किसी का सहारा पाने की प्रबल आकांक्षा है पर यह साधारण कोटि की परनिर्भरता नहीं है। यह निर्भरता वैसी है, जैसी पूर्ण ज्ञान की तलाश करनेवाले शिष्य की गुरु के प्रति होती है।

मुक्तिबोध की अनेक कविताओं और गद्य-रचनाओं में एक उदात्त व्यक्तित्व का पुरुष दिखाई देता है। वह लेखक को प्रेरित करता है, मन के बंद दरवाजों पर धक्का देता है। उसके दर्शन से, उसकी स्मृति मात्र से कवि आनन्द-विह्वल हो उठता है। यह मित्र गुरु की भूमिका पूरी करता है।

'तार सप्तक' में मुक्तिबोध की एक कविता है : 'आत्मा के मित्र मेरे'। इस कविता के आरम्भ में उन्होंने मित्र के मुख में अपनी आत्मा को देखने की जो बात लिखी है, उसे देखने से 'अँधेरे में' कविता के गुरु को समझने में सुविधा होगी। लिखा है :

वह मित्र का मुख
ज्यों अतल आत्मा हमारी बन गई साक्षात् निज सुख।
यह मधुरतम हास
वैसे आत्मपरिचय सामने ही आ रहा है मूर्त होकर।
जो सदा ही मम हृदय अन्तर्गत छिपे थे
वे सभी आलोक खुलते जिस सुमुख पर!
वह हमारा मित्र है,
आत्मीयता के केन्द्र पर कम सौरभ। वह बना
मेरे हृदय का चित्र है।

कवि को अपने हृदय का सौन्दर्य मित्र के मुख पर झलकता दिखाई देता है। इसका यह अर्थ नहीं कि वह मित्र उनके व्यक्तित्व का भग्न अंश है। मुक्तिबोध जिससे मित्रता करते हैं, उससे तादात्म्य स्थापित करते हैं। जिस मूर्ति के अनुरूप मुक्तिबोध स्वयं को निर्मित करना चाहते हैं, वह दिव्य होती है : मानसिक रूप से ही नहीं, शारीरिक रूप से भी। 'अँधेरे में' कविता का गुरु दिव्य पुरुष है, भव्य आजानुभुज है। इसका यह अर्थ नहीं है कि कविता के नायक ने अपने आजानुभुज रूप को गुहावास दे दिया है और अब उसके हाथ छोटे हो गए हैं। वह रहस्यमय व्यक्ति उसकी पूर्ण अवस्था है, वह 'अब तक न पाई गई मेरी अभिव्यक्ति है।' जो मिला नहीं है, उसे अपने से अलग नहीं किया जा सकता। मुक्तिबोध अस्मिता शब्द से परिचित थे। इसलिए वह उसके लोप की बात नहीं कहते, वह उसके विकास की बात कहते हैं। 'काव्य की रचना-प्रक्रिया' में उन्होंने लिखा है : "अपने लक्ष्यों के प्रति हार्दिक स्नेह के बिना, जिज्ञासा, आत्मसंस्कार, आत्मनिरीक्षण तथा आत्मसंघर्ष,

सब व्यर्थ है। लक्ष्यों के प्रति दुर्दान्त स्नेह की आस्तिकता के बिना वास्तविक अस्मिता का विकास नहीं हो सकता।" ('नई कविता का आत्मसंघर्ष', पृ. 29)

अस्मिता का लोप और अस्मिता का विकास, ये दो भिन्न चीजें हैं। व्यक्तित्व का विभाजन अलग प्रपंच है।

'एक साहित्यिक की डायरी' में वीरकर लेखक से कहता है : "इन अनुभव-संवेदनों को सँजोकर रखना, उनसे सम्बन्धित जीवन-प्रसंग और मानव-हृदय समेटकर रखना, उन्हें नोटबुक में टाँक लेना क्या जरूरी नहीं है? स्वयं को आन्तरिक रूप से सम्पन्न करने का यह भी एक तरीका है—क्या ऐसी बात नहीं है?" लेखक को लगता है कि ऐसी ज्ञान की बातें कहनेवाला वीरकर सहसा परिवर्तित होकर भव्य दिखाई देता है। 'अँधेरे में' कविता का गुरु जगत् की गलियों में फटेहाल घूमता है। फिर भी भव्य आजानुभुज है। उसी तरह "मेरी गली में चलता-फिरता साधारण वीरकर उपेक्षणीय व्यक्ति है। यह कोई और है जिसमें मानव-विकास-दृश्य देखने का अभूतपूर्व सामर्थ है। यह एक महापुरुष है जो विश्व-स्वप्न देखता है!" ('एक साहित्यिक की डायरी', पृ. 101)

मुक्तिबोध अपने मित्रों को जिस तरह के पत्र लिखते थे, उनसे उस मन:स्थिति का ज्ञान होता है जिसमें वह मित्र से तादात्म्य स्थापित करते हैं और उसे आदर्श-रूप में भी देखते हैं। "आजकल धूप बहुत अच्छी खिलती है और मन तैर-तैर उठता है, और आपकी याद भी इसी सुबह के रास्ते से उतर आया करती है...सहसा आपकी याद आ गई है, मीठी बयार के औचक जगानेवाले झोंके-सी। जैसे जाग उठा हूँ अपनी समस्त चेतना लेकर। समस्त चेतना अपने अन्तर्विश्व की। मन के वे, ज्ञान के और प्रेम के झिलमिलाते स्वप्न, हृदय की अनुभूतियों के विकास के स्रोत क्षणभर के लिए जाग उठे हैं...किन्तु आज सहसा मैं अपनी सही जगह आ गया था, क्षणभर के लिए ही सही, मैं अपने से चेतन हो उठा। मेरी ज्ञान-तृषा, सौन्दर्य-शक्ति, मुक्त हृदय-दान तथा स्थानुकूल कर्मण शक्ति का मानो मुझे, क्षणभर के लिए ही सही, बोध हो गया जिसकी आग अभी-अभी राख हो जाएगी...जैसेकि हम एक-दूसरे से झेंपते हैं, खिंचे चले आते हैं, पर दूर भागने की तैयारी करके, अवचेतन रूप से निस्सन्देह। पता नहीं, क्या बात है, पर अन्दर की उष्ण मदिरधारा एक दफा फिर खुल जरूर जाती है और मन के सारे पाप गलकर घुल जाते हैं। इससे अधिक और कोई क्या चाह सकता है...इन्हीं दिनों कई बार आपसे भेंट हुई!! यह कहना भी शायद मुझे शोभा नहीं देता!!...आपका पत्र अकस्मात् मेघवर्षा की भाँति ही आह्लाददायक है। आप मेरे बौद्धिक और हार्दिक-सहचर रहे हैं।"

जो बौद्धिक और हार्दिक सहचर है, वह गुरु के समान है। वह ज्ञान-नेत्र खोल देता है। वह स्वप्न में तो दिखाई देता है पर यथार्थ जीवन में दूर रहता है। बात करता है तो पूरी तरह खुलती नहीं है, रहस्य बना रहता है। उसकी स्मृति मात्र

से लोकोत्तर आनन्द प्राप्त होता है। उससे मुक्तिबोध तादात्म्य स्थापित करते हैं, उस पर अपनी भव्य कल्पना का रंग चढ़ाते हैं, पर वह व्यक्ति यथार्थ जीवन में उनसे भिन्न है। ऊपर उद्धृत किए हुए वाक्य नेमिचन्द्र जैन को लिखे हुए पत्रों में हैं ('आलोचना', जुलाई-सितम्बर, '68)। ऐसे ही किसी मित्र को लक्ष्य करके 'आत्मा के मित्र मेरे' कविता मुक्तिबोध ने लिखी थी और यह मित्रता ऐसी है कि :

माता पिता पत्नी सुहृद पीछे रहे हैं छूट।

12. अवचेतन की भूमिकाएँ

मुक्तिबोध जैसा कवि जो आत्म-विश्लेषण के प्रति इतना जागरूक हो, जो अपने मन की असामान्य स्थितियों को देखता रहा हो, अवचेतन के प्रति उदासीन हो, यह असम्भव है। मनुष्य के अवचेतन की भूमिका अनेक प्रकार की हो सकती है। इसकी सबसे महत्त्वपूर्ण भूमिका काव्य-रचना के सन्दर्भ में देखी जाती है। 'काव्य की रचना-प्रक्रिया' निबन्ध में वह कहते हैं : "यह आभ्यन्तरीकृत बाह्य या कहिए कवि की अपनी सम्पत्ति अथवा दूसरे शब्दों में, कवि का मनोजगत् किन्हीं उद्वेगों या अनुरोधों से विचलित होकर कल्पना-नेत्रों के सामने चंचल हो उठता है। उससे प्रतीत होता है कि उसकी चेतना अँधेरे मैदान में बहनेवाली सरिता है, जिसकी लहरें कुछ क्षणों के लिए चमक-चमक उठती हैं।" ('नई कविता का आत्मसंघर्ष', पृ. 27) जिस चेतना की वह बात कर रहे हैं, वह मनुष्य की समग्र चेतना है। वह अँधेरे मैदान में बहनेवाली नदी के समान है। उसकी जो लहरें थोड़ी देर के लिए चमक उठती हैं, वे चेतना का वह भाग हैं जिसके प्रति मनुष्य सजग है। अधिकांश भाग दिखाई नहीं देता और वह अवचेतन है। इसे मुक्तिबोध स्वयं अवचेतन कहें चाहे न कहें, इससे कोई फर्क नहीं पड़ता।

'एक मित्र की पत्नी का प्रश्न-चिह्न' कथा में यह व्यक्तित्व-निर्माण में चेतन मन की अपेक्षा अवचेतन मन की भूमिका को अधिक महत्त्वपूर्ण मानते हैं। कहते हैं कि "व्यक्तित्व के निर्माण की कार्य-कारण परम्परा का यदि अध्ययन करें तो आप देखेंगे कि व्यक्तित्व-निर्माण में चेतन-मन का रोल बहुत ही कम होता है और उससे कम रोल संकल्प-शक्ति का। दोनों के रोल निस्सन्देह कम होते हैं लेकिन होते हैं बहुत ही महत्त्वपूर्ण—इतने महत्त्वपूर्ण कि उन्हीं के कारण मनुष्य मनुष्य है। फिर भी आप जिसे व्यक्तित्व या चरित्र कहते हैं, वह चेतन काम के बहुत बाहर की चीज है, मानो हीरे को धारण किए हुए एक शिला।" ('एक साहित्यिक की डायरी', पृ. 69) 'तार सप्तक' में 'व्यक्तित्व और खँडहर' कविता के आरम्भ में उन्होंने जो टिप्पणी लिखी है, उसका प्रारम्भिक वाक्य इस सन्दर्भ में फिर ध्यान देने योग्य है : "व्यक्तित्व किन्हीं भी कारणों से विकेन्द्रित हो, परन्तु उसके लिए पुकार अवचेतन से, जो कि जीवन-शक्ति का रूप है, निकट सम्बन्ध रखती है।" अवचेतन क्या है? जीवन-शक्ति का रूप है। इसी से शक्ति प्राप्त करके मनुष्य कविता लिखता है,

व्यक्तित्व का निर्माण करता है (जान में निर्माण करता है या अनजान में, वह अलग प्रश्न है), साथ ही किसी के अवचेतन से यह पुकार भी निकलती है जो व्यक्तित्व को खंडित कर देती है। यही वह गुफा है जहाँ अनेक भाव बेचैन भूतों-से घूमते हैं, इसी गुफा से विभाजित व्यक्तित्व के गीत निकलते हैं :

ये अकेले द्वीप, पत्थर गीत, हिम के गीत
अन्धी गुफा के गीत!
बेचैन भूतों से, व्यथित के स्वप्न से वे गीत!

इस कविता में भी चेतना के लिए नदी वाला बिम्ब विद्यमान है :

स्वप्न की विक्षुब्ध सरिता के भयानक गीत!

यह स्वप्न की विशुद्ध सरिता अवचेतन-स्रोत से प्रवाहित होती है। यह अवचेतन त्रास का घर है, इसीलिए स्वप्न-सरिता के गीत भयानक होते हैं। ये सब क्रियाएँ अधिकतर रात में होती हैं। मुक्तिबोध के लिए अन्धकार कविता को नाटकीय बनाने का प्रभावशाली उपकरण मात्र नहीं है। वह उस स्वप्न-सरिता का अभिन्न परिवेश है जो अँधेरे में ही प्रवाहित होती है। 'अँधेरे में' कविता से बहुत पहले मुक्तिबोध 'व्यक्तित्व और खँडहर' में कहते हैं :

रात में जब छा चुका खँडहर तिमिर में,
तिमिर खँडहर में
घूमते उस काँपती-सी वायु के स्वर में
अकेले ही!
तम-आवरण में लुप्त झरती धार के तट पर
रागिनी में म्लान-तन-मन-करुण-रोदन-गीत...
गीतरजनी काँप उठती
भर विजन के गीत...
निशि के अकेले औ अचानक गीत!
विपिन औ निर्झर,
तिमिर के घन आवरण में, भावना के इस मरण में
हैं हुए भय-स्तब्ध, तन निस्पंद, दिग् रवहीन...
तम शून्य में नभ के प्रवाहित हो चला भूचाल सा यह गान।

'व्यक्तित्व और खँडहर' में तम, तिमिर, रजनी, रात, निशि आदि शब्दों की आवृत्ति की गई है। अवचेतन से निकलनेवाले गीतों का परिवेश अन्धकार में डूबा हुआ है। इसी अन्धकार का उपयोग अधिक कौशल से 'अँधेरे में' कविता में किया गया है।

जुलाई, सन् '47 के 'हंस' में मुक्तिबोध की एक कविता छपी है : 'मध्य वित्त'। इसमें अवचेतन को अवांछित भावों का आगार बतलाते हुए कहा गया है :

पीला कचरा उठा गरम सूनी सड़कों का
बहती हवा मलिन अवचेतन प्रक्षोभों से।

यह अवचेतन व्यक्ति के स्तर पर ही नहीं, समष्टि के स्तर पर भी होता है। 'अँधेरे में' कविता में मृत्यु-दल शहर की अवचेतना का मूर्त रूप-सा लगता है :

नींद में खोये हुए शहर की महन अवचेतना में
हलचल, पाताली तल में,
चमकदार साँपों की उड़ती हुई लगातार
लकीरों की वारदात।

इसी अवचेतन के भीतर ओराँग उटाँग बंद रहता है। कविता के शीर्षक में उसे ठीक ही दिमागी गुहा का ओराँग उटाँग कहा गया है। मनुष्य ने सभ्यता की ऊपरी सतह के नीचे बड़ी गहराई में अपने आदि बर्बर रूप को दबा रखा है।

जैसे अवांछित मनोभाव दबाए जाने पर अवचेतन में छिपे रहते हैं, उसी तरह वांछित मनोभाव भी दमित होकर उसमें पड़े रहते हैं। दोनों प्रकार के दमन का कारण सभ्यता-सम्बन्धी मनुष्य की धारणाएँ हैं। जो सभ्यता के अनुकूल न हो, उसे व्यक्त न करना चाहिए, इस निषेध-भावना के कारण निषिद्ध भाव अवचेतन में ठेल दिये जाते हैं। जो भाव वांछित हैं किन्तु निषिद्ध हैं और अवचेतन में ठेले जाकर नष्ट नहीं हुए, उनका बहुत सजीव वर्णन 'अँधेरे में' कविता में किया गया है। भूमि की सतहों के बहुत-बहुत नीचे एक अँधियारी एकान्त प्राकृत गुहा है। यह गुहा प्राकृत है क्योंकि उसका निर्माण मनुष्य ने सचेत रूप से नहीं किया। सभ्यता की सतहों से, चेतन मन के स्तर से, यह बहुत नीचे है। वह एकान्त और अँधियारी गुफा है क्योंकि चेतन मन उसे आसानी से नहीं देख सकता। उस खोह में एक प्रबल प्रपात है। इस प्रपात का जल प्राकृत है, आवेग-भरा है। अवचेतन में वह सहज भाव-राशि है जिसे सभ्यता द्वारा परिवर्तित नहीं किया गया। खोह के साँवले तल में मणि और रत्न बिखरे पड़े हैं। लहरों के तल से किरणें फूटती हैं, रत्नों के रंगीन रूपों की आभा में खोह की बेडौल भीतें झिलमिला उठती हैं। जब चेतन मन यह दृश्य देखता है तो आनन्द-विभोर हो उठता है। मनुष्य के अनुभव, वेदना, विवेक-निष्कर्ष, विचार, मणियों के रूप में :

प्राण जल प्रपात में घुलते हैं प्रति पल
अकेले में किरणों की गीली है हलचल
गीली है हलचल!!

कवि को लगता है कि लोक-हित के लिए इन दमित भावों और विचारों का उपयोग हो सकता था।

आगे जब मजदूरों का जुलूस दिखाई देता है, तब मजदूरों की मुट्ठियों में वही मणियाँ, वही रत्न दिखाई देते हैं। कविता के नायक ने जिन भावों और विचारों का दमन किया था, वे मजदूरों के पास भी हैं। वे मजदूरों के अवचेतन में नहीं हैं। वे मजदूरों के चेतन-मन में हैं और उनके जीवन को प्रेरित कर रहे हैं। मजदूरों से भिन्न कविता के नायक की स्थिति यह है :

किन्तु मैं अकेला
बौद्धिक जुगाली में अपने से दुकेला।

कोई उसे पर्चा दे जाता है और उस पर्चे में उसे अपने ही गुप्त विचार, दबी हुई संवेदनाएँ, अनुभव और पीड़ाएँ जगमगाती दिखाई देती हैं। कविता के अन्त में जिसे यह खोज रहा है, वह किसी जनयूथ में खोजता है और कविता का नायक अकेला रह जाता है।

इसी प्रकार 'चम्बल की घाटी में' कविता में टीला अकेला है। वह स्वप्न से जागकर हवा से जो कुछ कहता है, उसका आशय यह है कि वायु गुरु के समान मन पर आघात करे जिससे कि जो भाव-राशि, मूल्यवान् विचार, अवचेतन में संचित हैं, वे फूटकर बाहर आ जाएँ। रहस्यवादियों की-सी भाषा में मुक्तिबोध लिखते हैं :

टीले ने, स्वप्न से जाग,
कहा हवा से :
ओ, नभयात्री,
अगिनत प्रकाश-वर्षों की यात्राएँ दो मुझे,
व्यक्तित्वाघात तुम्हारा
ज्ञान का आघात
तड़ित्-प्रहार-सा प्राप्त हो ऐसा कि
पाषाणी अणु-रेणु
भभकें व उड़ जाएँ,
जो बसें नक्षत्रों में सहसा।

यह टीला प्रस्तर-रूप है। जो कुछ मूल्यवान् है, वह पत्थरी ढाँचे में कैद है। इस ढाँचे के टूटने से ही मुक्ति मिल सकती है। यह ढाँचा पूँजीवादी सभ्यता का है, वर्ग-संस्कारों का है, उन निषेध-भावनाओं का है जो वांछनीय संस्कारों और विचारों का दमन करती हैं। ऐतिहासिक दृष्टि से इस ढाँचे के अस्तित्व का कोई औचित्य नहीं है। 'पूर्ण विनाश अनस्तित्व का चरम विकास है'—इस पंक्ति में चरम विकास अनस्तित्व का न होगा—विकास होगा उस सबका, जो पत्थर के नीचे अवचेतन

की गुफा में बंद है। यह विकास तब होगा जब 'अनस्तित्व' का विनाश होगा, ऐतिहासिक दृष्टि से जिस ढाँचे का औचित्य नहीं है, उसका नाश होगा। 'कट जाओ, टूट जाओ'—इस पंक्ति का अर्थ यह नहीं है कि मनुष्य का व्यक्तित्व टूट जाएगा। व्यक्तित्व पर जो आत्मग्रस्तता का बोझ है, वह टूट जाएगा। टीले के ऊपर जो डाकू की चट्टानी मूरत बैठी है, वह :

तुम्हारी ही फैल-मुटाई हुई सूरत
तुम्हारी ही आकृति—

है। डाकू की सूरत टीले की सूरत से इसलिए मिलती है कि मध्यवर्ग और पूँजीपति-वर्ग, दोनों सर्वहारा से भिन्न एक ही सभ्यता के अन्तर्गत हैं। आत्मग्रस्त मध्यवर्गीय व्यक्तित्व के साँचे के टूटने पर ही नया व्यक्तित्व प्राप्त होगा। जैसे 'अँधेरे में' कविता में व्यक्तित्व-परिवर्तन मूल समस्या है, वैसे ही 'चम्बल की घाटी में' नाम की कविता में। मुक्तिबोध ने आत्मग्रस्तता की आलोचना जैसे 'अँधेरे में' कविता में की है, वैसे ही यहाँ :

अँधेरे में रहता था अब तक छिपा हुआ
जो निज सन्दर्भ
जो निज सम्बन्ध
जो गुप्त प्रक्रिया गहन निजात्मक
वह देह धरकर
दस्यु-रूप
बैठ गई उर पर।
टीले के पत्थरी ढाँचे के टूटने से वह दस्यु भी नष्ट होगा।

टूटने से अर्थात् व्यक्तित्व-रूपान्तरण से जो विस्फोट-शब्द होगा, वह सारे संसार में गूँजेगा क्योंकि उसके साथ समाज में व्यापक परिवर्तन होंगे :

किन्तु, अकेले ही, तुम्हारी ही वह सिर्फ,
नहीं होगी कहानी!!

इस प्रकार अकेलापन खत्म होगा, व्यक्तित्व का परिवर्तन होगा, उसके साथ समाज में परिवर्तन होगा।

मुक्तिबोध की कविता में अवचेतन की भूमिकाएँ भिन्न प्रकार की हैं। उसमें यदि अवांछनीय भाव एकत्र होते हैं तो वांछनीय भाव भी वहाँ दबा रखे जाते हैं। दोनों ही स्थितियों में अवचेतन में गुप्त भाव-राशि वर्तमान सभ्यता और उससे सम्बद्ध निषेध-भावनाओं की क्रियाओं का परिणाम है। जो भावनाएँ सभ्यता के अनुकूल

नहीं हैं, उनका दमन किया जाता है। बाहर से किसी के द्वारा आघात होता है, तब अवचेतन के द्वार की शिला टूट जाती है और व्यक्ति तथा समाज के लिए उपयोगी ज्ञानराशि फूट निकलती है।

13. असामान्य मानसिक स्थिति

मुक्तिबोध के पेचीदा व्यक्तित्व का अध्ययन करते हुए उनके निरन्तर बढ़ते हुए मानसिक तनाव को ध्यान में रखना चाहिए। दुःस्वप्न उन्हें सताते थे, यह बात बंगाल के अकाल पर लिखी गई उनकी कविता से हम जानते हैं। जब 'तार सप्तक' का दूसरा संस्करण प्रकाशित होने को था, तब मुक्तिबोध देख रहे थे : "अचानक अन्तर्मुख दशाएँ और भी दीर्घ और गहन होती गईं।" उनके जीवन में और उनकी कविताओं में बहुत-से काम अचानक हो जाते हैं। जहाँ तक अन्तर्मुख दशाओं का सम्बन्ध है, वे पहले भी दीर्घ और गहन थीं। एक मंजिल ऐसी आई कि उनकी दीर्घता और गहनता अचानक बढ़ गई।

एक मानसिक रोग का नाम है सिजोफ्रेनिया। जेम्स सी. कोलमैन के अनुसार, इस शब्द के अन्तर्गत अनेक प्रकार की विक्षेप-प्रतिक्रियाएँ शामिल की जाती हैं जिनमें यथार्थ से व्यक्ति के सम्बन्ध में, उसकी भावात्मक और बौद्धिक प्रतिक्रियाओं में, बुनियादी अव्यवस्था उत्पन्न होती है। इसके लक्षण बहुत-से हैं और व्यक्ति-व्यक्ति में इन लक्षणों में भेद होता है। कुछ लक्षण इस प्रकार हैं। किसी व्यक्ति की दुनिया में जो लोग रहते हैं, उनके प्रति उसकी दिलचस्पी खत्म हो जाती है। (यहाँ तुलनीय है शरत्चन्द्र मुक्तिबोध का यह वाक्य : "हम छोटे भाइयों का अस्तित्व उनके लिए नहीं के बराबर था।")। ऐसा व्यक्ति अपने चिन्तन की निजी लीकों पर चलता है और अन्तर्जगत् के स्वप्नों में (फैंटेसी में) खोया रहता है। (मुक्तिबोध की स्वप्नशीलता क्रमशः दुःस्वप्नशीलता में बदलती जाती है। स्वप्न वही नहीं है जो सोते में देखा जाता है। जागता हुआ आदमी भी स्वप्न देखता है। दुःस्वप्न उसे सोते और जागते, दोनों अवस्थाओं में पीड़ित कर सकते हैं। मुक्तिबोध की स्वप्नशीलता उनके स्वभाव का ऐसा अंग बन जाती है कि वह यथार्थ को स्वप्न में बदले बिना उसका चित्रण कर ही नहीं सकते)। ऐसे व्यक्ति की भावात्मक प्रतिक्रिया विकृत होती है। जिन वस्तुओं और घटनाओं को देखकर प्रतिक्रिया होती है, उनसे प्रतिक्रिया का तालमेल नहीं होता। (कुछ लोगों में यह प्रतिक्रिया बहुत उथली होती है, मुक्तिबोध में वह अधिकतर गहरी होती है)। ऐसे व्यक्ति को लगता है कि वह बहुत ज्यादा सताया जा रहा है। (मुक्तिबोध निःसन्देह सताए गए थे, फिर भी बहुत जगह उनका त्रास अकारण जान पड़ता है अथवा कारण से बहुत बढ़ा-चढ़ा मालूम होता है)। और ऐसे व्यक्ति को आवाजें सुनने का आभास होता है (ऑडीटरी हैलूसिनेशन होते हैं)। (मुक्तिबोध की कविता 'मुझे पुकारती हुई पुकार' में इस तरह की भ्रान्ति

का संकेत है। "एक साहित्यिक की डायरी' में जब अपने मित्र की योग-सम्बन्धी बातें सुनते हुए उन्हें लगता है कि 'मैं किन्हीं गुहाओं के अँधेरे में चला जा रहा हूँ और कहीं से किसी स्त्री की कोई मर्मभेदी पुकार मुझे सुनाई दे रही है", तब उक्त आभास की पुष्टि होती है।)

सिजोफ्रेनिया से ग्रस्त मनुष्य को लग सकता है कि लोग उसका पीछा कर रहे हैं; यही नहीं, उसे कई बार मार डाला गया है। (इस प्रकार की मृत्यु-कल्पना एक जगह वहाँ है, जहाँ 'अँधेरे में' कविता के नायक को लगता है कि सिर में है धड़ धड़!! कट रही हड्डी!! और दूसरी बार जहाँ उसे स्टूल पर बिठाया जाता है और 'शीश की हड्डी जा रही तोड़ी।' अन्य कविताओं में भी मृत्यु की कल्पना है, जैसे 'एक भूतपूर्व विद्रोही का आत्मकथन' में—हम एक ढहे हुए मकान के नीचे दबे हैं। यहाँ कल्पना में मृत्यु नहीं हो जाती वरन् मृत्यु-प्रक्रिया का अनुभव होता है :

भयानक है बड़े बड़े घेरों की
पहाड़ियों नीचे दबे रहने और
महसूस करते जाना
पसली की टूटी हुई हड्डी।

सिजोफ्रेनिया से ग्रस्त व्यक्ति ईश्वर की या अपने शत्रुओं की आवाजें सुनता है, "अथवा वह अनुभव करता है कि उसके शरीर के विभिन्न स्थानों में बिजली की किरणें प्रवेश कर रही हैं।" (कोलमैन, एबनॉर्मल साइकोलॉजी, पृ. 281) (मुक्तिबोध की कविताओं में अचानक बिजली के झटके लगने का उल्लेख मिलता है; यथा : 'अँधेरे में' कविता में—हृदय को देता है बिजली के झटके)। इसी रोग के अन्तर्गत विभाजित व्यक्तित्व का उल्लेख किया जाता है। मनुष्य के अन्दर दो या इससे भी अधिक व्यक्तित्व हैं, ऐसा बोध होने लगता है। (मुक्तिबोध में ऐसे विभाजित व्यक्तित्व के लक्षण विद्यमान थे। 'तार सप्तक' के प्रथम संस्करण में ऐसी अनेक कविताएँ हैं जिनसे मुक्तिबोध की असामान्य मानसिक स्थिति का पता चलता है। एक उनकी कविता 'अन्तर्दर्शन' है। इसके अन्त में कहते हैं :

रक्तस्रोत अन्दर से फूटा, मेरा गात शिथिल हिमशीतल।
मैंने साक्षात् मृत्यु देख ली एक रात सपने में उज्ज्वल।
मैंने जब यह कहा किसी से तो कहलाया अपना खूनी।
जीवन-दाह-शान्ति-हित किसकी बोध-अपेक्षित ऊनी ऊनी।

मृत्यु अपने हाथों हो, चाहे दूसरे के हाथों, स्वयं के मरने का दुःस्वप्न मन पर छाया रहता है।)

ऐसा व्यक्ति उत्तेजना के क्षणों में असामान्य व्यवहार करे तो आश्चर्य न होना चाहिए। मुक्तिबोध ने जीवन में जिस तरह की उत्तेजना का अनुभव किया था, यह असाधारण कोटि की थी। 'अँधेरे में' कविता में जब वह कहते हैं :

मेरा सिर गरम है,
इसीलिए भरम है।
सपनों में चलता है आलोचन,
विचारों के चित्रों की अवलि में चिन्तन।
निजत्व माफ है बेचैन,
क्या करूँ, किससे कहूँ,
कहाँ जाऊँ, दिल्ली या उज्जैन?

यह किसी कल्पित कथा-नायक की स्थिति का चित्रण नहीं है। वर्णन में भाव-तीव्रता का कारण अपनी स्थिति का बोध है। जैसाकि नेमिचन्द्र जैन को लिखे हुए उनके पत्रों से ज्ञात होता है, वह सचमुच दिल्ली जाने की सोच रहे थे। आगे जब वह कहते हैं कि मैं किसी छायामूर्ति-सा स्वयं के समक्ष खड़ा हो गया, बहस होने लगी, और परस्पर तमाचे लगने लगे, तब इस आलोचन की व्यर्थता के बारे में कहते हैं :

छि: पागलपन है,
वृथा आलोचन है।

'अँधेरे में' कविता लिखने के समय उनकी जैसी स्थिति थी, उसका वर्णन हरिशंकर परसाई ने किया है। मुक्तिबोध की पुस्तक 'भारत : इतिहास और संस्कृति' पर शासन ने प्रतिबन्ध लगा दिया था। "जबलपुर लौटे तो बहुत टूटे हुए और बहुत क्रोधित। वह आदमी चट्टान जैसा था। लेकिन इस घटना ने उनके भीतर भय और असुरक्षा की भावना पैदा कर दी थी। वे बेहद उत्तेजित थे...कहते थे—यह नंगा फासिज्म है। लेखक को लोग घेरें, शारीरिक क्षति की धमकी दें। इधर सरकार सुनने तक को तैयार नहीं। अभिव्यक्ति की स्वतंत्रता जा रही है। गला दबाकर आवाज घोंटी जा रही है।" ('आलोचना', जुलाई-सितम्बर, '68) भय और असुरक्षा की भावना मुक्तिबोध में पहले से ही थी। बाद की परिस्थिति में वह और सघन हो गई। परसाई आगे कहते हैं : " 'अँधेरे में' कविता का यही रचनाकाल है। उन दिनों मुक्तिबोध बहुत आशंकाग्रस्त थे। छोटी-से-छोटी बात उन्हें विचलित कर देती थी। चाबी जिस जेब में रखी होने की उन्हें याद थी, अगर वह उस जेब में नहीं हो तो वे ऐसे संशकित हो उठते थे, जैसे कोई बड़ा षड्यंत्र उन्हें घेर रहा है! उन दिनों वे बहुत उत्तेजित होकर घंटों बहुत जोर से बोलते रहते थे। गले की नसें तनी हुई साफ दिखती थीं। कनपटी लौकती थी, दम भर आता था और वे डबल स्ट्रौंग चाय की माँग करते

थे।" मुक्तिबोध को 'अँधेरे में' कविता के नायक से अलग करके देखना असम्भव है। इस कविता में एक ओर वह निम्नवर्ग से अलग होकर सर्वहारावर्ग की संगति में व्यक्तित्व-रूपान्तरण की अपनी सामान्य समस्या का विवेचन करते हैं, दूसरी ओर वह अपने उत्तेजित त्रस्त मन की असामान्य अवस्था का चित्रण करते हैं।

रात के दो बजे जंगल में सियारों की आवाज सुनाई देती है, रेलगाड़ी के पहियों की आवाज गूँजती है, मन में किसी अनपेक्षित असम्भव घटना का सन्देह पैदा होता है, अचेतन प्रतीक्षा का जन्म होता है कि कहीं कोई रेल एक्सीडेंट न हो जाए। ऐसा त्रास विपरीत सन्दर्भों में प्रकट होता है। शोषक व्यवस्था के अधिकारी कवि को अँधेरे कमरे में ले जाकर स्टूल पर बिठाते हैं। उसे लगता है कि सिर की हड्डी तोड़ी जा रही है। जब वह लोकमान्य तिलक की मूर्ति से चिपका हुआ आत्मालोचन करता है, तब भी उसे लगता है—सिर में है धड़ धड़!! कट रही हड्डी!! यह हड्डी कटने की कल्पना किसी आन्तरिक संवेदन से उत्पन्न होती है। तिलक वाले प्रसंग में कहते हैं :

आत्मा में बहता सा लगता
खून का तालाब।

कविता में आगे चलकर जब वह बहुत खुश दिखाई देते हैं और शिशु की पीठ थपथपाते हैं, तब उन्हें फिर लगता है :

डूबता हूँ मैं किसी भीतरी सोच में—
हृदय के थाले में रक्त का तालाब,
रक्त में डूबी हैं द्युतिमान मणियाँ!

इस दूसरे सन्दर्भ में रक्त का तालाब मणियों को छिपाए है। पहले सन्दर्भ में इन मणियों का उल्लेख नहीं है। किन्तु दोनों सन्दर्भों में खून के तालाब का बिम्ब अकारण नहीं है यद्यपि ऊपर से देखने में अबुद्धिसंगत लगता है। 'एक भूतपूर्व विद्रोही का आत्म-कथन' में ढहे हुए मकान के नीचे दब जाना, पहाड़ियों के नीचे दबना और महसूस करना कि पसली की हड्डी टूट गई है :

छाती पर टीलों का वजन रखे हुए
ऊपर के जड़ीभूत दबाव से दबा हुआ
अपना स्पन्द
अनुभूत करते जाना,
दौड़ती रुकती हुई धुकधुकी
महसूस करते जाना भीषण है।
भयंकर है।

'अँधेरे में' कविता में इससे मिलती-जुलती स्थिति है :

काले काले शहतीर छत के
हृदय दबोचते।

ब्रह्मराक्षस बावड़ी के भीतर रहता है। 'ओ काव्यात्मन् फणिधर' में कवि नागात्मक कविता से कहता है कि अँधेरे कुएँ में उतरो, जिस कुएँ की मुँडेर करौंदी की झाड़ी में छिपी हुई है और कुएँ का गोल तला सूखा है। इसी प्रकार जल में डूबने के बिम्ब हैं।

त्रास और आनन्द की चरम स्थितियों के समान हीन भावना और निजत्व के उदात्तीकरण की भावना, इन दोनों का अन्तर्विरोध है। कवि को एक ओर कमल-कोष के पराग-स्तर पर खड़ा हुआ शक्ति-पुरुष दिखाई देता है :

जो दोनों हाथों आसमान थामता हुआ
आता समीप अत्यन्त निकट,

दूसरी ओर 'अँधेरे में' कविता में :

पीटे गए बालक सा मार खाया चेहरा
उदास इकहरा,
स्लेट-पट्टी पर खींची गई तसवीर
भूत जैसी आकृति—
क्या वह मैं हूँ
मैं हूँ?

ब्रह्मराक्षस की एक विशेषता यह है कि बावड़ी में जब सूर्य की किरण पहुँचती है :

तब ब्रह्मराक्षस समझता है, सूर्य ने
झुककर नमस्ते कर दिया।

इसी प्रकार जब बावड़ी में चाँदनी पहुँचती है, तब ब्रह्मराक्षस समझता है कि चाँदनी ने उसकी वन्दना की है, उसे ज्ञान-गुरु माना है। 'एक अन्तर्कथा' में अग्नि के काष्ठ खोजती हुई माँ पुत्र को डाँटकर कहती है : तब देव बना अब जिप्सी भी। यह टिप्पणी उस प्रक्रिया की ओर संकेत करती है जिसमें कवि का मन हीन और उदात्त भावनाओं के बीच झकोले खाता है। इसी कविता में मुक्तिबोध मन के विकृत आइने का उल्लेख करते हैं :

जिसमें या तो चेहरा दिखता था बहुत बड़ा
फूला फूला
या अकस्मात् विकलांग व छोटा-छोटा-सा।

इस तरह के व्यक्तित्व में बचपन के अर्जित संस्कार महत्त्वपूर्ण भूमिका पूरी करते हैं। मुक्तिबोध के उलझे हुए व्यक्तित्व को समझने में उनके भाई शरत्चन्द्र का लेख काफी सहायक होता है। उस लेख की कुछ महत्त्वपूर्ण बातें इस प्रकार हैं :

"बड़े भय्या बहुत लाड़-प्यार में पले थे। पहले दो लड़के गुजर जाने से माता-पिता उनको आँख से ओझल नहीं होने देते थे...भाई साहब बड़े जिद्दी बन गए थे और रोया करते। बाहर अर्दली सँभालते और घर पर नानी...पिताजी रियासती पुलिस सब-इंस्पेक्टर थे, यानी गाँव के राजा थे। इसलिए भाई साहब की खुशामद सब जगह होती थी। जब वे कुछ बड़े हुए तब उन्हें बाबू साहब कहकर पुकारने की माँ ने आज्ञा दे दी। हम लोग उन्हें इसी नाम से पुकारते थे...हमारे बाबा की (प्रपिता की) अपने पोते पर असीम कृपा थी। उनकी हर छोटी जिद वे पूरी करते थे। बाबा की नौकरी जिस गाँव में होती थी, वहीं बड़े भय्या महीना-दो महीना रहने जाया करते थे और मेवा-मिठाई से उनकी पूजा किए बगैर कभी प्रसन्न नहीं होते थे। जब भाई साहब ग्वालियर स्टेट की मिडिल परीक्षा पास हुए तब तो उनकी प्रशंसा करते माता-पिता और पास-पड़ोस के नहीं अघाते थे। मैट्रिक और इंटर तक पहुँचने पर तो पूरे परिवार के प्रशंसा के वे केन्द्रबिन्दु बन गए थे। हमारे घर के वे पहले पढ़े-लिखे आदमी थे। उनकी सब जरूरतें पूरी की जाती थीं। हम छोटे भाइयों का अस्तित्व उनके लिए नहीं के बराबर था। भाई साहब अत्यन्त भावुक, अन्तर्मुख प्रवृत्ति के, सरल और उदार थे। उतने ही वे एकदम आत्मकेन्द्री और अपनी हर जिद पर कायम रहनेवाले बन गए थे...जीवन के प्रति उनकी प्रतिक्रिया बौद्धिक और तटस्थ नहीं थी, तीव्र भावनात्मक होती थी... ऐसी आत्मलीन प्रवृत्ति, मन की ऐसी उड़ान, और निजी परिस्थिति के सम्बन्ध में ऐसा गहरा अज्ञान कि उसका पहला वार लगते ही भाई साहब का व्यक्तित्व दुखी नजर आने लगा। परिवार की परिस्थिति के सम्बन्ध में वे करीब-करीब कुछ नहीं जानते थे... चूँकि उनकी निर्माण की हुई परिस्थितियों में मैं बुरी तरह फँस जाता था, मैंने बार-बार चेताने का प्रयत्न किया। यह बात बिलकुल सच है कि वे बताने पर भी जागरूक नहीं हो पाते थे। वे बहुत दयालु आदमी थे किन्तु उन्हें कुछ नहीं दिख पाता था। उनसे कहने पर वे इतने दुखी हो जाते कि कुछ कहने की हिम्मत भी नहीं होती थी...अपनी ओर से वे चाहे जितना त्याग कर सकते थे, लेकिन अपनी छोटी-छोटी इच्छाओं की वे कहीं किसी स्तर पर रोकथाम नहीं कर पाते थे। वे अपने Mood के शिकार थे। और उन पर रोक लगानेवाले हर व्यक्ति को उस क्षण के लिए दुश्मन मानते थे...वे नौकरी करते थे, मित्रों में रहते थे लेकिन अपनी जीवन-पद्धति के कारण शायद उनसे पूरी तरह आन्तरिक तादात्म्य नहीं स्थापित कर पाते थे...निम्न मध्यवर्गीय जीवन के संकेतों से वे पूरे मुक्त नहीं थे। अनेक तरह के सन्देह और संशय उनके मन को ग्रस्त किए रहते थे। उनकी आत्यन्तिक भावुकता भी, कभी-कभी उनकी दृष्टि बदल देती थी...उनका व्यक्तित्व सरल नहीं था, पेचीदा था।" ('राष्ट्रवाणी', जनवरी-फरवरी, '65)

ऐसा व्यक्तित्व जिन्दगी में झटके खाकर भीतर से टूटने की स्थिति में हो जाए, उसके मन की असामान्य दशा हो, तो आश्चर्य की बात न होगी। शरत्‌चन्द्र ने उनके बारे में जो बातें कही हैं, वे मुक्तिबोध के साहित्य के विश्लेषण से पुष्ट होती हैं। 1957 के आसपास मुक्तिबोध नागपुर से दिल्ली स्थित नेमिचन्द्र जैन को लिख रहे थे : "मैं दिल्ली आने के लिए बिलकुल तैयार हूँ। लेकिन, सच तो यह है कि मैं बगैर ठीक ठिकाने के कैसे रह सकता हूँ? अब यह नामुमकिन-सा है। अगर ऐसा ही होता तो मैं यूँ ही कई बार दिल्ली आ जाता। वैसे मेरा यहाँ भी कोई ठौर नहीं। मौजूदा नौकरी सवा दो सौ देती है। वह बिलकुल नाकाफी है...आल इंडिया रेडियो की नौकरी मैं न छोड़ता, लेकिन मंथली कांट्रैक्ट पर मैं भोपाल जाने के लिए तैयार न था। अगर आपको गवर्नमेंट अथवा यूनिवर्सिटी में कोई नौकरी अच्छी दिखाई दे तो मुझे जरूर सूचित कीजिएगा। वैसे, मुझे लेक्चररशिप की भी तलाश है, लेकिन उसमें पैसे इतने कम मिलते हैं यानी 150.30 कि अब प्रतीत होता है, इतनी कम तनख्वाह में मैं गतप्राण हो जाऊँगा। सब जगह एम.ए. फर्स्ट कलास या डॉक्ट्रेट माँगते हैं। मैं मात्र सेकंड क्लास हूँ। वैसे लेक्चररशिप के लिए मेरा जी अभी भी ललकता है...वैसे, मन शिथिल है। ग्लानि और अवसन्नता वैसे ही स्वभावजात है, अब मित्रहीन और साधनहीन होने के कारण, अधिक अवसन्नता है।" ('आलोचना', जुलाई-सितम्बर, '68)।

परिवेश अत्यन्त प्रतिकूल, मन शिथिल। स्वभावजात अवसन्नता ऐसी सघन होती है कि वह ठेलकर कवि को अकाल मृत्यु के निकट ला खड़ी करती है।

14. काव्य-नायक और मुक्तिबोध

मुक्तिबोध की कविताओं को उनके व्यक्तित्व से अलग रखकर देखना सम्भव नहीं है। उन जैसा आत्मकेन्द्रित व्यक्ति स्वयं को कविताओं से अलग रख ही न सकता था। नामवर सिंह ने 'कविता के नये प्रतिमान' (दूसरा संस्करण) में मुक्तिबोध को उनकी कविताओं से अलग रखने पर बड़ा जोर दिया है। उनका कहना है, मुक्तिबोध अपनी कविताओं में जहाँ 'मैं' का प्रयोग करते हैं, वहाँ वह 'मैं' उनसे भिन्न, काव्य-नायक है। वह कविताओं का पाठक हो सकता है, लेखक नहीं। "निश्चय ही यह काव्य-नायक मुक्तिबोध का प्रतिरूप नहीं है और न इसे मुक्तिबोध समझने का भ्रम ही होना चाहिए। यह कवि की कल्प-सृष्टि है—बल्कि कल्प-सृष्टियों में से एक, ठीक उसी तरह, जैसे 'एक साहित्यिक की डायरी' का 'मैं' और 'क्लाड ईथरली', 'पक्षी और दीमक', 'विपात्र' आदि कहानियों का 'मैं'।" (पृ. 248) मुक्तिबोध की कविता में जो आत्म-भर्त्सना का स्वर है, उसके बारे में कहा है : "इस आत्म-भर्त्सना को स्वयं मुक्तिबोध की आत्म-भर्त्सना कहना भारी भ्रम है। वस्तुतः मुक्तिबोध ने अपनी रचनाओं में 'मैं' के द्वारा अपने पूरे वर्ग

मध्यवर्ग की आत्म-भर्त्सना को अभिव्यक्त किया है।" (पृ. 297) नामवर सिंह के अनुसार 'अँधेरे में' का काव्य-नायक आत्म-निर्वासित व्यक्ति है और वह मुक्तिबोध से भिन्न है। "अब कोई यदि स्वयं मुक्तिबोध को ही काव्य-नायक समझता है तो उसकी समझ को किसका पर्याय कहा जाए? किसी कविता के काव्य-नायक—मैं को आत्मनिर्वासित कहने से यह अर्थ किस तरह निकलता है कि उसका कवि भी आत्मनिर्वासित है?" (पृ. 259-60)।

मुक्तिबोध पर एक लेख 'आलोचना' में अग्न्येश्का सोनी ने लिखा था। इस लेख का महत्त्व यह है कि नामवर सिंह के अनुसार : इसकी लेखिका 'कौन, मनु?' प्रश्न उठाकर भी "बिना इधर-उधर भटके मुक्तिबोध के साहित्य के मूल तथ्य पर सीधे पहुँच गई।" (पृ. 263) देखना चाहिए कि इस लेख में मुक्तिबोध को उनकी कविताओं और कहानियों के पात्रों से कहाँ तक जोड़ा गया है और कहाँ तक उन्हें अलग रखा गया है। लेखिका ने पहले उन कहानियों की चर्चा की है "जिन पर मुक्तिबोध के लेखक-व्यक्तित्व की 'छाप' अपेक्षाकृत कम है; जो मानो किसी और से भी लिखी जा सकती थीं; जो मुक्तिबोध की उलझी, गुम्फित भावनाओं का परिचय नहीं देती।" दूसरी तरह की कहानियाँ वे हैं "जिनका वस्तु-तत्त्व सीधे लेखक के जीवन-संघर्ष के क्षेत्र से लाया गया है। इन कहानियों के भावों और विचारों का मुक्तिबोध की डायरी से गहरा रिश्ता है; जगह-जगह पर—परोक्ष या प्रत्यक्ष रूप से—कविताओं से भी।" 'एक साहित्यिक की डायरी' यानी मुक्तिबोध की डायरी। चाहे डायरी लिखें, चाहे कहानी, चाहे कविता, जहाँ मुक्तिबोधपन है, वहीं कला प्रभावशाली है, वहीं मुक्तिबोध की उलझी-गुम्फित भावनाएँ भी हैं। कहानियों में 'मैं' के प्रयोग के बारे में लेखिका आगे कहती हैं :

"और यह आकस्मिक नहीं है, इत्तिफाक की बात नहीं, कि इनमें जो सबसे अनोखी, सबसे साहसिक कृतियाँ हैं—उनका नायक 'उत्तम पुरुष' में ही बयान करता है। इस कथा-नायक के भाव और प्रतिक्रियाएँ प्रत्यक्ष रूप से स्वयं मुक्तिबोध की—कवि मुक्तिबोध की—हैं। कथानक (जो कि बाहरी चीज है) चाहे काल्पनिक ही हो।"

नामवर सिंह 'कविता के नये प्रतिमान' में जो कुछ कहते हैं, अग्न्येश्का सोनी ने 'आलोचना' में उससे ठीक उल्टी बात कही थी। उनके अनुसार, कथा-नायक के भाव और प्रतिक्रियाएँ प्रत्यक्ष रूप से मुक्तिबोध की हैं, गद्य-लेखक मुक्तिबोध की ही नहीं, कवि मुक्तिबोध की भी। कहानियों में आत्मालोचना का स्वर स्वयं मुक्तिबोध का है या उनके कल्पित पात्रों का? अग्न्येश्का सोनी कहती हैं : "स्वयं की ही आलोचना इतनी पातालस्पर्शी हो सकती है—और इतनी निर्मोह, क्रूर, जैसे उन 'मैं' (या 'हम') की कहानियों में 'क्लॉड ईथरली', 'पक्षी और दीमक', 'विपात्र', 'जंक्शन'।" इनमें तीन कहानियाँ वही हैं जिनका उल्लेख नामवर सिंह ने किया है।

इनके पात्रों ने जो निर्मोह और क्रूर आत्मालोचना की है, उसे मुक्तिबोध के भावों और प्रतिक्रियाओं से प्रत्यक्ष रूप से सम्बद्ध करना ही होगा। कहानियों में जहाँ 'मैं' का प्रयोग नहीं होता, वहाँ भी लेखक की सहानुभूति कथा-नायक के साथ रहती है। लिखा है "जहाँ-जहाँ कहानी का नायक इस 'मैं' से इतर होकर प्रथम पुरुष में उपस्थित है, वहाँ उसके प्रति लेखक की सहानुभूति भी रहती है—जैसे 'काठ का सपना', 'अँधेरे में' या 'नई जिन्दगी' कहानियों में।"

'अँधेरे में' नाम की कहानी में कथा-नायक एक ओर को भाग चलता है। कर्फ्यू नहीं है, पर 'वह भागने लगा एक किनारे की ओर।' बहुत-से आदमी सोए हुए हैं। उसे लगता है कि उनके शरीरों की गरम कोमलता उसके पैरों से चिपक गई है, पुण्यात्मा विवेकशक्ति काँप रही है, 'मानो इस गहरे अँधेरे में भूखी आत्माओं की हजार-हजार आँखें उसकी बुजदिली, पाप और कलंक को देख रही हों!' कहानी के नायक में अपने दायित्व का जैसा बोध है, उसी के अनुरूप उसकी अपराध-भावना है। कहानी के उक्त अनुभव को कविता के अनुभव से जोड़ते हुए लेखिका कहती हैं : "यही घोर भयानक अनुभव जो कविता ('चकमक की चिनगारियाँ') की उन पीड़ित उद्विग्न पंक्तियों में : अधूरी और सतही जिन्दगी के रास्तों पर गर्म" इत्यादि में है। कविता की पंक्तियाँ उद्धृत करने के बाद अग्न्येश्का सोनी कहती हैं :

"कविता की इन पंक्तियों के साथ, कहानी की गूँजती हुई आवाज कहती है : 'पाप हमारा पाप, हम ढीले-ढाले, सुस्त, मध्यवर्गीय आत्म-सन्तोषियों का घोर पाप!'

"यह अनुभव—अपने ही वर्ग के पाप का—मुक्तिबोध के सिवा हिन्दी नवलेखन में नहीं मिलता; इसलिए 'जंक्शन' जैसी कथा वे ही लिख सकते थे।

"यहाँ जहरीला तजुर्बा लेखक की अपनी ही ओर से बताया जाता है।"

यानी जहाँ कथा में 'मैं' का व्यवहार नहीं किया गया, वहाँ कथाकार अपनी ओर से वह कमी पूरी कर देता है; अन्य कहानियों में जो 'मैं' कहता है, उसे यहाँ कथाकार कहता है, और इस प्रकार 'मैं' और कथाकार का तादात्म्य स्थापित होता है।

'ओ काव्यात्मन फणिधर', 'चम्बल की घाटी में' और 'अँधेरे में' कविताओं में मन की मणियों को अवचेतन में डालने का पछतावा है। यह कवि का अपना पछतावा है, इस बारे में लेखिका कहती हैं : "उन मन-मणियों को अवचेतन की 'खोह में डाल देने' की अपनी क्रिया पर गहरा पछतावा, 'अपनी समझौतावादी निष्क्रियता' का दु:ख—निज अपराध-भावना का कारण है, जिससे उत्पन्न अन्तर्द्वंद्व मुक्तिबोध की उन दो अन्तिम लम्बी कविताओं में सबसे सम्पूर्ण और सशक्त रूप से प्रकट हुआ है।"

जहाँ तक मुक्तिबोध की कहानियों और कविताओं के नायक से उनके लेखक के तादात्म्य का सम्बन्ध है, अग्न्येश्का सोनी की बात पूरी तरह सही है। नामवर सिंह ने लम्बी कविताओं और छोटी कविताओं में एक यांत्रिक भेद किया है। छोटी

कविताएँ आत्मपरक होती हैं, छायावादी संस्कारों से ग्रस्त होती हैं; लम्बी कविताएँ वस्तुपरक होती हैं, नाटकीय होती हैं, अत: उनका नायक उनके रचनाकार से भिन्न होता है। अपनी पुस्तक की मुख्य स्थापना के बारे में कहते हैं : "'कविता के नये प्रतिमान' की मुख्य स्थापना मेरी दृष्टि में यह है कि कविता के प्रतिमान को व्यापकता प्रदान करने की दृष्टि से आत्मपरक नई कविता की दुनिया से बाहर निकलकर उन कविताओं को भी विचार की सीमा में ले आना आवश्यक है जिन्हें किसी अन्य उपयुक्त शब्द के अभाव में सामान्यत: लम्बी कविता कहा जाता है।" खुद को देखकर अच्छी कविता लिखी जा सकती है, बाहर की दुनिया को देखकर भी। मुख्य प्रश्न यह है कि कवि किस निगाह से खुद को देखता है, दुनिया को किस निगाह से देखता है। नामवर सिंह स्वयं आगे कहते हैं कि "इधर नई कविता के अन्दर जो आत्मपरक छोटी या बड़ी कविताएँ लिखी गईं, उनमें वस्तुजगत् की समझदारी के स्थान पर केवल अनुभूत की ही ईमानदारी का आग्रह किया जाता है।" इसलिए कविता लम्बी है कि छोटी, ऊपर से देखने में प्रगीतात्मक है या नाटकीय, यह मुख्य प्रश्न नहीं है। वस्तुपरक दृष्टि स्वयं को तटस्थ होकर देख सकती है, आत्मग्रस्त दृष्टि बाहर की दुनिया को अपने रंग में रँग डालती है।

नामवर सिंह ने 'एक साहित्यिक की डायरी' से मुक्तिबोध का एक वाक्य उद्धृत किया है जो उनकी एक काव्य-कथा (सम्भवत: 'इस चौड़े ऊँचे टीले पर') की व्याख्या करता है : "निस्सन्देह उसमें कथा का केवल आभास है, नाटकीयता की केवल मरीचिका है, वह विशुद्ध आत्मगत काव्य है।" यह बात किसी एक कविता पर नहीं, मुक्तिबोध की अधिकांश कविताओं और कहानियों पर लागू होती है। इसीलिए इन सब कविताओं और कहानियों के नायक एक दूसरे से इतना मिलते-जुलते हैं और उनकी तसवीर मुक्तिबोध की तसवीर से मिलती-जुलती है। जो मरीचिका है, उसे वास्तविक जलराशि न समझना चाहिए।

15. व्यक्तित्व-विभाजन और अस्मिता का लोप

नामवर सिंह के अनुसार : 'अँधेरे में' कविता की अन्तिम पंक्तियाँ "उस अस्मिता या आइडेंटिटी की खोज की ओर संकेत करती है जो आधुनिक मानव की सबमे ज्वलंत समस्या है।" ('कविता के नये प्रतिमान', पृ. 235) कुछ लोगों का कहना है कि वर्तमान युग की सबसे ज्वलन्त समस्या पूँजीवादी शोषण खत्म करने की है। मजदूर वर्ग के नेतृत्व में किसान और मध्यवर्ग के लोग मिलकर जब तक शोषक वर्गों के हाथ से सत्ता छीनकर वर्ग-उत्पीड़न का अन्त नहीं करते, तब तक और कोई समस्या हल नहीं हो सकती। अस्मिता की खोज का अर्थ वर्ग-संघर्ष है, ऐसा प्रतीत नहीं होता। मुक्तिबोध की कविता में, नामवर सिंह के अनुसार, जिस वर्ग द्वारा अस्मिता की खोज की जा रही है, वह मध्यम वर्ग है। वह मानते हैं कि मुक्तिबोध ने अपनी

रचनाओं में जिस अलगाव पर दृष्टि केन्द्रित की है, उसका "प्रमुख आलम्बन निम्न मध्यवर्ग है।" (पृ. 250) इस तरह अस्मिता की खोज मजदूरों द्वारा नहीं की जाती; बहुत-से-बहुत उनके संघर्ष की पृष्ठभूमि में इतर वर्ग का व्यक्ति अस्मिता की खोज करता है। मुक्तिबोध की कविताओं के सन्दर्भ में अस्मिता की खोज को आधुनिक मानव की सबसे ज्वलन्त समस्या बनाने का मतलब है, निम्न मध्यवर्ग की समस्या को समाज की सबसे ज्वलन्त समस्या मानना। फिर यह निम्न मध्यवर्ग व्यापक होकर समस्त मानवता को अपने भीतर समेट लेता है : "आज के व्यापक सन्दर्भ में जीनेवाले व्यक्ति के माध्यम से मुक्तिबोध ने 'अँधेरे में' कविता में अस्मिता की खोज को नाटकीय रूप दिया।" (पृ. 235-36)

अस्मिता की खोज आत्म-निर्वासन से जुड़ जाती है। आत्म-निर्वासन का अर्थ है : व्यक्तित्व का विभाजन। 'अँधेरे में' कविता में "एक है काव्य-नायक 'मैं' और दूसरा है उसका प्रतिरूप 'वह'। यह विभाजन वस्तुत: एक नाटकीय कौशल मात्र नहीं बल्कि इसका आधार 'आत्म-निर्वासन' (सेल्फ एलिएनेशन) है। 'अँधेरे में' का काव्य-नायक एक आत्म-निर्वासित व्यक्ति है, जिसके आत्म-निर्वासन का प्रतीक है उसका गुहा-वास।" (उप.) अस्मिता के लोप और आत्म-निर्वासन की व्याख्या करने के लिए नामवर सिंह ने युवा मार्क्स की "1848 की आर्थिक और दार्शनिक पांडुलिपि", प्रौढ़ मार्क्स की 'पूँजी' का हवाला दिया है। बताया है कि दो जर्मन शब्दों के अंग्रेजी प्रति शब्द एलिएनेशन और री-इफिकेशन। इसमें दूसरे शब्द से "हिन्दी के लेखक अभी कम परिचित मालूम होते हैं।" यह शब्द "जिस लैटिन शब्द 'रेइस' से बना है, उसका एक अर्थ सम्पत्ति भी होता है, इसलिए चाहें तो उसे संस्कृत 'रै' के सहारे हिन्दी में 'रैकरण' भी कह सकते हैं।" यह रैकरण और आत्म-निर्वासन "पूँजीवादी व्यवस्था के सबसे बड़े अभिशाप हैं। इसमें मजदूर अपनी उपज से ही अलग नहीं होता, बल्कि अपने-आपसे भी अलग हो जाता है और यह इस प्रक्रिया में मानव-स्वत्व के साथ ही मानव-सम्भावनाओं से वंचित रह जाता है।" ('कविता के नये प्रतिमान', पृ. 260) यदि इतने बड़े अभिशाप के विरुद्ध मुक्तिबोध की कविताओं के नायक संघर्ष करते हैं, तो वे एक क्रान्तिकारी काम करते हैं। उन्हें मुक्तिबोध से अलग रखने का इतना आग्रह क्यों है?

किन्तु नामवर सिंह ने आत्म-निर्वासन को व्यक्तित्व-विभाजन से जोड़ा है। यह विभाजित व्यक्तित्व ऐसा है, जैसा दोस्तोएव्स्की के 'अंडरग्राउंड मैन' कथा में है, उसके नायक के समान 'अँधेरे में' कविता का नायक "बाह्य परिस्थितियों से भय खाकर एक तिलस्मी खोह में निवास करता है।" (पृ. 236) दोस्तोएव्स्की का उल्लेख बड़ा सटीक है। मार्क्स जिस तरह के एलिएनेशन की बात कहते हैं, दोस्तोएव्स्की के पात्र उससे भिन्न प्रवृत्ति प्रदर्शित करते हैं। जो मजदूर अपने जीवन और संघर्ष से अनुभव प्राप्त करके अपनी दमित सम्भावनाओं का विकास करते हैं, वे दोस्तोएव्स्की

के पात्रों से भिम्न कोटि के प्राणी होते हैं। नामवर सिंह ने मार्क्स के एलिएनेशन का हवाला देने के बाद उसकी जगह स्थापित कर दिया व्यक्तित्व-विभाजन, जो अर्द्ध-विक्षेप का एक लक्षण है। 'अँधेरे में' कविता के नायक के आत्म-निर्वासन के प्रमाणस्वरूप वह ये पंक्तियाँ उद्धृत करते हैं :

व्यक्तित्व अपना ही, अपने से खोया हुआ
वही उसे अकस्मात् मिलता था रात में।

इसके आगे दो पंक्तियाँ और हैं :

पागल था दिन में
सिर-फिरा विक्षिप्त मस्तिष्क

इसे 'सिर-फिरा विक्षिप्त मस्तिष्क' ठीक कहा गया है। कविता का नायक इससे भिन्न व्यक्ति है यद्यपि दोनों में बहुत बड़ा अन्तर नहीं है। उस 'पागल' का गीत सुनकर काव्य-नायक का व्यक्तित्व लगभग उसी का-सा हो जाता है :

प्रत्यक्ष,
मैं खड़ा हो गया
किसी छाया मूर्ति सा समक्ष स्वयं के
होने लगी बहस और
लगने लगे परस्पर तमाचे।
छि: पागलपन है
वृथा आलोचन है।

अर्द्ध-विक्षेप की प्रारम्भिक अवस्था में ऐसे क्षण आते हैं जब पीड़ित व्यक्ति को यह दिखाई देता है कि उसका व्यवहार असामान्य है। कविता के नायक की यही स्थिति है। जो 'पागल' अपना खोया हुआ व्यक्तित्व रात में पा जाता है, वह भीतर से पूरी तरह विभाजित हो चुका है। विभाजित व्यक्तित्व का लक्षण मानसिक असन्तुलन का सूचक है। विक्षेप की अनेक प्रक्रियाओं के समान यथार्थ से आत्मरक्षा का यह भी एक रूप है। इससे भिन्न स्तर पर कविता का नायक वह सब होना चाहता है जो आदर्श रूप में उसने अपने बारे में कल्पित किया है।

मुक्तिबोध 'अँधेरे में' कविता लिखने के बहुत पहले से व्यक्तित्व-विभाजन की स्थिति से परिचित थे। 'तार सप्तक' में उनकी एक कविता है : 'व्यक्तित्व और खँडहर'। कविता से पहले गद्य में उनकी यह टिप्पणी है :

"व्यक्तित्व किन्हीं भी कारणों से विकेन्द्रित हो, परन्तु इसके लिए पुकार अवचेतन से, जो कि जीवनशक्ति का रूप है, निकट सम्बन्ध रखती है। वह समग्रता

की ओर, मनस्संगठन की ओर का प्रयत्न केवल बुद्धिगत ही नहीं, शुद्ध जीवनगत है। परन्तु यह विकेन्द्रीकरण अन्तर्बाह्य-विरोध, परिस्थिति-विरोध, आत्म-विरोधों के द्वारा शुरू होता है।

"यह विकेन्द्रित व्यक्तित्व यानी व्यक्तित्व का खँडहर किसी अबूझे समय में अपने गत वैभव पर रो उठता है। उसी का कल्पनात्मक चित्रण उपरोक्त कविता है।"

व्यक्तित्व-विभाजन मुक्तिबोध की अनेक कविताओं का विषय है। यह ऐसी स्थिति है जिससे उनका निकटतम सम्बन्ध है। व्यक्तित्व-विभाजन के कारण बतलाते हुए उन्होंने 'अन्तरात्मा और पक्षधरता' निबन्ध में लिखा है : "कहा जाता है कि इस युग में व्यक्तित्व का विकेन्द्रीकरण होता है। सच्चाई यह है कि आत्म-विभाजन और व्यक्तित्व का विकेन्द्रीकरण, व्यक्ति मन पर परस्पर-विरोधी स्वरूप के बाहरी दबावों का भी परिणाम होता है।" ('नई कविता का आत्मसंघर्ष', पृ. 119)

16. अस्मिता और वर्गचेतना

विभाजित व्यक्तित्व से आगे बढ़कर नामवर सिंह अस्मिता का सम्बन्ध वर्ग-भेद से जोड़ते हैं : "यह अलगाव पूरे समाज के स्तर पर वर्ग-भेद है तो व्यक्ति के स्तर पर अस्मिता का लोप है।" (पृ. 249) वर्ग-भेद समाज में श्रम-विभाजन से उत्पन्न होता है। शायद यह श्रम-विभाजन अस्मिता के लोप का एक रूप है। जो भी हो, अस्मिता का लोप व्यक्ति के स्तर पर होता है, अत: व्यक्ति के स्तर पर ही उसकी प्राप्ति हो सकती है। व्यक्ति-केन्द्रित अस्तित्ववाद की मान्यता इससे मिलती-जुलती होगी।

किन्तु नामवर सिंह मार्क्सवाद के अनुसार अस्मिता की व्याख्या कर रहे हैं : "मार्क्स के अनुसार पूँजीवादी व्यवस्था में इस अलगाव के शिकार सब वर्गों के लोग होते हैं किन्तु इसका सबसे घातक प्रभाव मजदूर वर्ग पर पड़ता है—इस हद तक कि वह सर्वहारा हो जाता है।" (पृ. 249-50) पूँजीवादी व्यवस्था में मजदूरों के हाथ से उत्पादन के साधन छिन जाते हैं, वे श्रमशक्ति बेचने पर मजबूर होते हैं। पूँजीपतियों की स्थिति इससे ठीक उल्टी होती है। वे उत्पादन के साधनों के मालिक होते हैं, मजदूरों की श्रमशक्ति खरीदकर अतिरिक्त मुनाफा कमाते हैं। किन्तु अलगाव के शिकार सभी वर्गों के लोग होते हैं! मजदूरों की अस्मिता का लोप इस हद तक होता है कि वे सर्वहारा बन जाते हैं और पूँजीपतियों की अस्मिता का लोप इस हद तक होता है कि वे मजदूरों की पैदा की हुई दौलत के मालिक बन जाते हैं!

जो अस्मिता व्यक्ति के स्तर पर लुप्त होती है, वह पुन: प्राप्त होती है वर्ग की अस्मिता के रूप में। नामवर सिंह कहते हैं :

"इस 'अलगाव' की प्रक्रिया से मुक्त होने का उपाय, मार्क्स की दृष्टि में, 'वर्ग चेतना' है; क्योंकि वर्ग-चेतना के लोप से ही मजदूर वर्ग अलगाव का

अनुभव करता है, जिसका दूसरा नाम 'मिथ्या-चेतना' है।" ('कविता के नये प्रतिमान', पृ. 261) मजदूर वर्ग ने अभी वर्ग-चेतना प्राप्त नहीं की लेकिन उसका लोप पहले ही हो गया। पूँजीपतियों के हाथ जो लोग श्रमशक्ति बेचते हैं, उनमें वर्ग-चेतना आते-आते आती है; काफी अनुभव, संघर्ष और संगठन के बाद वर्ग-चेतना का उद्भव और विकास होता है। किन्तु यहाँ उद्भव से पहले ही उसका लोप हो गया! मिथ्या-चेतना का अस्तित्व अस्मिता का लोप हुआ, "इसके विपरीत वर्ग-चेतना को 'अस्मिता की खोज' कहा जा सकता है।" (उप.) यानी वर्ग-चेतना अस्मिता नहीं है, अस्मिता की खोज वर्ग-चेतना है। मजदूर या मध्यवर्ग का व्यक्ति वर्ग-चेतना प्राप्त कर लेने के बाद अस्मिता की खोज शुरू करता है। अस्मिता कोई ऐसी चीज है जो वर्ग-चेतना से और आगे बढ़ने पर मिलती है। 'अँधेरे में' कविता की व्याख्या करते हुए नामवर सिंह ने अस्मिता की चर्चा पहले विस्तार से इसलिए नहीं की कि वह 'मार्क्सवाद की अति सामान्य धारणा' है (उप.), अब दूसरे संस्करण में जो उन्होंने उसकी चर्चा की तो जो धारणा अति सामान्य थी, वह अति असामान्य होकर सामने आई।

अस्मिता अभिव्यक्ति भी है। मुक्तिबोध ने अभिव्यक्ति शब्द का प्रयोग किया तथा अभिव्यक्ति खोई हुई है। 'अँधेरे में' कविता का पागल अपना खोया हुआ व्यक्तित्व रात में पा जाता है : "तो स्पष्ट ही इस प्रसंग में 'व्यक्तित्व' ही अभिव्यक्ति है।" (पृ. 262) आखिर व्यक्ति और अभिव्यक्ति में केवल इतना ही अन्तर है कि एक में अभि उपसर्ग लगा है, दूसरे में नहीं लगा। इसलिए व्यक्ति माने अभिव्यक्ति। आगे चलकर यह अभिव्यक्ति, व्यक्ति से अलग हटकर, अपने साधारण अर्थ में, जो है, उसे प्रकट करने का अर्थ ग्रहण करती है। पर मुक्तिबोध की कविता में "वह केवल शब्दों की अभिव्यक्ति नहीं बल्कि कर्म की भी अभिव्यक्ति है।" (उप.) अभिव्यक्ति (अस्मिता) के अब दो रूप हुए। जब शब्दों की अभिव्यक्ति होगी, तब उसका अर्थ होगा कविता; जब कर्म की अभिव्यक्ति होगी, तब उसका अर्थ होगा क्रान्ति। प्रमाण यह है : "पूर्वापर सन्दर्भ से स्पष्ट है कि यहाँ अभिव्यक्ति से अभिप्राय कविता भी है और क्रान्ति भी।" (उप.) इस कविता और क्रान्ति की विशेषता यह है कि वह जनता में आकर घुल-मिल जाती है : "अन्ततः यह अभिव्यक्ति काव्य-नायक के अपने व्यक्तिगत खयालों के दायरे से निकलकर क्रान्ति के लिए सन्नद्ध जनयूथ में घुल-मिलकर उसके साथ एकाकार हो जाती है।" ('कविता के नये प्रतिमा', पृ. 262) यानी अभिव्यक्ति जो क्रान्ति है, वह क्रान्ति में विलीन हो जाती है। और अभिव्यक्ति जो कविता है, वह कविता पर मँडराती रहती है : "इस प्रकार यह अभिव्यक्ति पूरी कविता पर आदि से अन्त तक मँडराती रहती है और इसके साथ ही उसे खोजनेवाले काव्य-नायक की छटपटाहट भी।" (उप.) क्रान्ति और कविता में फर्क यह है कि क्रान्ति तो क्रान्ति में लीन हो जाती

है, किन्तु कविता कविता में लीन नहीं होती, उस पर मँडराती रहती है। सबसे बड़ा चमत्कार यह है कि काव्य-नायक छटपटाता ही रह जाता है; उसके पल्ले न क्रान्ति पड़ी, न कविता।

अस्मिता भी खूब है। पूरी बहुरुपिया है। कब कौन-सा रूप धरेगी, कोई नहीं कह सकता। कहीं क्रान्ति है, कहीं कविता है, कहीं व्यक्तित्व है, और काव्य-नायक को खूब ही छकाती है। इसलिए यह आधुनिक मानव की सबसे ज्वलन्त समस्या है।

17. जनक्रान्ति का स्वरूप

जिस क्रान्ति में क्रान्ति विलीन होती है, वह क्रान्ति किस प्रकार की है? मुक्तिबोध को समझने में लोग कैसी-कैसी गलतियाँ करते हैं, उन पर प्रकाश डालते हुए नामवर सिंह कहते हैं : "कोई मुक्तिबोध को एकदम सशस्त्र क्रान्ति का समर्थक घोषित कर रहा है तो किसी की राय में वे रहस्यवाद और अस्तित्ववाद के साथ मार्क्सवाद के समन्वय का असफल प्रयत्न करते हैं।" (पृ. 245) 'चकमक की चिनगारियाँ' से आग भभकने के बारे में पंक्तियाँ उद्धृत करके कहते हैं कि "यह आग क्रान्ति है और ये पंक्तियाँ क्रान्ति का आह्वान है।" (पृ. 247) नामवर सिंह ने यह स्पष्ट नहीं किया कि यह किस तरह की क्रान्ति है—एकदम सशस्त्र या एकदम अशस्त्र, या दोनों के बीच की? आगे बतलाते हैं कि मुक्तिबोध की अधिकांश कविताओं का अन्त "किसी हड़ताल या जन-आन्दोलन अथवा किसी जनक्रान्ति के आरम्भ से होता है।" (पृ. 251) इस जनक्रान्ति शब्द का प्रयोग आगे भी होता है। मुक्तिबोध की कविता का 'मैं' कभी मन की गुहा में पैठता है, कभी अकेलेपन की निराशा में डूबता है और कभी "जनक्रान्ति के स्वप्न में डूबकर मुक्ति का अनुभव करता है।" (पृ. 259) इस जनक्रान्ति की कहीं कोई व्याख्या नहीं की गई किन्तु मुक्तिबोध की कविताओं में यह क्रान्ति सशस्त्र अवश्य है, भले ही 'एकदम सशस्त्र' न हो। 'अँधेरे में' कविता में जिस जनक्रान्ति का चित्रण वह करते हैं, उसमें बहुत बड़े अस्त्र-शस्त्र नहीं है, फिर भी :

मकानों के छत से
गाडर कूद पड़े धम से।
घूम उठे खम्भे
भयानक वेग से चल पड़े हवा में।
दादा का सोंटा भी करता है दाँव-पेंच
नाचता है हवा में
गगन में नाच रही कक्का की लाठी।

यह किसी अहिंसक जन-आन्दोलन का चित्र नहीं है।

'भूल-गलती' कविता में एक व्यक्ति का चित्रण है जो शहरों से दूर घाटियों और दर्रों में फौज इकट्ठा करता है। समाज में एक ओर जहाँ तमाम लोग व्यवस्था से समझौता कर रहे हैं, वहाँ यह अकेला व्यक्ति सैन्य-संगठन कर रहा है :

लेकिन, उधर उस ओर,
कोई, बुर्ज के उस तरफ जा पहुँचा,
अँधेरी घाटियों के गोल टीलों, घने पेड़ों में
कहीं पर खो गया,
महसूस होता है कि वह, बेनाम
बेमालूम दर्रों के इलाके में
(सच्चाई के सुनहले तेज अक्सों के धुँधलके में)
मुहइया कर रहा लश्कर।

स्पष्ट ही यहाँ छापेमार दस्तों के संगठन का चित्र खींचा गया है।

'चाँद का मुँह टेढ़ा है' संग्रह की कविताओं के अलावा 'तार सप्तक' के दूसरे संस्करण के लिए उन्होंने जो 'एक आत्म-वक्तव्य' नाम की कविता भेजी थी, उसमें कहते हैं :

काली-काली गलियों में
फिरती हुई आदमी की शक्ल,
अच्छा है कि अँधेरे में इलाकाबदर
मैं हूँ जवाबी गदर
जिससे कि और ज्यादा तैयारियाँ कर
आज नहीं कल फूट पड़ूँगा जरूर,
जरूर!
असंख्यक इत्यादिजनों का मैं भाग
इसलिए, अनदिखे,
सुलगाता धीरे से आग।

दूसरों को दिखाई दिये बिना, यानी शासक वर्ग की आँखों से ओझल होकर, किन्तु जनसाधारण का भाग बनकर, कवि जो आग सुलगाता है, वह अहिंसात्मक नहीं है। वह स्वयं को जवाबी गदर कहता है। उसकी राय में सशस्त्र दमन का जवाब देना आवश्यक है। और इससे पहले मुक्तिबोध ने बंगाल के अकाल पर एक कविता लिखी थी : 'अपने कवि से'। इस कविता में बंगाल के अकाल के अलावा वह विश्व-व्यापी फासिस्ट-विरोधी सशस्त्र संग्राम का स्मरण करते हैं। मानव-प्राण

में उन्हें अभिराम शब्दित युद्ध-दुन्दुभि सुनाई देती है। मानव की विशाल विराट् सत्ता अब बेरोक हो गई है, और :

उसके प्राण के अन्दर बने गहरे अनेक दराज,
उनमें से निकलते हैं रिवॉल्वर लक्ष्य उत्सुक क्षुब्ध,
देशी और विदेशी शत्रुओं के मस्तकों पर लुब्ध।

रिवॉल्वर शब्द का प्रयोग प्रतीक-रूप में नहीं है। मुक्तिबोध जिस जनता का चित्रण कर रहे हैं, उसमें प्रतिशोध की भावना है, उसके प्राणों में युद्ध की दुन्दुभि बज रही है। शीत श्यामल सिन्धु पर घृणा का अति भव्य दीप-स्तम्भ है। उसकी संतप्त नीली ज्वाला चारों ओर फैल रही है और :

बढ़ते जा रहे हैं श्रमिक कृषकों के
सुसज्जित युद्धपोत विशाल,
दारुण क्रान्ति की अनिवार्यता के
भाग्यमुग्ध प्रतीक।

क्रान्ति के इस स्वरूप से नामवर सिंह सहमत न हों, वह अलग बात है, पर मुक्तिबोध सन् '43 से क्रान्ति का सशस्त्र रूप ही देखते आए थे, इसमें सन्देह नहीं। इसमें भी सन्देह नहीं कि इस क्रान्ति का संगठन करनेवाली कोई क्रान्तिकारी पार्टी नहीं है। अनेक कविताओं में जनक्रान्ति का उल्लेख है, कहीं भी पार्टी के रूप में क्रान्तिकारियों के संगठन का उल्लेख नहीं है। हर जगह क्रान्ति करनेवाला, क्रान्ति की प्रेरणा देनेवाला, क्रान्ति का संगठन करनेवाला एक ही व्यक्ति है, वह है कविताओं का नायक। उसे आप मुक्तिबोध मानें चाहे उनसे भिन्न कोई और व्यक्ति। यह क्रान्ति किसी पार्टी-संगठन के बिना स्वतःस्फूर्त ढंग से होती है और कविता का नायक उसका स्रष्टा या द्रष्टा होता है। क्रान्ति चाहे सशस्त्र हो और चाहे निःशस्त्र, और चाहे दोनों का मिला-जुला रूप हो, मार्क्सवादी धारणा के अनुसार वह एक क्रान्तिकारी पार्टी संगठित किए बिना सम्पन्न नहीं हो सकती। मुक्तिबोध के चिन्तन का केन्द्र है व्यक्ति। इस व्यक्ति को समझने के लिए, उसके आत्मसंघर्ष, उसकी सम्भावनाओं के विवरण के लिए, वर्ग और समाज पार्श्वभूमि में चित्रित किए जाते हैं, केन्द्रभूमि में रहता है व्यक्ति।

18. भाष्यकार की समस्याएँ

नामवर सिंह के अनुसार सामाजिक यथार्थ का तीसरा स्तर उन कवियों ने झनझनाया था जिनमें एक ओर मध्यमवर्गीय संस्कारों की कटु अतृप्ति थी तो दूसरी ओर नवीन सामाजिक चेतना को ग्रहण करने की ललक भी थी। इस अन्तर्द्वंद्व ने इन संवेदनशील

कवियों की अभिव्यक्ति को अस्पष्ट और उलझनपूर्ण बना दिया। नामवर सिंह ने जब 'हिन्दी कविता के पिछले दस वर्ष' लेख लिखा था, तब तक मुक्तिबोध की अनेक महत्त्वपूर्ण कविताएँ प्रकाशित न हुई थीं। किन्तु यह नहीं कहा जा सकता कि उनकी प्रारम्भिक कविताएँ अस्पष्ट हैं और बाद की कविताओं में स्पष्टता आ गई है। न यह कहा जा सकता है कि पहले जहाँ अन्तर्द्वंद्व था, वहाँ बाद को वह समाप्त हो गया है। मुक्तिबोध स्वयं इस अन्तर्द्वंद्व से परिचित थे और 'तार सप्तक' के दूसरे संस्करण में उन्होंने अपने अभ्यन्तर लोक की दुःस्थिति का उल्लेख किया है। पहले की अपेक्षा, उनके अनुसार, उनकी अन्तर्मुख दशाएँ और भी दीर्घ और गहन होती गईं। नामवर सिंह ने यह समझने का प्रयत्न नहीं किया कि ये दीर्घ और गहन होती हुई अन्तर्मुख दशाएँ क्या हैं, कविता में कैसे व्यक्त होती हैं, मुक्तिबोध के व्यक्तित्व से इनका क्या सम्बन्ध है। कविता में जहाँ आत्मग्रस्तता, आत्म-भर्त्सना दिखाई देती है, वहाँ वह उसे कवि के व्यक्तित्व से अलग कर देते हैं। किन्तु मुक्तिबोध कहते है कि : "इस आत्मग्रस्तता के बावजूद और शायद उसको साथ लिये-लिये मेरा आत्मसंवेदन समाज के व्यापकतर छोर छूने लगा।" अन्तर्द्वंद्व समाप्त नहीं होता। समाज के व्यापकतर छोर छूने की क्रिया आत्मग्रस्तता के बावजूद, और उसको साथ लिये हुए, सम्पन्न होती है। यदि अस्पष्टता का सम्बन्ध अन्तर्द्वंद्व से है तो वह बाद की कविताओं में भी मिलनी चाहिए।

किन्तु 'कविता के नये प्रतिमान' में नामवर सिंह कहते हैं : "अँधेरे में वस्तुओं को मूर्तिमान करने की विशेष क्षमता इसलिए होती है कि आसपास की बहुत-सी वस्तुएँ ओझल हो जाती हैं, इसलिए अभीष्ट वस्तुएँ विशेष रूप से उद्‌भासित होती हैं।" (पृ. 238) उद्‌भासित कौन करता है? प्रकाश ही वस्तुओं को उद्‌भासित कर सकता है। यह प्रकाश या तो बाहर की दुनिया में होगा, और उस हालत में अन्धकार का प्रसार आंशिक होगा, या फिर वह प्रकाश-विशेष देखनेवाले की आँखों में होगा। मुक्तिबोध स्वयं फैंटेसी की अस्पष्टता से परिचित थे। उनका मत था : "यथार्थ के प्रति बहुत बार न केवल अयथार्थ दृष्टिकोण दिखाई देता है, वरन् यथार्थ को उपस्थित करने का तरीका काल्पनिक तथा फैंटेसी-प्रधान भी हो सकता है। इसका फल यह होता है कि यथार्थ अपनी विकृतावस्था में उपस्थित होता है—इतना कि बहुत बार उसे पहचानना भी मुश्किल हो जाता है। उस पर वृथा दार्शनिकता, अति मनोवैज्ञानिकता, अस्पष्ट प्रतीक-विधान तथा अर्थहीन भावुकता के आवरण पर आवरण चढ़ाए जाते हैं।" ('कामायनी : एक पुनर्विचार', पृ. 18) मान लीजिए, दार्शनिकता हो किन्तु वृथा न हो, मनोवैज्ञानिकता हो किन्तु उसकी अति न हो, प्रतीक-विधान हो किन्तु अस्पष्ट न हो, भावुकता हो पर अर्थहीन न हो, तब भी यथार्थ अपनी प्रकृत अवस्था में दिखाई न देगा। फैंटेसी का लक्षण ही है कि यथार्थ विकृत और परिवर्तित होकर उपस्थित होता है।

शायद मुक्तिबोध की कुछ रचनाएँ स्वप्न-कथा हैं जिन्हें लोगों ने फैंटेसी समझ लिया है। नामवर सिंह अपनी उक्त पुस्तक के दूसरे संस्करण में दोनों में सूक्ष्म भेद करते हुए कहते हैं : 'एक बात और ध्यान देने योग्य है कि "एक स्वप्न-कथा' स्वप्न नहीं बल्कि 'फैंटेसी' में रची हुई कविता है, जिसकी रचना-प्रक्रिया पर मुक्तिबोध ने 'एक साहित्यिक की डायरी' के अन्तर्गत 'तीसरा क्षण' में विस्तार से लिखा है।" (पृ. 256) जहाँ तक मुक्तिबोध का सम्बन्ध है, वह फैंटेसी और स्वप्न को पर्यायवाची शब्दों की तरह प्रयुक्त करते हैं। 'एक अन्तर्कथा में' कहते हैं :

मैं विचरण करता सा हूँ एक फैंटेसी में
यह निश्चित है कि फैंटेसी कल वास्तव होगी।

जैसे कहते हैं, स्वप्न सच होगा, वैसे ही फैंटेसी वास्तव होगी। ऊपर उद्धृत की हुई पंक्तियों के आगे—चार पंक्तियों बाद—मुक्तिबोध फैंटेसी को सपना मानकर कहते हैं :

सपने से जगकर पाता हूँ सामने वहीं
बरगद के तने सरीखी (इत्यादि)।

हो सकता है कि जो सूक्ष्म भेद नामवर सिंह करते हैं, वह मुक्तिबोध के लिए अगोचर रहा हो, किन्तु नामवर सिंह स्वयं भी मानते हैं कि स्वप्न-कथा फैंटेसी का एक प्रकार मात्र है। (पृ. 219) मुख्य प्रश्न यह है कि 'अँधेरे में' कविता स्वप्न-कथा है या फैंटेसी? नामवर सिंह कहते हैं : "कथन-शैली की दृष्टि से 'अँधेरे में' एक स्वप्न-कथा है। हिन्दी में कविता के अन्तर्गत फैंटेसी के उपयोग के लिए मुक्तिबोध विख्यात हैं, किन्तु इस उपयोग की कलात्मक सार्थकता पर बहुत कम विचार किया गया है।" (पृ. 239) फैंटेसी की कलात्मक विशेषता क्या है? "मुक्तिबोध की दृष्टि में कविता के अन्तर्गत फैंटेसी के प्रयोग की सबसे बड़ी सुविधा यह है कि लेखक वास्तविकता के प्रदीर्घ चित्रण से बच जाता है।" (उप.) इस सुविधा का उपयोग कहाँ दिखाई देता है? "कहना न होगा कि स्वप्न-शैली में कथा कहने के कारण 'अँधेरे में' कविता में काफी मितव्ययिता और सघनता आ गई है तथा वर्णन के अनावश्यक विस्तार से अपने-आप ही नजात मिल गई।" (उप.) ऐसा प्रतीत होता है कि व्यावहारिक आलोचना में नामवर सिंह के लिए भी फैंटेसी और स्वप्न में कोई महत्त्वपूर्ण भेद नहीं है।

फैंटेसी हो चाहे स्वप्न-कथा, 'अँधेरे में' कविता में "हर चीज प्राय: कुछ विकृत, कुछ अन्यथा रूप में दृष्टिगत होती है।" (पृ. 240) यथार्थ के विकृत रूप धारण करने से मुझ जैसे साधारण पाठकों को कहीं अस्पष्टता जान पड़े तो आश्चर्य नहीं। किन्तु अपनी सधी निगाह से नामवर सिंह अवश्य प्रतीकों के आवरण हटाकर वास्तविकता

तक पहुँच जाएँगे। 'अँधेरे में' कविता की व्याख्या करते हुए वह समझा देते हैं कि यहाँ एक ही व्यक्ति दो में विभक्त कर दिया गया है : "एक है काव्य-नायक 'मैं' और दूसरा है उसका प्रतिरूप 'वह'।" ('कविता के नये प्रतिमान', पृ. 236) अब प्रश्न यह है कि कविता के आरम्भ में जिन्दगी के कमरों में, कौन चक्कर लगाता है : काव्य-नायक 'मैं' या उसका प्रतिरूप 'वह'? नामवर सिंह कहते हैं : "'अँधेरे में' का काव्य-नायक एक आत्म-निर्वासित व्यक्ति है, जिसके आत्म-निर्वासन का प्रतीक है उसका गुहावास। दोस्तोएव्स्की के 'अंडरग्राउंड मैन' के समान ही यह व्यक्ति भी बाह्य परिस्थितियों से भय खाकर एक तिलस्मी खोह में निवास करता है। कविता का आरम्भ इस तिलस्मी खोह के रहस्यमय दृश्य से होता है, जो अपने प्रभाव में काफी नाटकीय है।" (पृ. 236) इन वाक्यों से यही ज्ञान होता है कि जिन्दगी के कमरों में चक्कर लगाने वाला व्यक्ति काव्य-नायक है। वह आत्म-निर्वासित है और एक तिलस्मी खोह में रहता है। किन्तु थोड़ी ही देर बाद तिलस्मी खोह वाला व्यक्ति काव्य-नायक सिद्ध नहीं होता; वह उसका प्रतिरूप है! काव्य-नायक शुरू में आँखों से ओझल है; "कौन, मनु?" : "इस प्रश्न के साथ ही जैसे काव्य-नायक प्रकट होता है।" यदि काव्य-नायक विलम्ब से प्रकट होता है तो आरम्भ में वह तिलस्मी खोह में चक्कर कैसे लगा रहा था? काव्य-नायक 'मैं' और प्रतिरूप 'वह' को अलग करने के बाद नामवर सिंह ने फिर दोनों को मिलाकर खोह में डाल दिया और 'कौन, मनु?' का प्रश्न उपस्थित होने पर काव्य-नायक को पहली बार प्रकट होते दिखाया। कविता में कोई ऐसी अस्पष्टता नहीं है कि दोनों का भेद दिखाई न दे। जिन्दगी के कमरों में 'कोई एक' चक्कर लगाता है। एक है यह 'कोई', और दूसरा है उसकी चर्चा करनेवाला। यह चर्चा करनेवाला काव्य-नायक है और वह स्वयं खोह में नहीं है।

नामवर सिंह कहते हैं कि कविता का 'वह' काव्य-नायक का उससे जुदा होनेवाला प्रतिरूप है। वह कब जुदा होता है? कहते हैं कि 'अँधेरे में' कविता में तीन घटनाओं का वर्णन है : मृतदल की शोभा-यात्रा, सैनिक शासन और जनक्रान्ति का सूत्रपात; "स्पष्टत: पहली दोनों घटनाएँ कवि की दृष्टि में अस्मिता के खोने का वस्तुगत कारण उपस्थित करती हैं।" (पृ. 238) ये दोनों घटनाएँ कविता में काफी विलम्ब से घटित होती हैं। उनके घटित होने से पहले ही आत्मनिर्वासित व्यक्ति—'वह'—खोह में कैसे पहुँच गया? वस्तुगत कारण उपस्थित हुए बाद को, कार्य उपस्थित हो गया पहले ही!

'एक स्वप्न-कथा' में एक ज्ञानी पूर्वज नदी में पैठकर एक तेजस्वी शिलाखंड निकाल लाया था। इस कविता में एक सागर है जिस पर पुर्तगीज, ओलन्देज फिरंगी लुटेरों के हाथों सधी हुई मीनार है, जिसकी रोशनी बुझी हुई है। ज्ञानी पूर्वज ने इस सागर में गोते लगाकर चमत्कारी पत्थर प्राप्त न किया था। नामवर सिंह

ने साम्राज्यवाद के सागर और ज्ञानी पूर्वज की नदी को मिलाकर एक कर दिया। कहते हैं : "स्पष्टत: मुक्तिबोध की दृष्टि में जिस तरह 'सहस्त्रों वर्षों से' यह सागर उफनता आया है, उसी तरह सहस्त्रों वर्षों से उसे थाहकर पत्थर निकालने का भी प्रयास होता आया है। यह पत्थर उतना ही ऐतिहासिक है जितना सागर।" ('कविता के नये प्रतिमान', पृ. 255) इसका अर्थ यह हुआ कि साम्रज्यवाद पूँजीवाद के ह्रास की मंजिल नहीं है, वह हजारों साल से विद्यमान है। उनमें डूबकर मुक्तिबोध ज्ञान का पत्थर लाना चाहते है। उसी में डूबकर उनके ज्ञानी पूर्वज ऐसा ही पत्थर ला चुके थे। कविता में ज्ञानी पूर्वज की क्रिया का वर्णन इस प्रकार है :

रह रहकर यह खयाल आता है—
ज्ञानी एक पूर्वज ने
किसी रात, नदी का पानी काट,
मंत्र पढ़ते हुए, गहन जलधारा में
गोता लगाया था कि
अन्धकार-जल-तल का स्पर्श कर
इधर ढूँढ़ उधर खोज
एक स्निग्ध, गोल-गोल
मनोहर तेजस्वी शिलाखंड
तमोमय जल में से सहज निकाला था;
देव बना, पूजा की।

वैसे नदी का पानी भी अन्त में जाकर समुद्र में ही मिलता है, इसलिए कोई कहे कि पानी-पानी सब एक हैं, कहीं भी डुबकी लगाओ, मोती मिलना होगा तो मिल ही जाएगा, तो बात ठीक है। यदि सागर साम्राज्यवाद है, तो नदी उसकी सहायक हुई। और ये ज्ञानी पूर्वज आर्य थे। इन्होंने द्रविड़ों को पराजित करके उनकी भूमि छीन ली थी। यह साम्राज्यवाद का पूर्व-रूप हुआ। आर्य-विजय-अभियान-सरिता में डुबकी लगाकर ऋषि लोग ज्ञान का गोती ढूँढ़ लाए थे! उनका यह ज्ञान भी ऐतिहासिक अनुभूति का दूसरा नाम रहा होगा। मुक्तिबोध ने वैदिक आर्यों के बारे में लिखा था कि उन्होंने सृष्टि की शक्तियों में देवरूप देखा, "आगे चलकर उन्होंने कण-कण में समाए परमात्मा की भावना की।" ('भारत : इतिहास और संस्कृति', पृ. 17) कण-कण में परमात्मा समाया हुआ है, यह ज्ञान वैदिक आर्यों को साम्राज्यवाद के सागर (या नदी) में डुबकी लगाने से प्राप्त हुआ!

नामवर सिंह की एक स्थापना यह भी है कि सागर का प्रतीक गतिशील है : "हर नये स्वप्न-चित्र में वह अपना रूप बदलता जाता है।" ('कविता के नये प्रतिमान', पृ. 256) इस तरह सागर रूप बदलकर नदी हो जाए तो क्या आश्चर्य! केवल वह

उपचेतन का प्रतीक नहीं हो सकता। जो भी हो, महत्त्वपूर्ण प्रश्न यह है कि ज्ञानी पूर्वज को जो चमत्कारी पत्थर मिला था, वह ऐतिहासिक ज्ञान का प्रतीक है या नहीं, और मुक्तिबोध स्वयं जो पत्थर पाना चाहते हैं, वह ज्ञानी पूर्वज के पत्थर से मिलता-जुलता है या उससे भिन्न है? नामवर सिंह के अनुसार : मुक्तिबोध पूर्ण ज्ञान की खोज नहीं करते, उन्हें विकासमान ज्ञान चाहिए। ज्ञानी पूर्वज को जो पत्थर मिला, वह "उतना ही ऐतिहासिक है जितना सागर। कभी उस पत्थर का रूप धार्मिक था, लेकिन आज भी उसका धार्मिक होना आवश्यक नहीं है।" ('कविता के नये प्रतिमान', पृ. 255) रूप बदलते रहते हैं, मूल ज्ञान-तत्त्व अपनी जगह अटल, अपरिवर्तित बना रहता है। आत्मा अविनश्वर है, केवल शरीर बदलता रहता है। पत्थर का रूप धार्मिक था, आन्तरिक तत्त्व नहीं। पहले यह रूप धार्मिक था, अब धर्म का रूप उतारकर वह अधिक उद्‌भासित हो उठा है। "हाँ, उसकी प्राप्ति में जान का जोखम तब भी था और अब भी है। कहने की आवश्यकता नहीं कि यह ऐतिहासिकता रहस्यवाद नहीं, बल्कि रहस्यवाद का दुश्मन है।" (उप.) जो कुछ इतिहास में घटित होता है, वह सब ऐतिहासिक है। बड़े से बड़ा रहस्यवादी भी पैदा होता है, और मरता है, इसलिए वह इतिहास के बाहर नहीं है। इस हिसाब से वह जो ब्रह्मज्ञान प्राप्त करता है, वह भी ऐतिहासिक है। मुक्तिबोध ने जिस तरह के ज्ञान को पाने की लालसा 'एक स्वप्न-कथा' में व्यक्त की है, वह उक्त पद्धति से ऐतिहासिक कहा जा सकता है, किन्तु उसका ऐतिहासिक भौतिकवाद से कोई सम्बन्ध नहीं है।

मुक्तिबोध कहते हैं :

सम्भव है, वह पत्थर
मेरा ही नहीं वरन्
पूरे ब्रह्मांड की केन्द्र-क्रियाओं का तेजस्वी अंश हो!
सम्भव है,
सभी कुछ दिखता हो उसमें से,
दूर दूर देशों में क्या हुआ,
क्यों हुआ, किस तरह, कहाँ हुआ!!
इतने में कोई आ कानों में कहता है—
ऐसा यह ज्ञानमणि
मरने से मिलता है।

यानी साम्राज्यवाद के सागर में डुबकी लगाओ, ऐसी डुबकी लगाओ कि निकल न पाओ, डूबो और मर जाओ, तभी वह पत्थर मिलेगा जिसमें सब कुछ दिखता है। यह पत्थर यही नहीं दिखाता कि दूर-दूर देशों में क्या हुआ, वरन् यह पूरे ब्रह्मांड की

केन्द्र-क्रियाओं का तेजस्वी अंश भी है—वैसे ही, जैसे 'कल जो हमने चर्चा की थी' कविता में आत्मा, धुले सूर्य का छोटा-सा कण, रवि-अन्तर के साक्षात्कारी क्षोभ केन्द्र से सम्बन्धित है; वैसे ही, जैसे 'सुमित्रानन्दन पंत : एक विश्लेषण' में ऐतिहासिक अनुभूति मनुष्य का सम्बन्ध सूर्य के विस्फोटकारी केन्द्र से स्थापित कर देती है।

नामवर सिंह बड़े भोलेपन से पूछते हैं : "यदि मुक्तिबोध को वही पूर्ण ज्ञान अभीष्ट होता जो रहस्यवाद दे सकता है तो फिर इतने तीव्र आत्मसंघर्ष की आवश्यकता क्या थी?" ('कविता के नये प्रतिमान', पृ. 255-56) यदि वह मेरा लेख ध्यान से पढ़ेंगे तो इसका उत्तर उन्हें मिल जाएगा। उत्तर पाने के पहले ऐतिहासिक और विकासमान ज्ञान तथा रहस्यात्मक अनुभूति और ब्रह्मज्ञान का भेद समझ लेना चाहिए। यदि वह ज्ञानी पूर्वज के पत्थर को ऐतिहासिक मानते रहें और समझते रहें कि केवल उसका 'रूप' धार्मिक था और अब उसका धार्मिक होना आवश्यक नहीं है, ज्ञान के रूप-परिवर्तन को यदि वह ज्ञान का विकास मानते हैं, तो मेरी बात उनकी समझ में न आएगी।

वैसे कोई भी लेख वह ध्यान से अब पढ़ सकते होंगे, इसमें सन्देह है। 'कल जो हमने चर्चा की थी' कविता में एक सूर्य-कन्या है। वह कौन है, इसका उल्लेख मैंने 'मुक्तिबोध का आत्मसंघर्ष' लेख में कर दिया था और उसका प्रमाण भी दे दिया था। किन्तु प्रमाण पर उनका ध्यान नहीं गया। सूर्य-कन्या के मूलरूप का पता लगाने का श्रेय मुझे देते हुए लिखा : "'कल जो हमने चर्चा की थी' में रहस्यवादी रहस्य का शोध करते-करते डॉ. शर्मा ने जिस कौशल से मुक्तिबोध की 'सूर्य-कन्या' को पोलिश महिला अग्न्येश्का में बदल दिया है, उस 'भौतिकवाद' की जितनी दाद दी जाए, कम है! इस शोध से मुक्तिबोध के रहस्यवाद का उद्घाटन हो न हो, आलोचना के तिलस्मी, ऐयारी और जासूसी रूप की एक झलक अवश्य मिल जाती है।" (पृ. 253) यह तिलस्मी, ऐयारी और जासूसी का काम प्रभाकर माचवे ने किया था। वही अग्न्येश्का नाम की महिला को मुक्तिबोध की कविताओं में ढूँढ़ निकालने के लिए उत्तरदायी हैं। अपने पूर्व लेख में मैंने प्रभाकर माचवे के ये वाक्य उद्धृत किए थे : "अग्नेश्का से मैंने कहा था—मुक्तिबोध की कविता 'लावा' है। वह उनसे मिलने गई। इसके दो कविताओं में इंगित हैं : 'कल जो हगने चर्चा की थी'।" (पृ. 110 से 115) और पृष्ठ 154 पर 'अकेली एक छायामूर्ति'। ('राष्ट्रवाणी', जनवरी-फरवरी, '65) 'कल जो हमने चर्चा की थी'—संग्रह के पृष्ठ 110 से 115 तक यही कविता छपी है।

सूर्य-कन्या कौन है, इससे अधिक महत्त्वपूर्ण प्रश्न यह है कि वह कन्या है भी कि नहीं? नामवर सिंह का विचार है कि कविता में जिस कन्या से चर्चा की बात है, वह मुक्तिबोध स्वयं हैं। इसका प्रमाण यह है कि मुक्तिबोध, हर पहुँचे हुए आदमी की तरह, खुद से बातें करते थे। अन्य रचनाओं में उनका यह 'खुद' पुरुष-रूप में है, यहाँ भाव-विविधता के लिए उसने कन्या-रूप धारण किया है। वह क्रिया

काफी अस्वाभाविक है, ऐसी शंका नामवर सिंह के मन में भी है। काफी सावधानी बरतते हुए लिखते हैं : "निस्सन्देह इस कविता में एक बातचीत के तीव्र अनुभव का भावावेगपूर्ण वर्णन है, किन्तु जरूरी नहीं कि यह बातचीत किसी और से, किसी समान धर्म से ही हुई हो। मुक्तिबोध की अन्य कृतियों की तरह यह बातचीत अपने-आप से भी हो सकती है।" ('कविता के नये प्रतिमान', पृ. 253)। मुक्तिबोध ने सूर्य-कन्या को देखकर जो आनन्द प्राप्त किया, उसका बड़ा सरस वर्णन उन्होंने किया है :

सस्मित निर्विकार
मानो आनन्द खड़ा हो,
अपने भीतर बसा हुआ वह
सहसा बाहर आकर, सम्मुख चन्द्र खड़ा हो!!

इसी मूर्तिमान आनन्द के साथ रहकर, भीतर का भैरवी राग सुनते हुए, काल का चरण रुक जाता है। इसके बाद एक क्रिया और सम्पन्न होती है; यह क्रिया गले लगाने की, आलिंगन की क्रिया है :

तुमको अपने प्राण दिये औ गले लगाया,
तुमसे आलिंगन कर
हमने जो कहा (इत्यादि)।

कल्पना कीजिए, मुक्तिबोध स्वयं को युवती रूप में कल्पित करके उसका आलिंगन करते हैं, उसे गले लगाते हैं। इस कविता में जिस तीव्र अनुभव का भावावेगपूर्ण वर्णन है, उसका सम्बन्ध केवल बातचीत से नहीं है। बातचीत के अलावा प्राण देने और गले लगाने की क्रियाएँ हैं। नामवर सिंह कहेंगे—जरूरी नहीं कि मुक्तिबोध ने किसी और को गले लगाया हो! आलिंगन की क्रिया अपने-आप से भी हो सकती है। वह बड़े तपाक से पूछते हैं : "क्या इस कविता में मुक्तिबोध यह कह रहे हैं कि कल जो हमने चर्चा की थी, वह योग-साधना का कोई रहस्यात्मक अनुवाद था? क्या इस कविता में मुक्तिबोध अग्न्येश्का को उत्तर साधिका या योगिनी बनाकर कोई गुह्य साधना करते दिखाई पड़ रहे हैं?" (उप.) यह प्रश्न उन्हें प्रभाकर माचवे से करना चाहिए। मैं इतना ही कह सकता हूँ कि मुक्तिबोध को एक प्रेमिका की सख्त जरूरत थी। जैसाकि उन्होंने 'अँधेरे में' कविता के अन्तिम अंश में लिखा है :

मानो कि कल रात किसी अनपेक्षित क्षण में ही सहसा
प्रेम कर लिया हो,
जीवन भर के लिए!!
मानो कि उस क्षण
अतिशय मृदु किन्हीं बाँहों ने आकर

कस लिया था इस भाँति कि मुझको
उस स्वप्न-स्पर्श की, चुम्बन की याद आ रही है,
याद आ रही है!!
अज्ञात प्रणयिनी कौन थी, कौन थी?
कमरे में सुबह की धूप आ गई है,
गैलरी में फैला है सुनहला रविछोर
क्या कोई प्रेमिका सचमुच मिलेगी?
हाय! यह वेदना स्नेह की गहरी
जाग गई क्योंकर?

नामवर सिंह का विचार है, 'अँधेरे में' कविता मुक्तिबोध की अन्तिम कविता है। ऐसी स्थिति में यह सम्भव है कि 'कल जो हमने चर्चा की थी' का सुख-स्वप्न उन्हें 'अँधेरे में' कविता के दुःस्वप्न के अन्त में याद आ रहा हो। सौन्दर्य की भूख काफी पुरानी थी। 'तार सप्तक' के अपने वक्तव्य में उन्होंने कहा था : "मेरे बालमन की पहली भूख सौन्दर्य और दूसरी विश्व-मानव का सुख-दुःख—इन दोनों का संघर्ष मेरे साहित्यिक जीवन की पहली उलझन थी।" यह उलझन उनकी अन्तिम रचनाओं में भी विद्यमान है। आत्मसंघर्ष के अनेक कारण हैं। उनमें एक कारण इस तरह की उलझन है। नामवर सिंह ने कुछ उलझनें अपनी ओर से इसलिए पैदा कर दी हैं कि मुक्तिबोध की सभी रचनाओं के लिए उन्होंने एक ढाँचा बना लिया है जिसका सम्बन्ध आत्म-निर्वासन से है। हर कविता को वह इस ढाँचे में काट-छाँटकर फिट कर देते हैं। उनके विचार से "मुक्तिबोध की अधिकांश कविताओं का अन्त किसी हड़ताल या जन-आन्दोलन अथवा किसी जनक्रान्ति के आरम्भ से होता है और काव्य-नायक कभी तो उस आन्दोलन या क्रान्ति का द्रष्टा मात्र होता है, और कभी उसका प्रेरक। जो भी हो, किसी न किसी रूप में काव्य-नायक उस घटना से अपना लगाव जरूर महसूस करता है। इस तरह आत्मसंघर्ष की परिणति अन्ततः सामाजिक संघर्ष में होती है। कुल मिलाकर मुक्तिबोध के सम्पूर्ण साहित्य के तथ्य का बुनियादी ढाँचा यही है। यह सही है कि प्रत्येक रचना में यह पूरा ढाँचा नहीं आ सका है, किन्तु अपनी आंशिक सीमा में भी हर रचना किसी न किसी प्रकार समग्र कथ्य का आभास अवश्य देती है।" ('कविता के नये प्रमिमान', पृ. 251-52) ऐसी कविताएँ जो आत्मसंघर्ष की परिणति सर्वत्र सामाजिक संघर्ष में दिखाएँ, एक ही साँचे की ढली हुई, एकरस और एकांगी होंगी। मुक्तिबोध के काव्य में इससे अधिक विविधता है। उस काव्य पर अपना गढ़ा हुआ साँचा जमा देने के कारण नामवर सिंह को सूर्य-कन्या मुक्तिबोध का ही प्रतिरूप जान पड़ती है। वह अनेक कविताओं में खुद से बातचीत करते हैं, इसलिए यहाँ भी करेंगे, भले ही कविता के अन्त में किसी को गले लगाने की बात स्पष्ट लिखी हो। इसीलिए नामवर सिंह ने

'अँधेरे में' कविता का जो गद्य-रूपान्तर प्रस्तुत किया है, उसमें प्रणयिनी वाली बात का उल्लेख करना उन्होंने अनावश्यक समझा।

19. मार्क्सवाद की सीमाओं का अतिक्रमण

नामवर सिंह के लिए मुक्तिबोध की रचनाओं में अस्तित्ववाद, रहस्यवाद, मनोविश्लेषण-शास्त्र जैसी चीजों का कहीं कोई प्रभाव नहीं है। फिर भी उनमें आत्मसंघर्ष है तो इसका कारण यही हो सकता है कि वह मार्क्सवाद को विकसित करने के प्रयत्न में लगे रहते हैं। इस प्रयत्न में आत्मसंघर्ष से होकर गुजरना पड़ता है। इसमें उन्हें सफलता मिलती है और वे मार्क्सवाद की सीमाएँ लाँघ जाते हैं। नामवर सिंह ने यह नहीं बताया कि ये सीमाएँ कौन-सी हैं जिन्हें लाँघना बहुत जरूरी है। जब से मार्क्सवाद का जन्म हुआ, तब से अनेक विद्वान् उसकी सीमाएँ लाँघने का काम करते रहे हैं। सीमाएँ लाँघकर वे जिस भूमि में पहुँचे, वह भाववाद की भूमि थी। नामवर सिंह मुक्तिबोध के लिए दावा करते हैं कि मध्यवर्ग के सबसे संवेदनशील और जाग्रत व्यक्ति को, अपने सामाजिक उत्तरदायित्व की विशालता के मामने—"आत्मसाक्षात्कार का पीड़ा भरा बोध भी तुच्छ लगता है।" ('कविता के नये प्रतिमान', पृ. 258) जो तुच्छ लगता है, उसी के कारण आत्मसंघर्ष उत्पन्न होता है। 'आत्मसंघर्ष इस पीड़ा की उपज है।' यह आत्मसंघर्ष अस्तित्ववादी आत्मपीड़न से भिन्न ही नहीं है, बल्कि "उससे बहुत आगे बढ़कर मार्क्सवादी सिद्धान्त और कर्म की सीमा में प्रवेश करता है।" (पृ. 258-59) मार्क्सवादी सिद्धान्त और कर्म की सीमा में प्रवेश करने से पहले वह किसकी सीमा में था, यह स्पष्ट नहीं बताया। यदि मार्क्सवादी दायरे के भीतर ही यह आत्मसंघर्ष पैदा होता तो उसकी सीमा में प्रवेश करने का प्रश्न ही न होता। खैर, एक बार प्रवेश कर लेने पर आत्मसंघर्ष मार्क्सवाद की सीमाएँ पार कर जाता है। मुक्तिबोध के लिए नामवर सिंह कहते हैं : "वे मार्क्सवाद के साथ रहस्यवाद के समन्वय का प्रयत्न नहीं करते बल्कि मार्क्सवादी जीवन-दृष्टि के द्वारा इन दोनों की सीमाओं का अतिक्रमण करते हैं।" (पृ. 259) मार्क्सवाद की सीमाओं का अतिक्रमण करके अनेक जन रहस्यवाद की भूमि पर पहुँचते हैं। मुक्तिबोध के आत्मसंघर्ष ने मार्क्सवाद की सीमा में प्रवेश किया और फिर सीमा का अतिक्रमण किया, यह बात समझ में आती है; किन्तु रहस्यवाद की सीमाओं में प्रवेश किए बिना ही मुक्तिबोध उसकी सीमाओं का अतिक्रमण कैसे कर गए, यह स्पष्ट नहीं है।

मार्क्सवाद की सीमाएँ लाँघकर स्वयं नामवर सिंह कहाँ पहुँच रहे हैं, इसका विवरण उनके मुक्तिबोध-विश्लेषण में अंशत: प्राप्त हो जाता है। क्रान्ति जनता करेगी। "सवाल यह है कि यह नेतृत्व कौन प्रदान करे?" (पृ. 247) नामवर सिंह ने महत्त्वपूर्ण प्रश्न प्रस्तुत किया है। इस प्रश्न का यह उत्तर देते हैं : "परम्परा से बुद्धिजीवी वर्ग

के लोग ही यह नेतृत्व प्रदान करते आए हैं।" ('कविता के नये प्रतिमान') बुद्धिजीवी वर्ग यानी मध्यवर्ग। यह बुद्धिजीवी वर्ग सत्ता के हाथों बिका हुआ है, फिर भी कुछ लोग अभी जिन्दा हैं, जो बिके हुऐ लोगों से भिन्न हैं। इनकी विशेषता यह है कि "ये न तो सत्ता से समझौता करने के लिए तैयार हैं और न असंगता का मार्ग ही अपनाना चाहते हैं। मुक्तिबोध के शब्दों में ये 'आत्मचेतस्' भी हैं और 'विश्वचेतस्' भी।" (पृ. 248) जो सत्ता से समझौता न करे, वह आत्मचेतस् हुआ। जो असंगता का मार्ग न अपनाए, वह विश्वचेतस् हुआ। इसमें कोई बुराई दिखाई नहीं देती किन्तु "इसीलिए इनमें भयानक आत्मसंघर्ष चलता रहता है।" (उप.) ऐसा प्रतीत होता है कि जो समझौता न करे और सामाजिक संघर्ष में असंग न रहे, उसमें आत्मसंघर्ष का जन्म होगा ही। इस आत्मसंघर्ष की भयानकता का कारण शायद ऐसे लोगों की कुछ कमजोरियाँ हैं जिनका स्पष्ट उल्लेख नहीं है। अगले वाक्यों से यह विदित होता है कि बुद्धिजीवियों में पूँजीपतियों, किसानों और मजदूरों के बेटे नहीं हैं। सारे बुद्धिजीवी मध्यवर्ग के हैं। "अपने वर्ग की स्वाभाविक मध्यवर्गीय कमजोरियाँ इनमें भी हैं किन्तु इन्हें अपनी कमजोरियों का पूरा एहसास है।" (उप.) इनकी बौद्धिकता का यह हाल है कि अपने अलावा इन्हें समाज में और कहीं कोई क्रान्तिकारी शक्ति दिखाई नहीं देती। इसलिए इनमें गहरे अपराधबोध का जन्म होता है। नामवर सिंह के अनुसार : इनमें आत्म-समीक्षा बड़ी तीव्र होती है। इसका परिणाम यह होता है कि वर्तमान व्यवस्था के बने रहने के लिए अपने-आपको जिम्मेदार ठहराते हैं, फिर इसका परिणाम यह होता है कि वे गहरे अपराधबोध से पीड़ित रहते हैं। पुन: इस अपराधबोध का परिणाम होता है कि वे उस व्यवस्था को तोड़ने के लिए "स्वयं भी टूटने को तैयार दिखते हैं।" (उप.)

पूँजीवाद के विकास के साथ मध्यवर्ग के कुछ लोग ऊपर की ओर खिंचकर पूँजीपतियों के नजदीक पहुँचते हैं; और बहुत-से लोग नीचे की ओर खिसककर सर्वहारा वर्ग के नजदीक पहुँचते हैं। पूँजीवादी व्यवस्था के विकास का यह नियम है। उस व्यवस्था को तोड़नेवाले लोग स्वयं टूटें, इसका कोई कारण नहीं। जो अलगाव आधुनिक जीवन की सबसे ज्वलन्त समस्या है, उसका आलम्बन मुक्तिबोध के साहित्य में निम्न मध्यवर्ग है। इस वर्ग के बारे में नामवर सिंह की राय यह है : "वैसे, वर्ग के रूप में निम्न मध्यवर्ग के रूप में निम्न मध्यवर्ग को लेकर मुक्तिबोध को कोई मुगालता नहीं है। 'विपात्र' के 'बॉस' के दरबार में शिक्षित मध्यवर्गीय व्यक्तियों के व्यवहार का यथार्थ चित्र इस वर्ग के सामूहिक नपुंसकत्व की स्पष्ट घोषणा करता है।" (पृ. 250) क्रान्ति का नेतृत्व कौन करेगा? बुद्धिजीवी लोग। ये बुद्धिजीवी किस वर्ग के हैं? निम्न मध्यवर्ग के। इस निम्न मध्यवर्ग की विशेषता क्या है? यह वर्ग नपुंसक है। नपुंसकता के बावजूद "इसी वर्ग में मुक्तिबोध को सम्भावना के बीज भी दिखाई पड़ते हैं।" (उप.) इसका अर्थ यह हुआ कि मध्यवर्ग चाहे जितना निकम्मा

हो, क्रान्ति का नेतृत्व इसी वर्ग के बुद्धिजीवी करेंगे। नामवर सिंह मार्क्सवाद की सीमाओं का अतिक्रमण करके जिस भूमि पर पहुँचते हैं, वह पूर्व परिचित मध्यवर्गीय चिन्तन की भूमि है। इस वर्ग का बुद्धिजीवी अपने को बहुत बड़ी क्रान्तिकारी शक्ति मानता है। उसके लिए सामाजिक विकास में क्रान्तिकारी शक्ति वह वर्ग नहीं है जो उत्पादन में प्रत्यक्ष भाग लेता है। क्रान्तिकारी शक्ति है मध्यवर्गीय बुद्धिजीवी, जो इस उत्पादन-प्रक्रिया से तटस्थ रहता है। नामवर सिंह के इस चिन्तन को कोई मार्क्सवाद का विकास न माने तो वह नाराज़ होते हैं। उनका तर्क यह है : मार्क्सवाद का विकास सम्भव है, जब तुम यह मानते हो तो मैंने जो मार्क्सवाद का विकास किया है, उसे क्यों नहीं मानते? मुक्तिबोध की आड़ में अपनी स्थापना प्रस्तुत करते हुए कहते हैं : "मार्क्सवाद पूर्ण ज्ञान का दावा नहीं करता, इस बात का एहसास मुक्तिबोध को उन लोगों से कहीं ज्यादा था जो तोतारटंत इस वाक्य को दोहराते रहने के बावजूद व्यवहार में मार्क्सवाद के लिए ही पूर्ण ज्ञान का दावा नहीं करते बल्कि मार्क्सवाद के बारे में अपने पूर्ण ज्ञान का भी दावा करते हैं।" ('कविता के नये प्रतिमान', पृ. 256)

जो लोग मार्क्सवाद के बारे में अपने पूर्ण ज्ञान का दावा करते हैं, उन्हें भारत का स्वाधीनता-संग्राम कैसा दिखाई देता है? उन्हें सारा स्वाधीनता-संग्राम सन्तुलन का नाटक दिखाई देता है। और वामपक्षी दल कैसे दिखाई देते हैं? वामपक्षी दल नेहरू-युग के अन्तर्विरोध से पीड़ित हैं। जिसे ये दल सत्य समझते थे, वह भ्रम था, "अनेक वामपक्षी राजनीतिक दल बहुत दिनों तक इस भ्रम के शिकार रहे।" (उप., पृ. 96) पूर्ण ज्ञान की ऊँचाई से सारा स्वाधीनता-आन्दोलन और उसके साथ अनेक वामपक्षी दल एक निरर्थक स्वाँग करते दिखाई देते हैं। ऐसी है मार्क्सवाद के पूर्ण ज्ञान की ऊँचाई!

पर क्या यह सच है कि मुक्तिबोध जिस तरह के व्यक्तियों का आत्मसंघर्ष चित्रित करते हैं, वे सत्ता से समझौता करने को तैयार नहीं होते? 'भूल-गलती' कविता में जो लिखा है :

कतारों में खड़े खुदगर्ज बाहथियार
बख्तरबन्द समझौते—

ये समझौते किस वर्ग के लोग करते हैं और इनसे आत्मसंघर्ष का सम्बन्ध है या नहीं? 'चम्बल की घाटी में' कविता में आत्मसंघर्ष की काफी चर्चा है। समझौतों से आत्मसंघर्ष का सम्बन्ध इस प्रकार है :

भीतरी दरों के अँधेरे में चलते हैं पैर,
इतने कुछ ओझल
कि जान नहीं पाते हैं हाथ;
इतने कुछ गुप्त
कि जान नहीं पाता है मुख;

वहाँ, किसी पाताली थाह में
समझौते...और?
साझे हैं चुप
ठीक उन्हीं से कि
जिनसे विरक्ति
जिनके प्रति रहा आया
भीतरी विरोधों का जोर!!
आदतन
हाँ, हाँ, आदतन
बुराई की उपेक्षा
अपने ही कारण
जिसको कि अनदेखा
करते ही रहने का धन्धा है तुम्हारा,
उसको बढ़ाने में तुम्हारा भी योग है।
पाताली समझौता उसी से है गहरा।

ये बातें हवा ने टीले से कही हैं। कविता का नायक यह टीला है। उसके आत्मसंघर्ष का कारण यह है कि वह समझौता तोड़कर अपने से भिन्न वर्ग में मिलना तो चाहता है, पर मिल नहीं पाता। इसी तरह 'एक स्वप्न-कथा' में—इसलिए, मुझे इस तमाकार पानी से समझौता करना है।

नामवर सिंह ने यह मान लिया है कि मुक्तिबोध की कविताओं का नायक समझौता नहीं करना चाहता, इसीलिए समझौते के कारण जो आत्मसंघर्ष पैदा होता है, उसे वह देख नहीं पाते, इसलिए अपना वर्ग छोड़कर, सर्वहारा वर्ग के साथ रहकर, अपने व्यक्तित्व को बदलने की जो समस्या है, वह उनकी आँखों से ओझल रहती है।

मुक्तिबोध निम्न मध्यवर्ग को भले न छोड़ पाएँ, पर वह बहुत अच्छी तरह मानते हैं कि समाज का प्रमुख क्रान्तिकारी वर्ग सर्वहारा है। इसीलिए 'अँधेरे में' कविता में बुद्धिजीवी युवक अपने-आप व्यक्तित्व-परिवर्तन नहीं करते। यह काम करते हैं मजदूर। प्रतीक है साँवले रंग का एक बलवान लुहार। उसने कंडों की आग जलाकर लोहे का चक्का गरम किया है। उसके सहयोगी, 'कुछ बलवान जन साँवले मुख के', घन मार-मारकर, लाल लोहे की पट्टी लकड़ी के चक्के पर 'जबरन' चढ़ाते हैं। इस प्रतीक का भाष्य यह है :

आत्मा के चक्के पर चढ़ाया जा रहा
संकल्प शक्ति के लोहे का मजबूत
ज्वलन्त टायर!!

वेदना की जिन नदियों में श्रमिक का सन्ताप डूबा है, उसका जल पीकर युवकों में व्यक्तित्वान्तर होता है। आत्मसंघर्ष इसलिए होता है कि मध्यवर्ग की भूमि छोड़ना कठिन है। इसका यह अर्थ नहीं है कि मुक्तिबोध के अनुसार क्रान्ति का नेतृत्व मध्यवर्ग के बुद्धिजीवी ही कर सकते हैं। इस तरह की स्थापनाएँ नामवर सिंह की अपनी हैं। मुक्तिबोध की कविताओं में बुद्धिजीवियों को क्रान्ति का पाठ पढ़ानेवाले दूसरी तरह के लोग विद्यमान हैं।

इसी तरह 'मुझे याद आते हैं' कविता में श्रमिक वर्ग के प्रतीक लुहार का चित्रण है :

कभी मांसपेशियों के लौह कर्मरत
मजूर लोहार के अथाह बल
प्रकांड हथौड़े की
दीख पड़ती है चोट।
निहाई से उठती है लाल लाल
अंगारी तारिकाएँ बरसती हैं जिसके उजाले में कि
एक अति भव्य देह
प्रचंड पुरुष श्याम
मुझे दीख पड़ता है
क्षेम में, शक्ति में मुस्कराता खड़ा सा!
...लगता है मुझे वह—
काल मूर्ति,
क्रान्तिशक्ति, जनयुग!!

यहाँ मुक्तिबोध मार्क्सवाद की सीमाओं में प्रवेश करते हैं। वे अतिक्रमण करते हैं निम्न वर्ग की सीमाओं का। यह सोचना गलत होगा कि क्रान्ति के नेतृत्व के लिए उनके सामने मध्यवर्ग के बुद्धिजीवियों को छोड़कर कोई दूसरा वर्ग था ही नहीं। और यह सोचना भी गलत है कि निम्न मध्यवर्ग सामूहिक रूप से नपुंसक है। मुक्तिबोध के काव्यकाल में, उससे पहले और बाद को, भारत के हजारों क्रान्तिकारी युवक इसी वर्ग में उत्पन्न हुए हैं। उन्होंने किस तरह की क्रान्ति की, क्रान्ति की समस्याओं को उन्होंने सही समझा या गलत, वह प्रश्न अलग है। पर जिस निम्न मध्यवर्ग ने उन्हें जन्म दिया, वह सामूहिक रूप से नपुंसक नहीं था।

20. कला का विकास

मुक्तिबोध की काव्य-कला क्रमशः विकसित हुई है। उनकी बाद की कविताओं में अपेक्षाकृत अधिक नाटकीयता है किन्तु वह मूलतः आत्मगत भावों, मनोदशाओं और निकटवर्ती परिवेश के चित्रकार हैं। नाटकीय कविताओं में सामान्यतः एक

ही व्यक्ति बोलता है। दूसरे व्यक्तियों की बातचीत जहाँ-तहाँ उसी एक वक्ता के माध्यम से प्रस्तुत की जाती है। 'अँधेरे में' कविता में काव्य-नायक आदि से अन्त तक बोलता है, उसका आदर्श प्रतिरूप एक बार भी नहीं बोलता। गांधी जी, या विभाजित व्यक्तित्व वाला पागल, जो कुछ कहते हैं, उसे पाठक काव्य-नायक के माध्यम से ही सुनता है। आसमानी आवाजों की तरह कहीं किसी पक्षी ने क्या कहा, यह सब वक्ता के माध्यम से पाठक सुनता है। यह कला मुक्तिबोध की कहानी-कला से मिलती-जुलती है। अधिकांश कहानियों में लेखक है और उसका एक मित्र है। दोनों की बातचीत कथा का मुख्य भाग होती है। यह बात 'एक साहित्यिक की डायरी' की रचनाओं में भी देखी जाती है। कहीं-कहीं आदि से अन्त तक लेखक ही बोलता है, जैसेकि 'एक लम्बी कविता का अन्त' नाम की गद्य रचना में। इसी तरह 'कल जो हमने चर्चा की थी', इस कविता में चर्चा का पूरा विवरण कवि ही प्रस्तुत करता है। जिससे चर्चा की थी, वह नेपथ्य में रहता है (या रहती है)। इसी प्रकार 'ब्रह्मराक्षस' में आदि से अन्त तक कवि ही बोलता है। इस दृष्टि से मुक्तिबोध की ये कविताएँ अंग्रेज कवि ब्राउनिंग की उन रचनाओं से मिलती-जुलती हैं जिन्हें ड्रैमेटिक मोनोलोग कहा जाता है।

ऐसी कविताओं का नाटकीय तत्त्व बहुत सीमित रहता है। मूल वक्ता के अलावा अन्य पात्र जहाँ-तहाँ केवल झलक दिखाते हैं। कवि विभिन्न पात्रों का संघर्ष चित्रित नहीं करता, वह मुख्यत: काव्य-नायक का अन्तर्द्वंद्व चित्रित करता है। विभिन्न रचनाओं के कथा-नायक एक-दूसरे से मिलते-जुलते हैं। यह पहचानना मुश्किल नहीं है कि मुक्तिबोध अपनी कहानियों और कविताओं में स्वयं को केन्द्रभूमि में रखते हैं। रचनाओं के 'मैं' द्वारा वह अपनी बात कहते हैं यद्यपि यह अनिवार्य नहीं है कि वह अन्य पुरुष के माध्यम से न बोलें अथवा उनका 'मैं' जहाँ-तहाँ अन्य पुरुष के लिए प्रयुक्त न हो। जैसा उनका आत्मकेन्द्रित व्यक्तित्व है, वैसा ही आत्मकेन्द्रित उनका काव्य है। अपनी मनोदशाओं, अपने अन्तर्द्वंद्व का चित्रण कवि का प्रधान लक्ष्य है। इसलिए नाटकीय रूप के बावजूद मुक्तिबोध की काव्य-भूमि मुख्यत: प्रगीत भूमि है। 'चाँद का मुँह टेढ़ा है' संग्रह में अनेक कविताएँ प्रगीतात्मक हैं, जैसे 'मुझे पुकारती हुई पुकार', 'मुझे कदम-कदम पर', 'मैं तुम लोगों से दूर हूँ' इत्यादि।

उनकी कविताओं का अध्ययन करते समय उनकी बिम्ब-योजना पर ध्यान देना आवश्यक है। बिम्बों का प्रतीकार्थ बौद्धिक स्तर पर बदलता रहता है किन्तु बिम्ब स्वयं बहुत कम बदलते हैं। इसका कारण यह है कि बिम्ब चेतना के जिस स्तर पर उभरते हैं, वह बौद्धिक नहीं हैं। मुक्तिबोध की मनोरचना समझने में उनके काव्य की बिम्ब-योजना का अध्ययन सहायक होता है। इस दृष्टि से बंगाल के अकाल पर लिखी हुई उनकी कविता 'अपने कवि से' का महत्त्व अन्यतम है। इसमें चिमगादड़, भूत, घुटती हुई चीख, विहंगिनी, धूलिकण में पसरता हुआ आसमान, सहस्र-शीर्ष

विराट् पुरुष, अँधेरी श्याम गलियाँ, बूढ़े धुँधले लोचन, शीत श्यामल सिन्धु, उस पर दीप-स्तम्भ, समुद्र पर युद्धपोत, काली छतें, श्याम नाग, श्यामल जटाओं वाले बुजुर्ग दरख़्त यानी बरगद आदि के बिम्ब मुक्तिबोध की बाद की रचनाओं में भी मिलते हैं। इनका सम्बन्ध पाप-स्मृति, भय, दुःस्वप्न, अपराधबोध आदि से है, जहाँ-तहाँ इस अन्धकारमय संसार से भिन्न रहस्यवाद के अलौकिक प्रकाश की ओर संकेत करनेवाले बिम्ब हैं। 'तार सप्तक' में 'आत्म-संवाद' कविता की दो पंक्तियाँ हैं :

हृदय में घुन-सा लगा रहता
(पाप यह दारुण जगा रहता)।

इस कविता के साथ जो गद्य-टिप्पणी दी हुई है, उसमें मुक्तिबोध ने बताया है कि जो पंक्तियाँ "कोष्टक में हैं, वे यथार्थ आत्म-स्वीकृतियाँ हैं; और जो उसके बाहर हैं, वे उसके यथार्थ रैशनलाइजेशन हैं।" कवि का मन खुद को समझा लेता है कि हृदय में घुन-सा लगा रहता है, और कोई गम्भीर बात नहीं है। असलियत यह है कि कोई दारुण पाप जागता है। 'व्यक्तित्व और खँडहर' कविता में खँडहर, अन्धकार, अन्धी गुफा, गुफा के गीत, भूत आदि बिम्ब त्रस्त मन से सम्बद्ध हैं। इस तरह के बिम्ब 'अँधेरे में' आदि कविताओं में बार-बार उभरकर आते हैं। 'अन्तर्दर्शन' कविता में अन्तर से फूटनेवाला रक्त-स्रोत 'अँधेरे में' कविता में पुनः नये रूप में प्रकट होता है।

मुक्तिबोध में एक प्रवृत्ति यह है कि बाहर जो कुछ दिखाई देता है, उस पर अपनी भाव-दशा आरोपित करते हैं, जैसे 'मुझे याद आते हैं' कविता में बाहर एक पहाड़ है और उसका प्रतिरूप कवि के भीतर है :

आँखों के सामने, दूर...
ढँका हुआ कुहरे से
कुहरे में से झाँकता-सा दीखता पहाड़...
स्याह!
अपने मस्तिष्क के पीछे अकेले में
गहरे अकेले में
जिन्दगी के गन्दे न-कह-सके-जाने-वाले अनुभवों के ढेर का
भयंकर विशालाकार प्रतिरूप!!
स्याह!

यह भी एक तरह का पाप-स्मृति-दुःस्वप्न है, निरन्तर जागते रहनेवाला दारुण पाप है। मन की इस स्थिति में बाहर की दुनिया अपने वस्तुगत रूप में दिखाई नहीं देती। मन की आन्तरिक दशा बाहर की दुनिया पर अपना रंग चढ़ा देती है। ऐसा प्रतीत होता

है कि इस सम्बन्ध में—बाह्य जगत् के आत्मगत रूपान्तरण के बारे में—मुक्तिबोध ने एक सिद्धान्त रच लिया था।

'नई कविता का आत्मसंघर्ष' निबन्ध में कहते हैं :

"हमारे जन्मकाल से ही शुरू होनेवाला हमारा जो जीवन है, वह बाह्य जीवन जगत् के आभ्यन्तरीकरण द्वारा ही सम्पन्न और विकसित होता है। यदि यह आभ्यन्तरीकरण न हो तो हम कृमि—पानी का जीव हायड्रा—बन जाएँगे। हमारी भाव-सम्पदा, ज्ञान-सम्पदा, अनुभव-समृद्धि उस अन्तर्तत्त्व-व्यवस्था ही का अभिन्न अंग है कि जो अन्तर्तत्त्व-व्यवस्था हमने बाह्य जीवन जगत् के आभ्यन्तरीकरण से प्राप्त की है। हम मरते दम तक जीवनजगत् का आभ्यन्तरीकरण करते जाते हैं। किन्तु साथ ही, बातचीत, बहस, लेखन, भाषण, साहित्य और काव्य द्वारा हम निरन्तर स्वयं का बाह्यीकरण करते जाते हैं। बाह्य का आभ्यन्तरीकरण और आभ्यन्तर का बाह्यीकरण एक निरन्तर चक्र है। यह आभ्यन्तरीकरण तथा बाह्यकरण मात्र मानवजन्य नहीं, वरन् कर्मजन्य भी है। जो हो, कला आभ्यन्तर के बाह्यीकरण का एक रूप है।" ('नई कविता का आत्मसंघर्ष', पृ. 8) वैसे तो आदमी जो कुछ देखता है, वह आँख नामक इन्द्रिय के ही माध्यम से देखता है। आँख के पर्दे पर बाहर की छवि उभरती है, तभी हमें बोध होता है कि बाहर अमुक प्रकार की दुनिया है। पर मुक्तिबोध का आशय इससे भिन्न प्रतीत होता है। यह स्थिति कुछ वैसी है, जैसी नामवर सिंह ने बयान की है : "छायावादी काव्य-रचना की प्रक्रिया जहाँ भीतर से बाहर की ओर है, वहाँ नई कविता की रचना-प्रक्रिया बाहर से भीतर की ओर है। एक में रूप पर भाव का आरोपण है तो दूसरी में रूप का भाव में रूपान्तरण है।" ('कविता के नये प्रतिमान', पृ. 25) जब हम बाहर के रूप को भाव में बदलते हैं, तब जैसी मनोदशा पहले से विद्यमान होती है, उसी के अनुरूप यह परिवर्तन होता है। यदि मन के भीतर जिन्दगी के गन्दे, न कह सके जानेवाले, अनुभवों का ढेर है, तो उसी के अनुरूप बाहर कुहरे में से झाँकता हुआ पहाड़ दिखाई देगा। कवि जो कुछ बाहर से लेता है और कविता के रूप में जो कुछ बाहर निकालता है, उस सबमें उसकी आत्मगत भाव-स्थिति प्रधान होती है। काव्य की रचना-प्रक्रिया में मुक्तिबोध कहते हैं : "कवि जीवन की प्रथम स्तरीय उपलब्धि, उस अन्तःप्रकृति से साक्षात्कार है, जो अपना कुछ विशेष कहना चाहती है, जिसके पास कुछ विशेष कहने के लिए है। इस आत्मचेतना के प्रत्यक्ष संवेदनात्मक ज्ञान के बिना कोई कवि मौलिक नहीं हो सकता।" (उप., पृ. 23) मुक्तिबोध की आधारभूमि है अन्तःप्रकृति से साक्षात्कार, आत्मचेतना का प्रत्यक्ष ज्ञान। इसी के अनुरूप वह बाह्य संसार का आभ्यन्तरीकरण करते हैं।

किन्तु मुक्तिबोध की कविताओं में बाहर की दुनिया हमेशा उनकी भावदशा के अनुकूल रूप बदलकर नहीं आती। अनेक कविताओं में वह तटस्थ होकर बाह्य संसार का चित्रण करते हैं। उनकी बहुत-सी कविताएँ प्रतीक-योजना के कारण

यथार्थ चित्रण में कमजोर पड़ती हैं। प्रतीकवाद की यह विशेषता है कि वह वस्तु-विशेष को किसी अन्य वस्तु का प्रतीक बनाकर उसके यथार्थ महत्त्व को कम कर देता है। किन्तु इससे भिन्न अनेक रचनाओं में बाहर की दुनिया का वस्तुगत चित्रण मिलता है। 'चाँद का मुँह टेढ़ा है' कविता में कारखाने, उसकी चिमनियों, बड़े पुलों, पथरीले नालों, हरिजन बस्ती की गलियों का चित्रण ऐसा ही है। इससे और आगे बढ़कर मुक्तिबोध बिम्बों का सहारा छोड़कर सीधे पूँजीवाद की कठोर आलोचना करते हैं। 'तार सप्तक' में 'पूँजीवादी समाज के प्रति' उनकी ऐसी ही कविता है :

तू है मरण, तू है रिक्त, तू है व्यर्थ
तेरा ध्वंस केवल एक तेरा अर्थ।

इसी तरह 'अँधेरे में' कविता में कहते हैं :

कविता में कहने की आदत नहीं, पर कह दूँ
वर्तमान समाज में (ये) चल नहीं सकता।
पूँजी से जुड़ा हुआ हृदय बदल नहीं सकता,
स्वातंत्र्य व्यक्ति का वादी
छल नहीं सकता मुक्ति के मन को,
जन को।

अर्थात् व्यक्ति-स्वातंत्र्य के वादी सच्चिदानन्द हीरानन्द वात्स्यायन गजानन माधव मुक्तिबोध के मन को छल नहीं सकते।

पर उन्हें कविता में कहने की ही आदत है और अधिकतर बिम्ब-योजना द्वारा, प्रतीकों की सहायता से, वह पूँजीवादी समाज की आलोचना करते हैं। 'डूबता चाँद कब डूबेगा' कविता में वह हमें एक परी-कथाओं के संसार में ले जाते हैं जहाँ कुआँ हँसता है, जहाँ ब्रह्मराक्षसों ने गांधी जी की टूटी चप्पल पहनी है। वसुदेव और कंस की पौराणिक कथा, पन्ना धाय और उसके शिशु की कथा, शिवाजी के बन्दीगृह से निकलने की कथा प्रतीक-योजना में घुलमिल जाती हैं।

मुक्तिबोध की रचनाओं का ढाँचा एक-सा नहीं है, न उनका काव्य-कौशल एक ही साँचे का है। जो कुछ अद्‌भुत है, उसके चित्रण में उन्हें सर्वाधिक सफलता मिली है। उनके दु:स्वप्नों में त्रास है तो अद्‌भुत वस्तुओं के चित्रण में उतना ही कुतूहल-मिश्रित हास्य है। वह स्वप्न की ऐसी दुनिया रचते हैं जो साधारण विवेक के लिए बेसिर-पैर की होती है। उन्हें ऐसे चित्र खींचने में आनन्द आता है, जैसे बच्चों को दानवों और राक्षसों की कहानियों में आता है। उनकी फैंटेसी की विशेषता यह है कि अनेक वस्तुएँ फैंटेस्टिक रूप में, अतिरंजित, विकृत, हास्यास्पद होकर प्रस्तुत होती हैं। यथार्थ चित्रण का यह भी एक तरीका है और उसमें कोई दोष नहीं

जब तक कि, मुक्तिबोध के शब्दों में, वास्तव रूप को निरपेक्ष भाव से देखने के बदले, मन उस पर लद न जाए, थुप न जाए।

उनके बिम्बों और प्रतीकों की आवृत्ति काफी होती है। शब्दों की आवृत्ति होती है, भिन्न शब्दों में एक ही अर्थ की आवृत्ति होती है। उनकी कविताएँ किसी एक व्यक्ति के भाषण-रूप में होती हैं, इसलिए वक्तृत्व-कला के विकास के लिए काफी गुंजाइश है। मुक्तिबोध की छन्द-योजना, उनके भाषण-कौशल पर बहुत जगह निराला की छाप दिखाई देती है। अन्य रचनाओं में वक्तृत्व-प्रवाह बहुधा एक ही गति से चलता है, 'अँधेरे में' कविता की यह विशेषता है कि उसका प्रवाह एक-सा नहीं है, उसमें बड़ी विविधता है। उसमें विभिन्न शैलियों, विभिन्न कोटियों की वक्तृत्व-कलाओं का मिश्रण है। निस्सन्देह मुक्तिबोध की कला उनकी मृत्यु तक निरन्तर विकसित होती आई थी। उनके आत्मसंघर्ष के अनेक स्तर हैं। एक स्तर है निम्न वर्ग की भूमि को छोड़कर सर्वहारा वर्ग से तादात्म्य स्थापित करने का। दूसरा स्तर है मन के दुःस्वप्नों, पापबोध, मृत्युचिन्तन, असामान्य मानसिक स्थिति से निकलकर स्वयं को और संसार को वस्तुगत रूप से देखने का। तीसरा स्तर है अपनी काव्य-कला को निरन्तर विकसित करने का। मुक्तिबोध का साहित्य उस व्यक्ति का साहित्य है जो जीवन की अनिवार्य विवशताओं के बीच निरन्तर अपने विवेक के अनुसार अपने व्यक्तित्व के निर्माण में प्रयत्नशील रहता है।

21. उपसंहार

भारत के स्वाधीन होने के समय दो काम एक साथ हुए। एक ओर भारत जैसे अनेक देश साम्राज्यवादी दासता से मुक्त हुए, दूसरी ओर इन स्वाधीन देशों पर नये-नये रूपों में साम्राज्यवादी दबाव भी बढ़ा। दूसरे महायुद्ध में फासिस्ट शक्तियों की पराजय के बाद विश्व राजनीति में वामपक्षी विचारधारा का प्रभाव जोरों से फैला। अनेक नये देशों में समाजवादी व्यवस्था कायम हुई। इस समाजवादी उभार के सहयोगी के रूप में राष्ट्रीय स्वाधीनता-आन्दोलनों का प्रसार हुआ। अनेक देशों के पूँजीवादी नेता इस बारे में सतर्क थे कि स्वाधीनता-आन्दोलन क्रान्तिकारी रूप न अपनाए। इसके लिए उन्होंने साम्राज्यवाद से समझौते किए जिसका खास मुद्दा यह था कि देश हमें सौंप जाओ और हम उस पूँजी की रक्षा करते रहेंगे जो तुमने यहाँ लगाई है। यही नहीं, तुम्हें नये सिरे से और भी पूँजी लगाने की सुविधा देंगे। साम्राज्यवाद के इस आर्थिक प्रभुत्व के साथ उसके सांस्कृतिक प्रभाव का विस्तार करने का सुनियोजित प्रयत्न किया गया। इस प्रभाव का एक पक्ष था शिक्षा और राजनीति के क्षेत्र से प्रगतिशील विचारधारा को यथासम्भव बाहर रखना, अंग्रेजी भाषा की स्थिति को और भी मजबूत बनाना। दूसरा पक्ष था ऐसी विचारधाराओं का प्रसार करना, जो स्वाधीन राष्ट्रों के आत्मविश्वास को समाप्त कर दें; मनुष्य के बारे में

ऐसी धारणाओं का प्रसार करना जिनसे मानव-प्रगति में विश्वास टूट जाए। भारत में इन नई परिस्थितियों में नई कविता के आन्दोलन का जन्म हुआ।

दूसरे महायुद्ध के बाद जब कांग्रेस नेता जेल से बाहर आए तब इनमें से अनेक ने कम्यूनिस्ट-विरोधी अभियान शुरू किया। इस अभियान ने कई जगह हिंसक रूप धारण किया। इस समय अनेक लेखक जो प्रगतिशील साहित्यिक आन्दोलन के साथ थे, पीछे हटने लगे। पीछे हटकर वह या तो रहस्यवाद की ओर गए या भारत के लिए एक नई विचारधारा, अस्तित्ववाद की ओर। दूसरे महायुद्ध के बाद मार्क्सवाद के विरोध में विश्व पूँजीवाद ने जिस विचारधारा का प्रयोग सर्वाधिक किया, यह थी अस्तित्ववाद। रहस्यवाद की ओर पीछे लौटने का काम बहुत साफ तौर से सुमित्रानन्दन पंत की नई रचनाओं में देखा गया। अस्तित्ववाद का प्रभाव सबसे ज्यादा नई कविता के आन्दोलन में दिखाई दिया।

मुक्तिबोध को इस बात का श्रेय है कि हिन्दी के बुद्धिजीवियों में जिस नये अवसरवाद का विकास हुआ, उसे उन्होंने पहचाना। उन्होंने साम्राज्यवाद से उसके सम्बन्ध का उल्लेख एक से अधिक बार किया और उसकी प्रगतिवाद-विरोधी स्थापनाओं का खंडन किया। यह नया प्रचार आधुनिक भारतीय साहित्य के सबसे गौरवशाली अंग, छायावादी काव्य, की नकारात्मक आलोचना करता था। उसके लिए इस साहित्य में कहीं वास्तविक सामाजिक संघर्ष का चित्रण नहीं था, यह काव्य अनुभूति का सरलीकरण प्रस्तुत करता था, वह एक सन्तुलन का नाटक था। हिन्दी का छायावादी साहित्य स्वाधीनता-आन्दोलन के साथ आगे बढ़ा था। छायावादी साहित्य की नकारात्मक आलोचना के साथ-साथ इन नये आधुनिकताबोध वाले सज्जनों ने स्वाधीनता-आन्दोलन को भी वैसी ही आलोचना की और उसे सन्तुलन का नाटक करार दिया। इनके विपरीत मुक्तिबोध ने स्वाधीनता-आन्दोलन के प्रति सकारात्मक रुख अपनाया और कविता तथा गद्य, दोनों में उन्होंने लोकमान्य तिलक, महात्मा गांधी आदि की भूमिका का महत्त्व स्वीकार किया। यह स्वीकृति पूरी तरह वैज्ञानिक विश्लेषण पर आधारित है, यह नहीं कहा जा सकता, किन्तु वह अन्ध-श्रद्धा नहीं है। स्वाधीनता-आन्दोलन के प्रति यह रुख अपनाने के साथ मुक्तिबोध ने छायावादी कविता के प्रति सकारात्मक रुख अपनाया। जयशंकर प्रसाद का साहित्य नई राष्ट्रीय चेतना से अनुप्राणित है, यह उन्होंने स्वीकार किया। वह प्रसाद से विशेष आत्मीयता का अनुभव इसलिए करते थे कि उनकी समझ में अपने जीवन के अनुभवों के आधार पर प्रसाद ने दार्शनिक काव्य रचने में सफलता प्राप्त की थी। यह तादात्म्य-बोध अतिरंजित हैं, और प्रमोद को शोषित जनता से सहानुभूति नहीं है, यह स्थापना भी गलत है, फिर भी यह स्पष्ट है कि अस्तित्ववादियों के विपरीत छायावादी साहित्य के प्रति मुक्तिबोध का दृष्टिकोण सकारात्मक था, वह उस साहित्य की गरिमा स्वीकार करते थे।

मुक्तिबोध ने सन् '36 के आसपास लिखना शुरू किया। इस समय उन पर बर्गसों जैसे भाववादी विचारकों का प्रभाव था। 1942 में उन्होंने मार्क्सवादी विचारधारा अपनाई किन्तु इस समय भी उन्होंने जो कविताएँ लिखीं, वे भाववादी विचारधाराओं के प्रभाव से मुक्त नहीं हैं। इस सदर्भ में उनकी कविता 'अपने कवि से' का महत्त्व असन्दिग्ध है। इसमें एक ओर आधुनिक मानव भीतर से टूटा हुआ और पराजित दिखाया गया है, दूसरी ओर वह सहस्रशीर्ष विराट् पुरुष के रूप में आगे बढ़ता हुआ दिखाई देता है। मुक्तिबोध के काव्य में यह लघुमानव और महामानव का अन्तर्विरोध कभी समाप्त नहीं होता। 'अँधेरे में' कविता में उसका नायक आजानुभुज दिव्य पुरुष को अपने आदर्श रूप में कल्पित करता है। यह दिव्य पुरुष मुक्तिबोध की खोई हुई अस्मिता नहीं है, यह व्यक्तित्व की ऐसी उदात्त कल्पना है जिसे पाना असम्भव है। और सब भले हो जाए, गौर वर्ण और आजानुभुज वाला रूप प्राप्त न होगा।

सौभाग्य से मुक्तिबोध अपनी कविताओं में सर्वत्र इस आदर्श रूप के पीछे नहीं दौड़ते। अनेक कविताओं में उन्होंने व्यक्तित्व के रूपान्तरण को मुख्य समस्या के रूप में चित्रित किया है। जिस व्यक्तित्व को बदलना है, वह निम्न मध्यवर्ग की उपज है। उसे बदलने की क्रिया सर्वहारा वर्ग के सम्पर्क से सम्पन्न होती है। व्यक्तित्व के रूपान्तरण की समस्या निश्चित रूप से अस्मिता की खोज की समस्या नहीं है।

मुक्तिबोध स्वानुभूत सत्य को चित्रित करने पर बहुत जोर देते थे। ये स्वानुभूत सत्य निम्न मध्यवर्गीय जीवन की उपज हैं। काव्य की रचना-प्रक्रिया के बारे में मुक्तिबोध के चिन्तन पर भाववादी विचारकों का प्रभाव है। ये प्रभाव व्यक्तित्व के रूपान्तरण में बाधक होते हैं। मुक्तिबोध का आत्मसंघर्ष सामाजिक दृष्टि से अपनी वर्ग-स्थिति छोड़कर अन्य वर्ग से तादात्म्य स्थापित करने की कठिनाई से उत्पन्न होता है।

व्यक्ति को केन्द्र बनाने के कारण मुक्तिबोध अस्तित्ववाद का प्रभाव आसानी से ग्रहण करते हैं। अस्तित्ववाद कोई सुनिश्चित दार्शनिक विचारधारा नहीं है। अनेक भाववादी विचारधाराएँ उसमें आकर घुलमिल गई हैं। अस्तित्ववाद और रहस्यवाद सामाजिक दायित्वबोध को अस्वीकार नहीं करते, न केवल आत्म-पीड़ा पर बल देकर वे जगत्-पीड़ा को अस्वीकार करते हैं। पर अस्तित्ववादी के यहाँ इस दायित्वबोध को, व्यक्ति और उसकी वर्गीय स्थिति को इतना बढ़ा-बढ़ाकर देखा जाता है कि वह अपराधबोध में बदल जाता है। मुक्तिबोध के काव्य में जगह-जगह जो अपराधबोध का अतिरंजित रूप मिलता है, वह मार्क्सवादी दायित्वबोध से भिन्न है। मुक्तिबोध की समस्या और भी जटिल इसलिए हो जाती है कि उनके व्यक्तित्व का जिस ढंग से विकास हुआ है, उससे दुःस्वप्न, पाप-बोध, त्रास की भावना—मन की असामान्य स्थिति के कारण, अस्तित्ववादी प्रभाव के बिना भी—उनमें विद्यमान हैं। विभाजित व्यक्तित्व की असाधारण स्थिति से मुक्तिबोध परिचित थे और उन्होंने

अपने काव्य में उसका चित्रण किया है। यह विभाजित व्यक्तित्व पुन: अस्मिता की खोज, आत्मनिर्वासन आदि से बिलकुल भिन्न वस्तु है। मुक्तिबोध अपने मन की गतिविधि का अध्ययन निरन्तर करते रहे थे। वह अवचेतन में झाँककर उसकी शक्ति को पहचानने का प्रयत्न भी करते हैं। इस अवचेतन में भले और बुरे, दोनों प्रकार के भाव और विचार दमित होने पर एकत्र होते हैं। साथ ही यह अवचेतन जीवन-शक्ति का आगार है और काव्य-रचना से उसका गहरा सम्बन्ध है। मुक्तिबोध को केवल अधिक विकसित ज्ञान नहीं, पूर्ण ज्ञान की तलाश है। जिसे वह ऐतिहासिक अनुभूति कहते हैं, वह देश-काल की सीमाएँ लाँघकर सूर्य के विस्फोटकारी केन्द्र से मनुष्य की आत्मा का सम्बन्ध स्थापित करती है। ये सारी भाववादी प्रवृत्तियाँ मुक्तिबोध की चेतना में मार्क्सवाद से टकराती हैं। वे उनमें सन्तुलन स्थापित करने का असफल प्रयत्न करते हैं, इसलिए उनका आत्मसंघर्ष कभी खत्म नहीं होता।

मुक्तिबोध को उनकी कविताओं से अलग करके देखना सम्भव नहीं है। वे मूलत: अपने ही संघर्ष को, अपने अनुभवों को, समस्याओं को अपनी कविता में चित्रित करते हैं। ये समस्याएँ निम्न मध्यवर्ग को छोड़कर अन्य वर्ग का साथ देने की ही नहीं हैं, इनमें मुक्तिबोध की अपनी मानसिक उलझनें, मन की असामान्य दशाएँ भी शामिल हैं। भारी उलझनों के बीच मुक्तिबोध हथियार डालकर बैठ नहीं जाते। विभिन्न स्तरों पर वह निरन्तर संघर्ष करते हैं और आत्मकेन्द्रित होते हुए भी वह समाज को आँखों से ओझल नहीं होने देते। उनकी स्वप्नशीलता और प्रतीक-योजना यथार्थ-चित्रण को एक हद तक कमजोर करती है किन्तु उनकी कला विकसित हो रही थी और वह उसके विकास के लिए निरन्तर प्रयत्नशील थे। अभिव्यक्ति उनके लिए सबसे पहले काव्य-सम्बन्धी अभिव्यक्ति है। उसे वह खोज रहे हैं क्योंकि कला का विकास अभी करते जाना है। मुक्तिबोध ने मार्क्सवाद से यह सीखा कि पूँजीवादी समाज-व्यवस्था को बदले बिना, क्या निम्न मध्यवर्ग और क्या श्रमिक वर्ग, इनकी मूल समस्याओं का समाधान सम्भव नहीं है। समाज को बदलने के लिए संघर्ष आवश्यक है, यह उनकी कविताओं से स्पष्ट है, किन्तु इस संघर्ष को चलाने के लिए एक क्रान्तिकारी पार्टी का संगठन आवश्यक है, यह स्पष्ट नहीं है। उनके काव्य-नायक निम्न मध्यवर्ग के होते हैं किन्तु उनके व्यक्तित्व को बदलने का काम मजदूर करते हैं। मुक्तिबोध यहाँ मार्क्सवाद की सीमाओं का अतिक्रमण नहीं करते, उन सीमाओं के भीतर रहते हुए सर्वहारा वर्ग की क्रान्तिकारी भूमिका वह स्वीकार करते हैं। यह एक रोचक बात है कि मुक्तिबोध की कविता में जहाँ भी मजदूर दिखाई देते हैं, वहाँ उनके लिए न तो आत्म-निर्वासन जैसी कोई समस्या है, न व्यक्तित्व-विभाजन की समस्या है, न व्यक्तित्व के रूपान्तरण की समस्या है। मुक्तिबोध के लिए मजदूर वर्ग एक स्वस्थ वर्ग है जिसमें मानसिक और शारीरिक, दोनों प्रकार की शक्ति है।

यह कहना सही नहीं है कि मुक्तिबोध जिस जनक्रान्ति का स्वप्न देखते हैं, वह सशस्त्र क्रान्ति नहीं है। कई कविताओं में छापेमार लड़ाई की ओर संकेत है। इस तरह की लड़ाई जहाँ भी सफल हुई है, किसानों को आधार बनाकर चलाई गई है। मुक्तिबोध की कविता में मजदूर तो हैं, किसान नहीं हैं। यह भी कह देना आवश्यक है कि अभी तक छापेमार लड़ाई वहाँ सफल हुई है जहाँ साम्राज्यवाद ने खुली दखलअंदाजी की है और जहाँ शासक वर्ग ने जनता को बालिग मताधिकार से वंचित रखा है।

मुक्तिबोध ने पूँजीवादी व्यवस्था के अन्तर्गत तरह-तरह के समझौता करनेवालों की कठोर आलोचना की है। ऐसे समझौते करने से मनुष्य की क्षमता का जो विनाश होता है, उसका चित्रण भी उन्होंने किया है। पूँजीवादी व्यवस्था की, जिस स्तर पर भी, उन्होंने आलोचना की है, वह मूल्यवान है। दुर्भाग्य से उनकी अभिव्यक्ति की पद्धति ऐसी है कि वह साधारण पढ़े-लिखे लोगों की समझ में नहीं आती। अनेक विद्वान उनकी कविताओं का भाष्य करते हैं तो अनेक बार उलझनों में फँसते दिखाई देते हैं। ये उलझनें हमेशा कविता से पैदा नहीं होतीं, उन्हें भाष्यकार भी अपनी ओर से पैदा करते हैं।

जिन प्रवृत्तियों से नई कविता के आन्दोलन का जन्म हुआ और उसका प्रसार हुआ, वे अब कमजोर पड़ रही हैं। भारतीय जनता में नये जागरण के चिन्ह दिखाई दे रहे हैं और प्रगतिशील साहित्य के विकास के लिए नई सम्भावनाएँ उत्पन्न हो रही हैं। इस स्थिति में मुक्तिबोध के पेचीदा व्यक्तित्व को पहचानने, उनके अन्तर्विरोधों का विश्लेषण करने और उनके सकारात्मक पक्ष को आत्मसात् करने से कविता के नये विकास में सहायता मिलेगी।

कविता में यथार्थवाद और नई कविता

नई कविता का उत्थान और प्रसार कई तरह से प्रगतिशील काव्यधारा के इतिहास से जुड़ा हुआ है। प्रगतिशील और प्रगतिविरोधी रुझानों के भेद को मिटाने का प्रयत्न तो किया ही गया है, प्रगति-विरोधी कविता को भी प्रगतिशील बताकर अनेक बार प्रस्तुत किया गया है। प्रगतिशील कविता की चर्चा में यथार्थवाद पर यथेष्ट जोर न देने के कारण इस कविता के इतिहास को समझने में भूलें होती हैं और अनेक कवियों के योगदान का सही मूल्यांकन नहीं होता। यहाँ मैं यथार्थवादी धारा के विकास में निराला और केदारनाथ अग्रवाल के योगदान के बारे में कुछ बातें कहूँगा, फिर राजनीतिक कवि के रूप में नागार्जुन के अभ्युदय की चर्चा करूँगा, अन्त में कुछ विवेचकों के चिन्तन में प्रगतिशील कविता से नई कविता का जो भेदाभेद सम्बन्ध है, उसका उल्लेख करूँगा।

[1]

जब कड़ी मारें पड़ीं, दिल हिल गया,
पर न कर चूँ भी कभी पाया यहाँ—

इनसे मिलती-जुलती पंक्तियाँ नाथूराम शर्मा शंकर लिख सकते थे, सनेही लिख सकते थे। पर उनसे ऐसी ऊर्जा का बोध होता है जो निराला-काव्य की विशेषता है। इससे पहले सन् '20 में निराला :

बन्दू मैं अमल कमल
चिरसेवित चरण युगल

आदि लिख चुके थे। निराला में छायावादी और यथार्थवादी रुझान एक ही समय में दिखाई देते हैं। सन् '23 में लिखी हुई निराला की 'विधवा' और 'भिक्षुक' जैसी रचनाओं में पीड़ित जनों के प्रति उनकी सहानुभूति व्यक्त हुई है पर यह स्तर भावुकता का है, संघर्ष का भाव यहाँ नहीं है। 'जब कड़ी मारें पड़ीं' में संघर्ष का स्पष्ट उल्लेख नहीं है पर जो व्यक्ति चूँ किए बिना कड़ी मारें सहता रहा है, वह भिक्षुक और

विधवा जैसा निरीह प्राणी नहीं है, उसमें पौरुष है और वह उसे विद्रोही बना सकता है। इस कविता में मुक्ति की युक्ति से मिलकर भाव खिल जाता है, भाव की जड़ खेत में गड़ी है और दु:खनीर से सींची गई है। सफलता की आशामयी लता में फूल भी खिले हैं पर वे सब 'भावी संपदा!' हैं। निराला के मन में कहीं यह भाव भी है कि जिसे वह मुक्ति कहते हैं, वह धोखा है। सन् '23 की 'अधिवास' रचना में यह भाव बहुत साफ-सुथरे ढंग से व्यक्त हुआ है। दुखी भाई को देखकर कवि ने जिस अधिवास को छोड़ा है, वह वेदान्त का अधिष्ठान है। निराला को जो चीज वेदान्त की भूमि से हटने को बाध्य करती है, वह इस संसार में मनुष्यों का दु:ख-दर्द है।

काल्पनिक इच्छा-पूर्ति का त्याग, पीड़ित जनता के प्रति सहानुभूति व्यक्तित्व में पौरुष, और संघर्ष की क्षमता—यथार्थवाद के ये सारे उपकरण निराला के अभुदय काल की रचनाओं में विद्यमान हैं। किन्तु संघर्ष का चित्रण निराला 'बादल-राग' में करते हैं, उदात्त की अभिव्यक्ति छायावादी स्तर पर ही होती है।

'गीतिका' का समर्पण जुलाई, सन् '36 में लिखा गया था। पुस्तक में अधिकांश गीत छायावादी ढंग के हैं पर :

चाल ऐसी मत चलो!
सृष्टि से ही गिर रहा जो
दृष्टि से फिर मत छलो।

इस तरह की पंक्तियों में निराला 'जब कड़ी मारें' वाला स्वर फिर साधते हैं। सन् '35 की अनेक कविताएँ यथार्थवाद के विकास की दृष्टि से बहुत दिलचस्प हैं। 'दान' में वह 'भिक्षुक' वाली भावुकता की जमीन की ओर लौटते दिखाई देते हैं पर यहाँ आचार-सम्बन्धी रूढ़िवाद पर व्यंग्य भी है। 'सरोज-स्मृति' का तानाबाना कुल मिलाकर छायावादी है पर 'यमुना के से कछार' बिवाई फटे पैर, और तेल पिए 'चमरौधे जूते' पाठक को कल्पना के आकाश से एकदम यथार्थवाद की धरती पर उतार लाते हैं।

सोचा मन में हत वार वार—
ये कान्यकुब्ज कुल कुलांगार—

शब्द-योजना में 'राम की शक्ति-पूजा' का पूर्वाभास है :

हत मंत्रपूत शरसंवृत करती बार बार
निष्फल होते लक्ष्य पर क्षिप्र वार पर वार!

पर 'सरोज-स्मृति' में कुलांगार के आगे की पंक्ति है :

खाकर पत्तल में करें छेद—

इसे पढ़ते ही सानुप्रास पदावली की उदात्त ध्वनि का व्यंग्य स्पष्ट हो जाता है। यथार्थ चित्रण और उसके साथ व्यंग्य की पैठ निराला के छायावादी काव्य-संसार में हो रही है।

इस छायावादी काव्य-संसार के बाहर निराला बोलचाल की भाषा का व्यवहार तो करते ही हैं, वह स्वयं भी पाठक से, या कविता में किसी पात्र से, बातें करते हैं। पुरानी मुक्त छन्द की रचनाओं में वे भाषण करते थे, वक्तृत्व-कला का ध्यान रखते थे। सन् '35 की रचनाओं में इस कला को अलग हटाकर वह बहस करते हैं :

यह सच है—
तुमने जो दिया दान दान वह
हिन्दी के हित का अभिमान वह
जनता का जन-ताका ज्ञान वह,
सच्चा कल्याण वह अथच है—
यह सच है!
कहते हो, 'नीरस यह
बन्द करो गान—
कहाँ छन्द, कहाँ भाव,
कहाँ यहाँ प्राण?...''
सत्य, बन्धु, सत्य; वहाँ
नहीं अर्र बर्र
नहीं वहाँ भेक, वहाँ
नहीं टर्र टर्र।

यह 'वर्तमान धर्म' के गद्यकार निराला हैं जो 'मित्र के प्रति' कविता लिख रहे हैं। 'देवी' और 'चतुरी चमार' में निराला ने व्यंग्य को और भी पैनाया था। व्यंग्य प्रगतिशील गद्य और पद्य का अभिन्न अंग बनेगा; यथार्थवाद से उसका सम्बन्ध निराला सन् '36 से पहले जोड़ चुके थे।

साहित्य और समाज में निराला का संघर्ष 'सरोजस्मृति' का मुख्य विषय है। 'गीतिका' के अनेक गीतों की पृष्ठभूमि में यही संघर्ष है।

दे मैं करूँ वरण...
लांछना ईंधन हृदयतल जले अनल...।

और भी स्पष्ट रूप में :

प्रात तब द्वार पर...
लगे जो उपल पद, हुए उत्पल ज्ञात,
कंटक चुभे जागरण बने अवदात...

समझ क्या वे सकेंगे भीरु मलिन मन,
निशाचर तेजहत रहे जो वन्य जन... ।

निराला का आत्मसंघर्ष साहित्य और समय के आन्तरिक संघर्ष से घुल-मिलकर एक हो गया है। जहाँ भी निराला के छायावाद में उदात्त है, यहाँ किसी न किसी रूप में यह संघर्ष विद्यमान है। छायावाद के आलोचक उसका यह संघर्ष वाला तत्त्व अक्सर भूल जाते हैं।

सन् '36 में निराला ने 'राम की शक्ति-पूजा' लिखी। यहाँ छायावाद अपने चरम उत्कर्ष पर है। संघर्ष, पराजय, फिर संघर्ष—यह कथा और किसी छायावादी कवि ने न कही थी। हिन्दी कविता में उदात्त की परम अभिव्यक्ति है 'राम की शक्ति-पूजा।'

सन् '37 में निराला ने पत्थर तोड़नेवाली स्त्री पर कविता लिखी। जीवन-संघर्ष है, मुक्ति-संघर्ष नहीं है, लेकिन :

देखकर कोई नहीं,
देखा मुझे उस दृष्टि से
जो मार खा रोई नहीं।

पर न कर चूँ भी कभी पाया यहाँ—वैसा ही व्यक्तित्व यहाँ भी है।

सन् '38 में निराला ने 'नर्गिस' लिखी।

जान्हवी को घेरकर आप उठे ज्यों करार
त्यों ही नभ और पृथ्वी लिये ज्योत्स्ना ज्योतिर्धार... ।

प्रकृति-चित्रण में उदात्त। पर इसी उदात्त पर व्यंग्य है। लोगों ने मान लिया है कि तत्त्व, सूक्ष्मतम होता हुआ, ऊपर को चला गया है, इसलिए पृथ्वी की तुलना में उन्होंने आकाश को श्रेष्ठ मान लिया है और माना है कि 'बड़ी देह से कल्पना'। स्वर्ग की सृष्टि है ज्योत्स्ना, धरती की दृष्टि है नर्गिस :

बही हवा नर्गिस की, मन्द छा गई सुगन्ध,
धन्य, स्वर्ग यही, कह मैंने किए दृग बन्द।

निराला ने अपनी छायावादी कविता में भी रूप-रस-गंध वाले भौतिक संसार को चित्रित किया।

सन् '38 में उन्होंने प्रकृति को ही नहीं, प्रकृति के संसर्ग में मनुष्य को देखकर, लिखा :

बहुत दिनों बाद खुला आसमान।
निकली है धूप, हुआ खुश जहान।
लोग गाँव गाँव को चले,

कोई बाजार, कोई बरगद के पेड़ के तले
जाँघिया लंगोटा ले, सँभले,
तगड़े तगड़े सीधे नौजवान।

उनकी सन् '35 के बाद की रचनाओं में ऐसा उल्लास कम ही व्यक्त हुआ है। सन् '40 का गीत—'मैं अकेला'; निराला थके हुए हैं पर यह थकान उस आदमी की है जिसने जीवन भर संघर्ष किया है। सन् '42 का गीत :

स्नेह-निर्झर बह गया है।
रेत ज्यों तन रह गया है।

अपने को इस तरह देख सकने की शक्ति इस गीत को अन्य कवियों के निराशाजन्य विलाप से अलग करती है। सन् '50 में निराला ने 'अर्चना' के गीतों में जो काव्य-संसार रचा, वह इसी मानसिक स्थिति का विस्तार है। लेकिन सन् '42 में निराला ने 'बाजार' पर कविता लिखी :

यह है बाजार।
सौदा करते हैं सब यार।
धूप बहुत तेज थी, फिर भी जाना था,
दुखिए को सुखिया के लिए तेल लाना था,
बनिये से गुड़ का रुपया पिछला पाना था,
चलने को हुआ जैसे बड़ा समझदार।

स्वर में गिरावट नहीं है, बाजार में लोगों को आते-जाते देखकर ही मानो उनका अवसाद दूर हो गया है। सन् '43 में निराला ने एक दृश्य चित्रित किया; सड़क के किनारे पान की दुकान है, दूर पर घोड़े की पीठ ठोंकता हुआ एक्कावान है, पीरबख्श एक बच्चे को दुआ दे रहा है, पीपल की डाल पर कोयल कूक रही है, माल पर 'बैलगाड़ी चली ही जा रही है।' नीम फूली है, खुशबू आ रही है, डालों से छन-छनकर किरणें 'राह पर' पड़ रही हैं (पहले वे एकान्त में 'भक्त' और 'भगवान' के भक्त पर पड़ी थीं), दाहिनी तरफ किसान खेत में बाँह पर बाँह किए जा रहा है, रेत में :

बाईं तरफ चिड़ियाँ कुछ बैठी हैं,
खुली जड़ें सिरसे की ऐंठी हैं।

बड़ा शान्त दृश्य है पर सक्रियता से भरा हुआ। हर चीज गतिशील है, सिर्फ चिड़िया उड़ना-फुदकना छोड़कर एक तरफ बैठी हैं। सिरसे की जड़ें ऐंठकर रह गई हैं, गति ने मानो गतिहीनता का रूप ले लिया है। कोई उपदेश नहीं, कोई प्रतीक-

योजना नहीं, फिर भी सारा दृश्य अत्यन्त सजीव है और इस कारण प्रभावशाली है। यथार्थवाद की भूमि पर निराला नित-नये प्रयोग कर रहे थे; शायद इतनी विविधता उनके छायावादी दृश्य-चित्रण में नहीं है।

'बेला' का आवेदन जनवरी, 1943 में लिखा गया था। जनता आगे बढ़ रही है, यों निराला उसका आह्वान कर रहे हैं, वह आगे बढ़े :

जल्द-जल्द पैर बढ़ाओ, आओ, आओ!
आज अमीरों की हवेली
किसानों की होगी पाठशाला... ।

'नये पत्ते' का आवेदन मार्च, 1946 में लिखा गया था। 'झींगुर डटकर बोला, डिप्टी साहब आए, महगू महगा रहा' जैसी कविताओं में उन्होंने जनसंघर्ष के अनेक रूप चित्रित किए। 'राजे ने अपनी रखवाली की', 'चर्खा चला' आदि में उन्होंने सामन्ती रूढ़िवाद की तीखी आलोचना की। ये सब क्रान्तिकारी कविताएँ हैं। 'कुकुरमुत्ता', 'गर्म पकौड़ी', 'प्रेम संगीत', 'खजोहरा' आदि को इनसे अलग रखना उचित है। विद्रोह भाव वहाँ भी है पर यथार्थ की वह समझ नहीं है जो पूर्वोक्त रचनाओं में है। सन् '32 में केदार ने एक कवित्त लिखा था :

सारा पापाचार नष्ट होगा शीघ्र भारत का
सत्यता - विमल - वर गंगा तू बहावेगा,
कपड़ा विदेशी आना बंद होगा भारत में
चरखा त्रिशूल लिये पहरा लगावेगा।
दूर कर दासता पछाड़ पराधीनता को,
सत्याग्रह लोचन से आग बरसावेगा;
होके नौजवान वीर भारतीय सरदार,
शंकर का रौद्र रूप अब तू कहावेगा॥

['जो शिलाएँ तोड़ते हैं', पृ. 40]

इन दिनों केदार ने अनेक कवित्त-सवैया लिखे थे : कुछ ब्रजभाषा में हैं, बाकी खड़ी बोली में। ऊपर दिया हुआ कवित्त सनेही अथवा त्रिशूल से प्रभावित जान पड़ता है, 'गंगा महिमा' के ब्रजभाषा में लिखे दो कवित्त सम्भवत: रत्नाकर के अनुकरण पर लिखे गए हैं। ब्रजभाषा काव्य के प्रेमी, संत साहित्य से अलग रीतिवादी कवित्त सवैया साहित्य के प्रेमी कवि जब खड़ी बोली लिखते थे, तब प्रसाद-निराला की तुलना में अपने भाव और विचार ज्यादा साफ-सुथरे ढंग से व्यक्त करते थे। इसके साथ ही उनकी भाषा में सांकेतिक व्यंजना की गहराई न होती थी; अनुप्रास और अलंकार हटा दें तो साधारण गद्य से उसका स्तर बहुत भिन्न

न था। पर यह तथ्य महत्त्वपूर्ण है कि आरम्भ से ही केदार का झुकाव राजनीतिक कविता की ओर भी था।

मैथिलीशरण गुप्त कांग्रेसी राजनीति से जुड़े थे, सनेही कांग्रेस के साथ वामपंथी राजनीति के समर्थक भी थे। केदार ने भारतीय सरदार को शिव के रुद्र रूप में देखा है, सत्याग्रह शिव का तीसरा नेत्र है, आग बरसानेवाला नेत्र, और चरखा उनका त्रिशूल है। यहाँ केदार की रचना-शैली ही नहीं, राजनीतिक दृष्टि भी सनेही अथवा त्रिशूल की याद दिलाती है। केदार के कुछ कवित्त गोपालशरण सिंह के रचना-कौशल के अनुरूप हैं, यथा :

कोमल कुमुम से भी लाल हैं ललित अंग,
मोहन है रूप प्यारा, घर का उजाला है।
काले घुँघराले बाल लगते मनोहर हैं,
नैन हैं कमल जैसे, प्रेम का पियाला है।
गोल हैं गुलाबी गाल दंत की छटा है न्यारी,
मंजुल गले में हार मोतियों का डाला है।
सुकवि 'बालेन्दु' सुख शान्ति का निवास मंजु
गोद का अमोल लाल मृदु बोल वाला है॥

['जमुन जल तुम', पृ. 23]

छायायादी कवि सुमित्रानन्दन पंत यदि कवित्त लिखते तो शायद वे कुछ इसी ढंग के होते। पंत जी ने रीतिवादी काव्य साहित्य का अध्ययन बड़े मनोयोग से किया था; 'धूम धुँआरे काजर कारे, हम ही बिकरारे बादर' तथा 'रतिश्रान्ता वज्रवनिता सी' को याद कर लेना काफी होगा। उनकी कोमलकान्त पदावली ब्रजभाषा प्रेमियों को पसन्द आई, इसका कारण यह था कि उन्होंने तद्भव रूपों का प्रयोग बड़े कौशल से किया था, उनके साथ अधिकतर हल्के-फुल्के तत्सम ही रखे थे और वाक्य-रचना में वक्र गति की अपेक्षा सीधी चाल का ध्यान रखा था। केदार जन सनेही-रत्नाकर से कुछ आगे बढ़े, तब पंत के पास पहुँचे—यह बहुत स्वाभाविक था।

सन् '33 में केदार इस तरह की पंक्तियाँ लिख रहे थे :

न अन्तिम नव नव कुसुम विकास
न अन्तिम खग कुल-कलरव हास,
प्रथम नूतन नित छवि-संगीत
प्रथम नूतन नित कवि के गीत। ['जो शिलाएँ तोड़ते हैं', पृ. 53]

पर इसी साल केदार ने एक ऐसी कविता लिखी जो रत्नाकर और पंत के काव्य-संसार से कोसों दूर है। स्त्री-पुरुष के शारीरिक सम्बन्धों पर उन दिनों कई

नौजवान कवि कुछ रूमानी, कुछ यथार्थवादी ढंग से कविताएँ लिख रहे थे। पर यह कविता उनसे भिन्न स्तर की है :

सुन ले मेरी ब्याही औरत!
ऊपर से नीचे तक पूरा
अंगुल अंगुल इस देही का
मेरा ही बस मेरा ही है!
घर के भीतर बेंड़ी बेंड़ी
केवल दर्पण में मुख देखे;
लम्बे से घूँघट को खींचे
केवल चूड़ी की धुन सुन ले।
खाना ले ले, कपड़ा ले ले;
आने-जाने दे यह साँसें;
पूरी कर दे पापी इच्छा
दर्जन बच्चे पैदा कर तू!

[उप. पृ. 42]

यदि 'कुकुरमुक्ता'-'खजोहरा' काल की रचनाएँ पढ़कर केदार ने यह सब लिखा होता तो हम कहते, निराला के विद्रोह की देखा-देखी उन्होंने यह कविता लिखी है। पर निराला की वे रचनाएँ कई साल बाद आनेवाली थीं, केदार ने छायावादी कविता लिखना और उससे बगावत करना एक ही साथ शुरू किया।

सन् '35 में उन्होंने गीत लिखा : 'बैठा हूँ इस केन किनारे'। जहाँ-तहाँ छायावादी कल्पना और शब्दावली का असर बाकी है, पर :

दोनों हाथों में रेती है,
नीचे अगल-बगल रेती है...
रेती पर ही पाँव पसारे
बैठा हूँ इस केन किनारे

[गुलमेंहदी, पृ. 108]

ये पंक्तियाँ हिन्दी कविता में नये यथार्थवाद के विकास की सम्भावनाओं की सूचना दे रही थीं। निराला ने 'सरोज-स्मृति' सन् '35 में लिखी और उसमें उन्होंने भी रेत पर घूमने, बैठने का वर्णन किया है :

फिर गंगा तट सैकत विहार
करने को लेकर साथ चला...
लौटी रचना लेकर उदास
ताकता हुआ मैं दिशाकाश

बैठा प्रान्तर में दीर्घ प्रहर...
पास की नोचता हुआ घास...।

इन पंक्तियों से केदार के गीत की तुलना करें तो लगेगा, दोनों कवि छायावादी काव्य-संसार से एक ही साथ निकल रहे हैं, फर्क यह है कि 'सरोज-स्मृति' में छायावादी स्वर, केदार के गीत में यथार्थवादी स्वर प्रधान है।

सन् '37 की रचना 'दोपहरी में नौका विहार' पंत जी के 'नौका-विहार' से तुलनीय है :

गंगा के मटमैले जल में छपछप डाँड़ चलाते
सरसैया से परमठ होते, उल्टी गति में जाते...
एक बजे से लेकर हमने साढ़े पाँच बजाये,
एक नहीं—छै-छै छालों से दोनों हाथ दुखाये!

[उप., पृ. 67-68]

कोई बड़ी बात नहीं है, फिर भी नई बात है। धूप, पसीना, छाले, गंगा का मटमैला पानी—यह सब इस संसार में है और उस पर कविता लिखी जा सकती है। सरसैया और परमठ का हवाला देकर केदार ने चित्र में स्थानीयता का रंग भर दिया है। तुलनीय हैं निराला :

गांधीवादी आये
कांग्रेसमैन टेढ़े के,
देर तक गांधीवाद क्या है, समझाते रहे।

['निराला रचनावली-2', पृ. 182]

टेढ़ा (टँढ़वा) गाँव का नाम है। यह 'नये पत्ते' के दौर की रचना है।

सन् '38 में केदार ने निराला पर एक छोटी-सी कविता लिखी। कवि सूर्यकान्त आकाश में बहुत ऊपर उठ गए हैं और केदार नीचे से देख रहे हैं :

इतने ऊपर उठ गए आज कवि
हम नीचे से देख रहे, तुम
वहाँ नील-मुक्ताभ-वर्ण-व्यंजित प्रदेश में
पहन पाग केसरिया गाते...। [उप., पृ. 68]

केदार ने निराला पर व्यंग्य नहीं किया पर इस दृश्य को चित्र में दिखाया जाए तो वह अपने-आप व्यंग्य चित्र बन जाएगा। तीसरी पंक्ति में जितने तत्सम एक साथ जुड़े हुए हैं, उतने केदार की और किसी कविता की एक ही पंक्ति में मुश्किल से मिलेंगे। केदार अभी निराला का यही छायावादी रूप देख रहे थे। उनका अपना यथार्थवाद

स्वतंत्र रूप से विकसित हो रहा था। सन् '38 में उन्होंने 'मुल्लो अहीरिन' कविता लिखी। इस तरह के कामकाजी व्यक्तियों पर उन्होंने बहुत-सी कविताएँ लिखीं। यह स्त्री 27 साल की है, माँ-बाप नहीं हैं, घर में अकेली है, बकरियाँ चराती है, उससे कम उम्र के छोकरे उसे पंचायती माल समझकर छेड़ते रहते हैं। यहाँ सामाजिक उत्पीड़न का भाव नहीं है पर चित्र में आँखों-देखे यथार्थ की ताजगी है। बीच में बड़े सहज भाव से लिखी ये पंक्तियाँ भी हैं :

आसमान सब
धूप-भरा है,
धरती नीचे
धूप-भरी है (;)
तपन बढ़ी है।

एक क्षण के लिए मुल्लो अहीरिन गायब हो जाती है, केदार केवल धूप-भरा आसमान धूप-भरी धरती देखते रह जाते हैं। आगे उन्होंने कई कविताएँ धूप पर लिखीं; उनमें कवि है, प्रकृति है, अन्य जीव नहीं हैं या गौण हैं। ये कविताएँ प्रकृति पर हैं, मनुष्य पर भी हैं, इसलिए कि सूर्य के बिना मानव-जीवन सम्भव नहीं है। केदार ने सूर्य से मानव जीवन के सम्बन्ध की व्याख्या नहीं की, पर वह अपने सहज बोध से इस सम्बन्ध को खूब पहचानते हैं। उनकी प्रतिभा का चमत्कार, इतना स्वत:स्फूर्त और मौलिक, अन्यत्र कम देखने को मिलता है।

सूर्य-सम्बन्धी कविताएँ, उनके बारे में इस तरह की बातें कुछ लोगों को भाववादी, रहस्यवादी, प्रतिक्रियावादी लग सकती हैं। वास्तव में जो लोग ऐसा सोचते हैं, वे स्वयं प्रतिक्रियावादी हैं। धरती, प्रकाश, जल, वायु—इनके बिना न वनस्पतियों का अस्तित्व सम्भव है, न अन्य किसी प्राणी का। भौतिकवाद का तकाजा है कि मनुष्य अपने प्राकृतिक परिवेश के प्रति सचेत रहे। रूसी लेखक सफ़ोनोव की पुस्तक 'Land in Bloom' (फूलों भरी धरती) मॉस्को से 1951 में प्रकाशित हुई थी। उससे दो साल पहले मूल रूसी पुस्तक पर लेखक को स्तालिन पुरस्कार से सम्मानित किया गया था। सफ़ोनोव ने लिखा था : "प्रत्येक हरी पत्ती इस धरती की सबसे रहस्यमयी प्रयोगशाला है। प्रतिक्षण जब सूर्य की किरण उस पर पड़ती है, रसायनशास्त्री का सबसे साहसिक स्वप्न—अजीव पदार्थों से जीव का सृजन—चरितार्थ होता है। निर्जीव भूत से सजीव भूत का निर्माण हरा पौधा ही कर सकता है। 'जीवन का सृजन' आश्चर्यजनक और सुन्दर ढंग से आरम्भ होता है। उसकी शुरुआत उस किरण की कार्यवाही से होती है जिसे पौधे ने फँसा लिया है। इस प्रक्रिया को वास्तव में 'फोटोसिन्थेसिस' अर्थात् प्रकाश की सहायता से सृजन कहते हैं...।

"हम यह अनुमान कर सकते हैं कि हवा का सारा ऑक्सीजन, लाखों वर्षों के दौरान, हरे पौधों द्वारा उत्पन्न किया गया है। लाखों साल तक पादप-कोश वह उड़ती हुई चादर बुनते रहे जो इस धरती का परिधान है। वह वातावरण—जिसके बिना हमारा अस्तित्व न होता। यह कल्पना करना कठिन है कि पौधे न होते, अत: उन पर निर्भर जीव-जन्तु न होते, तो धरती कैसी दिखाई देती...।

"बहुत सम्भव है, धरती के महाद्वीप चाँद की सतह जैसे होते : नुकीली खुरदरी चट्टानें, ऐसे मैदान जिन पर कंकड़-पत्थर बिछे हुए हों, और इस सब पर दमघोट कार्बोनिक डाइ-ऑक्साइड और तिक्त अमोनिया का आवरण हो। पौधे न होते तो यही सब होता; धरती पर जीवन न होता। जीवन में भी क्या शक्ति है जो उसने यह सब बदल दिया! यह शक्ति कहाँ से आती है? यह सूर्य की शक्ति है। करोड़ों अद्भुत सौर यंत्रों की तरह हरी पत्तियाँ रवि-किरणों की ऊर्जा को पकड़ लेती हैं। और तब वह धरती पर अपना विराट कार्य आरम्भ करता है। अत: हम कह सकते हैं, सूर्य की शक्ति को पौधों ने पकड़ा है और वे उसे धरती पर उतार लाए हैं। उसी की किरणों से वे जीवन का वह अनन्त ताना-बाना बुनते हैं जो इस धरती का परिधान है, जिसने उसे सुन्दर बनाया है और यहाँ सबकुछ बदल दिया है।" (V. Safonov, 'Land in Bloom', पृ. 23-25)

सफ़ोनोव ने अपनी पुस्तक उस समय लिखी थी जब दूसरे महायुद्ध के भयंकर विनाश के बाद सारा सोवियत देश आर्थिक बहाली के काम में लगा था। युद्ध शुरू होने से पहले केदार ने लिखा था :

आसमान सब धूप-भरा है,
धरती नीचे धूप-भरी है—

यह सब रहस्यवाद इसलिए लगता है कि मनुष्य अपनी पैसा-कमाऊ वृत्ति के कारण प्रकृति से मानव-जीवन के आदिम, अनिवार्य संपर्क का महत्त्व भूल गया है। 1938 में केदार ने 'मुल्लो अहीरिन' लिखी, उसी साल एकान्त-सेवी दार्शनिक पर व्यंग्य करते हुए 'मकड़ी का जाला' कविता भी लिखी। 'युग की गंगा' की रचनाओं में, और कुछ उसके बाद की कविताओं में, केदार ने आत्मकेन्द्रित, एकान्त-सेवी बुद्धिजीवियों पर तीखा व्यंग्य किया है। उसकी शुरुआत यहाँ हो चुकी है। सन् '38 में उन्होंने अपने गाँव पर, लड़कपन के पारिवारिक परिवेश पर, अपनी नवपरिणीता पर एक लम्बी कविता लिखी। निराला इन्हीं दिनों ऐसी ही बातें याद करके यथार्थवादी गद्य लिख रहे थे पर कविता में उन्होंने इसी रूप में उन्हें नहीं आने दिया। केदार की यह कविता अनूठी है। शायद ही किसी कवि ने अपने देहाती परिवेश और नई ब्याहता पर इस ढंग से लिखा हो। देहाती परिवेश से प्रेम और नई ब्याहता से प्रेम दोनों घुल-मिलकर एक हो गए हैं। यहाँ युवजनोचित सुख-कामना है, किशोर मन

की झेंप नहीं है। सन् '38 में पंत जी ने 'रूपाभ' निकाला, तब तक यथार्थवादी कवि रूप में केदार अपने विकास की पहली मंजिल पूरी कर चुके थे। अगले साल नरोत्तम नागर ने 'उच्छृंखल' निकाला, उसमें केदार की एक और लम्बी कविता 'चन्दगहना से लौटती बार' छपी। यहाँ केदार ने दूर और पास की चीजों के फासले का ध्यान रखते हुए जो लैंडस्केप बनाया है, उसका सौन्दर्य अद्वितीय है। और यह केवल दृश्य नहीं है, संवेदनशीलता के अनेक स्तर सक्रिय हैं।

सन् '39 में दूसरा महायुद्ध शुरू हुआ। जनता को भयानक अर्थकष्टों का सामना करना पड़ा। यह स्थिति अधिकाधिक केदार की रचनाओं में प्रतिबिम्बित होने लगी।

गाँवों की औरतें
सूखा पिसान फाँक-फाँक कर,
पीठ पेट एक कर—हाड़ तोड़
मरती हैं पत्थर रगड़ कर!! ['जो शिलाएँ तोड़ते हैं', पृ. 77]

ये पंक्तियाँ सन् '40 में लिखी 'गाँव की औरतें' कविता में हैं। गरीबी पर व्याख्यान देना सरल है, कविता लिखना कठिन। केदार की रचना में व्याख्यान नहीं है, नपा-तुला चित्रण है और जिन शब्दों के माध्यम से चित्रण किया गया है, उनमें कवि ने जबर्दस्त आक्रोश भर दिया है—सूखा पिसान फाँक कर हाड़ तोड़ मरती हैं, पत्थर रगड़कर। सबकुछ सूखा, नीरस, लेकिन इस सबके भीतर आग भरी है।

जनता का प्रतिरोध पशुबल से दबा दिया जाता है। सन् '41 में लिखी 'देहात का जीवन' में :

सुन तो जल्दी अरी घसिटिया...
पकड़ा गया है दादा तेरा!
जाने कैसा जुलुम किया है!
थाने में रोता है बैठा!!
दौड़-दौड़ तू, जल्दी जा तू!
मैं जाता हूँ भैंस चराने!! ['जो शिलाएँ तोड़ते हैं', पृ. 91]

'घूरे की घास', 'देखो स्वाँग अमीरों वाला', सन् '41 की इन रचनाओं में गरीबों के प्रति सहानुभूति, अमीरों के प्रति रोष के नये स्वर सुनाई पड़ते हैं। इस समय तक कम्यूनिस्ट पार्टी गैर-कानूनी थी। केदार ने गरीब-अमीर में भेद करना, गरीबों का पक्ष लेना अपने सहजबोध से सीखा था। सन् '42 के संघर्ष और दमन का एक चित्र :

देश के बच्चे
झंडा ले हाथों में

गर्वीली माता की गोदी में
दुश्मन की गोली से प्राण दे देते हैं,
स्वर्ग को जाते हैं,
सच्चे आदर्श हो जाते हैं!
देश के बच्चे!! [उप., पृ. 98]।

अपनी और जनता की बेबसी देखकर केदार ने सन् '42 की अन्य कविता में लिखा था :

सुख-संपत्ति की साँसें मुरदा
आशा की वल्लरियाँ मुरदा
आजादी के सपने मुरदा
जय और पराजय हैं मुरदा
यह तो मुरदों की धरती है। [उप., पृ. 100]

सन् '43 में स्थिति और बिगड़ गई : 'बाप बेटा बेचता है'। आर्थिक संकट से केदार ने सीधे आजादी का सवाल जोड़ा है, आर्थिक प्रश्न राष्ट्रीय आत्मसम्मान का प्रश्न बन गया है :

शर्म से आँखें न उठतीं,
रोष से छाती धधकती,
और अपनी दासता का शूल उर को
छेदता है।
बाप बेटा बेचता है। [उप., पृ. 117]

इस असहाय स्थिति में केदार के मन में एक नया विश्वास जन्म लेता है—आदमी लड़ सकता है, जीत सकता है :

ऐसा तन है
छोटा है दुबला पतला है
मिट्टी का कच्चा पुतला है
लेकिन पौरुष का अजेय वह सिंह सदन है।

उसका पौरुष चरितार्थ होगा देश की आजादी के लिए लड़ने में :

रोम रोम में आजादी की प्रिय कम्पन है।
ऐसा तन है। ['जो शिलाएँ तोड़ते हैं', पृ. 116]

केदार मेहनत-मजूरी करनेवालों को नई निगाह से देखते हैं :

भरा ठेला खींचता हूँ
खड़े सूखे चने चाबे
रोट मोटा एक खाके
कड़ी कंकड़ की सड़क पर
बाहुबल से खींचता हूँ। [उप., पृ. 112]

'वह तोड़ती पत्थर' की संवेदना का यह नया विकास है। श्रमिक का उदात्त चित्र केदार की रचनाओं में बराबर उभरता चला गया है। क्रान्ति और संघर्ष की बात न करने पर भी पाठक समझ लेता है, यह आदमी लड़ सकता है :

आजाद खून की ताकत से
हड्डी लोहा हो जाती है,
चोटें पर चोटें खाती है—
आफत से कूटी जाती है,
पर नहीं टूटने आती है!
आजाद खून की गरमी से
टेढ़ा रोआँ गरमाता है,
गरमी पाकर तन जाता है,
फिर नहीं झुकाया जाता है
ऐसा बलीन हो जाता है! [उप., पृ. 126]

'बाल न बाँका कर सके'—का नया संस्करण, लेकिन साईं के भरोसे नहीं, अपने भरोसे। जनता बेबस है और जनता लड़ती है, ये दोनों स्थितियाँ 1943 के भारत की थी :

देखो नंगी भूखी रोती
व्याकुल मरती खपती जनता। ['जो शिलाएँ तोड़ते हैं', पृ. 129]

और :

दल के दल दुष्टों दैत्यों से
आर्थिक शोषण के गुंडों से
फौलादी पंजे लड़ते हैं। [उप., पृ. 128]

केदार इन दिनों कम्यूनिस्ट पार्टी का साहित्य पढ़ रहे थे, उससे प्रभावित हो रहे थे, पर उनकी कविताओं से लगता है, उन्होंने लोकयुद्ध का नारा पूरी तरह कभी

स्वीकार न किया था। वह देश में एक व्यापक सामाजिक क्रान्ति की आवश्यकता पर जोर दे रहे थे :

हम रक्षक हैं हम प्रहरी हैं
ढहते घर के, उस नारी के
जिसकी छाती औ जाँघों से
हम बिलकुल सटकर चिपके हैं;
हम रक्षक हैं उस समाज के
जो अन्धा लँगड़ा लूला है। [उप., पृ. 123]

देश को बदला नहीं तो उसकी रक्षा कर लेने से क्या बनेगा? कविता के अन्त में वह रक्षकों के लिए कहते हैं कि प्राणों की कुरबानी करके वे भारत की प्यासी धरती को 'हत्यारों से' वापिस लेने में अशक्त हैं। यहाँ जापानी हमलावर हत्यारे हैं लेकिन अंग्रेज सैनिक उनसे लड़ते हैं, तो इसी कारण वे लोकयुद्ध के सैनिक नहीं हो गए। गोरे सैनिकों के प्रति केदार का दृष्टिकोण यह है :

टामी फौजी वर्दी पहने
युद्धस्थल में तो सैनिक है
लेकिन रोमांटिक छाया में
टामी कुत्तों सा कामी है। [उप., पृ. 125]

जिस युद्ध में गोरे सैनिक (उनकी संख्या बड़ी हो, चाहे छोटी) कुत्तों जैसे हों, वह लोकयुद्ध नहीं हो सकता। लेकिन देश में ऐसे लोग भी हैं जो लेवारा लेती भैंस की तरह निश्चिन्त हैं। लोकयुद्ध समाप्त होगा तो देश अपने-आप आजाद न हो आएगा। इसलिए :

देश को आजाद कर दें वीर नर हैं इस फिकर में।
चैन से है भैंस सर में। [उप., पृ. 124]

गाँव के जीवन से केदार का सम्पर्क तो पहले भी था, अब उन्होंने किसान से तादात्म्य स्थापित किया। उनकी हिन्दी वैसे ही लोकभाषा से दूर न थी, अब उन्होंने अपनी जनपदीय भाषा में भी कुछ गीत लिखे। इनमें एक है : 'ओसौनी का गीत'। इसकी जनपदीय भाषा दरकिनार, कमाल की बात यह है कि केदार यहाँ, 1943 में, किसान-क्रान्ति का स्वप्न देख रहे हैं। किसानों से कहते हैं :

दौरी साधो अन्न ओसावौ अउर उड़ावौ पैरा,
ताल ठोंकि कै मारि भगावौ जेते ऐरा गैरा।

अन्न बटोरौ, राशि लगावौ छुइले परबत चोटी,
देस भरे के खेतिहर खावौ पेट पेट भर रोटी।

फसल काटी गई है, माड़ी गई है, अब ओसायी जा रही है। लेकिन अब हर साल की तरह ओसौनी न होगी कि गाँव या शहर के ऐरे-गैरे खलिहान से किसान की मेहनत का फल लूट ले जाएँ। किसानों को उन्हें मार भगाना है जिससे अन्न सुरक्षित रहे और उन्हें पेट भर खाने को मिले। अन्तिम पंक्तियाँ हैं :

साइत आई साइत आई बहय गजब की बैरा।
काटी माँड़ी फसल परी है गावौ यारौ सैरा। [उप., पृ.108]

ओसौनी की साइत आ गई है, हर साल आती है, पर इस साल की बात कुछ और है। हवा न चले तो ओसौनी नहीं हो सकती, हर साल चलती है पर इस साल तो गजब की बयार चल रही है। यानी जन-क्रान्ति की घड़ी आ पहुँची है। सन् '45-'46 में तो ऐसी कविताएँ औरों ने भी लिखीं पर 1943 में ऐसा सोचने और कहनेवाले बिरले ही थे। साइत का सांकेतिक अर्थ बाद के एक गीत में बहुत स्पष्ट है :

साइत और कुसाइत क्या है?
जीवन से बढ़ साइत क्या है?
काटो, काटो, काटो करबी,
मारो, मारो, मारो हँसिया,
हिंसा और अहिंसा क्या है?
जीवन से बढ़ हिंसा क्या है?

करबी वाली कविता 'युग की गंगा' में है। केदार ने उसे जब भी लिखा हो, उसकी विचारभूमि वही है जो ओसौनी के गीत की है। सन् '43 केदार के कवि जीवन का महत्त्वपूर्ण वर्ष है। वह मात्र साधारण यथार्थवादी कवि नहीं हैं, वह क्रान्तिकारी कवि भी हैं। सन् '32 की राष्ट्रीय चेतना—सारा पापाचार नष्ट होगा शीघ्र भारत का—सन् '43 में जन-क्रान्ति की चेतना बन गई है। इस चेतना का दार्शनिक आधार वेदान्त नहीं है, भौतिकवाद है।

सन् '42 में केदार ने मानो निराला के 'अधिवास' का भाष्य करते हुए लिखा :

आदि शक्ति मैं;
अजर अमर मैं; परम ब्रह्म में;
करण और कारण मैं भव का;..
किन्तु... किन्तु...
मैं नहीं आज सब!

अधिवासी मैं मिट्टी के क्षत-विक्षत घर का!!
लोना खाई
दीमक खाई
दुर्बल निर्बल दीवारों का, मैं अधिवासी! ['अधिवास', पृ. 96]

सचेत रूप से ब्रह्मवाद को एक ओर ठेलते हुए केदार ने इस भौतिक संसार के वासी मनुष्य पर, उसके जर्जर परिवेश पर, ध्यान केन्द्रित किया है।

[2]

सन् '43 के बाद मार्च, 1947 तक केदार ने बहुत-सी कविताएँ लिखीं। इनमें से कुछ उन्होंने छाँटी और 'युग की गंगा' में दीं। यह संग्रह अप्राप्य है। इसकी कुछ कविताएँ 'फूल नहीं, रंग बोलते हैं' में हैं, कुछ 'गुलमेंहदी' में हैं। उनकी और भी कविताएँ उस दौर की हैं; वे 'युग की गंगा' में शामिल न की गई थीं। वे 'कहें केदार खरी खरी' और 'जो शिलाएँ तोड़ते हैं' में हैं। इन सबको एक साथ पढ़ने से ज्ञात होगा कि दूसरे महायुद्ध में जर्मनी, इटली और जापान की हार का, यूरोप में सोवियत संघ की विजय का, गहरा असर एशियाई जनता के स्वाधीनता-आन्दोलन पर पड़ा; भारत के स्वाधीनता-आन्दोलन ने एक नई मंजिल में प्रवेश किया, इस आन्दोलन का नेतृत्व पूँजीवादी दलों के हाथ में न था, यह वामपंथी दलों, मुख्यत: कम्यूनिस्ट पार्टी के हाथ में था। प्रगतिशील कविता संघर्ष करती हुई जनता का अस्त्र बन गई। जनता मर नहीं सकती, वह अवश्य जीतेगी, प्रगतिशील कवि यह नया विश्वास लेकर आगे बढ़ा था।

युद्ध अभी समाप्त न हुआ था पर फासिस्ट-विरोधी मोर्चे की विजय निश्चित दिखाई दे रही थी। मार्च, 1945 में केदार ने कविता लिखी—'जनता' :

अत्याचारों के होने से,
लोहू के बहने चूसने से,
बोटी बोटी नुच जाने से,
किसी देश या किसी राष्ट्र की
कभी नहीं जनता मरती है!

मुरदा होकर भी जीती है
नदी रहकर भी उठती है
साँसों साँसों पर उड़ती है
किसी देश या किसी राष्ट्र की
कभी नहीं जनता मरती है!

['जो शिलाएँ तोड़ते हैं', पृ. 131]

‘घन गरजे जन गरजे’—‘बादल-राग’ की परम्परा के इस गीत में सन् ’46 की भारतीय जनता का, और उसके साथ हिन्दी कवि का, क्रान्तिकारी आशावाद से भरा स्वर सुनाई देता है। खेती-किसानी से उपमान जुटाकर केदार ने स्वाधीनता-संग्राम में संगठित होती हुई जनता के चित्र खींचे :

लाखों की अगणित संख्या में
ऊँचा गेहूँ डटा खड़ा है।
ताकत से मुट्ठी बाँधे है। [‘गुलमेंहदी’, पृ. 21]

लिरिक कविता से थोड़ा हटकर इस समय केदार ने छोटी-छोटी वर्णनात्मक कविताएँ लिखीं। जिन आदमियों के सम्मिलित रूप को जनता कहा जाता है, वे यहाँ अपने दुःख-दर्द, पिछड़ेपन, गंदगी, आशाओं-आकांक्षाओं के साथ दिखाई देते हैं। सेतुआ, गुड़, गठरी में बाँधे चित्रकूट के यात्री (उप., पृ. 34), भोंपू के बजते ही भिंसारे फाटक में घुसनेवाले, भाड़े के दरबे में बसनेवाले मजदूर (उप., पृ. 44), जूठी, जली बीड़ियाँ बीन कर पीनेवाले शहर के छोकरे (उप., पृ., 45), ऊबड़-खाबड़ कड़े हाड़ की देहवाला चन्दू (उप., पृ. 46), जिन्दा रहने से उकताकर ठर्रा पीनेवाला चैतू (उप., पृ. 47), कवि की देस बहिन घास काटनेवाली रनिया (उप., पृ. 48), चौपाल में कौड़ा तापता हुआ दीन दुखी कुनबा (उप,. पृ. 54), मगर को कुल्हाड़ियों से काटनेवाले गंगातट के मछुआरे (उप., पृ. 62)—एक साथ इतने यथार्थवादी रेखाचित्र इससे पहले किसी कविता संग्रह में न दिखाई दिये थे। यह केदार की अपनी कला थी और केदार ने उसे खूब निखारा था। केदार ने विशेष तादात्म्य स्थापित किया किसान से। वह उसकी भावनाएँ व्यक्त करते हैं और उसका पक्ष लेकर शत्रुदल को ललकारते भी हैं :

यह धरती है उस किसान की
जो बैलों के कन्धों पर
    बरसात घाम में
जुआ भाग्य का रख देता है,
खून चाटती हुई वायु में
पैनी कुसी खेत के भीतर
दूर कलेजे तक ले जाकर
जोत डालता है मिट्टी को। [‘गुलमेंहदी’, पृ. 55]

किसानों के अधिकारों के प्रति इसी तरह निराला सचेत हैं। कांग्रेसी नेतृत्व में जनवादी क्रान्ति पूरी हो सकती है या नहीं—यह प्रश्न उस समय जन-आन्दोलन के सामने था। सन् ’20 और ’30 में कांग्रेस ने जिस तरह आन्दोलन चलाए थे, उससे किसी भी वामपंथी लेखक या कार्यकर्ता को यह भ्रम नहीं था कि वह जनवादी

क्रान्ति के कार्य पूरे कर सकती है। सन् '45-'47 में कम्यूनिस्ट पार्टी जन-आन्दोलनों का नेतृत्व कर रही थी; यह उसके इतिहास का सबसे गौरवशाली दौर था। इन आन्दोलनों में अन्य वामपंथी दलों के लोग शामिल थे। कई जगह कांग्रेसी जनों ने उनका समर्थन किया, पर अखिल भारतीय कांग्रेसी नेतृत्व—क्या जवाहरलाल नेहरू और क्या वल्लभ भाई पटेल—वह इन आन्दोलनों का विरोधी था। स्वाधीन भारत में आगे चलकर जो कुछ हुआ, उसे समझने के लिए सन् '45-'47 की राजनीतिक परिस्थिति याद रखनी चाहिए। भारतीय जनता के सामन्त-विरोधी संघर्ष के प्रति कांग्रेस और कम्यूनिस्ट पार्टी की नीति में जो भेद था, उसे याद रखना चाहिए। सामन्त-विरोधी संघर्ष में राजाओं और नवाबों के विरुद्ध आन्दोलन थे, ताल्लुकेदारों और जमींदारों के विरुद्ध आन्दोलन थे। जनवादी क्रान्ति की सफलता पर निर्भर था कि राष्ट्रीय एकता सुरक्षित रहती है या नहीं।

निराला की कविता 'झींगुर डट कर बोला' जनवादी क्रान्ति के प्रति कांग्रेसी नीति की खरी आलोचना है। इसमें टेढ़े के कांग्रेसी सज्जन तीन बातें कहते हैं : स्वराज्य क्रान्ति के बिना मिलेगा; जमींदार, साहूकार अपना साथ देंगे; और हिन्दुओं-मुसलमानों की एकता कायम होगी :

(1) देश की भक्ति से,
निर्विरोध शक्ति से,
राज अपना होगा;
(2) जमींदार, साहूकार अपने कहलाएँगे
शासन की सत्ता हिल जाएगी,
(3) हिन्दू और मुसलमान
वैर भाव भूल कर जल्द गले लगेंगे। ['निराला रचनावली-2', पृ. 182]

अपना राज हुआ और भारत में ब्रिटिश पूँजी सुरक्षित रही; जमींदार, साहूकार अपने हुए, इस तरह कि खेत-मजदूरों को जीवित आग में जलाने और गोलियों से भून डालने की घटनाएँ आये-दिन होती रहती हैं; हिन्दू और मुसलमान इस तरह गले मिले कि देश का बँटवारा हुआ और उसके बाद कभी अहमदाबाद तो कभी इलाहाबाद, साम्प्रदायिक नरसंहार होता ही रहता है।

निराला की कविता में एक किसान सभा है। झींगुर इस सभा के साथ है। गाँव के किसान उसके साथ हैं। जमींदार का अपना बन्दूकधारी उन पर गोली चलाता है, मदद के लिए पुलिस का सिपाही तैयार है। जब टेढ़े के कांग्रेसमैन गांधीवाद समझा रहे थे, तब :

जमींदार का गोड़इत
दोनाली लिये हुए

एक खेत फासले से
गोली चलाने लगा।
भीड़ भगने लगी।
कान्स्टेबिल खड़ा हुआ ललकारता रहा। ['निराला रचनावली-2']

23 अगस्त, 1986 के 'टाइम्स ऑफ इंडिया' में एक संपादकीय लेख का शीर्षक है : 'बिहार में पुलिस आतंक'। इस लेख का अन्तिम अंश इस प्रकार है : "बिहार में हर आदमी के सामने यह बात स्पष्ट होगी कि पुलिस और नौकरशाही का जैसा स्वरूप है, उसे देखते जमींदार संगठनों पर लगाई हुई पाबन्दियाँ कैसे भी अमल में नहीं लाई जा सकतीं। उदाहरण के लिए एक भूतपूर्व मुख्यमंत्री ने राज्य की विधानसभा को दो साल पहले बताया था कि भूमिसेना पर पाबन्दी लगाई जा चुकी थी। इस तरह के अर्द्धसैनिक संगठनों में यह सेना ज्यादा बदनाम थी। पर वह सक्रिय बनी हुई है, दरअसल अब वह पहले से बड़ी है। यह हालत खास बिरादरियों से जुड़े हुए, ठगों के एक दर्जन गिरोहों की है। जैसाकि राज्य के पुलिस महानिदेशक ने स्वयं नोट किया है, इसका एक कारण पुलिस द्वारा दिया हुआ प्रोत्साहन है। जब तक पुलिस-जमींदार-नेता का गठबन्धन तोड़ा नहीं जाता, तब तक बिहार में निरंकुश दंड-व्यवस्था और बर्बरता से मुक्ति न मिलेगी (Until the police-landlord-politician nexus is broken, there will be no escape from barbarism and lynch law in Bihar.)।"

निराला की कविता में जमींदार का गोड़इत गोली चलाता है,पुलिस का सिपाही खड़ा हुआ ललकारता रहता है। अब जमींदारों के संगठित सशस्त्र दल हैं, पुलिस से उन्हें प्रोत्साहन मिलता है। होनहार बिरवान के होत चीकने पात। चिकने पत्ते चालीस साल पहले ही दिखाई दे गए थे; बिरवा कितना होनहार निकला, यह चालीस साल बाद देख लीजिए!

निराला की कविता 'डिप्टी साहब आए' में 'प्रेमाश्रम' का दृश्य है। गाँव में डिप्टी साहब आए हैं। 'उनके साथ और अफसरान हैं, जैसे दारोगा जी।' जमींदार के गोड़इत ने बदलू अहीर से बीस सेर दूध माँगा। पैसे देने का सवाल न था। कहा-सुनी हुई :

जमकर बदलू ने बदमाश को देखा, फिर
उठा क्रोध में भरकर
और एक घूँसा तानकर नाक पर दिया।
गोड़इत प्रेमीजन था,
जमीं चूमने लगा॥
तब तक बदलू के कुल तरफदार आ गए...
बदल गया राव रंग,
सब लोग सत्य कहने पर तुल गए।

तब तक सिपाही थानेदार के भेजे हुए
आए और दाम दे-देकर माल ले गए...।

['निराला रचनावली', पृ. 195]

यह जन-आन्दोलन का दूसरा पक्ष है। किसान भागते नहीं हैं, अन्याय का मुकाबला करते हैं। तुलनीय है केदार की कविता 'एका का बल'। गाँव के खेत-मजदूर बेगार करने को तैयार नहीं हैं। जमींदार का मुकाबला करने को एकजुट होते हैं :

डंका बजा गाँव के भीतर
सब चमार हो गए इकट्ठा।
एक उठा बोला दहाड़ कर।
'हम पचास हैं,
मगर हाथ सौ फौलादी हैं...
गाँव छोड़कर नहीं जाएँगे,
यहीं रहे हैं, यहीं रहेंगे,
और मजूरी पूरी लेंगे।' ['कहें केदार खरी-खरी', पृ. 21]

कांग्रेसी नेता जितना जमींदारों के मित्र थे, उससे ज्यादा वे पूँजीपतियों के मित्र थे। निराला ने 1945 में लिखा था :

खुला भेद, विजयी कहाए हुए जो
लहू दूसरे का पिये जा रहे हैं। ['निराला रचनावली-2', पृ. 134]

एक अन्य कविता में और भी स्पष्ट रूप में :

भेद कुल खुल जाए वह
सूरत हमारे दिल में है।
देश को मिल जाए जो
पूँजी तुम्हारी मिल में है। [उप., पृ. 161]

सामन्तवाद को खत्म किया जाए—जनवादी क्रान्ति की एक माँग यह थी। बड़े उद्योग-धंधों का राष्ट्रीयकरण हो—यह उसकी दूसरी माँग थी। एक तीसरी माँग और थी—विदेशी पूँजी से देशी पूँजी का गठबन्धन खत्म किया जाए। सन् '46 में निराला ने एक कविता लिखी : 'महगू महगा रहा'। इसमें उन्होंने सीधे जवाहरलाल नेहरू को लक्ष्य करके इन तीनों मुद्दों का एक साथ जिक्र किया :

आजकल पंडित जी देश में विराजते हैं...
लेंड़ी जमींदारों को आँखों तले रखे हुए;

मिलों के मुनाफे खानेवालों के अभिन्न मित्र;
देश के किसानों, मजदूरों के भी अपने सगे
विलायती राष्ट्र से समझौते के लिए।

['निराला रचनावली-2', पृ. 197]

नेहरूवाद की ऐसी नपी-तुली आलोचना हिन्दी साहित्य में दूसरी जगह नहीं है। तीनों मुद्दों पर यह राजनीति समझौतावादी थी, फिर भी यह जनता को भरमाने में सफल इसलिए हुई कि पूँजीवादी प्रचार ने जनता में यह विश्वास जमाने में कुछ उठा न रखा था कि जवाहरलाल नेहरू 'देश के किसानों, मजदूरों के भी अपने सगे' हैं। मार्क्सवाद की जगह नेहरूवाद को प्रतिष्ठित करनेवाले नेता कम्यूनिस्ट पार्टी में उस समय भी थे पर दबे हुए थे, खुल खेलने का अवसर उन्हें कुछ साल बाद मिला।

गाँव में सभा हुई। निराला कहते हैं :

पंडित जी कांग्रेस के चुनाव पर बोले;
आजादी लेते हैं, एक साल और है;
आतताइयों से देश पिट पिस कर मिट गया;
हमको बढ़ जाना है;
चैन नहीं लेना है जब तक विजयी न हों।
जनता मंत्रमुग्ध हुई। [उप., पृ. 198]

सभा में 'गोदान' के राय साहब भी हैं :

जमींदार भी बोले जेल हो आनेवाले,
कांग्रेस उम्मेदवार। [उप.]

और 'गोदान' के मिल मालिक खन्ना भी नेपथ्य में मौजूद हैं। पंडित जी का भाषण महगू ने सुना, लुकुआ ने सुना। महगू गाड़ी लादता है, गाँव से कानपुर तक का धावा मारता है, उसे लुकुआ से अधिक जानकारी है। लुकुआ महगू की राय जानना चाहता है क्योंकि :

आजकल कहते हैं, ये भी अपने नहीं? [उप.]

ये—अर्थात् कांग्रेस के बड़े-बड़े नेता। महगू समझाता है :

कम्पू में किरिया के
गोली जो लगी थी,
उसका कारण पंडित जी का शागिर्द है;

राम दास को कांग्रेसमैन बनानेवाला,
वो मिल का मालिक है। ['निराला रचनावली-2']

कानपुर में मजदूर हैं, मजदूर सभा है। इन पर गोलियाँ चलवानेवाले मिल-मालिक कांग्रेस के समर्थक बन गए हैं। जो लोग लुकुआ और महगू जैसों के अधिकारों के लिए लड़ सकते हैं, वे दमन के शिकार हैं :

हमारे अपने हैं यहाँ बहुत छिपे हुए लोग,
मगर चूँकि अभी ढीला पोली है देश में,।
अखबार व्यापारियों ही की संपत्ति है,
राजनीति कड़ी से भी कड़ी चल रही है,
वे सब जन मौन हैं इन्हें देखते हुए। [उप., पृ.199]

क्रान्तिकारी आन्दोलन शहर के मजदूरों और देहात के जुझारू किसानों को समेटकर पूरी शक्ति से आगे नहीं बढ़ा। 'अभी ढीला पोली है देश में'; पर यह स्थिति निरन्तर बदल रही थी। वह पूरी तरह बदल सकती थी, क्रान्ति सफल हो सकती थी, यदि कम्यूनिस्ट पार्टी के नेतृत्व ने अपने गले में कांग्रेस-लीग एकता के नारे का फंदा न डाल लिया होता। यह नारा उसने युद्धकाल में दिया था। युद्ध समाप्त होने पर जब एशिया के अन्य देशों के साथ भारत में क्रान्तिकारी जन-उभार आया, तब भी पार्टी-नेतृत्व ने यह नारा पूरी तरह छोड़ा नहीं। ऊपर से देखने में यह एकता का नारा था, वास्तव में वह सम्प्रदायवाद से राष्ट्रीयता के समझौते का नारा था। कांग्रेस ने देश के विभाजन के आधार पर मुस्लिम लीग से समझौता कर लिया; इसके बाद क्रान्तिकारी आन्दोलन इस विभाजन का विरोध करके ही आगे बढ़ सकता था। लेकिन ऐसा हुआ नहीं।

देश के औपचारिक विभाजन से पहले, अगस्त, 1946 में ही, केदार ने लिखा था :

आह! धरती बँट गई है!
एक हिन्दुस्तान अब दो हो गया है।
आग, पानी, औ गगन तक बँट गया है।
आदमी का दिल कलेजा कट गया है...
भूल यह ऐसी हुई है,
जो अनेक पीढ़ियों तक दुःख हमें देती रहेगी,
हम कराहा ही करेंगे।

['कहें केदार खरी खरी', पृ. 26]

भविष्यद्रष्टा की तरह केदार ने सन् '46 में जो कुछ लिखा था, वह सब—सूद-प्याज समेत! पिछले दिनों सामने आ गया।

साम्राज्यवाद ने मुस्लिम सम्प्रदायवाद को संगठित करके स्वाधीनता-आन्दोलन पर हिंसक प्रहार किया। इस प्रहार को किसानों और मजदूरों के क्रान्तिकारी आन्दोलन द्वारा ही व्यर्थ किया जा सकता था लेकिन कांग्रेसी नेता इसी आन्दोलन का विरोध कर रहे थे। इस तरह यह अंग्रेजों के बनाए हुए संवैधानिकता के मार्ग पर चलने को बाध्य हुए। प्रतिदिन राष्ट्रीय एकता की सौगन्ध खाते हुए वे बढ़ रहे थे निरन्तर विघटन की ओर! राष्ट्रीय एकता की तो वे रक्षा न कर पाए लेकिन देशी-विदेशी पूँजी के गठबन्धन की रक्षा उन्होंने जरूर की। भारत के स्वाधीन होने से लगभग चार साल पहले ही निराला ने लिखा था :

पटली है बैठने को गोरे की साँवले से।

['निराला रचनावली-2', पृ. 171]

यह रचना 'बेला' में है। 'महगू महगा रहा', 'नये पत्ते' में है, जिसमें उन्होंने नेहरू के लिए लिखा था :

देश के किसानों, मजदूरों के भी अपने सगे
विलायती राष्ट्र से समझौते के लिए।

इसी समझौते के बारे में केदार ने कांग्रेसी नेताशाही को लक्ष्य करके सन् '46 में कहा था :

हमका पियारा है भारत हमारा,
तुमका पियारा फिरंगिया! ['कहें केदार खरी-खरी', पृ. 40]

और उसी साल आजादी के बारे में सवाल किया था :

लन्दन गए—लौट आए।
बोलो! आजादी लाए?
नकली मिली या कि असली मिली है?
कितनी दलाली में कितनी मिली है? [उप., पृ. 41]

कांग्रेसी नेताओं ने ब्रिटिश साम्राज्यवाद से समझौता किया या नहीं—स्वाधीनता-आन्दोलन के इतिहास का यह महत्त्वपूर्ण प्रश्न है। इस समझौते के बारे में कम्यूनिस्ट पार्टी सन् '46 में चेतावनी दे रही थी, जब उसके नेता पूरनचन्द जोशी थे। सन् '48 में उसने इस समझौते की तीखी आलोचना की, जब बी. टी. रणदिवे उसके नेता थे और उसने इस समझौते की आलोचना सन् '55 में की, जब उसके नेता अजय घोष थे। पार्टी की केन्द्रीय समिति ने जून, 1955 के प्रस्ताव में कहा था : "जमींदारों का सहयोगी और साम्राज्यवाद से समझौता करनेवाला भारत का पूँजीपति वर्ग उन बुर्जुआ-जनवादी

कार्यों को पूरा नहीं कर सकता जिन्हें देश को अपनी मौजूदा मंजिल में पूरा करना है।" ('Documents of the History of the Communist Party of India', खंड 8, पृ. 435)

भारत को जो आजादी मिली, वह असली है या नकली, इस प्रश्न का उत्तर तीसरी पार्टी कांग्रेस के प्रस्ताव में इस प्रकार दिया गया है : "शान्ति के लिए भारत का संघर्ष घनिष्ठ रूप में भारत की पूर्ण और निर्बंध राष्ट्रीय स्वाधीनता के प्रश्न के साथ जुड़ा हुआ है। इस स्वाधीनता का अर्थ है : सबसे पहले अंग्रेजों के नियंत्रण से स्वाधीनता—वे भारत में प्रमुख साम्राज्यवादी शक्ति हैं—तथा सामन्तवाद को खत्म करना।" (उप., पृ. 291) पार्टी की तीसरी कांग्रेस दिसम्बर, '53—जनवरी, '54 में हुई। पार्टी की चौथी कांग्रेस अप्रैल, 1956 में हुई। इसके राजनीतिक प्रस्ताव में पूर्ण स्वाधीनता की प्राप्ति को लक्ष्य बताने के बदले कहा गया कि सोवियत संघ और चीन से भारत के सम्बन्ध 'भारत की स्वाधीनता और अर्थतंत्र को सुदृढ़ करने' का महत्त्वपूर्ण साधन हैं (उप; पृ. 527) पार्टी की नीति में परिवर्तन हो रहा था पर इस प्रस्ताव में भी कहा गया था : "पूँजीपति-वर्ग साम्राज्यवाद का विरोध करता है, राष्ट्रीय अर्थतंत्र पर उसकी पकड़ को ढीला करने की कोशिश करता है लेकिन इसके साथ ही विदेशी पूँजी के और अधिक आयात के लिए सुविधाएँ देता है।" (उप., पृ. 547) यह स्थिति का सही वर्णन है। साम्राज्यवाद से देशी पूँजीवाद के अन्तर्विरोध बने हुए हैं, साथ ही विदेशी पूँजी के और अधिक आयात के लिए सुविधाएँ भी वह देता है।

मोटे तौर से सन् '45 से सन् '56 तक कम्यूनिस्ट पार्टी भारत में कांग्रेस का राजनीतिक विकल्प बनी हुई थी। राष्ट्रीय स्वाधीनता-आन्दोलन में पूँजीपति वर्ग की भूमिका, सन् '47 में सत्ता-परिवर्तन, सन् '47 के बाद जनवादी क्रान्ति के कार्य—इन सब मुद्दों पर उसकी नीति कांग्रेस से भिन्न थी। राष्ट्रीय स्वाधीनता की कांग्रेसी व्याख्या उसने सन् '56 तक स्वीकार न की थी। इस समय का प्रगतिशील साहित्य राजनीति में कांग्रेस के साथ नहीं था, वरन् कम्यूनिस्ट पार्टी के साथ था। जैसे राजनीति में कांग्रेस के विकल्प की जरूरत थी, वैसे ही साहित्य में पूँजीवादी की जगह प्रगतिशील विकल्प की जरूरत थी। सन् '45 से '56 तक जो प्रगतिशील साहित्य लिखा गया, उसमें यदि हम केवल रानंनीतिक कविताएँ इकट्ठा करें, जो हिन्दी में लिखी गईं और उर्दू में लिखी गईं, और जो हिन्दी प्रदेश की जनपदीय उप-भाषाओं में लिखी गईं, उन्हें इकट्ठा करें तो उनसे न केवल प्रगतिशील साहित्य का इतिहास लिखने में, वरन् वामपंथी राजनीति का उतार-चढ़ाव समझने में भी सहायता मिलेगी।

सन् '32 से '47 तक निराला और केदारनाथ अग्रवाल ने क्रमश: हिन्दी कविता में यथार्थवाद का विकास किया। विशेष रूप से सन् '43 से '47 के बीच इन्होंने नये ढंग की राजनीतिक कविताएँ लिखीं और जनवादी क्रान्ति में वर्गों की भूमिका के बारे में नई सूझबूझ का परिचय दिया। यथार्थवाद की ओर अन्य कवि भी बढ़े थे पर उनमें किसी ने किसानों के जीवन और संघर्ष पर, जनवादी क्रान्ति में उनकी

भूमिका पर निराला और केदार की तरह सही राजनीतिक दृष्टि अपनाते हुए नहीं लिखा। ये दोनों कवि हिन्दी में क्रान्तिकारी यथार्थवाद के संस्थापक हैं।

निराला को कम्यूनिस्ट पार्टी से और भारतीय क्रान्ति से जो आशाएँ थीं, वे पूरी न हुईं। उनकी मानसिक स्थिति पहले से और खराब हुई। उन्होंने अपनी प्रगाढ़ मानसिक वेदना पर उच्चकोटि की कविताएँ लिखीं, अपने अन्तर्जगत् को ऐसी सधी निगाह से देखा, जैसे पहले किसी हिन्दी कवि ने न देखा था। उनका अन्तर्जगत् बाह्य जगत् से असम्बद्ध नहीं था, 'अर्चना' के गीत यथार्थवाद की परिधि में हैं पर यह क्रान्तिकारी यथार्थवाद नहीं है। इस समय पूँजीवादी पत्र प्रगतिशील साहित्य के विरुद्ध तीव्र अभियान चला रहे थे। दरअसल सन् '45 में जेल से बाहर आने के बाद कांग्रेसी नेताओं ने जो कम्यूनिस्ट-विरोधी मुहिम छेड़ दी थी, यह अभियान उसी का अंग था। सुमित्रानन्दन पंत, नरेन्द्र शर्मा, दिनकर आदि प्रगतिशील साहित्य की धारा से अलग हटकर नई दार्शनिक, राजनीतिक जमीन तलाश कर रहे थे। इस समय केदार, लगभग अकेले, क्रान्तिकारी यथार्थवाद के मार्ग पर साहसपूर्वक आगे बढ़े थे। पर उन्हें शीघ्र ही एक नया साथी मिल गया। इस साथी का नाम है—नागार्जुन।

प्रगतिशील साहित्यिक आन्दोलन के '48-'53 वाले दौर को खूब कोसा गया है पर इस दौर की महत्त्वपूर्ण देन हैं नागार्जुन। कविताएँ वे पहले से भी लिख रहे थे पर जिस तरह की रचनाओं के लिए वह जनकवि के रूप में विख्यात हुए, वे सन् '48 से शुरू होती हैं। फरवरी, सन् '48 में कम्यूनिस्ट पार्टी की दूसरी कांग्रेस हुई। प्रखर सामाजिक चेतना वाले कवि के रूप में नागार्जुन का आविर्भाव इस कांग्रेस के बाद हुआ। कुछ मुद्दों पर केदार और नागर्जुन ने जो कुछ लिखा है, उसकी तुलना शिक्षाप्रद होगी।

साम्राज्यवाद से कांग्रेसी नेताओं की साँठगाँठ के बारे में केदार ने '48 में लिखा :

लन्दन में बिक आया नेता, हाथ कटा कर आया।
एटली-बेविन-अंग्रेजों में खोया और बिलाया।
भारत माँ का पूत सिपाही, पर घर में भरमाया।
अंग्रेजी साम्राज्यवाद का उसने डिनर उड़ाया।

['कहें केदार खरी-खरी', पृ. 52]

15 अगस्त, '48 को नागार्जुन ने कांग्रेसी नेताओं को लक्ष्य करके लिखा :

आज ही तुम मिल गए थे दुश्मनों से, गुनहगारों से,
छोड़कर संघर्ष का पथ
भूल कर अन्तिम विजय की घोषणाएँ
भोंक कर लम्बा छुरा तुम सर्वहारा जनगणों की पीठ में।

['हजार-हजार बाँहों वाली', पृ. 44]

फिर 1950 में नागार्जुन ने लिखा :

ताक लगाए
कछुओं सा कर चरण समेटे
देशी धन्नासेठ
विदेशी युधिष्ठरों की शरण माँगते
पूँजी को चाहिए छाँह साम्राज्यवाद की। [युगधारा, पृ. 99]

सन् '48-'49 में जनता अभी संघर्षों की राह पर बढ़ रही थी, सरकार उसे पुलिस दमन के जरिये दबा रही थी। इसी को लक्ष्य करके केदार ने '49 में लिखा था :

लाठी मार पुलिस के मंत्री, सत्याग्रही पुराने।
कौंसिल घर में जीभ निकाले, चीनी लगे चुआने।
शान्ति सुरक्षा की पट्टी पर, मल्हम लगे लगाने।
अपनी काली करतूतों की चोटें लगे छिपाने।
कहता है केदार सुनो जी! धोखा है बेकार।
एक मिनट में मिट जाती है धोखे की सरकार॥

['कहें केदार खरी-खरी', पृ. 59]

इस धोखे की सरकार से तुलनीय है '48 में नागार्जुन का रचा 'भूस का पुतला' :

फैला कर टाँग
उठा कर बाँहें
अकड़ कर खड़ा है भुसभरा पुतला...
अकेले हँसा मैं ठहाका मार कर..
मेरे कहकहे पर हो गया नाराज...
सरग था ऊपर, नीचे था पाताल
अपच के मारे बुरा था हाल
दिल दिमाग भुस का, खद्दर की थी खाल।

['युगधारा', पृ. 95-96]

अनेक कविताओं में केदार और नागार्जुन ने कांग्रेसी राज में भ्रष्टाचार, नैतिक पतन, जनता की भूख और गरीबी के चित्र खींचे। '50 में केदार ने लिखा :

देश की छाती दरकते देखता हूँ!
थान खद्दर के लपेटे स्वार्थियों को,
पेट पूजा की कमाई में जुता मैं देखता हूँ।

['कहें केदार खरी-खरी', पृ. 65]

फिर अगले साल क्रोध में :

आग लगे इस रामराज में
ढोलक मढ़ती है अमीर की
चमड़ी बजती है गरीब की
खून बहा है रामराज में
आग लगे इस रामराज में। [उप., पृ. 81]

इसी साल नागार्जुन ने कांग्रेसी नेताओं के बारे में लिखा :

हमें सीख दो शान्ति और संयत जीवन की
अपने खातिर करौ जुगाड़ अपरिमित धन की
बेच बेच कर गांधी जी का नाम
बटोरो वोट
हिलाओ शीश
बैंक बैलेंस बढ़ाओ
राजघाट पर बापू की बेदी के आगे अश्रु बहाओ।

['युगधारा', पृ. 92-93]

केदार और नागार्जुन ने मजदूरों और किसानों के अलावा निम्न मध्यवर्ग की बदहाली पर भी लिखा है। '49 में केदार ने एक कविता लिखी : 'मंत्री-मास्टर संवाद' :

मंत्री से अध्यापक बोले : हम हैं बहुत दुखारी।
इससे अपना कष्ट सुनाने आए शरन तुम्हारी।

['कहें केदार खरी-खरी', पृ. 55]

मंत्री ने कष्ट-कथा सुनकर शिक्षकों को निःस्वार्थ विद्या दान का उपदेश दिया; इस पर शिक्षक ने चेतावनी दी कि महँगाई बढ़ी है, वेतन नहीं बढ़ेगा तो हम हड़ताल करेंगे। मंत्री ने वेतन बढ़ाने से इनकार किया :

युक्त प्रान्त के शिक्षक दल ने कर दी तब हड़ताल।

[उप., पृ. 57]

सन् '53 में नागार्जुन ने कविता लिखी : 'मास्टर'। इनके प्राइमरी स्कूल का हाल यह है :

घुन खाए शहतीरों पर की, बाराखड़ी बिधाता बाँचे।
फटी भीत है, छत चूती है, आले पर बिसतुइया नाचे।

['हजार-हजार बाँहों वाली', पृ. 168]

उस इलाके में शिक्षा मंत्री आए :

ताने थे बन्दूक सिपाही, खड़ी रहीं जीपें कतार में
चटा गए धीरज का इमरित सुना गए बातें उधार में।
चार कोस से दौड़े आए, जब मंत्री की सुनी अवाई
लड़कों ने बेले बरसाये, मास्टर ने माला पहनाई।
संगीनों की घनी छाँव में हिली माल मूरत मुसकाई
तंबू में घुस गए मिनिस्टर, मास्टर पर कुछ दया न आई।

['कहें केदार खरी-खरी']

हिन्दी की व्यंग्य कविता का यह नया विकास था। तुलसीदास की पंक्ति को एकदम उल्टे सन्दर्भ में फिट करके नागार्जुन ने परिस्थिति की विडंबना को और भी गहरा रूप दे दिया। खिचड़ी बाल, साँवली सूरत वाले दुखरन मास्टर ने तंबू में घुसने का प्रयत्न किया लेकिन पहरेदारों ने रोक दिया। मास्टर को विरोध-पत्र भेजने से ही संतोष करना पड़ा।

केदार ने पुराने छन्दों का बहुत सफल उपयोग किया है। इनमें सबसे साधारण है दोहा। सन् '51 में केदार ने लिखा :

काँगरेस के राज में, आयो नहीं बसंत।
अपत कटीली डार के, गावत हैं गुन पंत। [उप., पृ. 91]

और नागार्जुन ने लिखा :

खड़ी हो गई चाप कर, कंकालों की हूक।
नभ में विपुल विराट सी, शासन की बन्दूक।

नागार्जुन ने केदार की रेखाचित्रों वाली कला को सँवारा है। यह कला उनकी व्यंग्य कविता को निखारने का अचूक साधन बन गई है। सन् '48 में पुराने जमींदार का चित्र :

गुलाबी धोती
सीप के बटनों वाला रेशमी कुर्ता,
मलमल की दुपलिया, फूलदार टोपी,
बाटा के पंप शू,
नेवले के मुँह सी मूठ की नफीस छड़ी... ['युगधारा', पृ. 58]

जिस ह्रासकालीन छायावादी कविता के विरोध में प्रगतिशील कविता का विकास हुआ, नागार्जुन ने सन् '50 में उसके प्रतिनिधि कवि का चित्र खींचा :

कोटरगत नेत्र, धँसे हुए गाल
उदय शंकर कट के कुंतलीन बाल

गमन मराल का, चितवन चकोर की
कुहासा सी भाषा साँझ की न भोर की। ['युगधारा', पृ. 81]

इस उत्तरकालीन छायावाद से एंग्लो अमरीकी आधुनिकताबोध आ मिला था :

गला है मीठा, मन है तीत
रेडियो के लिए लिखते हैं गीत
पढ़ते हैं एज़रा पाउंड-इलियट
बाकी सब को समझते हैं, इडियट
नाम है भारी, आमदनी हल्की
चिन्ता है कल की। [उप., पृ. 82]

इतने उदाहरण यह बताने के लिए काफी हैं कि '48-'53 का दौर नागार्जुन के राजनीतिक कवि रूप में उद्भव और विकास का काल है। वह '45-'47 के जन-संघर्षों वाले दौर का अगला चरण भी है। '48-'53 में जो कुछ लिखा गया, उसकी पृष्ठभूमि में है '45-'47 का लेखन। दूसरे महायुद्ध के बाद ब्रिटिश और अमरीकी साम्राज्यवादी विश्व पैमाने पर कम्यूनिस्ट विरोधी अभियान चला रहे थे। उनका उद्देश्य सोवियत संघ की फौजी नाकेबन्दी करके उसे एशियाई जनता के क्रान्तिकारी उभार से अलग रखना और इस जन-उभार को कुचल देना था। कांग्रेसी नेताओं का लक्ष्य क्रान्ति द्वारा नहीं, साम्राज्यवाद से समझौता करके, स्वाधीनता प्राप्त करना था। सन् '45 में उन्होंने भी कम्यूनिस्ट विरोधी अभियान छेड़ दिया। इस तरह उन्होंने एक ओर जनवादी क्रान्ति के प्रसार में बाधा डाली, दूसरी ओर साम्राज्यवाद से समझौता करने की नीति पर पर्दा डाला। प्रगतिशील साहित्य से कम्यूनिस्ट पार्टी का गहरा सम्बन्ध है, सभी जानते थे। राजीव सक्सेना ने स्वीकार किया है कि उस समय "अनेक साहित्यकारों ने पक्ष बदल लेना ही ठीक समझा।" ('हिन्दी की प्रगतिशील कविताएँ', भूमिका, पृ. 20) इन्हीं में कवि सुमित्रानन्दन पंत थे जो "1946 में योगी अरविन्द के दर्शन की शरण में पहुँचे।" (उप., पृ. 18)

1947 में अज्ञेय ने 'प्रतीक' निकाला। इसे मैंने प्रयोगवाद की शुरुआत कहा है। मैनेजर पांडेय इससे सहमत नहीं हैं। उनका कहना है : "डॉ. रामविलास शर्मा ने 'नई कविता और अस्तित्ववाद' में, सन् '47 से, 'प्रतीक' के प्रकाशन से प्रयोगवाद का प्रारम्भ कहकर इस संघर्ष के पुराने इतिहास को छोटा कर दिया है। प्रगतिवाद के विरुद्ध प्रयोगवाद के मूल में निहित कलावाद का संघर्ष पुराना है। 1936 में ही अज्ञेय का प्रगतिवाद यथार्थवाद विरोधी और प्रगतिवाद विरोधी रवैया प्रकट हो रहा था।" ('आलोचना', जनवरी-मार्च 1979, पृ. 39) ब्रिटेन और अमरीका जब सोवियत संघ के साथ मिलकर फासिस्ट ताकतों से लड़ रहे थे, तब उन्होंने कम्यूनिस्ट विरोधी अभियान

न चलाया था। यह अभियान उन्होंने युद्ध के बाद चलाया। कांग्रेसी नेताओं ने इसके समानान्तर अपना कम्यूनिस्ट विरोधी अभियान चलाया। राष्ट्रीय और अन्तरराष्ट्रीय परिस्थितियों से इन अभियानों को अलग करना असम्भव है। भारत के कम्यूनिस्ट अभियान से प्रयोगवाद के उद्‌भव और प्रसार को अलग करना असम्भव है। 'तार सप्तक' में, फिर 'प्रतीक' में, नेमिचन्द्र जैन के वक्तव्यों का भेद कम्यूनिस्ट-समर्थन और कम्यूनिस्ट-विरोध का भेद है। युद्धकाल में अज्ञेय फासिस्ट-विरोधी लेखकों के साथ थे, 'तार सप्तक' में उन्होंने लाल फौज की पद्यबद्ध प्रशस्ति छापी थी। यह सब युद्ध के बाद बदल गया। प्रयोगवाद को युद्धोत्तर काल की विशेष परिस्थितियों की उपज न मानकर मैनेजर पांडेय ने उस सामान्य परिस्थितियों में पैदा होनेवाले कलावाद का पर्याय बना दिया है। पर यदि कोई कलावादी आलोचक सामाजिक परिस्थितियों को अलग हटाकर साहित्य का विवेचन करे तो वह क्या करेगा? वह साम्राज्यवादियों के कम्यूनिस्ट-विरोधी अभियान के बारे में चुप रहेगा, वह कांग्रेसी नेताओं के कम्यूनिस्ट-विरोधी अभियान के बारे में चुप रहेगा; वह प्रगतिवाद-प्रयोगवाद के संघर्ष को, इन अभियानों से परे, एक दीर्घकालीन प्रक्रिया बना देगा। मैनेजर पांडेय ने ठीक यही काम किया है।

मैनेजर पांडेय ने उसी लेख में, उसी पृष्ठ पर, यह भी लिखा है : "1947 से लेकर 1951 तक का काल देश की राजनीति और हिन्दी साहित्य में भारी उथल- पुथल और गहरे संघर्ष का काल है। राजनीति में आजादी के नाम पर सत्ता हस्तान्तरण के बाद सामन्ती-पूँजीवादी शोषक-शासक वर्ग से किसानों-मजदूरों का वर्ग-संघर्ष तेज हुआ जिसकी अभिव्यक्ति तेलंगाना की कृषि-क्रान्ति में हुई। हिन्दी साहित्य में प्रगतिवाद और प्रयोगवाद, यथार्थवाद और कलावाद के बीच का संघर्ष तेज हुआ जिसकी अन्तिम परिणति प्रगतिशील आन्दोलन के विघटन और व्यक्तिवादी-कलावादी रचना-दृष्टि के रूप में प्रयोगवाद और नई कविता की स्थापना में दिखाई देती है।" (उप. शब्दों पर जोर मेरा है।)

सन् '47 से '51 तक का काल इससे पहले के कालखंडों से भिन्न है, यह राजनीति और साहित्य में भारी उथल-पुथल और गहरे संघर्ष का काल है। इसी उथल-पुथल का मुकाबला करने के लिए प्रयोगवाद का प्रचार-प्रसार किया गया था। इस कालखंड पर ध्यान केन्द्रित किए बिना प्रयोगवाद की प्रतिक्रियावादी भूमिका नहीं समझी जा सकती। प्रयोगवाद सन् '47 से '51 के बीच स्थापित हुआ पर नई कविता का आन्दोलन—अज्ञेय से भिन्न विजयदेव नारायण साही, धर्मवीर भारती और जगदीश गुप्त का साहित्यिक आन्दोलन—सन् '51 के बाद आरम्भ हुआ था। प्रयोगवाद कुंठा और घुटन पर जोर देता था; नई कविता का जोर मनुष्य के टूटने पर, उसके त्रास और व्यक्तित्व के विघटन पर था। वास्तव में शुद्ध कलावादी आन्दोलन न तो प्रयोगवादी कविता का था, न नई कविता का।

चाहे प्रयोगवाद हो, चाहे नई कविता, उसकी सामाजिक पृष्ठभूमि का विलेषण करते हुए भारत पर साम्राज्यवाद के आर्थिक, राजनीतिक और सांस्कृतिक दबाव को नजरअंदाज करना गलत है।

[3]

अज्ञेय ने पूरी कोशिश की थी कि प्रयोगवाद को युद्धोत्तर परिस्थितियों से अलग रखते हुए 'तार सप्तक' से उसका सम्बन्ध जोड़ें। इसमें वह पूरी तरह सफल नहीं हुए। 1964 में शमशेर ने 'तार सप्तक' के लिए लिखा था : "युगीन चेतना और प्रयोगवादी शिल्प, और प्रत्येक कवि का विशिष्ट मौलिक स्वर : यह इस संकलन की विशेषता थी।" ('चाँद का मुँह टेढ़ा है', पृ. 17) शमशेर ने प्रयोगवाद शब्द का व्यवहार शिल्प के लिए किया है, कविता की विषयवस्तु के लिए नहीं। 1985 में गिरिजाकुमार माथुर ने यही बात और स्पष्ट रूप में यों कही कि 'तार सप्तक' में "प्रगतिशील चेतना और प्रयोगशील शैली की मिली-जुली काव्य-सामग्री सम्मिलित है।" (अश्विनी, 'परिप्रश्न', दिल्ली, 1985, पृ. 43) 'तार सप्तक'-युगीन चेतना, प्रगतिशील चेतना से जुड़ा हुआ संकलन है। यह बात प्रयोगवादी कविता-संग्रहों के बारे में नहीं कही जा सकती। प्रगतिशील चेतना का विरोध करनेवाले प्रयोगवाद का जन्म 'तार सप्तक' के बाद हुआ। लेकिन प्रगतिशील चेतना वाली कविता में प्रयोगशील शैली 'तार सप्तक' से आरम्भ नहीं होती। वह प्रगतिशील कविता की विशेषता है; इसके साथ ही छायावादी कविता में शैलीगत प्रयोगशीलता भरी पड़ी है। वास्तव में अनेक लेखक प्रयोगवाद से शिल्प का सम्बन्ध जोड़ने के बाद उसका सम्बन्ध कविता की विषयवस्तु से जोड़ देते हैं। प्रयत्न यह होता है कि प्रगतिवाद और प्रयोगवाद का भेद मिट जाए। यथा गिरिजाकुमार : "वस्तुत: नई चेतना के आरम्भिक दिनों में प्रगतिवाद और प्रयोगवाद जैसे अलग नाम कविता को नहीं दिये गए थे, बल्कि वह एक संयुक्त और अमिश्र प्रवृत्ति के रूप में सामने उभरी थी।" (उप., पृ. 45)। यदि ऐसी बात थी तो गिरिजाकुमार माथुर ने अपने कविता संग्रह का नाम 'नाश और निर्गाण' क्यों रखा था? यहाँ कोई अमिश्र प्रवृत्ति नहीं है, दो परस्पर विरोधी प्रवृत्तियाँ हैं, कवि के विकास की दो अलग मंजिलें हैं। पुस्तक की भूमिका में उन्होंने लिखा था : "इस संग्रह में आप इस युग के एक मध्यवर्गीय व्यक्ति के सामाजिक, शारीरिक और मानसिक संघर्षों की उन दशाओं को पाएँगे जिनसे गुजरकर वह एक मंजिल से दूसरी मंजिल तक पहुँचा है।"

'नाश और निर्माण' की दो अलग मंजिलें हैं। काफी मानसिक (और शारीरिक) संघर्ष के बाद वह एक मंजिल को छोड़कर दूसरी तक पहुँच सके हैं। जिसे यहाँ वह 'नाश' कहते हैं, वह बाद को नव रोमानी प्रयोगशीलता बना; 'निर्माण' से उसका समन्वय हुआ। 'नाश और निर्माण' में "मेरी वे सारी कविताएँ हैं जो 1938 से '42 के

बीच लिखी गई थीं और जिनमें सामाजिकता तथा नव रोमानी प्रयोगशीलता की पहली बार पुष्ट अभिव्यक्ति हुई थी।" ('परिप्रश्न', पृ. 44)। नव रोमानी प्रयोगशीलता कोई शैली-सम्बन्धी विशेषता नहीं है। वह 'सामाजिकता' से भिन्न कविता की विषयवस्तु है। प्रगतिशील कविता ने छायावाद की व्यक्तिवादी, पलायनवादी, कुंठावादी प्रवृत्तियों का विरोध किया। प्रयोगवाद ने इन्हीं प्रवृत्तियों को अपना आधार बनाया। इनमें 'नव रोमानी' कुछ नहीं था, ये काफी पुरानी रोमानी प्रवृत्तियाँ थीं। केवल गिरिजाकुमार माथुर नहीं, उस समय के जितने भी कवि प्रगतिशीलता के आसपास थे, वे सब इन प्रवृत्तियों से मुक्त होने का प्रयास कर रहे थे। 'तार सप्तक' के प्रकाशन तक गिरिजाकुमार का मुक्ति-संघर्ष समाप्त न हुआ था पर 1946 में वह 'तार सप्तक' के अन्य कवियों की अपेक्षा एशियाई जनता के साम्राज्य-विरोधी आन्दोलन से अधिक प्रभावित हुए थे। इसका प्रमाण है उनकी 'एशिया का जागरण' कविता।

सन् '47 में अज्ञेय ने 'प्रतीक' निकाला। उसके दूसरे अंक में नेमिचन्द्र जैन ने 'अन्तर्मुखी साहित्य' का समर्थन किया और 'तथाकथित सामाजिक चेतना का साहित्य' "प्राय: सारा का सारा अस्वीकार का साहित्य है, बचकाना और जैसे किसी साँचे में ढला हुआ"—यह घोषणा की। उन्हीं दिनों गिरिजाकुमार ने भारत के प्रथम स्वाधीनता-दिवस पर एक सुन्दर गीत रचा। इसमें सामाजिक चेतना की पुष्ट अभिव्यक्ति इस प्रकार हुई थी :

ऊँची हुई मशाल हमारी
आगे कठिन डगर है
शत्रु हट गया, लेकिन उसकी
छायाओं का डर है
शोषण से मृत है समाज
कमजोर हमारा घर है
किन्तु आ रही नई जिन्दगी
यह विश्वास अमर है
जन गंगा में ज्वार,
लहर तुम प्रवहमान रहना
पहरुए, सावधान रहना!

[राजीव सक्सेना, 'हिन्दी की प्रगतिशील कविताएँ', दिल्ली, 1986, पृ. 233-34]

अज्ञेय के साथ नेमिचन्द्र जैन सचेत रूप से जिस प्रगतिशील काव्यधारा का विरोध कर रहे थे, गिरिजाकुमार माथुर सचेत रूप से उस काव्यधारा के साथ आगे बढ़ रहे थे। बहुत दिन बाद जब प्रयोगवाद की मंजिल पीछे छोड़ते हुए नई कविता का काफी

विस्तार हो गया, तब उसके जन्मदाता के रूप में तीन उम्मीदवार सामने आए : अज्ञेय, नेमिचन्द्र जैन और गिरिजाकुमार माथुर। 'तार सप्तक' 1943 में प्रकाशित हुआ। 'नाश और निर्माण' में गिरिजाकुमार माथुर की 1938 से '42 तक लिखी हुई वे रचनाएँ हैं जिनमें सामाजिकता तथा नव रोमानी प्रयोगशीलता की पहली बार पुष्ट अभिव्यक्ति हुई थी। इसलिए नई कविता के आदि संस्थापक हुए गिरिजाकुमार माथुर। स्वभावत: पुराने इतिहास को नये ढंग से पढ़ना जरूरी हो गया। नई चेतना के आरम्भिक दिनों में 'नाश' और 'निर्माण' का भेद नहीं था, वह एक संयुक्त और अमिश्र प्रवृत्ति के रूप में सामने उभरी थी।

'सामाजिक चेतना' वाली कविता का विरोध जिन लोगों ने किया, उनकी आलोचना हुई। यह आलोचना आगे चलकर कुछ मार्क्सवादियों को अनावश्यक प्रतीत हुई। राजीव सक्सेना ने लिखा : "रामविलास जी इस सिलसिले में कहते हैं, 'प्रगतिवादियों के लिए यह स्वाभाविक था कि वे प्रयोगवाद की आलोचना करे', किन्तु यह अनुभव ने सिद्ध कर दिया है कि यह 'स्वाभाविक' नहीं होना चाहिए था।" (छठे और सातवें दशक की हिन्दी कविता, 'आलोचना', अक्टूबर-दिसम्बर, 1978, पृ. 93-94) राजीव सक्सेना ने जिस पृष्ठ से मेरा वाक्य उद्धृत किया है, उसके बाईं ओर वाले पृष्ठ पर नेमिचन्द्र जैन का 'तथाकथित सामाजिक चेतना' के साहित्य पर आक्षेप उद्धृत है। ऐसा लगता है कि दायें पृष्ठ तक पहुँचते-पहुँचते राजीव सक्सेना बायें पृष्ठ की बात भूल गए। नेमिचन्द्र जैन जो कुछ कह रहे थे, उसका सम्बन्ध मानो केवल प्रयोगशीलता से था; कविता की विषयवस्तु से उन्हें कुछ लेना-देना न था! लेकिन राजीव सक्सेना ने मेरा जो वाक्य उद्धृत किया है, उससे पहले एक वाक्य और है। इसे वह न भूल सकते थे। दोनों वाक्यों को साथ मिलाकर पढ़िए : "प्रयोगवाद की शुरुआत प्रगतिवाद पर आक्रमण से हुई थी। प्रगतिवादियों के लिए यह स्वाभाविक था कि वे प्रयोगवाद की आलोचना करें।" ('नई कविता और अस्तित्ववाद', प्रथम संस्करण, पृ. 29)

नेमिचन्द्र जैन ने 'सामाजिक चेतना' के साहित्य की जो आलोचना की थी, उसे राजीव सक्सेना भूले नहीं थे। प्रयोगवाद की शुरुआत प्रगतिवाद पर आक्रमण से हुई, यह वाक्य उनके दिमाग में ताजा था। फिर भी उन्होंने लिखा कि प्रयोगवाद की आलोचना न करनी चाहिए थी। क्यों न करनी चाहिए थी? इसलिए कि प्रयोगवाद कोई प्रगतिविरोधी धारा न थी! उसका सम्बन्ध केवल शैलीगत प्रयोगों से था! यह आलोचना न की गई होती तो प्रयोगवाद और प्रगतिवाद में भेद न होता, कविता की एक संयुक्त और अमिश्र धारा बहती रहती। प्रमाण चाहिए? लीजिए प्रमाण : "रामविलास जी ने स्वयं लिखा है, 'जहाँ तक मुझे मालूम है, सन् '46 से पहले 'प्रयोगवाद' शब्द का व्यवहार नहीं हुआ। सन् '46 में शमशेर ने 'तार सप्तक' की जो आलोचना 'नया साहित्य' में की थी, उसमें प्रयोगों का जिक्र है, प्रयोगवाद का नहीं। 'प्रयोगवाद' शब्द की जरूरत तब हुई जब प्रगतिवाद के विरोध में एक नये

वाद को स्थापित करना जरूरी हुआ। प्रयोग का कोई वाद नहीं होता, इसलिए शब्द की व्याख्या तरह-तरह से हुई।' (पृ. 28) इस स्थापना से स्वयं यह स्पष्ट है कि जब प्रयोग की गुंजाइश प्रगतिवाद के अन्दर नहीं रह गई तब प्रयोगवाद की अलग स्थापना का प्रयत्न हुआ।" ('आलोचना', पृ. 94)

प्रगतिशील साहित्य के बारे में नेमिचन्द्र जैन ने क्या गलत कहा था कि वह प्राय: सारा-का-सारा "बचकाना और जैसे किसी साँचे में ढला हुआ" है? साँचे में ढला हुआ तभी होगा जब उसमें प्रयोग की गुंजाइश न होगी! राजीव सक्सेना जो बात अब कह रहे हैं, उसे नेमिचन्द्र जैन तीस साल पहले कह चुके थे। फर्क यह है कि वह कविता की विषयवस्तु का खुलासा उल्लेख करके प्रगतिशील साहित्य का विरोध कर रहे थे, राजीव सक्सेना वही काम शैलीगत प्रयोगों की आड़ लेकर करते हैं। प्रगतिवाद में राजीव सक्सेना के मतानुसार प्रयोगों की गुंजाइश चाहे जब खत्म हुई हो, नेमिचन्द्र जैन सन् 1945 में ही तै कर चुके थे कि प्रगतिशीलों के चक्कर में नहीं पड़ना है। मुक्तिबोध के प्रस्तावित कविता-संग्रह की भूमिका के सिलसिले में उन्होंने पहली नवम्बर, 1945 के पत्र में उन्हें लिखा था : "विशेष कर प्रगतिशीलों के चक्कर में मत पड़िए। वे लोग साहित्य-वाहित्य कुछ नहीं समझते!" (नेमिचन्द्र जैन, 'पाया पत्र तुम्हारा', दिल्ली, 1984, पृ. 75)

राजीव सक्सेना ने अपने विवेचन का निष्कर्ष प्रश्न रूप में यों प्रस्तुत किया है : "क्या इस सबसे यह निष्कर्ष नहीं निकाला जाना चाहिए कि साहित्यकार केवल विषयवस्तु की प्रगतिशीलता के विषय में नहीं, अपने कलारूप की विशिष्टता के विषय में भी चिन्तित होता है? और, इस चिन्ता का सम्मान किया जाना चाहिए। अगर किया जाता तो सम्भव है कि प्रयोगवादियों को अपने को प्रगतिवाद से अलग करने की आवश्यकता न पड़ती।" ('आलोचना', पृ. 94) एक ओर है विषयवस्तु की प्रगतिशीलता, दूसरी ओर है कलारूप की विशिष्टता। इस विशिष्टता के बारे में साहित्यकार की चिन्ता का सम्मान किया जाता तो सम्भव है, प्रयोगवादी—इनमें सर्वप्रथम नेमिचन्द्र जैन और अज्ञेय—प्रगतिवाद से अलग न होते। लेकिन मतभेद साहित्य की विषयवस्तु को लेकर था, यह तथ्य राजीव सक्सेना के लेख में प्रकट हो ही गया है! मुक्तिबोध के पुनर्मूल्यांकन पर मेरे लेख की चर्चा करते हुए लिखा है : "उदाहरण के लिए, नेमिचन्द्र जैन ने अन्तर्मुखी साहित्य और 'तथाकथित सामायिक चेतना' के साहित्य में भेद किया तो रामविलास जी ने कला के प्रति प्रगतिशील लेखकों की असावधानी की चर्चा करते हुए...।" (उप., पृ. 92) नेमिचन्द्र जैन ने अन्तर्मुखी साहित्य और सामाजिक चेतना के साहित्य में भेद किया था। यह विषयवस्तु की प्रगतिशीलता और कलारूप की विशिष्टता का भेद कैसे बन गया? नेमिचन्द्र जैन के लिए कला रूप की विशिष्टता वही है जहाँ विषयवस्तु अन्तर्मुखी है, जहाँ तथाकथित सामाजिक चेतना का अभाव है!

एक समय था जब किसी प्रगतिशील आलोचक को प्रयोगवाद के बारे में भ्रम न था। सब जानते थे कि इस वाद का शैलीगत प्रयोगों की स्वतंत्रता से कोई सम्बन्ध नहीं है। इन आलोचकों में नामवर सिंह भी थे। उस समय उन्होंने प्रयोगवाद की जो आलोचना की थी, उसके बारे में राजीव सक्सेना की राय है कि "नामवर जी की प्रयोगवाद-सम्बन्धी उस आलोचना में भी स्वयं रामविलास जी की स्थापनाएँ बोल रही थीं, उसमें भी कोई मौलिक स्थापना नहीं थी।" (उप., पृ. 93) अब इसे हिन्दी का दुर्भाग्य ही समझना चाहिए कि जहाँ भी कोई प्रगतिशील आलोचक समझदारी की बातें करता है, वहाँ मेरी स्थापनाएँ बोलने लगती हैं। उदाहरण के लिए प्रगतिशील लेखक संघ के विघटन (और उसके साथ प्रयोगवाद के झमेले) का सम्बन्ध कांग्रेसी नेताओं के कम्यूनिस्ट विरोधी अभियान से था। इस सम्बन्ध में :

मूल स्थापना : "दूसरे महायुद्ध के बाद जब कांग्रेस नेता जेल से बाहर आए तब इनमें से अनेक ने कम्यूनिस्ट-विरोधी अभियान शुरू किया। इस अभियान ने कई जगह हिंसक रूप धारण किया। इस समय अनेक लेखक जो प्रगतिशील साहित्यिक आन्दोलन के साथ थे, पीछे हटने लगे।" ('नई कविता और अस्तित्ववाद', प्रथम संस्करण, पृ. 232)

प्रतिध्वनि : "ऐसा लगता है कि स्वतंत्रता के बाद जब गृहमंत्री सरदार पटेल की दृष्टि में प्रगतिशील होना कम्यूनिस्टों का पथबन्धु होना माना जाने लगा और अनेक प्रकार से उनका दमन किया जाने लगा (जिसमें नौकरियाँ छीन लेना तक शामिल था), तब अनेक साहित्यकारों ने पक्ष बदल लेना ही ठीक समझा।" ('हिन्दी की प्रगतिशील कविताएँ', भूमिका, पृ. 20)

सरदार पटेल ने कम्यूनिस्ट-विरोधी अभियान गृहमंत्री बनने से पहले चलाया था, इस तरह उन्होंने गृहमंत्री बनने की अपनी योग्यता प्रमाणित की थी। भारत के स्वाधीन होने से पहले दिल्ली में अन्तरिम सरकार बनी थी और पटेल उसमें गृहमंत्री थे। लेखकों में पक्ष बदलने का सिलसिला स्वाधीनता-प्राप्ति से पहले शुरू हो गया था। सबसे पहले खिसके थे पंत जी। उनके बारे में :

मूल स्थापना : "सन् '38 में कवि श्री सुमित्रानन्दन पंत ने जब 'रूपाभ' में कल्पना के आकाश से यथार्थ की धरती पर उतरने की घोषणा की, तब औपचारिक रूप से छायावाद की मृत्यु हो गई। दस वर्ष बाद 'स्वर्ण-किरण' और 'स्वर्ण-धूलि' में जब उनकी काव्यधारा 'ग्राम्या' से विपरीत दिशा में प्रवाहित हुई, तब छायावाद को नया जीवन मिला यद्यपि इस पुनर्जीवन की कोई औपचारिक घोषणा नहीं हुई।" ('नई कविता और अस्तित्ववाद', पृ. 60)

प्रतिध्वनि : "सुमित्रानन्दन पंत जिन्होंने एक समय प्रगतिशील साहित्य के प्रवक्ता के रूप में 'रूपाभ' का प्रकाशन किया था और कवियों को स्वर्गलोक से धरती पर उतर आने का आह्वान किया था, 1946 में योगी अरविन्द के दर्शन की शरण में पहुँचे।" ('हिन्दी की प्रगतिशील कविताएँ', भूमिका, पृ. 18)

पंत जी सन् '46 में योगी अरविन्द की शरण में पहुँचे तो पक्ष बदलने की प्रक्रिया स्वाधीनता-प्राप्ति से पहले शुरू हो गई थी। इसी प्रक्रिया के सन्दर्भ में प्रयोगवादी आन्दोलन को परखना चाहिए। अज्ञेय ने जब 'प्रतीक' निकाला तब नेमिचन्द्र जैन तो उनके सहयोगी थे ही, उन्हें मुक्तिबोध का सहयोग भी मिला। तब तक न तो मैंने प्रयोगवाद के विरुद्ध, न मुक्तिबोध के बारे में, कहीं कुछ लिखा था किन्तु राजीव सक्सेना का मत है कि मुक्तिबोध यदि स्वयं को प्रगतिवादी नहीं, प्रयोगवादी कहते थे तो इसमें दोष रामविलास का है। लिखा है : "मुक्तिबोध अपने को प्रगतिवादी नहीं कहते, प्रयोगवादी कहते हैं, यह उस स्थिति की विडंबना थी और रामविलास जी स्वयं यह स्थिति पैदा करने के लिए कहाँ तक जिम्मेदार रहे, उसकी आत्मपरीक्षा वे नहीं कर सके।" ('आलोचना', पृ. 93)

राजीव सक्सेना ने इस बात पर बहुत जोर दिया है कि मुक्तिबोध पर मेरा दूसरा लेख पहले वाले से भिन्न है। "मुक्तिबोध का पुनर्मूल्यांकन एक प्रकार से रामविलास जी की आत्मालोचना है।" (उप., पृ. 92) दूसरे लेख में मैंने विस्तार से मुक्तिबोध के प्रसंग में नामवर सिंह की आलोचना की है; यह आलोचना पहले वाले निबन्ध में नहीं है। नामवर सिंह की उस आलोचना को उन्होंने रामविलास की आत्मालोचना बना दिया! पर लेख के अन्त में वह पुनर्मूल्यांकन के उद्देश्य से परिचित होने का सबूत दे देते हैं : "मुक्तिबोध के अध्ययन में वह कुहासा दूर किए जाने में सहायता मिलती है जो नामवर जी की व्याख्या से पैदा हुआ है।" (उप., पृ. 96)

साहित्यकार अपने 'कलारूप की विशिष्टता' के प्रति चिन्तित होता है। इस चिन्ता का सम्मान किया जाता तो सम्भव है प्रयोगवादी अलग न होते। प्रयोगवादियों ने प्रगतिवाद का विरोध किया तो इसका कारण यह था कि "अनेक रचनाकार प्रगतिशील विषयवस्तु के प्रति विशिष्ट व्यक्तिगत दृष्टि और शिल्पगत नवोन्मेष की पूर्ण स्वतंत्रता की माँग से प्रेरित थे।" (उप., पृ. 93) इनमें अग्रणी थे अज्ञेय और नेमिचन्द्र जैन। इनकी पूर्ण स्वतंत्रता की माँग का सम्बन्ध 'कांग्रेस फॉर कल्चरल फ्रीडम' की स्वतंत्रता से तो नहीं था? "यह बात दूसरी है कि नेमि जी जैसे कवि और साहित्यकार उसको सही रूप में प्रस्तुत नहीं कर सके।" (उप.) गलती अभिव्यक्ति में, प्रस्तुतीकरण में हुई, पर यह गलती गद्यलेखन में हुई। कविता में तो शिल्पगत नवोन्मेष था ही!

नेमिचन्द्र जैन केवल समीक्षक नहीं हैं, कवि भी हैं, आदि 'तार सप्तक' के कवि हैं। यह समझ में नहीं आता कि राजीव सक्सेना ने 1986 में जब 'हिन्दी की प्रगतिशील कविताएँ' संकलन तैयार किया, तब उसमें नेमिचन्द्र जैन की एक भी कविता क्यों न दी? और यह संकलन "स्वतंत्रता-प्राप्ति की उपलब्धियों तक ही सीमित है।" (भूमिका, पृ. 23) 1947 तक तो नेमिचन्द्र जैन समीक्षक कम, कवि ही अधिक थे। राजीव सक्सेना ने भूमिका में तो अज्ञेय का नाम भी लिया है, नेमिचन्द्र जैन का तो नाम ही नहीं लिया!

समकालीन भारतीय साहित्य पर अज्ञेय के लेख को "एक दंभी और आत्मकेन्द्रित व्यक्तित्व का वक्तव्य" बताते हुए उन्होंने लिखा : "प्रगतिशील साहित्यधारा 'अस्वस्थ मनोवैज्ञानिक भावना' से पैदा हुई, यह सचमुच वही कह सकता है जो भारत के उदात्त स्वतंत्रता-आन्दोलन की भागीदार साहसी और सामाजिक न्याय-प्रेमी जनता और उसके प्रतिनिधि साहित्यकारों के खिलाफ उसके शत्रुओं से मिल गया हो।" (उप.) बात सही है लेकिन प्रगतिशील साहित्य धारा के बारे में अज्ञेय ने जो कुछ कहा, वह सब नेमिचन्द्र जैन ने भी तो कहा था! शब्दों का थोड़ा हेर-फेर है। अज्ञेय ने अस्वस्थ मनोवैज्ञानिक भावना कहा, नेमिचन्द्र जैन ने अस्वीकार का साहित्य, बचकाना कहा। क्या दोनों में कोई गुणात्मक अन्तर है? जो अस्वीकार का साहित्य है, वह स्वस्थ मनोवैज्ञानिक भावना का साहित्य कैसे बन जाएगा? यदि प्रौढ़ व्यक्ति बचकानी बातें करे तो उसका मानसिक विकास अवरुद्ध माना जाएगा या नहीं?

लेकिन अज्ञेय के लिए अभी उम्मीद है। प्रगतिशील साहित्य को अस्वस्थ मनोवैज्ञानिक धारा से जोड़नेवाला व्यक्ति भले स्वतंत्रता-आन्दोलन के शत्रुओं से मिल गया हो, "इसका अर्थ नहीं कि 'अज्ञेय' के कृतित्व में प्रगतिशील तत्त्वों का सर्वथा अभाव है।...अवचेतन में स्थित, अब तक के मानव-समाज द्वारा उपलब्ध प्रगतिशील संस्कार भी कभी-कभी उभर उठते हैं।" (उप.) अज्ञेय के लिए उम्मीद है। केवल नेमिचन्द्र जैन के लिए कोई उम्मीद नहीं है! और प्रभाकर माचवे के लिए भी नहीं है। न संकलन में उनकी कोई कविता है, न भूमिका में कहीं उनका नाम है।

प्रयोगवादी कवि प्रगतिवाद के खेमे से बाहर निकल आए क्योंकि कलारूप की विशिष्टता के विषय में उनकी चिन्ता का सम्मान न किया गया था। लेकिन जिस साहित्य में कला की उपेक्षा की जाए, उसकी आवश्यकता पर सबसे ज्यादा जोर राजीव सक्सेना ने दिया है। मई, 1949 के 'हंस' में मेरी जो टिप्पणी उन्होंने उद्धृत की है, वह इस प्रकार है : "यह बात आजमाकर देखी जा सकती है कि जो कवि किसानों-मजदूरों से जितना ही दूर होता है, उतना ही वह उन्हें जगाने के लिए हुंकार और धुआँधार की ध्वनि ज्यादा करता है। दरअसल, किसान-मजदूर कबीर के 'खुदाय' की तरह बहरे नहीं हैं कि उन्हें जगाने के लिए इतनी जोर से बाँग देने की जरूरत पड़े। 'उधर चीन हुंकार उठा' और 'यह भारत फुंकार उठा'—इस तरह की पंक्तियों को हम प्रगतिशील कविता की अच्छी खासी पैरोडी कह सकते हैं।" मैंने जिस तरह की कविता की आलोचना की है, उसे राजीव सक्सेना ने आदर्श लोक-कविता का नमूना मान लिया और लिखा : "प्रथमत: मैं यहाँ यह कहना चाहूँगा कि रामविलास जी की 1949 की टिप्पणी में भी साहित्य-सर्जन की वर्तमान प्रक्रिया का अत्यन्त सरलीकृत रूप प्रकट हुआ है।" ('आलोचना', पृ. 93) साहित्य-सर्जन की वर्तमान प्रक्रिया—मैंने एक खास रुझान की चर्चा की थी, राजीव सक्सेना ने उसे विस्तार देकर साहित्य-सर्जन की वर्तमान प्रक्रिया बना दिया। आगे लिखा : "वस्तुत: जिस

तरह की कविता की उन्होंने भर्त्सना की थी, उसकी भी आवश्यकता उस समय थी और आज भी है। यह उद्बोधन शैली में, रोज-ब-रोज की समस्याओं पर लिखी गई कविताएँ और गीत थे, जिनके प्रस्तोताओं में शंकर, शैलेन्द्र (अर्थात् शंकर शैलेन्द्र), शील, अगिया बैताल (डा. रामविलास शर्मा), मलखान सिंह सिसौदिया, मानसिंह राही, गोरा बादल, सुदर्शन चक्र, और किसान कवियों में अलीगढ़ के मुंशी जी और साहब सिंह मेहरा तथा बनारस के रामकेर आदि अनेक कवि थे।" (उप.) इस सूची में उस व्यक्ति का नाम छूट गया है जिस पर मई, '49 के 'हंस' में मैंने लेख लिखा था, जिसकी कविता से हुंकार-फुंकार वाली पंक्तियाँ मैंने उद्धृत की थीं। उनका नाम है रांगेय राघव। सूची में उनका नाम नहीं है, कोई बात नहीं। प्रगतिशील कविताओं के संकलन में उनकी एक भी रचना क्यों नहीं है?

केवल रांगेय राघव नहीं, जिन दस लोक कवियों के नाम उन्होंने गिनाए हैं, उनमें शील और अगिया बैताल को छोड़कर, बाकी आठ में किसी एक की भी रचना 'हिन्दी की प्रगतिशील कविताएँ' में नहीं है। इनकी कविता की आवश्यकता उस समय थी, 'और आज भी है।' फिर क्या हो गया? जाहिर है, लोक-साहित्य की उपेक्षा राजीव सक्सेना कर रहे हैं। इस तरह का सारा साहित्य चीत्कार-फूत्कारवादी है, यह धारणा उनकी है, मेरी नहीं।

यद्यपि राजीव सक्सेना ने शैलीगत प्रयोगों के नाम पर प्रयोगवाद का समर्थन किया है, पर उस लेख में उन्होंने स्वीकार किया है कि "वर्ग विभक्त समाज में असल संघर्ष साहित्य की विषयवस्तु के लिए है, वह प्रतिक्रियावादी है या जनवादी, यह महत्त्वपूर्ण है।" ('आलोचना', उप., पृ. 94) इस तरह के भेद के आधार पर उन्होंने प्रयोगवाद का विवेचन न तो अपने लेख में किया है, न प्रगतिशील कविताओं के संकलन की भूमिका में। भूमिका में उन्होंने बताया है कि "प्रगतिशील कविता का यह खंड स्वतंत्रता-प्राप्ति की उपलब्धियों तक ही सीमित है।" आशा की जा सकती थी कि साम्राज्यवाद के प्रति प्रगतिशील कवियों का रुख क्या था, जनवादी क्रान्ति के बारे में उनकी समझ क्या थी, इसके बारे में वह कुछ कहेंगे। ऐसा उन्होंने कुछ नहीं कहा। इसके बदले उन्होंने बताया कि प्रगतिशील साहित्य रचने के लिए "साहित्य के दो रूपों का उपयोग करना आवश्यक था जो पहले ही उपस्थित थे : एक तो साहित्यशास्त्रीय लेखन और दूसरे, लोक-साहित्य के विभिन्न रूप।" (भूमिका, पृ. 21) रूपवाद के बाहर मानो वह कुछ सोच ही नहीं सकते! उक्त विभाजन के अनुसार मुक्तिबोध की रचनाएँ "शास्त्रीय और सुसंस्कृत अर्थों में कविता हैं।" (उप., पृ. 22) जो लोग मुक्तिबोध को अशास्त्रीय कविताएँ लिखने का श्रेय देते रहे हैं, वे अपनी मान्यता पर पुनर्विचार करें।

सन् '64 में मुक्तिबोध की अकाल मृत्यु से नई कविता को नया जीवन मिला। सन् '61 में राजीव सक्सेना कह चुके थे कि नई कविता का युग समाप्त हो गया है। ('नई कविता और अस्तित्ववाद', प्रथम संस्करण, पृ. 34) छह साल बाद उन्होंने कहा कि "अब सन्

1967 में तो किसी को यह कहने का साहस नहीं है कि नई कविता जीवित है।" ('नई कविता और अस्तित्ववाद', प्रथम संस्करण,) प्रगतिशील साहित्य का विरोध करने की शक्ति अब नई कविता में न थी। मुक्तिबोध को नई कविता से जोड़कर, उन्हें उसका प्रतिनिधि कवि घोषित करके प्रगति-विरोधी मोर्चे को फिर क्रियाशील बनाया गया। श्रीकान्त वर्मा ने मुक्तिबोध की कविताएँ संकलित करने और उन्हें प्रकाशित करने में यथेष्ट श्रम किया। 'चाँद का मुँह टेढ़ा है' में उन्होंने बताया कि "संकलन के लिए कविताओं के चुनाव में मुख्य रूप से अशोक वाजपेयी की सहायता प्राप्त हुई है।" मुक्तिबोध की कविता और उनके जीवन का परिचय देते हुए शमशेर बहादुर सिंह ने एक लेख लिखा। इस सारे प्रयास के बावजूद सन् '67 में राजीव सक्सेना ने कहा कि नई कविता जीवित नहीं है। अगले साल नामवर सिंह ने 'कविता के नये प्रतिमान' में मुक्तिबोध की रचना 'अँधेरे में' को नई कविता की चरम अभिव्यक्ति बताया। इसके बाद बहुत-से मार्क्सवादी लेखक मुक्तिबोध को नई कविता ही नहीं, प्रगतिशील कविता का भी प्रतिनिधि कहने लगे।

शमशेर ने सवाल किया था : "एकाएक क्यों सन् '64 के मध्य में गजानन माधव मुक्तिबोध विशेष रूप से महत्त्वपूर्ण हो उठे?" ('चाँद का मुँह टेढ़ा है', पृ. 9) सन् '64 में कम्यूनिस्ट पार्टी विभाजित हुई। संयोग की बात, उसी साल एकाएक मुक्तिबोध विशेष रूप से महत्त्वपूर्ण हो उठे! पूरक प्रश्न : "क्यों 'धर्मयुग', 'ज्ञानोदय', 'लहर', 'नवभारत टाइम्स'—प्राय: सभी साप्ताहिक, मासिक और दैनिक उनका परिचय पाठकों को देने लगे और दिल्ली की साहित्यिक, हिन्दी दुनिया में एक नई हलचल-सी आ गई?" (उप.) दिल्ली की साहित्यिक दुनिया के मालिक, भारत के बड़े पूँजीपति दिल्ली ही नहीं, बम्बई तक के साप्ताहिकों, दैनिकों पर अपना नियंत्रण कायम किए थे। इन पत्रों की नीति वे ही निर्धारित करते थे; इस समय उनके काव्य-प्रेम में बाढ़ आ गई! मुक्तिबोध की चर्चा क्यों इतनी ज्यादा होने लगी, इसका कारण यही हो सकता है कि "मुक्तिबोध ने छायावाद की सीमाएँ लाँघकर, प्रगतिवाद से मार्क्सी दर्शन ले, 'प्रयोगवाद के अधिकांश हथियार सँभाल, और उसकी स्वतंत्रता महसूस कर, स्वतंत्र कवि-रूप से, सब वादों और पार्टियों से ऊपर उठकर', निराला की सुथरी और खुली मानवतावादी परम्परा को बहुत आगे बढ़ाया।" (उप., पृ. 26) ('शब्दों पर जोर मेरा है'—रा. वि.) भारत के पूँजीपतियों को, विशेष रूप से बड़े पूँजीपतियों को, इस समय ऐसे साहित्य की सख्त जरूरत थी जो सब वादों और पार्टियों से ऊपर हो, वह भले ही प्रगतिवाद से मार्क्सी दर्शन ले, पर इसके साथ जरूरी यह था कि वह प्रयोगवाद के अधिकांश हथियार सँभाले और उसकी स्वतंत्रता महसूस करे। ऐसे साहित्य की जरूरत उन्हें मुक्तिबोध से पूरी होती दिखाई दी। इस समय अन्तरराष्ट्रीय मंच से ख्रुश्चेव विदा हो रहे थे, ब्रेझनेव युग आरम्भ हो रहा था। अमरीकी पूँजीवाद केवल भारत में नहीं, समाजवादी देशों में घुसपैठ के लिए भारी प्रयत्न कर रहा था। शमशेर ने मुक्तिबोध की कविता 'अँधेरे में' के बारे में कहा था : "हिन्दी के

स्वस्थतम आधुनिक काव्य-सृष्टि का यह सर्वोपरि विजय-चिह्न है।" (उप., 28) चार साल बाद 'कविता के नये प्रतिमान' में यही बात इस कविता के बारे में नामवर सिंह ने यों कही : "कुल मिलाकर इसे यदि नई कविता की भी चरम अभिव्यक्ति कहा जाए तो अतिशयोक्ति न होगी।" (प्रथम संस्करण, पृ. 244) 'कविता के नये प्रतिमान' वास्तव में नई कविता के प्रतिमान थे और वे पेशेवर कम्यूनिस्ट-विरोधी लेखकों से प्राप्त किए गए थे। इस सिलसिले में राजीव सक्सेना को कोई भ्रम न था। 'नई कविता और अस्तित्ववाद' की समीक्षा करते हुए उन्होंने लिखा था : "इस सन्दर्भ में यह देखने योग्य है कि रामविलास जी ने नामवर सिंह जी की अस्तित्ववादी दृष्टि की खरी और सही आलोचना की है। डॉ. नामवर सिंह की 'नई' समीक्षा-पद्धति (जिसको अस्तित्ववाद, स्टाइलिस्टिक्स, न्यू क्रिटिसिज्म आदि पश्चिम की अनेक प्रवृत्तियों, और 'नई कविता' के कर्णधार श्री विजयदेव नारायण साही की टिप्पणियों के मेल से उन्होंने तैयार किया है) की आलोचना पढ़ने के लिए डॉ. रामविलास शर्मा की यह पुस्तक अनन्य है।" ('आलोचना', अक्टूबर-दिसम्बर, 1978, पृ. 95)

प्रगतिशील कविता के मंच से केदारनाथ अग्रवाल और नागार्जुन को पीछे ठेलने का काम और 'आधुनिक' कवि के रूप में वहाँ मुक्तिबोध को प्रतिष्ठित करने का काम, एक साथ सम्पन्न हुए। जून, 1986 की 'गंगा' में किसी ने नागार्जुन की 75वीं वर्षगाँठ पर टिप्पणी लिखी है। इसके एक पैराग्राफ में नई कविता के प्रचार-प्रसार के बारे में कुछ बातें बहुत साफ ढंग से कही गई हैं। इस प्रकार : "यह किसी से छिपा नहीं कि आजादी के बाद भारत में जब वाम चेतना जोर पकड़ गई थी तो 'कांग्रेस फॉर कल्चरल फ्रीडम' के माध्यम से अमरीका ने भारत के सांस्कृतिक जीवन को प्रभावित करने की कोशिश की और इस कोशिश में सफलता भी पाई। 'नई कविता' का आन्दोलन इसी कोशिश का एक अंग था जिसके प्रवाह में आने से मुक्तिबोध जैसे कवि भी न बच सके। इस नई कविता ने नेमिचन्द्र जैन जैसे घोषित कम्यूनिस्टों को कम्यूनिस्ट-विरोधी बना दिया तो अन्य बहुत-से कवियों को 'कथ्य' के बजाए, 'शिल्प' और 'विषय' के बजाय 'रूप' के भँवरजाल में फँसा दिया। यहाँ तक कि नया आलोचक भी इसके प्रवाह से न बच सका और प्रगतिशील कवियों को भुलाकर लोहियावादियों को प्रगतिशील घोषित करने की रौ में कविता के नये प्रतिमान स्थापित करने लगा। कहना न होगा कि यदि तब हिन्दी में 'नई कविता' का पश्चिमोन्मुख आन्दोलन न आया होता तो आज हिन्दी कविता का स्वरूप ही कुछ भिन्न होता, एकदम भारतीय और कहीं अधिक जुझारू।"

हिन्दी की राष्ट्रीय और जनवादी धारा के प्रतिनिधि कवि हैं नागार्जुन और केदारनाथ अग्रवाल। राष्ट्रीय कविता मैथिलीशरण गुप्त ने लिखी, माखनलाल चतुर्वेदी, नवीन, दिनकर आदि ने लिखी। इनकी और केदार की राष्ट्रीय कविता में फर्क है। भारतीय पूँजीवाद कहाँ साम्राज्यवाद से गठबन्धन कर रहा है, कांग्रेसी नेता कहाँ देशी

पूजीपतियों और सामन्तों से दोस्ती कायम किए हैं, यह सब निराला और केदार देख रहे थे, राष्ट्रीय धारा के अन्य कवि नहीं। कांग्रेसी प्रभाव में और कम्यूनिस्ट प्रभाव में लिखी राष्ट्रीय कविता में यह अन्तर है। भारत का स्वाधीनता-संग्राम अभिन्न रूप से जनवादी क्रान्ति से जुड़ा हुआ है; यहाँ के सामन्त साम्राज्यवाद के मुख्य सहायक थे। सन् '47 के बाद साम्राज्यवाद को अपनी कूटनीतिक चालों में सबसे ज्यादा सहायता सामन्ती अवशेषों से मिलती है। देशी पूँजीवाद के जो स्तर साम्राज्यवाद से समझौता करते हैं, वे सामंतों से भी समझौता करते हैं। स्वाधीनता-संग्राम और जनवादी क्रान्ति का यह सम्बन्ध सन् '47 से पहले निराला और केदार के सामने स्पष्ट था, राष्ट्रीय धारा के अन्य कवियों के सामने नहीं।

दूसरे महायुद्ध के दौरान और उसके बाद जितनी गहराई से और जितनी ताकत से केदारनाथ अग्रवाल ने भारत के स्वाधीनता-संग्राम और जनवादी क्रान्ति को अपनी रचनाओं में प्रतिबिम्बित किया है, उतनी गहराई और ताकत से और किसी कवि ने नहीं किया। इन रचनाओं में जनवादी क्रान्ति का उतार-चढ़ाव—सन् '47 से पहले का, और मोटे तौर से सन् '57 तक, उसके बाद का—समेट लिया गया है। सन् '47 से पहले और बाद के ये दौर अन्य कवियों—यथा शील—की रचनाओं में भी प्रतिबिम्बित हुए हैं पर भारतेन्दु युग की लोक-कविता का स्वर और उसके साथ निराला की ऊर्जा, यह संयोग सिर्फ केदार की रचनाओं की विशेषता है।

केदार ने अनेक विषयों पर कविताएँ लिखी हैं। वह जीवन की समग्रता के हामी हैं, केवल राजनीति के नहीं। पर उनके काव्य की समग्रता में जो निर्णायक भूमिका राजनीति की है, वह नागार्जुन के सिवा अन्य किसी के काव्य की समग्रता में नहीं है। उन्होंने हिन्दी कविता में जिस यथार्थवाद का विकास किया है, उसकी व्याख्या राजनीति को केन्द्रीय महत्त्व दिये बिना नहीं हो सकती। भारतीय जनता के लिए इस समय सबसे ज्यादा आवश्यक है अधूरी जनवादी क्रान्ति का पूरा होना। उसके जीवन में इस कार्य का केन्द्रीय महत्त्व है, वैसे उसके जीवन में और बहुत कुछ भी है। नागार्जुन और केदार जनकवि इसलिए हैं कि वे इस और बहुत कुछ के साथ भारतीय जनता के उस पक्ष को चित्रित करते हैं जो उसके लिए सर्वाधिक महत्त्वपूर्ण है। केदार और नागार्जुन एक-दूसरे के पूरक हैं। नागार्जुन की रचनाओं में व्यंग्य-स्वर प्रधान है; जनता को आन्दोलित करनेवाला आह्वान, संघर्ष की चुनौती का स्वर, आशा, उल्लास और उमंग का ओजस्वी घोष केदार की रचनाओं में प्रधान है। व्यंग्य स्वर उनके यहाँ गौण है। यदि सन् '56 के बाद कम्यूनिस्ट आन्दोलन एकताबद्ध रहकर जनवादी क्रान्ति के मार्ग पर दृढ़ता से बढ़ता जाता तो आज हिन्दी कविता कहाँ से कहाँ पहुँची होती! भारतीय पूँजीवाद में साहित्य को प्रेरित करने की शक्ति अब नहीं है, साहित्य की प्रगति मजदूर वर्ग और उसके नेतृत्व में चलनेवाले जन-आन्दोलन के भविष्य के साथ जुड़ी है।

सन् '56 के बाद वामपक्ष में जो पुराने रुझान उभरे, वे खुलकर सन् '64 के बाद सारे देश के सामने आ गए। इनका असर उन सभी लेखकों पर पड़ा जो वामपक्ष से सबद्ध थे। अपने-अपने ढंग से केदार और नागार्जुन भी वामपक्ष के उस विघटन से प्रभावित हुए। उनकी आलोचना करने से पहले यह याद रखना चाहिए कि विघटन के लिए मुख्य रूप से जिम्मेदार है विसर्जनवाद; वामपंथी अतिवाद अक्सर उसकी प्रतिक्रिया में विकसित होता है। महाजनी पूँजीवाद से कर्ज लेकर समाजवादी व्यवस्था का निर्माण नहीं हो सकता। जनवादी क्रान्ति के कार्य पूरे किए बिना आधुनिक भारत का निर्माण नहीं हो सकता। मार्क्सवाद का स्थान टिटोवाद नहीं ले सकता, नेहरूवाद नहीं ले सकता। केदार और नागार्जुन को पीछे ठेलकर हिन्दी कविता का विकास नहीं हो सकता। वामपंथी राजनीति में और प्रगतिशील साहित्य में जो सुधारवादी और अतिवादी रुझान उभरते रहे हैं, वे जितना ही कमजोर होंगे, उतना ही केदार और नागार्जुन की रचनाओं का महत्त्व उजागर होगा। जो लोग मुक्तिबोध और शमशेर के काव्य से प्रभावित हैं, वे भी अब केदार और नागार्जुन का सर्वोपरि महत्त्व—कम-से-कम राजनीतिक कविता में—स्वीकार करते हैं। श्याम कश्यप का कहना है : "केदारनाथ अग्रवाल और नागार्जुन हमारे सबसे जागरूक राजनीतिक कवि हैं जिनकी कविताएँ और गीत सहज ही हिन्दी-भाषी जनता के गले का कंठहार बन जाते हैं। लोकप्रियता और कलात्मक श्रेष्ठता का दुर्लभ संगम हम इन्हीं दो बुजुर्ग कवियों में देखते हैं।" ('आलोचना', अक्टूबर-दिसम्बर, '84, पृ. 91)

राजीव सक्सेना के लिए एक है साहित्यशास्त्रीय लेखन, दूसरा अशास्त्रीय लोक-साहित्य सर्जन; यह दूसरी तरह का साहित्य आम तौर से कलात्मक सौन्दर्य में हीन होता है। उनका मत है : "निस्सन्देह, एक दिन साहित्य और लोक-साहित्य के बीच खाई पटेगी, किन्तु वह वर्ग विभक्त समाज के उन्मूलन के बहुत लम्बे अर्से बाद सम्भव होगा, जब पढ़ाई-लिखाई और सांस्कृतिक बोधों के बीच आज के भारी अन्तर समाप्त हो जाएँगे। तब तक हमें धैर्य रखना होगा।" ('हिन्दी की प्रगतिशील कविताएँ', भूमिका, पृ. 22) लेकिन इसी पृष्ठ पर धैर्य रखने की चिन्ता न करके राजीव सक्सेना ने लिखा है : "वास्तव में नागार्जुन में कवि और लोककवि, दोनों एकात्म हो गए हैं।" मैंने नागार्जुन के सिलसिले में जो कुछ कहा था, उसी को ध्यान में रखकर राजीव सक्सेना ने मुझे धैर्य रखने की सलाह दी थी। पर इन्हीं नागार्जुन में सांस्कृतिक बोधों के बीच के भारी अन्तर अचानक समाप्त हो गए। उनमें कवि और लोककवि एकात्म हो गए। मुक्तिबोध वाली ढाल कमजोर पड़ रही है, नागार्जुन को अपवाद मानकर उनके साथ खास रिआयत की गई है। पर केदार? नागार्जुन और केदार "निस्सन्देह हमारी कविता में किसान चेतना के प्रतिनिधि हैं।" (उप.) केवल किसान चेतना के? मजदूर वर्ग की चेतना और मार्क्सवाद से उनका कोई सम्बन्ध नहीं है? जो भी हो, कवि और लोककवि केदार में एकात्म नहीं हुए, रिआयत नागार्जुन के साथ की गई है, केदार के साथ नहीं।

राजीव सक्सेना को मुझसे शिकायत है कि "वह नागार्जुन-केदार को सराह सके, किन्तु मुक्तिबोध को नहीं।" (उप.) अर्थात् सन् '64 में दिल्ली के बड़े पूँजीपतियों के तत्त्वावधान में जब मुक्तिबोध-अभियान चलाया गया, तब मैं उसमें शामिल नहीं हुआ। पर राजीव सक्सेना के लिए केदार, नागार्जुन और मुक्तिबोध में भेद कथ्य को लेकर नहीं है, अभिव्यक्ति को लेकर है। उनके लेखे मुझे केदार-नागार्जुन की अभिव्यक्ति पसन्द है, मुक्तिबोध की अभिव्यक्ति पसन्द नहीं है। तीनों प्रगतिशील कवि हैं, कविता की विषयवस्तु में कोई महत्त्वपूर्ण भेद हो कैसे सकता है? इसलिए राजीव सक्सेना को "ऐसा लगता है कि वह [रा.वि.] समस्त कविता जगत को 'अगिया बैताल', 'निरंजन' स्तर पर नहीं, तो कम-से-कम सुमन और बच्चन के अभिव्यक्ति-स्तर पर ले आना चाहते थे।" (उप.) इस समय संकलन में कविताएँ देने के लिए राजीव सक्सेना निरंजन और अगिया बैताल के साथ सुमन और बच्चन की रचनाएँ पढ़ रहे थे। इसलिए ये नाम उन्हें याद रहे। जब वह 'नई कविता और अस्तित्ववाद' पर लिख रहे थे, तब सम्भव है, निराला की साहित्य-साधना पढ़ते रहे हों या उसकी चर्चा सुनी हो। उस समीक्षा में उनकी शिकायत यह है कि नई कविता का लेखक भोजन-व्यायाम के बारे में मेरे नुस्खे पर अमल नहीं करता, इसलिए 'वह लैम्पपोस्टों को बात करते ही देखेगा; निराला जी की तरह 'जुही की कली' को बात करते या 'राम की शक्ति-पूजा' होते नहीं देख सकता, और तब तक वह 'महान्' कविता नहीं लिख सकता।' ('आलोचना', अक्टूबर-दिसम्बर '78, पृ. 96) यहाँ कविता के मानदंड सुमन और बच्चन नहीं, निराला हैं। राजीव सक्सेना के अनुसार : मुझे नई कविता इसलिए पसन्द नहीं है कि मैं समस्त कविता-जगत् को 'जुही की कली' और 'राम की शक्ति-पूजा' के स्तर पर उतार लाना चाहता हूँ।

आलोचना के प्रतिमान कितनी जल्दी बदलते हैं!

और शमशेर? उनकी विशेषता क्या है? विशेषता है सौन्दर्यप्रियता। वैसे तो केदार और नागार्जुन भी सौन्दर्य-प्रेमी जीव हैं पर शमशेर की 'सौन्दर्यप्रियता में, जिसमें रोमानी कविता की मधुरता, कोमलता और मोहकता है, शुद्ध कवितावादियों को अपनी ओर आकर्षित करने की सशक्त क्षमता है।' प्रगतिशील कविता ऐसी होनी चाहिए कि वह शुद्ध कवितावादियों को अपनी ओर बरबस खींच ले, भागना भी चाहें तो भाग न पाएँ!

राजीव सक्सेना से भिन्न भीष्म साहनी राष्ट्रीय और अन्तरराष्ट्रीय परिस्थितियों के प्रति अत्यन्त सजग हैं। मानव समाज को उत्पीड़ित करनेवाले अन्तर्विरोध कहीं आणविक खतरे के रूप में हैं, कहीं तानाशाही के रूप में, कहीं साम्राज्यवादी देशों द्वारा पिछड़े हुए देशों के शोषण के रूप में, या रंगभेद, जातिवाद आदि के रूप में। "ये सामान्य जीवन में कटुता, घृणा, भय, आतंक व्याप्त कर देते हैं और प्रगतिशील लेखन की आवाज इसी उत्पीड़न, घुटन और असहाय वेदना में से निकली हुई आवाज है।" (उप., प्राक्कथन, पृ. 9) ऐसा लगता है कि नई कविता की दुनिया से हम बाहर नहीं निकले। जनता असहाय है, उसका प्रतिनिधि साहित्यकार असहाय है।

प्रगतिशील लेखन की आवाज असहाय वेदना में से निकली हुई आवाज है। यदि नई कविता का उद्‌देश्य आणविक युद्ध के खतरे के सामने भारतीय जनता के मनोबल को तोड़ देना था, तो इस प्राक्कथन के अनुसार उसे अवश्य सफलता मिली है।

आणविक युद्ध की तैयारी के लिए आवश्यक धन साम्राज्यवाद को पिछड़े हुए देशों से ही प्राप्त होता है। वे चाहे तो युद्ध की तैयारी पर रोक लगा सकते हैं। जब एटम बम सोवियत संघ के पास नहीं था, केवल अमरीका के पास था, और अमरीकी साम्राज्यवाद घमंड में चूर महायुद्ध का डंका बजा रहा था, तब संसार की जनता असहाय नहीं थी। अब सोवियत संघ के पास एटम बम हैं, चीन के पास भी हैं, भारत निर्गुट देशों का नेता है, और जनता असहाय है! जनता असहाय नहीं है, उसे निरन्तर गुमराह करके असहाय बनाया गया है। इस कार्य में बहुत बड़ा योगदान नई कविता के सूत्रधारों का है।

जो लेखक मार्क्सवाद से प्रभावित हैं, वे अनेक खेमों में बँटे हुए हैं। इनकी एकता आवश्यक है। अल्पतम कार्यक्रम के आधार पर वे अस्थायी एकता कायम कर सकते हैं और विचारधारात्मक संघर्ष चलाते हुए उसे क्रमश: पुष्ट कर सकते हैं। प्रगतिशील लेखक संघ की स्वर्ण जयंती के अवसर पर मैंने जो संक्षिप्त वक्तव्य भेजा था, उसे यहाँ उद्धृत करना प्रासंगिक होगा।

"विदेशी पूँजी का दबाव भारत पर पहले भी था, इधर और बढ़ गया है। इस दबाव का एक परिणाम था भारत का विभाजन, दूसरा परिणाम है पंजाब और कश्मीर में सम्प्रदायवाद का प्रसार। इस दबाव के रहते भारत न तो पूर्णरूप से स्वाधीन है, न उसकी एकता आन्तरिक रूप से सुदृढ़ है। इस दबाव का जवाब है स्वदेशी आन्दोलन—विदेशी पूँजी के निवेश पर रोक, बहुराष्ट्रीय कम्पनियों की घुसपैठ पर पाबन्दी, अंग्रेजी को हटाकर भारतीय भाषाओं का व्यवहार, हिन्दी के द्वारा भारत के मजदूरों और किसानों का संगठन, सुब्रह्मण्य भारती, रवीन्द्रनाथ और प्रेमचन्द की साहित्य-परम्परा का विकास।

पचास साल पहले प्रेमचन्द ने जिस महाजनी सभ्यता की तीखी आलोचना की थी, आज वह संसार को आणविक युद्ध के महाविनाश की ओर तेजी से ठेल रही है। भारत पर विदेशी पूँजी के दबाव को खत्म करने का अर्थ है विश्व-शान्ति की रक्षा में कारगर योगदान। भारत, पाकिस्तान और बांग्ला देश का जनवादी आन्दोलन बिखरा हुआ है। उसकी एकताबद्ध शक्ति साम्राज्यवादी-सामन्ती अवशेषों को ध्वस्त करके जनता का भाग्य बदल सकती है। प्रगतिशील लेखक संघ की स्वर्ण-जयंती के अवसर पर मेरी हार्दिक कामना है कि आज की परिस्थिति के अनुरूप अपने कर्तव्य निबाहने में देश के लेखक सफल हों।"